权威·前沿·原创

皮书系列为

“十二五”“十三五”“十四五”时期国家重点出版物出版专项规划项目

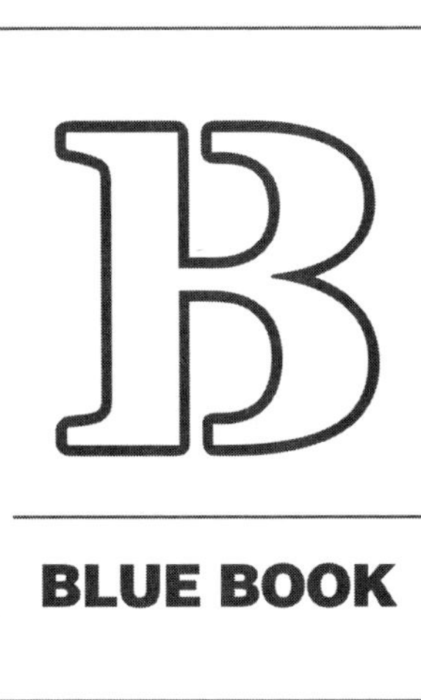

智库成果出版与传播平台

中国工程建设行业发展报告（2022）

DEVELOPMENT REPORT ON CHINA'S ENGINEERING CONSTRUCTION INDUSTRY(2022)

中国施工企业管理协会
主　编／尚润涛
副主编／孙晓波　马玉宝　王武民　张长春　王　锋

社会科学文献出版社
SOCIAL SCIENCES ACADEMIC PRESS (CHINA)

图书在版编目（CIP）数据

中国工程建设行业发展报告．2022／尚润涛主编
．--北京：社会科学文献出版社，2022.9（2023.2重印）
（工程建设蓝皮书）
ISBN 978-7-5228-0564-1

Ⅰ.①中… Ⅱ.①尚… Ⅲ.①建筑业-经济发展-研究报告-中国-2022 Ⅳ.①F426.9

中国版本图书馆CIP数据核字（2022）第147125号

工程建设蓝皮书
中国工程建设行业发展报告（2022）

主　　编／尚润涛
副 主 编／孙晓波　马玉宝　王武民　张长春　王　锋

出 版 人／王利民
组稿编辑／路　红
责任编辑／张铭晏
文稿编辑／李小琪
责任印制／王京美

出　　版／社会科学文献出版社（010）59367194
地址：北京市北三环中路甲29号院华龙大厦　邮编：100029
网址：www.ssap.com.cn
发　　行／社会科学文献出版社（010）59367028
印　　装／三河市东方印刷有限公司

规　　格／开 本：787mm×1092mm　1/16
印 张：27　字 数：404千字
版　　次／2022年9月第1版　2023年2月第2次印刷
书　　号／ISBN 978-7-5228-0564-1
定　　价／198.00元

读者服务电话：4008918866

编 委 会

编　　辑　(按姓氏笔画排序)

王雪艳　方美惠　冯　雷　刘　杨　刘永红
刘军军　孙　鹤　孙　鑫　李醒冬　汪婷浩
张宇翔　张国义　郑求松　经　琦　赵　琳
赵志国　饶平江　韩　靖　韩　磊

主要编撰者简介

郑学选 1966年生，上海人。法学博士，毕业于武汉大学马克思主义学院。中国建筑集团有限公司党组书记、董事长，中国建筑股份有限公司董事长，中国建筑战略研究院院长。兼任中国施工企业管理协会轮值会长、中国建筑业协会副会长、中国国际商会副会长。中国共产党第十七次全国代表大会代表。长期从事企业管理工作，政策理论水平高，具有全球视野、战略眼光和前瞻性思维，富有变革创新精神，贯彻新发展理念，扎实推进国企改革，持续提升公司发展治理水平。2022年，带领中国建筑集团跃升至《财富》世界500强第9位。贯彻落实新时代党的建设总要求和新时代党的组织路线，推动党的建设和生产经营互融互促。抗疫期间，带领企业完成武汉雷神山医院、火神山医院建设，全速推进香港、吉林、上海抗疫医院项目建设，展现了良好的政治素质和担当精神。

尚润涛 1965年生，山西芮城人。现任中国施工企业管理协会副会长兼秘书长，主要研究方向为工程建设企业管理、行业信用体系建设、行业人才队伍建设、企业“走出去”、企业文化建设等。负责工程建设行业绿色施工评价、工程建设企业财税管理、工程建设全过程质量控制管理咨询等工作。曾主持中国能效市场机制项目“工程建设项目设计、建造和运营绿色水平评价指标体系研究”等。主持编写“一带一路”合规经营系列丛书。

主编单位简介

中国施工企业管理协会（CACEM）成立于1984年2月，是由工程建设企事业单位、社会组织和有关专业人士自愿结成的全国性、行业性社会团体。业务指导单位为国家发展和改革委员会。

协会现有会员企业4372家，涉及工程项目投资、建设、设计、施工、监理、运营及工程设备制造等单位，国有企业占33%（央企19%、地方国企14%），民营企业占60%，关联协会占7%。会员企业总产值占行业总产值的60%以上。会员企业分布在除台湾以外的33个省、自治区、直辖市和特别行政区，覆盖冶金、有色金属、煤炭、石油、化工、电力、核工业、军工、民航、林业、建材、铁路、公路、水运、水利、通信、市政和房屋建筑等行业（专业）。

协会定位是反映施工企业诉求、改善其发展环境的代言人，促进施工企业科技进步与创新的平台，提升工程施工安全质量的助推器，政府制定工程建设行业发展规划和政策法规的参谋助手，谋划工程建设行业发展战略的智库，培养和造就优秀施工企业家的摇篮。

协会宗旨是提供服务、反映诉求、规范行为，促进行业发展。坚持中国特色社会主义理论体系，秉承“服务为本、市场导向、改革创新、合作共赢”的理念，维护国家利益和企业合法权益，开展行业发展问题研究，加强行业自律，发挥桥梁纽带作用，促进交流合作，为国家、社会、行业和会员服务，引领工程建设行业持续健康发展。

协会倡议广大工程建设企业自强自立，为中华民族的伟大复兴努力奋斗。

协会被民政部评为5A级协会，授予“全国先进社会组织”称号。协会党支部被评为“国家发展改革委直属机关党委先进基层党组织”。协会党建工作荣获“中央国家机关社会组织党建工作优秀案例”称号。

摘 要

工程建设行业是我国国民经济的支柱产业之一，为经济社会发展做出了突出贡献。2021 年，全行业完成产值 293079.31 亿元，同比增长 11.0%；实现增加值 80138.00 亿元，同比增长 2.1%，占 GDP 的比重为 7.0%。截至 2021 年底，工程建设行业企业数量为 128746 家，同比增长 10.3%，连续两年增长幅度超过 10%，吸纳了 5282.97 万人就业。

本书以提升工程建设行业发展质量为目标，对世界经济形势、国内宏观经济形势、固定资产投资运行情况进行分析和展望，回顾总结行业发展现状及特点，展望发展前景，分析行业发展中的热点和难点问题。2021 年，工程建设行业弘扬伟大建党精神，成功应对新冠肺炎疫情散发带来的挑战，加快推动转型升级，不断提高发展效益。全年具有资质等级的总承包和专业承包建筑业企业实现利润 8554.00 亿元，同比增长 1.3%，其中国有控股企业实现利润 3620.00 亿元，同比增长 8.0%。广大工程建设行业企业攻坚克难，全年企业新签合同额为 344558.10 亿元，同比增长 6.0%，为企业的健康可持续发展提供了重要支撑。全行业推进信息化和工业化深度融合，按照“双碳”目标要求，践行绿色发展理念，建立从绿色规划、绿色设计、绿色投资、绿色施工、绿色运营到绿色评价的管理模式，将绿色发展的要求融入企业和项目管理的全过程。

全行业在政府行政主管部门的指导下，进一步加强信用体系建设、强化工程质量管理、坚持科技创新，切实推动行业高质量发展。

关键词： 工程建设行业　建筑业企业　高质量发展

目　录

Ⅰ　总报告

Ⅱ　形势篇

Ⅲ　行业篇

Ⅳ　区域篇

Ⅴ 调研篇

Ⅵ 附 录

皮书数据库阅读使用指南

总报告

General Report

B.1 中国工程建设行业发展报告（2022）*

中国施工企业管理协会**

摘　要： 2021年，是党和国家历史上具有里程碑意义的一年。中国共产党迎来百年华诞，“两个一百年”历史交汇，“十四五”规划开始实施，全面建设社会主义现代化国家踏上新征程。工程建设行业在党中央坚强领导下，实现了平稳健康发展。本报告从完成产值、新签合同额、实现利润、新开工面积、企业数量和就业人员数等方面梳理了行业发展情况。总结出行业发展具有成功应对挑战、实现开门红，全行业积极践行“双碳”目标，不断推动行业高质量发展，智能建造水平进一步提升等特点。

* 本报告数据均来自国家统计局。

** 执笔人：方美惠，中国施工企业管理协会行业发展部主任科员，主要研究方向为工程建设行业发展；冯雷，中国施工企业管理协会行业发展部副主任，主要研究方向为工程建设行业发展和企业管理。

关键词： 工程建设　固定资产投资　基础设施建设

2021 年，全年国内生产总值 1147368 亿元，按可比价格计算，比上年增长 8.1%，两年平均增长 5.1%。从季度看，第一季度比上年增长 18.3%，第二季度比上年增长 7.9%，第三季度比上年增长 4.9%，第四季度比上年增长 4.0%（见表 1）。

表 1　2021 年各季度国内生产总值及同比变化率

单位：亿元，%

	国内生产总值	同比变化率
第一季度	249310	18.3
第二季度	282857	7.9
第三季度	290964	4.9
第四季度	324237	4.0
全年	1147368	8.1

从产业看，2021 年第一产业增加值为 83086 亿元，比上年增长 7.1%；第二产业增加值为 450904 亿元，比上年增长 8.2%；第三产业增加值为 609680 亿元，比上年增长 8.2%（见表 2）。

表 2　2021 年各产业增加值及同比变化率

单位：亿元，%

	产业增加值	同比变化率
第一产业	83086	7.1
第二产业	450904	8.2
第三产业	609680	8.2

一　2021年全年固定资产投资情况

2021 年，全国固定资产投资（不含农户）完成额为 544547 亿元，比上年增长 4. 9%（见图 1）。

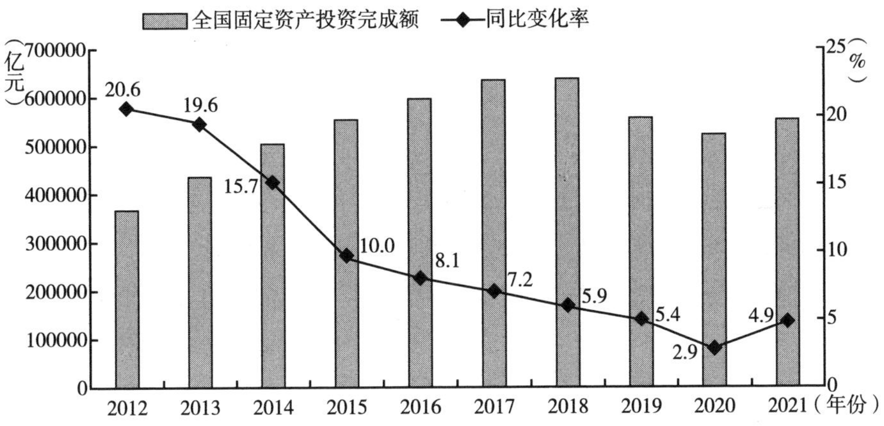

图 1　2012~2021 年全国固定资产投资完成额及同比变化率

注：同比变化率在计算时，均对上年固定资产投资完成额进行了修订，且增速按可比口径计算。

从产业看，2021 年第一产业投资额为 14275 亿元，比上年增长 9. 1%；第二产业投资额为 167395 亿元，比上年增长 11. 3%；第三产业投资额为 362877 亿元，比上年增长 2. 1%。

表 3　2021 年各产业投资额及同比变化率

单位：亿元，%

	产业投资额	同比变化率
第一产业	14275	9. 1
第二产业	167395	11. 3
第三产业	362877	2. 1

从地区看，东部地区投资额比上年增长 6.4%，中部地区投资额比上年增长 10.2%，西部地区投资额比上年增长 3.9%，东北地区投资额比上年增长 5.7%。

从登记注册类型看，内资企业投资额比上年增长 4.7%，港澳台商企业投资额比上年增长 16.4%，外商企业投资额比上年增长 5.0%。

（一）基础设施投资增速平稳

2021 年，基础设施投资额（不含电力、热力、燃气及水生产和供应业）比上年增长 0.4%（见图 2）。

其中，铁路运输业投资额下降 2.2%，1~11 月增长 2.0%；道路运输业投资额增长 1.8%，增速回落 0.4 个百分点；水利管理业投资额增长 4.5%，增速提高 1.4 个百分点；公共设施管理业投资额下降 1.4%，降幅收窄 0.4 个百分点。

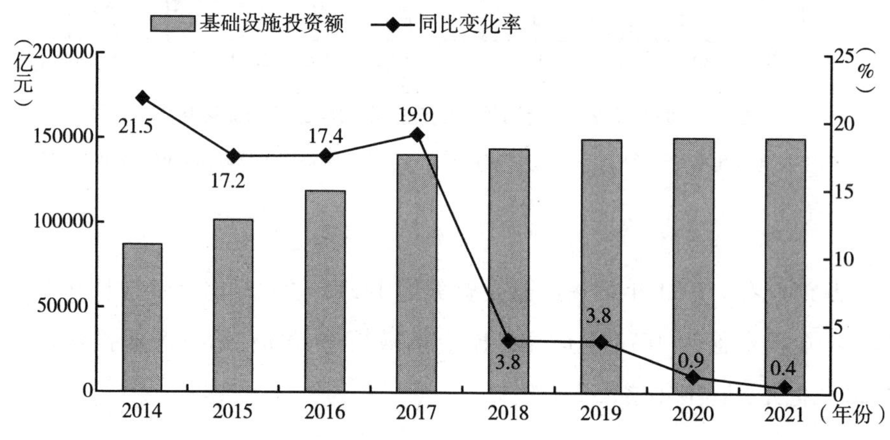

图 2　2014~2021 年基础设施投资额及同比变化率

（二）房地产开发投资增幅放缓

2021 年，全国房地产开发投资额为 147602 亿元，比上年增长 4.4%（见图 3），比 2019 年增长 11.7%。其中，住宅投资额为 111173 亿元，比上年增长 6.4%。

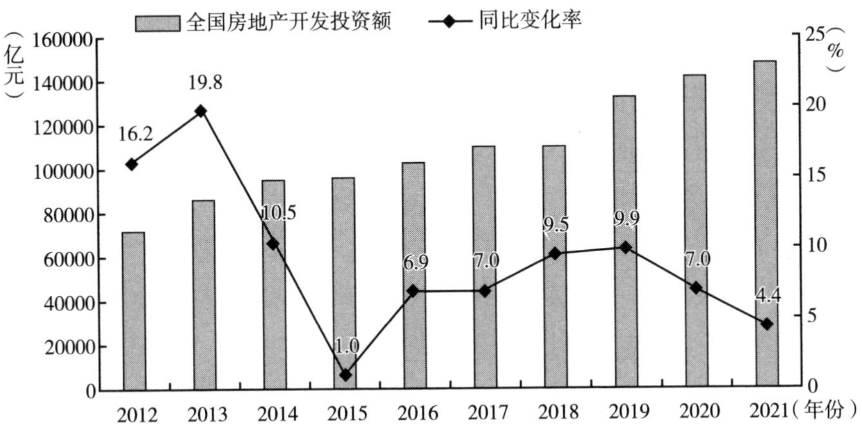

图3　2012~2021年全国房地产开发投资额及同比变化率

（三）民间固定资产投资增速加快

2021年，民间固定资产投资额为307659亿元，比上年增长7.0%（见图4）。从环比看，12月固定资产投资额（不含农户）增长0.2%，占全国固定资产投资额（不含农户）的比重为56.5%。

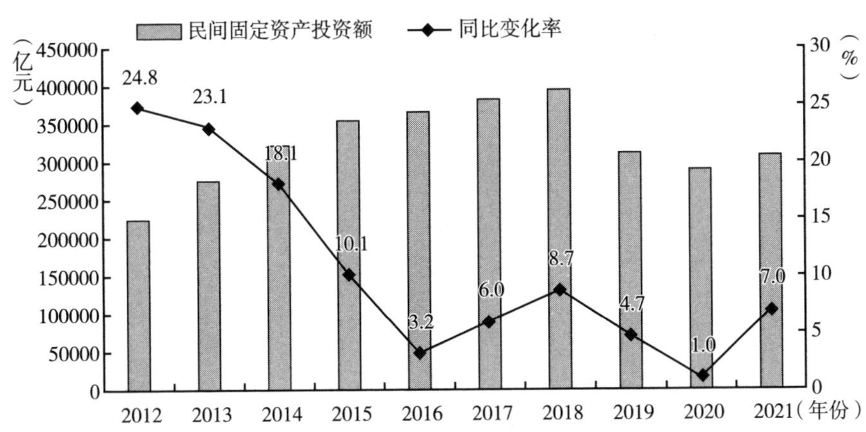

图4　2012~2021年民间固定资产投资额及同比变化率

二 2021年建筑业企业经营发展情况

（一）行业完成总产值增幅加大

2021 年，全国建筑业企业完成产值 293079.31 亿元，同比增长 11.0%，增幅较上年增长 4.8 个百分点（见图 5）。2021 年，全国建筑业企业实现增加值 80138 亿元，比上年增长 2.1%（见图 6）。

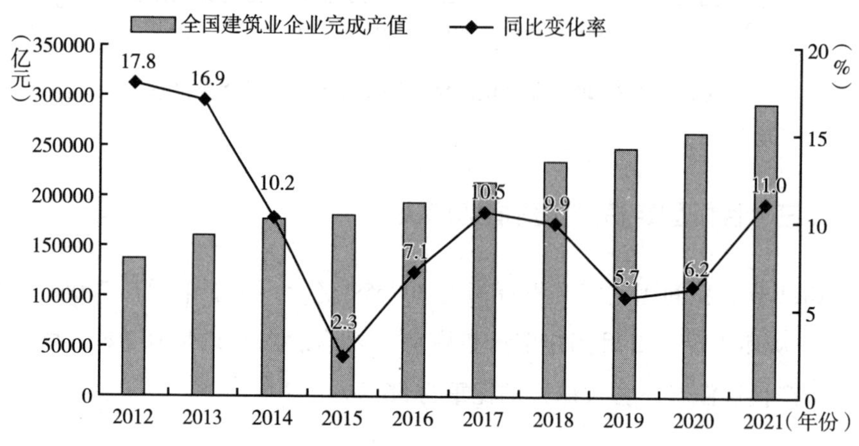

图 5　2012~2021 年全国建筑业企业完成产值及同比变化率

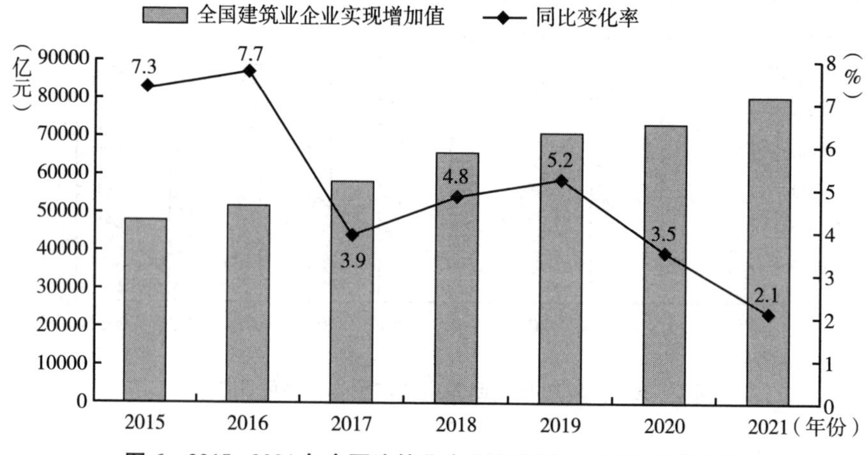

图 6　2015~2021 年全国建筑业企业实现增加值及同比变化率

2021 年建筑业企业完成产值超过 10000 亿元的省（市）有江苏省、浙江省、广东省、湖北省、四川省、山东省、福建省、河南省、北京市、湖南省、安徽省。上述 11 个省（市）建筑业企业完成产值占全国建筑业企业完成总产值的 69.3%。

从省（区、市）看，江苏省建筑业企业完成产值 38244.49 亿元，遥遥领先；浙江省、广东省建筑业企业完成产值均超过 20000 亿元，分别为 23010.97 亿元、21345.58 亿元。

广东省、湖北省、新疆维吾尔自治区建筑业企业完成产值同比增长在 15%以上，分别为 15.8%、17.9%、16.0%；西藏自治区建筑业企业完成产值为负增长，同比下降 8.1%（见图 7、表 4）。

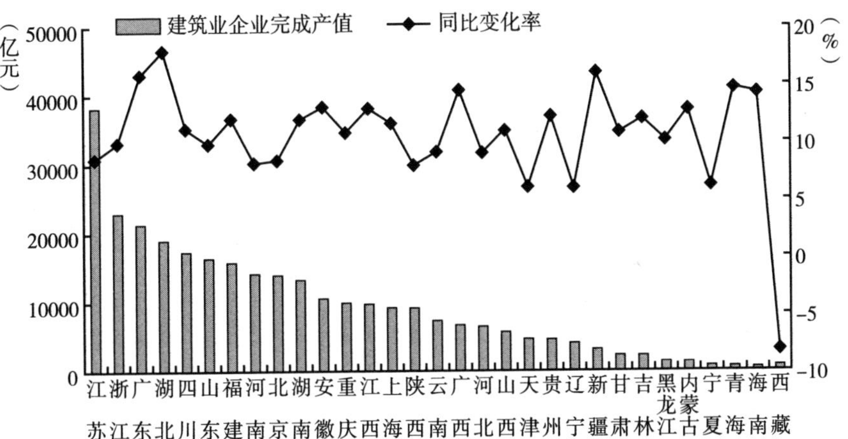

图 7　2021 年 31 个省（区、市）建筑业企业完成产值及同比变化率

注：统计数据不包含港澳台。

表 4　2020 年、2021 年 31 个省（区、市）建筑业企业完成产值及同比变化率

单位：亿元，%

序号	省(区、市)	2021 年完成产值	2020 年完成产值	同比变化率
1	江　苏	38244.49	35251.64	8.5
2	浙　江	23010.97	20938.61	9.9
3	广　东	21345.58	18429.71	15.8
4	湖　北	19031.55	16136.10	17.9
5	四　川	17351.19	15612.70	11.1
6	山　东	16412.05	14947.30	9.8

续表

序号	省(区、市)	2021 年完成产值	2020 年完成产值	同比变化率
7	福　建	15810.43	14117.81	12.0
8	河　南	14192.01	13122.55	8.1
9	北　京	13987.73	12905.87	8.4
10	湖　南	13280.14	11863.77	11.9
11	安　徽	10584.04	9365.12	13.0
12	重　庆	9943.01	8974.97	10.8
13	江　西	9762.95	8649.16	12.9
14	上　海	9236.42	8277.04	11.6
15	陕　西	9176.40	8501.13	7.9
16	云　南	7336.58	6724.82	9.1
17	广　西	6699.59	5853.24	14.5
18	河　北	6484.60	5948.09	9.0
19	山　西	5677.71	5113.64	11.0
20	天　津	4653.05	4388.17	6.0
21	贵　州	4578.04	4080.24	12.2
22	辽　宁	4044.90	3816.20	6.0
23	新　疆	3124.77	2693.12	16.0
24	甘　肃	2270.28	2049.28	10.8
25	吉　林	2246.29	2005.78	12.0
26	黑龙江	1328.50	1206.37	10.1
27	内蒙古	1279.38	1134.44	12.8
28	宁　夏	681.52	641.81	6.2
29	青　海	587.33	512.24	14.7
30	海　南	447.09	391.37	14.2
31	西　藏	270.73	294.74	-8.1

2021 年，全国建筑业企业省外完成总产值首次突破 10 万亿元，为 100711.63 亿元，同比增长 10.6%（见图 8）。占建筑业企业完成总产值的 34.4%，与上年持平。

从省（区、市）看，江苏省、北京市建筑企业省外完成产值超过 10000 亿元，分别为 16959.22 亿元、10369.92 亿元；湖北省、福建省、浙江省、上海市超过 5000 亿元，分别为 7992.96 亿元、7476.32 亿元、6783.40 亿元、5507.05 亿元。

内蒙古自治区、海南省、西藏自治区建筑业企业省外完成产值增长幅度超过 40%，同比分别增长 47.8%、55.0%、53.3%；宁夏回族自治区建筑业企业省外完成产值为负增长，同比下降 5.5%（见表 5）。

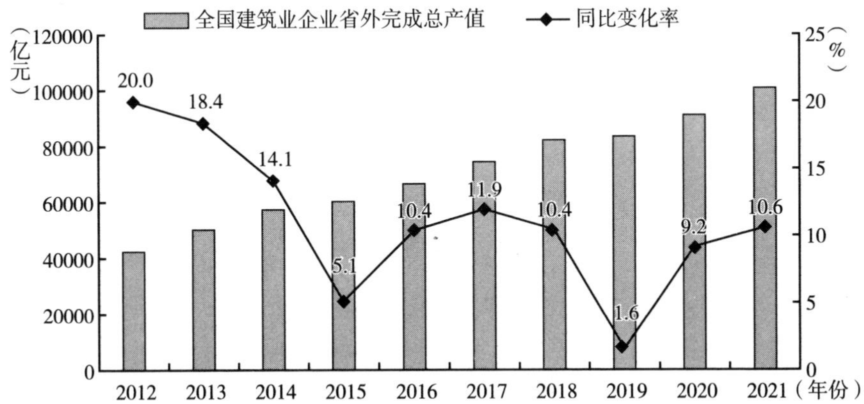

图 8　2012~2021 年全国建筑业企业省外完成总产值及同比变化率

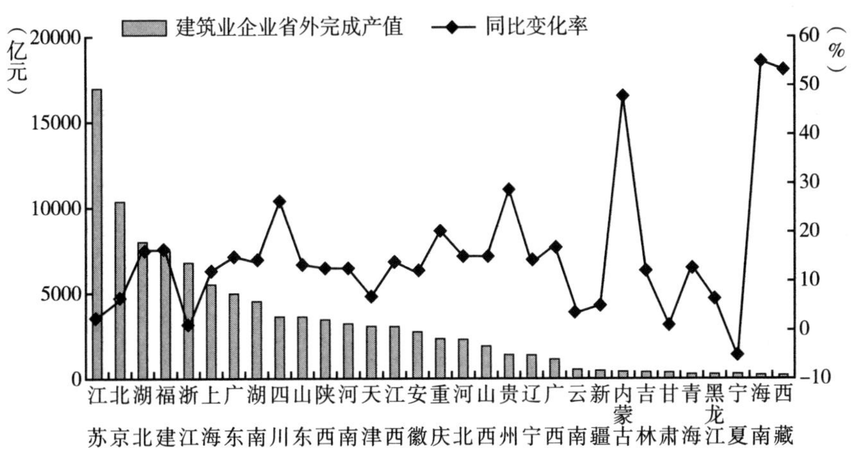

图 9　2021 年 31 个省（区、市）建筑业企业省外完成产值及同比变化率

表 5　2020 年、2021 年 31 个省（区、市）建筑业企业省外完成产值及同比变化率

单位：亿元，%

序号	省（区、市）	2021 年省外完成产值	2020 年省外完成产值	同比变化率
1	江　苏	16959. 22	16538. 26	2. 5
2	北　京	10369. 92	9771. 73	6. 1
3	湖　北	7992. 96	6871. 19	16. 3
4	福　建	7476. 32	6446. 89	16. 0

续表

序号	省(区、市)	2021 年省外完成产值	2020 年省外完成产值	同比变化率
5	浙　江	6783.40	6742.16	0.6
6	上　海	5507.05	4915.86	12.0
7	广　东	4974.99	4328.31	14.9
8	湖　南	4525.38	3975.28	13.8
9	四　川	3632.17	2874.17	26.4
10	山　东	3623.98	3198.24	13.3
11	陕　西	3457.04	3070.44	12.6
12	河　南	3222.70	2864.95	12.5
13	天　津	3071.21	2875.06	6.8
14	江　西	3057.78	2684.93	13.9
15	安　徽	2744.57	2458.67	11.6
16	重　庆	2345.66	1951.38	20.2
17	河　北	2304.27	2003.11	15.0
18	山　西	1912.78	1669.83	14.5
19	贵　州	1413.09	1097.71	28.7
20	辽　宁	1389.52	1223.08	13.6
21	广　西	1143.52	975.41	17.2
22	云　南	528.59	510.55	3.5
23	新　疆	465.15	442.83	5.0
24	内蒙古	407.24	275.52	47.8
25	吉　林	380.97	341.76	11.5
26	甘　肃	363.50	359.77	1.0
27	青　海	262.59	232.16	13.1
28	黑龙江	261.26	245.48	6.4
29	宁　夏	94.27	99.74	-5.5
30	海　南	27.90	18.00	55.0
31	西　藏	12.63	8.24	53.3

从地区看，华东地区建筑业企业完成产值 123061.35 亿元，位列第一；华南地区保持高速增长，同比增长 15.5%。

建筑业企业省外完成产值最高的地区为华东地区，为 46152.32 亿元；增长幅度最高的地区为西南地区，同比增长 23.1%（见表 6）。

表 6　2021 年各地区建筑业企业完成产值、省外完成产值及同比变化率

单位：亿元，%

地区	建筑业企业完成产值	同比变化率	建筑业企业省外完成产值	同比变化率
华北地区	32082.47	8.8	18065.42	8.9
华东地区	123061.35	10.3	46152.32	7.4
华中地区	46503.70	13.1	15741.04	14.8
华南地区	28492.26	15.5	6146.41	15.5
西北地区	15840.30	10.0	4642.55	10.4
西南地区	39479.55	10.6	7932.14	23.1
东北地区	7619.69	8.4	2031.75	12.2

（二）企业新签合同额增速放缓

2021 年，全国建筑业企业新签合同额为 344558.10 亿元，同比增长 6.0%，增幅较上年下降 6.4 个百分点（见图 10）。

建筑业企业新签合同额超过 10000 亿元的省（市）增长到 14 个，分别为江苏省、广东省、湖北省、浙江省、四川省、山东省、北京市、河南省、福建省、上海市、湖南省、安徽省、陕西省、重庆市。上述省（市）建筑业企业新签合同额占全国建筑业企业新签合同额的 78.9%。

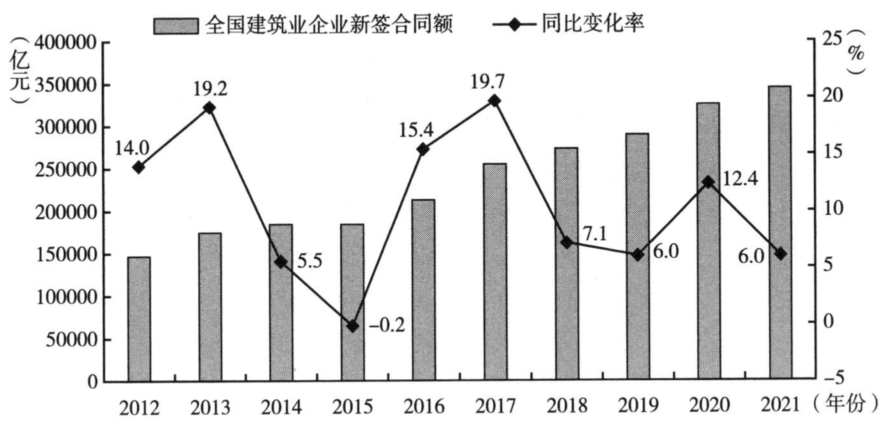

图 10　2012~2021 年全国建筑业企业新签合同额及同比变化率

从省（区、市）看，江苏省建筑业企业新签合同额为 34608.65 亿元，位列第一；广东省、湖北省、浙江省、四川省、山东省新签合同额超过 20000 亿元，分别为 29647.62 亿元、25521.32 亿元、22913.44 亿元、21216.56 亿元、20163.01 亿元。

青海省增长幅度最大，同比增长 28.7%；浙江省、福建省、贵州省、辽宁省、吉林省、内蒙古自治区、海南省小幅度下降，西藏自治区下降幅度最大，同比下降 27.4%（见图 11、表 7）。

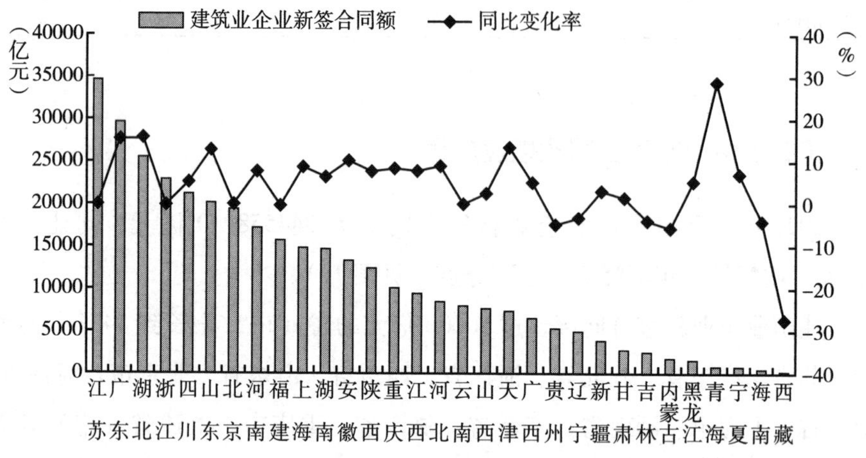

图 11　2021 年 31 个省（区、市）建筑业企业新签合同额及同比变化率

表 7　2020 年、2021 年 31 个省（区、市）建筑业企业新签合同额及同比变化率

单位：亿元，%

序号	省(区、市)	2021 年新签合同额	2020 年新签合同额	同比变化率
1	江　苏	34608.65	34603.86	0.01
2	广　东	29647.62	25699.20	15.4
3	湖　北	25521.32	22055.89	15.7
4	浙　江	22913.44	22948.87	-0.15
5	四　川	21216.56	20158.96	5.2
6	山　东	20163.01	17876.43	12.8
7	北　京	19409.17	19403.29	0.03
8	河　南	17164.96	15935.00	7.7

续表

序号	省(区、市)	2021 年新签合同额	2020 年新签合同额	同比变化率
9	福　建	15696.76	15748.79	-0.33
10	上　海	14817.11	13623.17	8.8
11	湖　南	14676.79	13791.16	6.4
12	安　徽	13322.70	12085.76	10.2
13	陕　西	12429.51	11538.09	7.7
14	重　庆	10109.74	9325.43	8.4
15	江　西	9456.35	8769.13	7.8
16	河　北	8501.06	7800.26	9.0
17	云　南	8001.67	7998.55	0.04
18	山　西	7686.76	7495.53	2.6
19	天　津	7390.42	6516.74	13.4
20	广　西	6554.27	6234.43	5.1
21	贵　州	5337.95	5611.79	-4.9
22	辽　宁	4969.75	5139.39	-3.3
23	新　疆	3900.40	3783.88	3.1
24	甘　肃	2794.19	2753.46	1.5
25	吉　林	2509.88	2614.09	-4.0
26	内蒙古	1791.21	1900.35	-5.7
27	黑龙江	1580.77	1501.24	5.3
28	青　海	830.71	645.37	28.7
29	宁　夏	802.10	749.27	7.1
30	海　南	509.62	531.59	-4.1
31	西　藏	243.65	335.43	-27.4

从地区看，华东地区建筑业企业新签合同额为130978.02亿元，位列第一；华中地区、华南地区建筑业企业新签合同额同比分别增长10.8%、13.1%（见表8）。

表8　2021年各地区建筑业企业新签合同额及同比变化率

单位：亿元，%

地区	建筑业企业新签合同额	同比变化率
华北地区	44778.62	3.9
华东地区	130978.02	4.2
华中地区	57363.07	10.8

续表

地区	建筑业企业新签合同额	同比变化率
华南地区	36711.51	13.1
西北地区	20756.91	6.6
西南地区	44909.57	3.4
东北地区	9060.40	-2.1

（三）企业利润保持稳定态势

2021 年，全国具有资质等级的总承包和专业承包建筑业企业实现利润 8554 亿元，比上年增长 1.3%（见图 12），其中国有控股企业实现利润 3620 亿元，增长 8.0%。

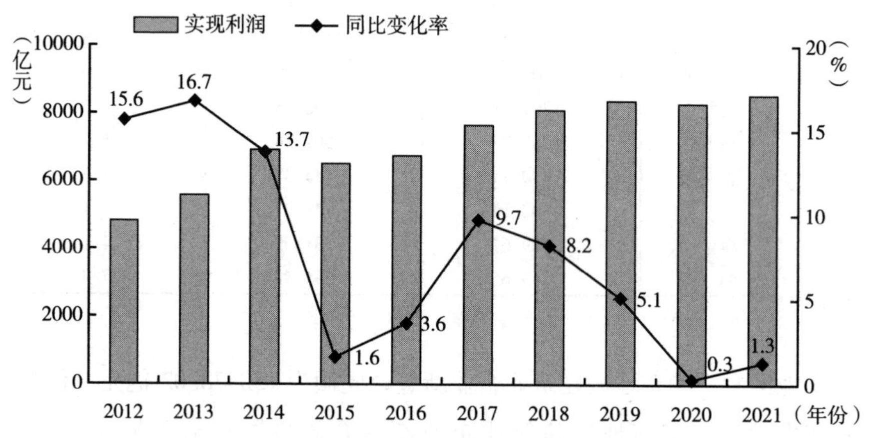

图 12　2012~2021 年全国具有资质等级的总承包和专业承包建筑业企业实现利润及同比变化率

（四）房屋建筑新开工面积增幅下滑

2021 年，全国房屋建筑新开工面积为 492097.4 万平方米，同比下降 4.0%（见图 13）。

从省（区、市）看，江苏省房屋建筑新开工面积为 83533.60 万平方

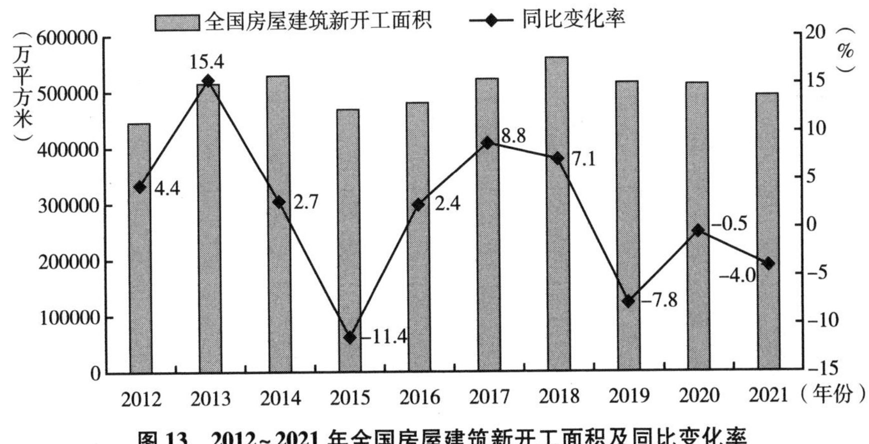

图 13　2012~2021 年全国房屋建筑新开工面积及同比变化率

米，位列第一；浙江省 52004.90 万平方米，位列第二；湖北省、山东省、广东省新开工面积超过 30000 万平方米，分别为 33711.04 万平方米、32571.67 万平方米、30525.01 万平方米。

新疆维吾尔自治区增长幅度最大，为 27.5%；内蒙古自治区、海南省、西藏自治区下降幅度均超过 20%，同比分别下降 25.7%、31.0%、46.4%（见图 14、表 9）。

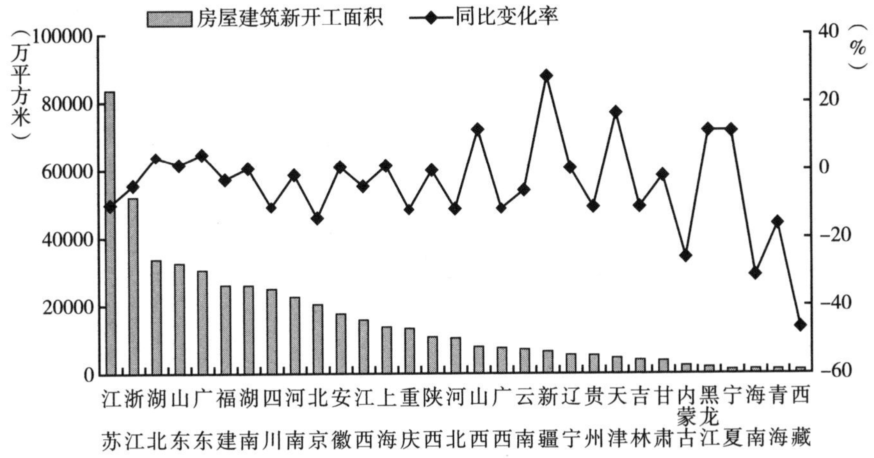

图 14　2021 年 31 个省（区、市）房屋建筑新开工面积及同比变化率

表 9　2020 年、2021 年 31 个省（区、市）房屋建筑新开工面积及同比变化率

单位：万平方米，%

序号	省(区、市)	2021 年房屋建筑新开工面积	2020 年房屋建筑新开工面积	同比变化率
1	江　苏	83533. 60	93079. 78	-10. 3
2	浙　江	52004. 90	54451. 96	-4. 5
3	湖　北	33711. 04	32486. 99	3. 8
4	山　东	32571. 67	32079. 50	1. 5
5	广　东	30525. 01	29175. 62	4. 6
6	福　建	26133. 21	26866. 75	-2. 7
7	湖　南	26085. 14	25938. 88	0. 56
8	四　川	25053. 48	28123. 20	-10. 9
9	河　南	22669. 41	22979. 40	-1. 3
10	北　京	20361. 03	23714. 20	-14. 1
11	安　徽	17579. 70	17414. 81	0. 95
12	江　西	15796. 33	16582. 77	-4. 7
13	上　海	13722. 11	13548. 01	1. 3
14	重　庆	13250. 75	15007. 68	-11. 7
15	陕　西	10750. 51	10758. 52	-0. 07
16	河　北	10414. 84	11764. 49	-11. 5
17	山　西	7843. 38	7010. 06	11. 9
18	广　西	7490. 56	8453. 33	-11. 4
19	云　南	7063. 55	7514. 10	-6. 0
20	新　疆	6445. 43	5053. 75	27. 5
21	辽　宁	5456. 35	5426. 27	0. 55
22	贵　州	5344. 58	5998. 15	-10. 9
23	天　津	4580. 40	3922. 07	16. 8
24	吉　林	3950. 77	4430. 12	-10. 8
25	甘　肃	3750. 13	3815. 31	-1. 7
26	内蒙古	2296. 19	3089. 61	-25. 7
27	黑龙江	1837. 36	1645. 64	11. 7
28	宁　夏	1129. 01	1012. 88	11. 5
29	海　南	337. 80	489. 28	-31. 0
30	青　海	276. 66	328. 93	-15. 9
31	西　藏	132. 45	247. 29	-46. 4

从地区看，华东地区房屋建筑新开工面积为 241341.52 万平方米，位列第一；华中地区、华南地区、西北地区小幅增长，西南地区下降幅度最大，同比下降 10.6%（见表 10）。

表 10　2021 年各地区房屋建筑新开工面积及同比变化率

单位：万平方米，%

地区	房屋建筑新开工面积	同比变化率
华北地区	45495.84	-8.1
华东地区	241341.52	-5.0
华中地区	82465.59	1.3
华南地区	38353.37	0.6
西北地区	22351.74	6.6
西南地区	50844.81	-10.6
东北地区	11244.48	-2.2

（五）建筑业企业数和企业人员数增减互现

2021 年，全国建筑业企业数为 128746 个，同比增长 10.3%，连续两年增长幅度超过 10%（见图 15）。

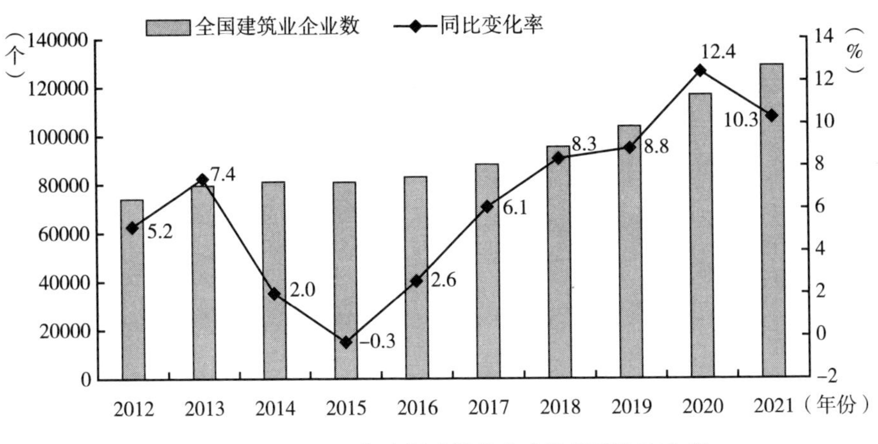

图 15　2012~2021 年全国建筑业企业数及同比变化率

从省（区、市）看，江苏省建筑业企业数为 11396 个，位列第一；山东省为 9297 个，位列第二；浙江省、广东省、河南省数量均超过 8000 个，分别为 8750 个、8501 个、8158 个。

增长幅度超过 20%的有安徽省、江西省、天津市、广西壮族自治区 4 个省（区、市），同比分别增长 20.1%、24.3%、23.7%、22.9%（见图 16、表 11）。

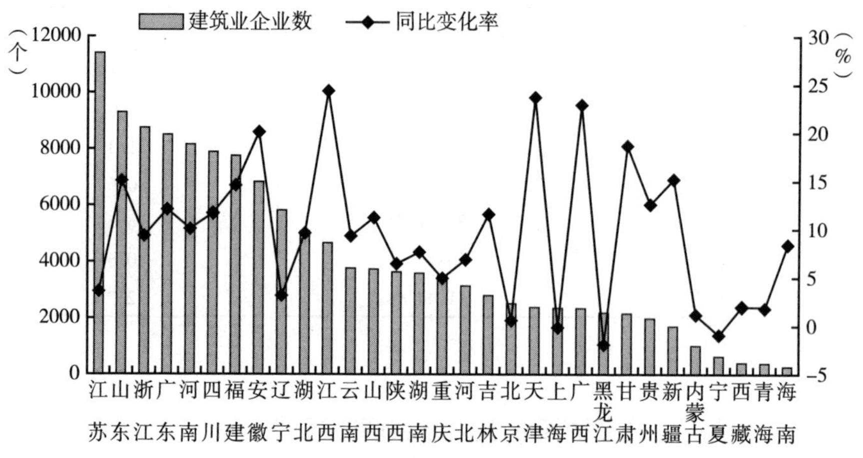

图 16　2021 年 31 个省（区、市）建筑业企业数及同比变化率

表 11　2020 年、2021 年 31 个省（区、市）建筑业企业数及同比变化率

单位：个，%

序号	省(区、市)	2021 年建筑业企业数	2020 年建筑业企业数	同比变化率
1	江　苏	11396	11000	3.6
2	山　东	9297	8081	15.0
3	浙　江	8750	8004	9.3
4	广　东	8501	7587	12.0
5	河　南	8158	7413	10.0
6	四　川	7891	7067	11.7
7	福　建	7758	6772	14.6
8	安　徽	6834	5692	20.1
9	辽　宁	5816	5638	3.2
10	湖　北	5077	4632	9.6
11	江　西	4663	3751	24.3
12	云　南	3770	3449	9.3

续表

序号	省(区、市)	2021 年建筑业企业数	2020 年建筑业企业数	同比变化率
13	山　西	3733	3357	11. 2
14	陕　西	3636	3416	6. 4
15	湖　南	3590	3335	7. 6
16	重　庆	3500	3335	4. 9
17	河　北	3142	2940	6. 9
18	吉　林	2801	2511	11. 5
19	北　京	2518	2503	0. 60
20	天　津	2388	1931	23. 7
21	上　海	2362	2365	-0. 13
22	广　西	2351	1913	22. 9
23	黑龙江	2195	2237	-1. 9
24	甘　肃	2168	1827	18. 7
25	贵　州	1993	1770	12. 6
26	新　疆	1713	1487	15. 2
27	内蒙古	1026	1014	1. 2
28	宁　夏	648	654	-0. 92
29	西　藏	410	402	2. 0
30	青　海	390	383	1. 8
31	海　南	271	250	8. 4

2021 年，全国建筑业企业人员数为 5282. 97 万人，同比下降 1. 6%，连续 3 年呈负增长（见图 17）。

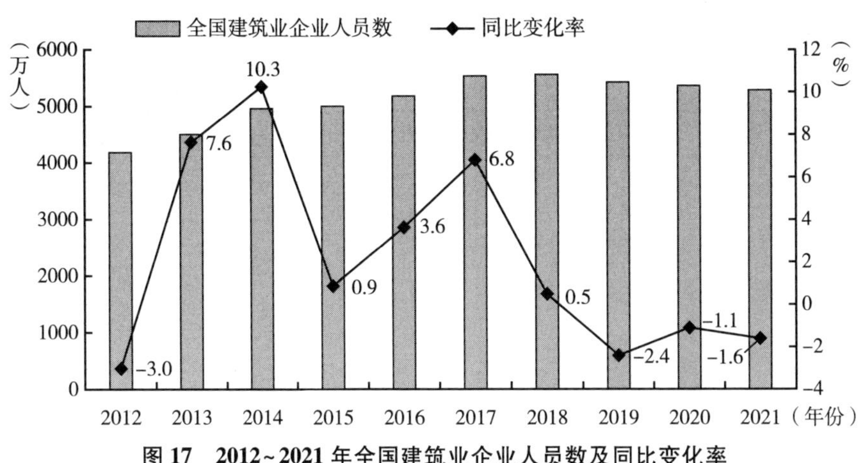

图 17　2012~2021 年全国建筑业企业人员数及同比变化率

从省（区、市）看，建筑业企业人员数超过200万人的10个省（市）占行业企业人员总数的73.6%。江苏省建筑业企业人员数为880.09万人，位列第一；浙江省538.25万人，位列第二；福建省、四川省、广东省均超过300万人，分别为477.65万人、364.57万人、354.49万人。

各省（区、市）中，江苏省、广东省、河南省、湖北省、山西省、北京市、吉林省有所增加，同比分别增长2.9%、3.7%、0.15%、6.8%、3.5%、7.7%、7.8%。西藏自治区下降幅度最大，同比下降26.7%（见图18、表12）。

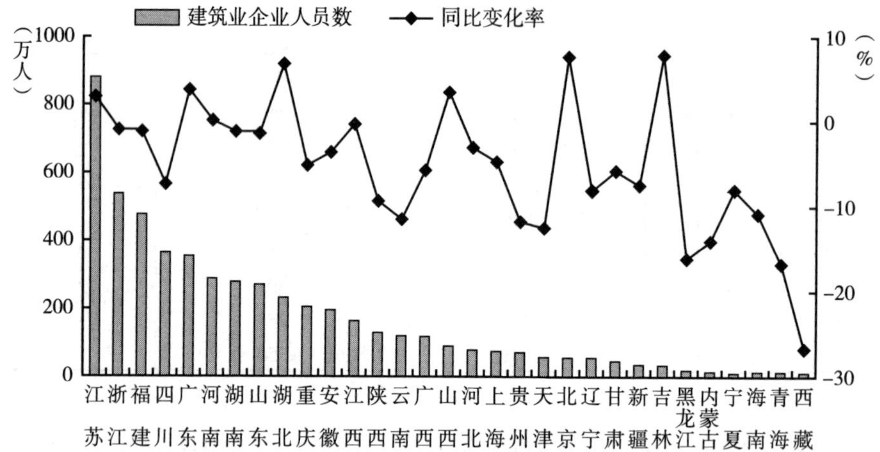

图18　2021年31个省（区、市）建筑业企业人员数及同比变化率

表12　2020年、2021年31个省（区、市）建筑业企业人员数及同比变化率

单位：万人，%

序号	省(区、市)	2021年建筑业企业人员数	2020年建筑业企业人员数	同比变化率
1	江　苏	880.09	855.00	2.9
2	浙　江	538.25	543.33	-0.93
3	福　建	477.65	483.18	-1.1
4	四　川	364.57	393.33	-7.3
5	广　东	354.49	341.69	3.7
6	河　南	288.09	287.67	0.15
7	湖　南	278.63	281.92	-1.2
8	山　东	270.65	274.49	-1.4

续表

序号	省(区、市)	2021 年建筑业企业人员数	2020 年建筑业企业人员数	同比变化率
9	湖　北	232.47	217.63	6.8
10	重　庆	205.54	216.62	-5.1
11	安　徽	196.15	203.45	-3.6
12	江　西	164.48	164.97	-0.30
13	陕　西	129.84	143.16	-9.3
14	云　南	120.21	135.75	-11.4
15	广　西	118.51	125.68	-5.7
16	山　西	90.34	87.30	3.5
17	河　北	78.97	81.44	-3.0
18	上　海	74.92	78.63	-4.7
19	贵　州	71.58	81.10	-11.7
20	天　津	57.60	65.82	-12.5
21	北　京	56.26	52.26	7.7
22	辽　宁	55.96	60.89	-8.1
23	甘　肃	46.00	48.83	-5.8
24	新　疆	35.70	38.59	-7.5
25	吉　林	33.72	31.27	7.8
26	黑龙江	19.47	23.22	-16.1
27	内蒙古	15.49	18.02	-14.0
28	宁　夏	11.09	12.06	-8.0
29	海　南	6.40	7.18	-10.9
30	青　海	6.01	7.22	-16.8
31	西　藏	3.84	5.24	-26.7

从地区看，华东地区建筑业企业数为 51060 个，位列第一；华东地区、华南地区、西北地区增长幅度均超过 10%，同比分别增长 11.8%、14.1%、10.1%。

华东地区建筑业企业人员数达 2602.19 万人，位列第一。各地区中，仅华中地区、华南地区分别小幅增长 1.5%、1.0%；西北地区、西南地区下降幅度较大，同比分别下降 8.5%、8.0%（见表 13）。

表 13　2021 年各地区建筑业企业数、建筑业企业人员数及同比变化率

单位：个，万人，%

地区	建筑业企业数	同比变化率	建筑业企业人员数	同比变化率
华北地区	12807	9.0	298.66	-2.0
华东地区	51060	11.8	2602.19	-0.03
华中地区	16825	9.4	799.19	1.5
华南地区	11123	14.1	479.40	1.0
西北地区	8555	10.1	228.64	-8.5
西南地区	17564	9.6	765.74	-8.0
东北地区	10812	4.1	109.15	-5.4

（六）对外投资合作平稳发展

2021 年，我国对外全行业直接投资 9366.90 亿元人民币，同比增长 2.2%（折合 1451.90 亿美元，同比增长 9.2%）。

我国对外承包工程业务完成营业额 9996.20 亿元人民币，同比下降 7.1%（折合 1549.40 亿美元，同比下降 0.6%）；对外承包新签合同额 16676.80 亿元人民币，同比下降 5.4%（折合 2584.90 亿美元，同比增长 1.2%）（见图 19、图 20）。

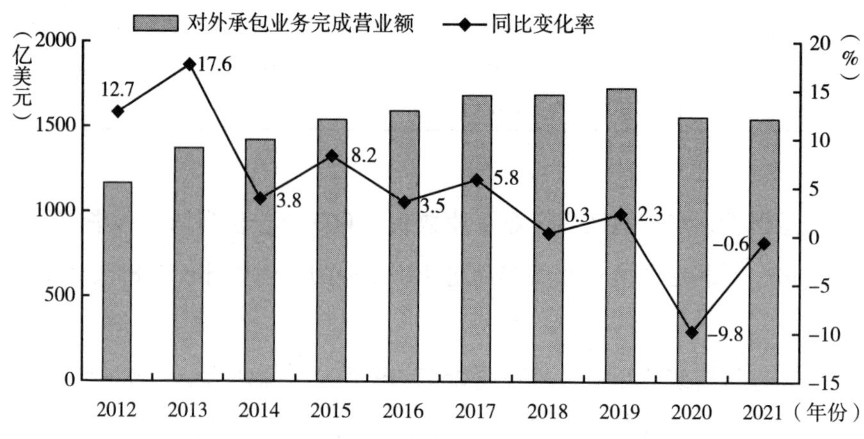

图 19　2012~2021 年对外承包业务完成营业额及同比变化率

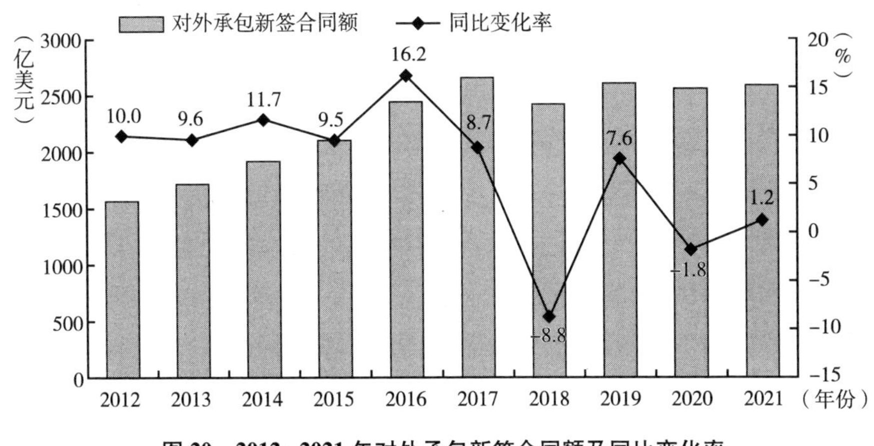

图 20　2012~2021 年对外承包新签合同额及同比变化率

2021 年，我国企业对共建“一带一路”57 个国家非金融类直接投资 1309.70 亿元人民币，同比增长 6.7%（折合 203.00 亿美元，同比增长 14.1%），占同期总额的 17.9%，较上年同期增长 1.7 个百分点。

对外承包工程方面，我国企业对共建“一带一路”60 个国家新签对外承包工程项目合同 6257 份，新签合同额 8647.60 亿元人民币，同比下降 11.4%（折合 1340.40 亿美元，同比下降 5.2%），占同期我国对外承包工程新签合同额的 51.9%；完成营业额 5785.70 亿元人民币，同比下降 7.9%（折合 896.80 亿美元，同比下降 1.6%），占同期总额的 57.9%。

（七）国有及国有控股建筑业企业发展势头强劲

1. 完成产值增长幅度创近10年新高

2021 年，国有及国有控股建筑业企业完成总产值 110465.90 亿元，同比增长 15.2%（见图 21），占建筑业企业总产值的 37.7%，为 10 年以来最高增幅。

从省（区、市）看，北京市、湖北省国有及国有控股建筑业企业完成产值超过 10000 亿元，分别为 11403.57 亿元、10543.66 亿元；广东省完成产值 9865.35 亿元，位列第三。

完成产值增长幅度较大的是内蒙古自治区、吉林省、四川省，同比分别

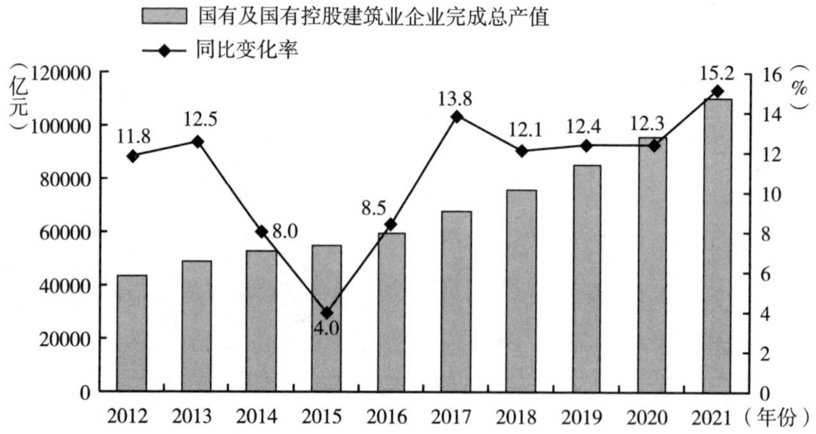

图 21　2012~2021 年国有及国有控股建筑业企业完成总产值及同比变化率

增长 52.4%、41.8%、32.1%；西藏自治区、海南省为负增长，同比分别下降 0.2%、12.1%。

北京市、天津市国有及国有控股建筑业完成产值占全省（区、市）比重较高，分别为 81.5%、71.5%；浙江省占比最低，为 9.3%（见图 22、表 14）。

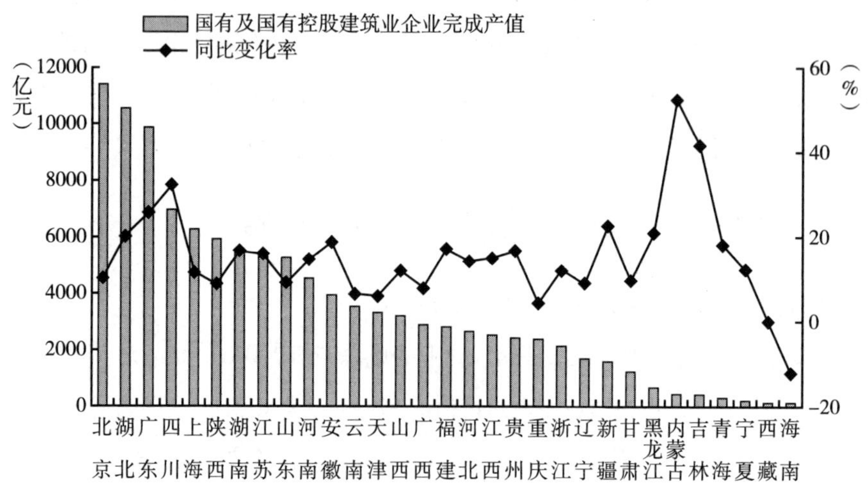

图 22　2021 年 31 个省（区、市）国有及国有控股建筑业企业完成产值及同比变化率

表 14　2020 年、2021 年 31 个省（区、市）国有及国有控股建筑业企业完成产值、同比变化率及占全省（区、市）比重

单位：亿元，%

序号	省(区、市)	2021 年完成产值	2020 年完成产值	同比变化率	占全省(区、市)比重
1	北　京	11403.57	10345.37	10.2	81.5
2	湖　北	10543.66	8766.77	20.3	55.4
3	广　东	9865.35	7852.98	25.6	46.2
4	四　川	6964.83	5273.97	32.1	40.1
5	上　海	6270.62	5611.22	11.8	67.9
6	陕　西	5933.95	5456.96	8.7	64.7
7	湖　南	5574.91	4779.15	16.7	42.0
8	江　苏	5297.03	4571.03	15.9	13.9
9	山　东	5261.21	4824.41	9.1	32.1
10	河　南	4527.16	3950.61	14.6	31.9
11	安　徽	3937.33	3314.79	18.8	37.2
12	云　南	3539.63	3322.25	6.5	48.2
13	天　津	3328.40	3136.90	6.1	71.5
14	山　西	3216.83	2870.91	12.0	56.7
15	广　西	2896.11	2679.56	8.1	43.2
16	福　建	2826.30	2412.94	17.1	17.9
17	河　北	2661.66	2328.50	14.3	41.0
18	江　西	2530.85	2198.09	15.1	25.9
19	贵　州	2437.84	2088.56	16.7	53.3
20	重　庆	2384.83	2284.64	4.4	24.0
21	浙　江	2138.38	1903.07	12.4	9.3
22	辽　宁	1706.58	1566.78	8.9	42.2
23	新　疆	1593.90	1300.27	22.6	51.0
24	甘　肃	1244.09	1134.62	9.6	54.8
25	黑龙江	675.63	560.02	20.6	50.9
26	内蒙古	444.73	291.81	52.4	34.8
27	吉　林	432.69	305.24	41.8	19.3
28	青　海	317.25	268.53	18.1	54.0
29	宁　夏	221.00	196.98	12.2	32.4
30	西　藏	145.14	145.44	-0.2	53.6
31	海　南	144.44	164.30	-12.1	32.3

从地区看，华北地区、华东地区、华中地区国有及国有控股建筑业企业完成产值超过20000 亿元，分别为 21055.19 亿元、28261.72 亿元、

20645.73 亿元。

华南地区国有及国有控股建筑业企业完成产值增长幅度最大，同比增长 20.7%。

国有及国有控股建筑业企业完成产值占地区完成总产值的比重超过 50%的有华北地区、西北地区，分别占比 65.6%、58.8%；华东地区占比最低，为 23.0%（见表 15）。

表 15　2021 年各地区国有及国有控股建筑业企业完成产值、占地区完成总产值比重及同比变化率

单位：亿元，%

地区	建筑业企业完成产值	占地区完成总产值比重	同比变化率
华北地区	21055.19	65.6	11.0
华东地区	28261.72	23.0	13.8
华中地区	20645.73	44.4	18.0
华南地区	12905.90	45.3	20.7
西北地区	9310.19	58.8	11.4
西南地区	15472.27	39.2	18.0
东北地区	2814.90	36.9	15.7

2021 年，国有及国有控股建筑业企业省外完成产值 55023.22 亿元，同比增长 14.4%（见图 23），占建筑业企业省外完成总产值的 54.6%。

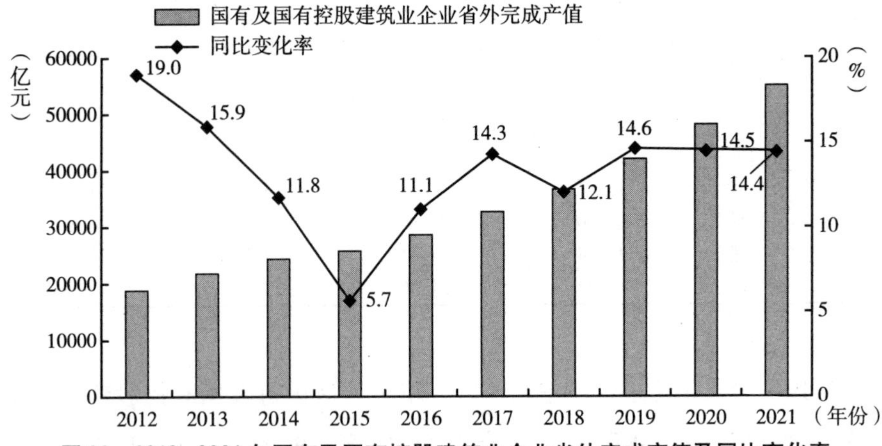

图 23　2012~2021 年国有及国有控股建筑业企业省外完成产值及同比变化率

从省（区、市）看，北京市国有及国有控股建筑业企业省外完成产值9133.48亿元，位列第一；湖北省6717.33亿元，位列第二；上海市4478.19亿元，位列第三。

省外完成产值增长幅度较大的有四川省、内蒙古自治区、西藏自治区，同比分别增长42.3%、75.8%、94.7%。

国有及国有控股建筑业企业省外完成产值占全省（区、市）比重普遍较高，超过80%的有北京市、湖北省、上海市、陕西省、天津市、贵州省、云南省、青海省等8个省（市）（见图24、表16）。

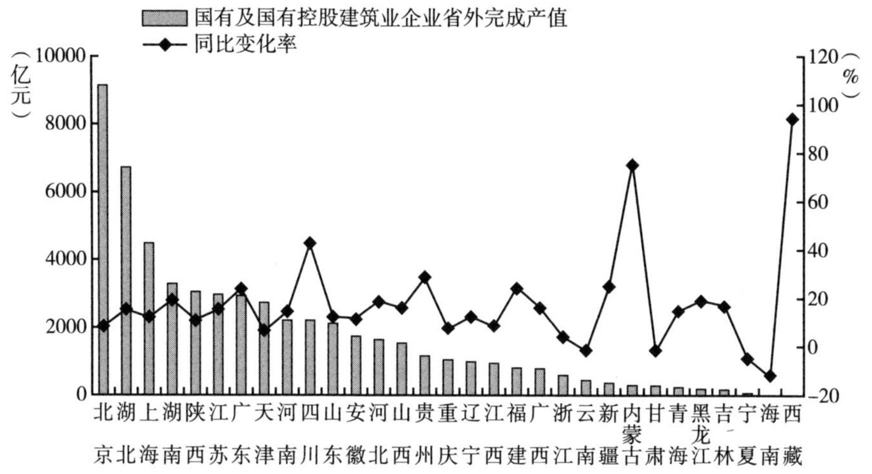

图24　2021年31个省（区、市）国有及国有控股建筑业企业省外完成产值及同比变化率

表16　2020年、2021年31个省（区、市）国有及国有控股建筑业企业省外完成产值、同比变化率及占全省（区、市）比重

单位：亿元，%

序号	省(区、市)	2021年省外完成产值	2020年省外完成产值	同比变化率	占全省(区、市)比重
1	北　京	9133.48	8423.33	8.4	88.1
2	湖　北	6717.33	5822.34	15.4	84.0
3	上　海	4478.19	3996.42	12.1	81.3
4	湖　南	3282.17	2750.70	19.3	72.5
5	陕　西	3048.17	2745.91	11.0	88.2
6	江　苏	2965.44	2570.45	15.4	17.5

续表

序号	省(区、市)	2021年省外完成产值	2020年省外完成产值	同比变化率	占全省(区、市)比重
7	广　东	2928.75	2362.84	24.0	58.9
8	天　津	2723.68	2560.18	6.4	88.7
9	河　南	2212.29	1932.28	14.5	68.6
10	四　川	2205.23	1549.56	42.3	60.7
11	山　东	2118.74	1885.30	12.4	58.5
12	安　徽	1745.24	1560.92	11.8	63.6
13	河　北	1624.07	1367.05	18.8	70.5
14	山　西	1521.80	1312.63	15.9	79.6
15	贵　州	1147.75	894.26	28.3	81.2
16	重　庆	1036.04	964.49	7.4	44.2
17	辽　宁	979.77	870.69	12.5	70.5
18	江　西	942.06	869.19	8.4	30.8
19	福　建	806.98	647.78	24.6	10.8
20	广　西	782.67	673.33	16.2	68.4
21	浙　江	585.23	562.58	4.0	8.6
22	云　南	439.97	447.83	-1.8	83.2
23	新　疆	361.58	290.43	24.5	77.7
24	内蒙古	293.77	167.08	75.8	72.1
25	甘　肃	276.00	281.46	-1.9	75.9
26	青　海	234.60	204.42	14.8	89.3
27	黑龙江	185.04	155.19	19.2	70.8
28	吉　林	164.56	140.44	17.2	43.2
29	宁　夏	62.73	65.89	-4.8	66.5
30	海　南	9.96	11.37	-12.4	35.7
31	西　藏	9.93	5.10	94.7	78.6

从地区看，华北地区、华东地区、华中地区国有及国有控股建筑业企业省外完成产值均超过10000亿元，分别为15296.80亿元、13641.88亿元、12211.79亿元。

华南地区、西南地区增长幅度超过20%，同比分别增长22.1%、25.3%。

国有及国有控股建筑业企业省外完成产值占地区省外完成产值比重较高的为华北地区、西北地区，分别占比84.7%、85.8%（见表17）。

表 17　2021 年各地区国有及国有控股建筑业企业省外完成产值、占地区省外完成产值比重及同比变化率

单位：亿元，%

地区	省外完成产值	占地区省外完成产值比重	同比变化率
华北地区	15296.80	84.7	10.6
华东地区	13641.88	29.6	12.8
华中地区	12211.79	77.6	16.2
华南地区	3721.38	60.5	22.1
西北地区	3983.08	85.8	11.0
西南地区	4838.92	61.0	25.3
东北地区	1329.37	65.4	14.0

2. 企业新签合同额增速放缓

2021 年，国有及国有控股建筑业企业新签合同额为 165668.85 亿元，同比增长 8.7%，增长幅度较上年下降 10.8 个百分点（见图 25），占全国建筑业企业新签合同额的 48.1%。

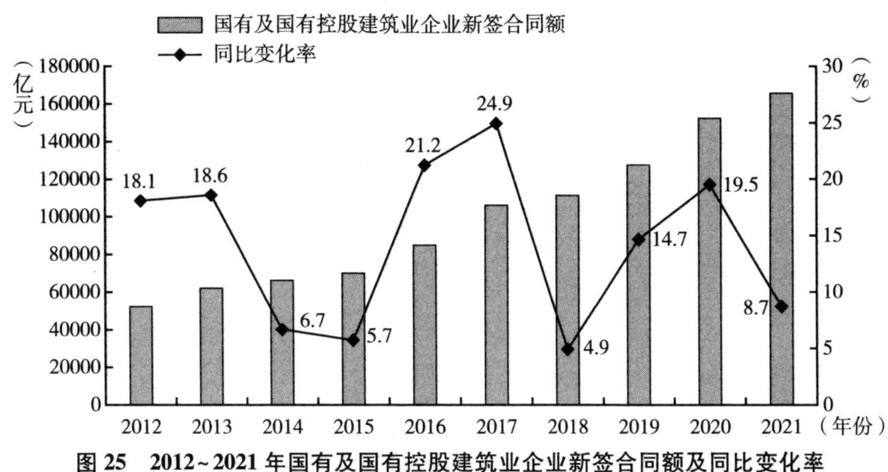

图 25　2012~2021 年国有及国有控股建筑业企业新签合同额及同比变化率

从省（区、市）看，湖北省国有及国有控股建筑业企业新签合同额为 17253.70 亿元，位列第一；北京市企业新签合同额为 16909.88 亿元，位列第二。

国有及国有控股建筑业企业新签合同额增长幅度超过 20%的有广东省、

青海省，分别为 23.5%、21.6%。

国有及国有控股建筑业企业新签合同额占全省（区、市）比重较高的为北京市、上海市、天津市，分别为 87.1%、81.2%、82.6%（见图 26、表 18）。

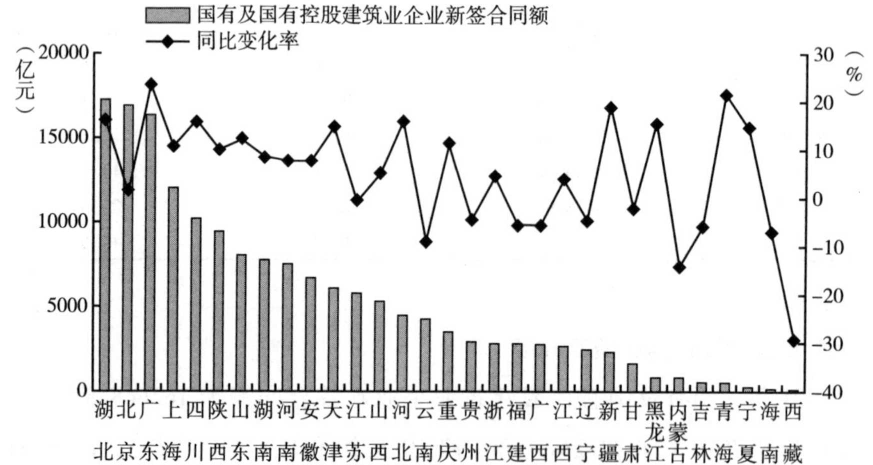

图 26　2021 年 31 个省（区、市）国有及国有控股建筑业企业新签合同额及同比变化率

表 18　2020 年、2021 年 31 个省（区、市）国有及国有控股建筑业企业新签合同额、同比变化率及占全省（区、市）比重

单位：亿元，%

序号	省(区、市)	2021 年新签合同额	2020 年新签合同额	同比变化率	占全省(区、市)比重
1	湖　北	17253.70	14824.79	16.4	67.6
2	北　京	16909.88	16729.30	1.1	87.1
3	广　东	16351.89	13237.18	23.5	55.2
4	上　海	12025.50	10862.01	10.7	81.2
5	四　川	10208.99	8787.79	16.2	48.1
6	陕　西	9451.77	8580.61	10.2	76.0
7	山　东	8049.78	7175.41	12.2	39.9
8	湖　南	7779.75	7157.25	8.7	53.0
9	河　南	7541.04	7001.12	7.7	43.9
10	安　徽	6717.21	6238.81	7.7	50.4
11	天　津	6105.18	5321.56	14.7	82.6
12	江　苏	5806.53	5844.67	-0.7	16.8
13	山　西	5343.42	5091.19	5.0	69.5
14	河　北	4496.92	3878.90	15.9	52.9

续表

序号	省(区、市)	2021 年新签合同额	2020 年新签合同额	同比变化率	占全省(区、市)比重
15	云　南	4268.12	4684.03	-8.9	53.3
16	重　庆	3526.48	3176.12	11.0	34.9
17	贵　州	2931.08	3065.82	-4.4	54.9
18	浙　江	2820.78	2702.20	4.4	12.3
19	福　建	2819.08	2981.13	-5.4	18.0
20	广　西	2775.99	2939.14	-5.6	42.4
21	江　西	2667.55	2570.28	3.8	28.2
22	辽　宁	2492.37	2610.30	-4.5	50.2
23	新　疆	2340.78	1963.45	19.2	60.0
24	甘　肃	1654.22	1688.54	-2.0	59.2
25	黑龙江	836.47	722.96	15.7	52.9
26	内蒙古	832.87	969.63	-14.1	46.5
27	吉　林	563.43	599.34	-6.0	22.4
28	青　海	529.61	435.60	21.6	63.8
29	宁　夏	276.08	241.11	14.5	34.4
30	海　南	160.88	173.35	-7.2	31.6
31	西　藏	131.50	185.85	-29.2	54.0

从地区看，华东地区国有及国有控股建筑业企业新签合同额为 40906.43 亿元，位列第一；华北地区、华中地区均超过 30000 亿元，分别为 33688.27 亿元、32574.49 亿元。

新签合同额增长幅度超过 10%的为华南地区、华中地区、西北地区，同比分别增长 18.0%、12.4%、10.4%。

国有及国有控股建筑业企业新签合同额占地区总新签合同额比重最高的地区为华北地区，占比 75.2%；占比最低的为华东地区，占比 31.2%（见表 19）。

表 19　2021 年各地区国有及国有控股建筑业企业新签合同额、占地区总新签合同额比重及同比变化率

单位：亿元，%

地区	新签合同额	占地区总新签合同额比重	同比变化率
华北地区	33688.27	75.2	5.3
华东地区	40906.43	31.2	6.6
华中地区	32574.49	56.8	12.4

续表

地区	新签合同额	占地区总新签合同额比重	同比变化率
华南地区	19288.76	52.5	18.0
西北地区	14252.46	68.7	10.4
西南地区	21066.17	46.9	5.9
东北地区	3892.27	43.0	-1.0

3. 房屋建筑新开工面积小幅下降

2021 年，国有及国有控股建筑业房屋建筑新开工面积为 136607.8 万平方米，同比下降 2.5%（见图 27），占全国建筑业房屋建筑新开工面积的 27.8%。

图 27　2012~2021 年国有及国有控股建筑业房屋建筑新开工面积及同比变化率

从省（区、市）看，北京市国有及国有控股建筑业房屋建筑新开工面积为 18576.26 万平方米，位列第一；广东省 12509.71 万平方米，位列第二；湖北省 11835.98 万平方米，位列第三；上海市 10026.27 万平方米，位列第四。

国有及国有控股建筑业房屋建筑新开工面积增长幅度最大的为黑龙江省，同比增长 55.7%；内蒙古自治区、青海省、海南省下降幅度均超过 40%，同比分别下降 53.7%、51.7%、41.8%。

北京市、上海市、天津市国有及国有控股建筑业房屋建筑新开工面积占全省（区、市）比重较高，分别为91.2%、73.1%、75.0%（见图28、表20）。

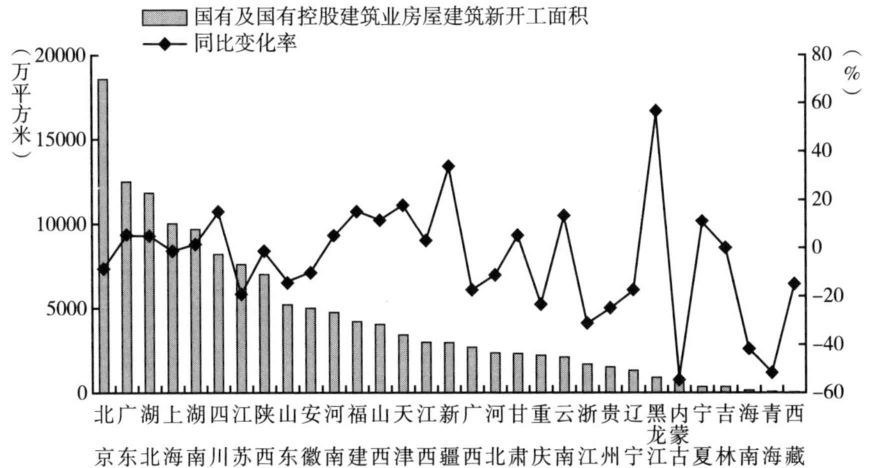

图28　2021年31个省（区、市）国有及国有控股建筑业房屋建筑新开工面积及同比变化率

表20　2020年、2021年31个省（区、市）国有及国有控股建筑业房屋建筑新开工面积、同比变化率及占全省（区、市）比重

单位：万平方米，%

序号	省(区、市)	2021年新开工面积	2020年新开工面积	同比变化率	占全省(区、市)比重
1	北　京	18576.26	20284.98	-8.4	91.2
2	广　东	12509.71	11896.92	5.2	41.0
3	湖　北	11835.98	11261.04	5.1	35.1
4	上　海	10026.27	10168.85	-1.4	73.1
5	湖　南	9691.56	9547.28	1.5	37.2
6	四　川	8188.05	7128.09	14.9	32.7
7	江　苏	7590.83	9406.11	-19.3	9.1
8	陕　西	7004.70	7125.38	-1.7	65.2
9	山　东	5205.87	6043.40	-13.9	16.0
10	安　徽	5013.14	5575.21	-10.1	28.5
11	河　南	4765.15	4549.33	4.7	21.0
12	福　建	4213.99	3654.25	15.3	16.1
13	山　西	4044.14	3624.80	11.6	51.6

续表

序号	省(区、市)	2021年新开工面积	2020年新开工面积	同比变化率	占全省(区、市)比重
14	天　津	3434.41	2918.00	17.7	75.0
15	江　西	2990.45	2905.83	2.9	18.9
16	新　疆	2960.55	2216.91	33.5	45.9
17	广　西	2697.81	3264.31	-17.4	36.0
18	河　北	2354.05	2653.17	-11.3	22.6
19	甘　肃	2315.69	2207.70	4.9	61.7
20	重　庆	2225.07	2896.46	-23.2	16.8
21	云　南	2119.14	1877.31	12.9	30.0
22	浙　江	1673.45	2437.69	-31.4	3.2
23	贵　州	1501.03	2002.84	-25.1	28.1
24	辽　宁	1292.59	1571.26	-17.7	23.7
25	黑龙江	889.34	571.14	55.7	48.4
26	内蒙古	618.85	1338.02	-53.7	27.0
27	宁　夏	339.89	307.74	10.4	30.1
28	吉　林	335.65	335.12	0.2	8.5
29	海　南	126.61	217.66	-41.8	37.5
30	青　海	43.89	90.85	-51.7	15.9
31	西　藏	23.64	27.84	-15.1	17.8

从地区看，华东地区国有及国有控股建筑业房屋建筑新开工面积为36714.00万平方米，位列第一；华北地区、华中地区均超过20000万平方米，分别为29027.71万平方米、26292.69万平方米。

国有及国有控股建筑业房屋建筑新开工面积增长幅度最大的为西北地区，同比增长6.0%；华北地区、华东地区、华南地区均为负增长，同比分别下降5.8%、8.7%、0.3%。

国有及国有控股建筑业房屋建筑新开工面积占地区总额比重较高的地区为华北地区、西北地区，分别占比63.8%、56.7%（见表21）。

表 21　2021 年各地区国有及国有控股建筑业房屋新开工面积、占地区总额比重及同比变化率

单位：万平方米，%

地区	新开工面积	占地区总额比重	同比变化率
华北地区	29027. 71	63. 8	-5. 8
华东地区	36714. 00	15. 2	-8. 7
华中地区	26292. 69	31. 9	3. 7
华南地区	15334. 13	40. 0	-0. 3
西北地区	12664. 72	56. 7	6. 0
西南地区	14056. 93	27. 6	0. 9
东北地区	2517. 58	22. 4	1. 6

4. 建筑业企业数及企业人员数持续增长

2021 年，国有及国有控股建筑业企业数为 7826 个，同比增长 8. 9%（见图 29），占全国建筑业企业数的 6. 1%。

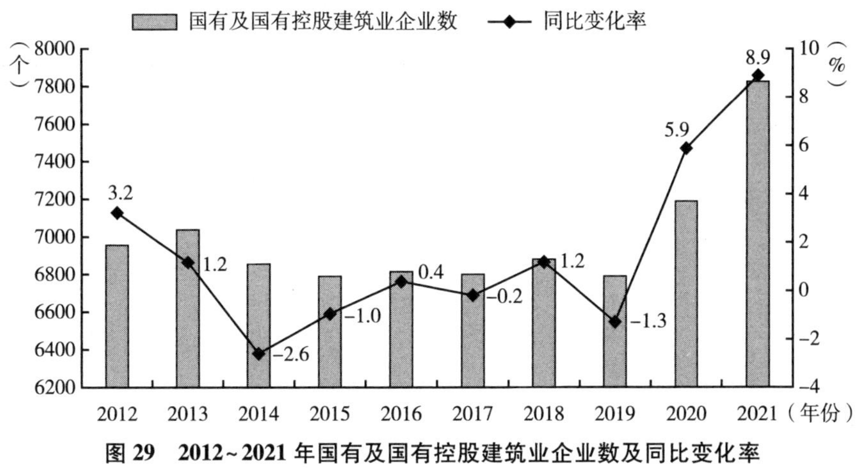

图 29　2012~2021 年国有及国有控股建筑业企业数及同比变化率

从省（区、市）看，山东省国有及国有控股建筑业企业数为 652 个，位列第一；四川省 557 个，位列第二；广东省、湖北省均超过 400 个，分别为 457 个、404 个。

四川省、贵州省、甘肃省增长幅度均达到 20. 0%，同比分别增长 23. 5%、20. 4%、20. 0%（见图 30、表 22）。

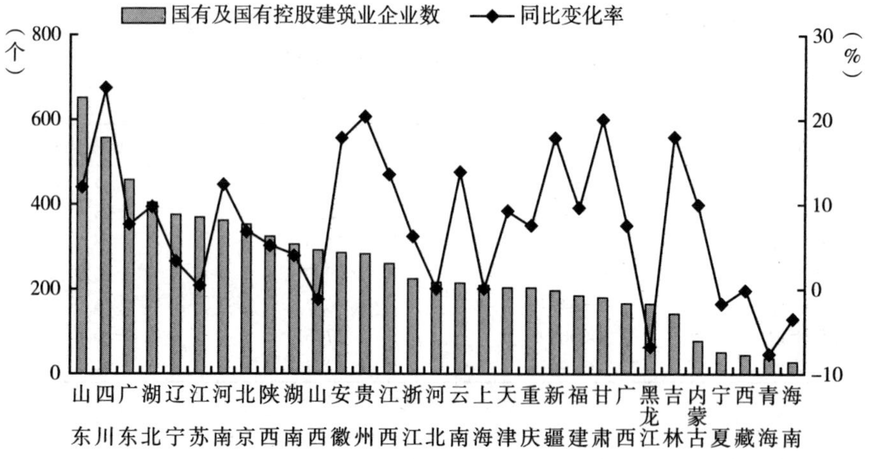

图 30　2021 年 31 个省（区、市）国有及国有控股建筑业企业数及同比变化率

表 22　2020 年、2021 年 31 个省（区、市）国有及国有控股建筑业企业数、同比变化率及占全省（区、市）比重

单位：个，%

序号	省(区、市)	2021 年建筑业企业数	2020 年建筑业企业数	同比变化率	占全省(区、市)比重
1	山　东	652	582	12.0	7.0
2	四　川	557	451	23.5	7.0
3	广　东	457	425	7.5	5.3
4	湖　北	404	368	9.8	8.0
5	辽　宁	376	364	3.3	6.5
6	江　苏	369	368	0.3	3.2
7	河　南	362	322	12.4	4.4
8	北　京	353	330	7.0	14.0
9	陕　西	324	308	5.2	8.9
10	湖　南	306	294	4.1	8.5
11	山　西	292	296	-1.4	7.8
12	安　徽	286	243	17.7	4.2
13	贵　州	283	235	20.4	14.2
14	江　西	260	229	13.5	5.6
15	浙　江	224	211	6.2	2.6
16	河　北	216	216	0.0	6.9
17	云　南	214	188	13.8	5.7
18	上　海	209	209	0.0	8.9

续表

序号	省(区、市)	2021年建筑业企业数	2020年建筑业企业数	同比变化率	占全省(区、市)比重
19	天　津	203	186	9.1	8.5
20	重　庆	203	189	7.4	5.8
21	新　疆	197	167	18.0	11.5
22	福　建	185	169	9.5	2.4
23	甘　肃	180	150	20.0	8.3
24	广　西	167	155	7.7	7.1
25	黑龙江	166	178	-6.7	7.6
26	吉　林	143	121	18.2	5.1
27	内蒙古	78	71	9.9	7.6
28	宁　夏	51	52	-1.9	7.9
29	西　藏	45	45	0.0	11.0
30	青　海	36	39	-7.7	9.2
31	海　南	28	29	-3.4	10.3

2021年，国有及国有控股建筑业企业人员数为1201.39万人，同比增长3.7%（见图31），占全国建筑业企业人员总数的22.7%。

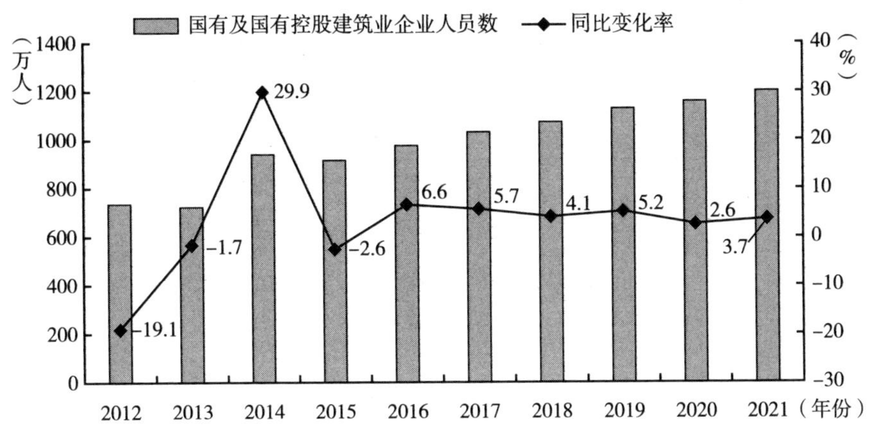

图31　2012~2021年国有及国有控股建筑业企业人员数及同比变化率

从省（区、市）看，广东省人员数为134.10万人，位列第一；湖南省、四川省、湖北省均超过80万人，分别为89.22万人、87.06万人、81.00万人。

从增长幅度看，湖北省、吉林省、河北省增长幅度均超过 20%，同比分别增长 33.9%、43.5%、24.6%。天津市、宁夏回族自治区、西藏自治区下降幅度均超过 30%，同比分别下降 31.6%、30.7%、31.1%。

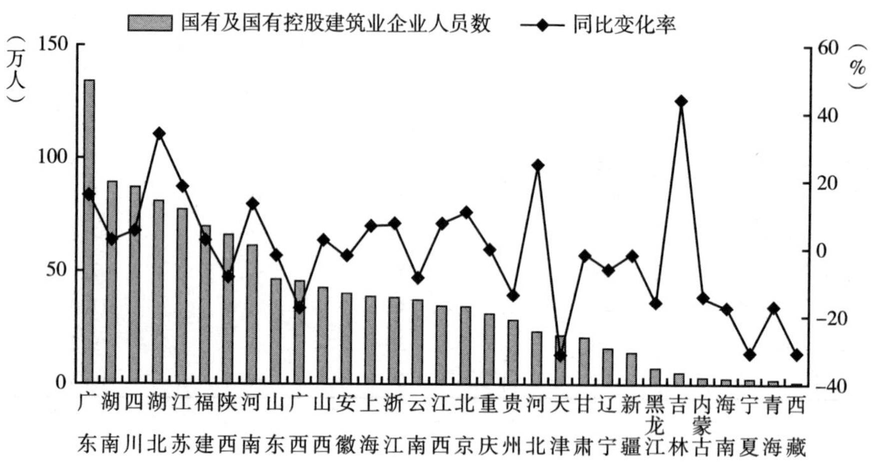

图 32　2021 年 31 个省（区、市）国有及国有控股建筑业企业人员数及同比变化率

表 23　2020 年、2021 年 31 个省（区、市）国有及国有控股建筑业企业人员数、同比变化率及占全省（区、市）比重

单位：万人，%

序号	省(区、市)	2021 年企业人员数	2020 年企业人员数	同比变化率	占全省(区、市)比重
1	广　东	134.10	115.70	15.9	37.8
2	湖　南	89.22	87.22	2.3	32.0
3	四　川	87.06	82.76	5.2	23.9
4	湖　北	81.00	60.48	33.9	34.8
5	江　苏	77.21	64.91	18.9	8.8
6	福　建	69.78	67.67	3.1	14.6
7	陕　西	66.07	72.41	-8.8	50.9
8	河　南	61.23	54.05	13.3	21.3
9	山　东	46.31	47.04	-1.6	17.1
10	广　西	45.63	55.62	-18.0	38.5
11	山　西	42.64	41.49	2.8	47.2
12	安　徽	40.05	41.14	-2.6	20.4
13	上　海	38.63	36.21	6.7	51.6

续表

序号	省（区、市）	2021年企业人员数	2020年企业人员数	同比变化率	占全省（区、市）比重
14	浙　江	38.15	35.67	7.0	7.1
15	云　南	37.21	40.74	-8.7	31.0
16	江　西	34.51	32.10	7.5	21.0
17	北　京	34.18	30.88	10.7	60.8
18	重　庆	31.14	31.09	0.2	15.2
19	贵　州	28.33	32.74	-13.5	39.6
20	河　北	23.37	18.75	24.6	29.6
21	天　津	21.55	31.50	-31.6	37.4
22	甘　肃	20.74	21.04	-1.4	45.1
23	辽　宁	15.87	16.90	-6.1	28.4
24	新　疆	14.10	14.30	-1.4	39.5
25	黑龙江	7.16	8.52	-16.0	36.8
26	吉　林	5.18	3.61	43.5	15.4
27	内蒙古	2.99	3.50	-14.6	19.3
28	海　南	2.64	3.20	-17.5	41.3
29	宁　夏	2.46	3.55	-30.7	22.2
30	青　海	1.97	2.38	-17.2	32.8
31	西　藏	0.91	1.32	-31.1	23.7

从地区看，华东地区国有及国有控股建筑业企业数为2185个，位列第一；西南地区、华北地区、华中地区企业数均超过1000个，分别为1302个、1142个、1072个。

西北地区、西南地区增长幅度均超过10%，同比分别增长10.1%、17.5%。

西北地区、华北地区国有及国有控股建筑业企业数占地区企业总数比重较高，分别占比9.2%、8.9%（见表24）。

表24　2021年各地区国有及国有控股建筑业企业数、占地区企业总数比重及同比变化率

单位：个，%

地区	建筑业企业数	占地区企业总数比重	同比变化率
华北地区	1142	8.9	3.9
华东地区	2185	4.3	8.7
华中地区	1072	6.4	8.9

续表

地区	建筑业企业数	占地区企业总数比重	同比变化率
华南地区	652	5.9	7.1
西北地区	788	9.2	10.1
西南地区	1302	7.4	17.5
东北地区	685	6.3	3.3

华东地区国有及国有控股建筑业企业人员数为344.64万人，位列第一；华中地区为231.45万人，位列第二。

华中地区增长幅度最大，同比增长14.7%。华北地区、西北地区、西南地区、东北地区均为负增长，同比分别下降1.1%、7.3%、2.1%、2.8%。

国有及国有控股建筑业企业人员数占地区企业人员总数比重超过40%的为华北地区、西北地区，分别占比41.8%、46.1%（见表25）。

表25　2021年各地区国有及国有控股建筑业企业人员数及同比变化率

单位：万人，%

地区	企业人员数	占地区企业人员总数比重	同比变化率
华北地区	124.73	41.8	-1.1
华东地区	344.64	13.2	6.1
华中地区	231.45	29.0	14.7
华南地区	182.37	38.0	4.5
西北地区	105.34	46.1	-7.3
西南地区	184.65	24.1	-2.1
东北地区	28.21	25.8	-2.8

三　2021年行业发展特点

（一）成功应对挑战，实现开门红

面对新冠肺炎疫情，广大建筑业企业按照党中央、国务院总体部署及各地疫情防控要求，正确处理疫情防控与企业生产的关系，科学应对因疫情造成的风险挑战，把负面影响降到最低，把各方面优势发挥充分，确保各项经营指标不受或少受影响。2021 年第一季度，全国建筑业完成产值 47333. 16 亿元，同比增长 31. 8%，为历年来同期增速最高值，实现了开门红，这也是企业成功应对疫情防控常态化的直接体现。在良好开端的带动下，全年完成产值同比增长 6. 2%；全行业实现增加值同比增长 2. 1%，占国民生产总值的 7. 1%，支柱产业地位依然稳固；全年建筑业企业新签合同额同比增长 12. 4%，为企业的可持续发展奠定了坚实基础。

（二）全行业积极践行“双碳”目标

围绕贯彻落实党中央、国务院关于碳达峰碳中和的重大战略决策，政府行政主管部门相继下发了《中共中央　国务院关于完整准确全面贯彻新发展理念做好碳达峰碳中和工作的意见》《2030 年前碳达峰行动方案》《关于推动城乡建设绿色发展的意见》等文件，把碳达峰碳中和纳入经济社会发展全局，对碳达峰碳中和工作做出系统谋划，明确了总体要求、主要目标和重大举措，为我国城乡建设实现更高质量的绿色发展提供了遵循。全国建筑全过程碳排放量占全国碳排放总量的比重为50%左右，因此在建筑领域开展碳达峰行动，既是落实绿色发展理念的要求，也是行业转型升级的需求。以中国施工企业管理协会为代表的行业协会正开展相关工作，推动实施绿色设计，提升建筑能效水平，推广装配化的建造方式，推动绿色建材的应用，加强技术研发及推广。施工企业也按照“双碳”目标要求，抢抓机遇，快速推动业务和技术创新，在绿色建筑、建筑节能等方面积极探索、尝试，并取得了一定成效。

（三）不断推动行业高质量发展

高质量发展是党中央根据我国发展阶段、发展环境、发展条件变化做出的科学判断，是我国经济社会发展的主旋律。中国施工企业管理协会结合行业实际，多措并举，推动行业高质量发展。在信用体系建设方面，确立“三位一体”的工作模式，实现了“信用数据一个库、信用监管一张网、信用评价一个标准”。不断强化动态管理机制，向着信用建设监督管理全覆盖的发展目标不断迈进。在质量管理方面，与时俱进，建立国家优质工程奖“千分制”标准体系，采取“总分+权重”的评价模式。同时，加强过程创优，扩大建设工程全过程质量控制管理的覆盖面，把事后创优变为过程创优，不断提升企业质量管理水平和创优水平。在科技创新方面，在工程建设领域持续开展工程建设科学技术奖、技术发明奖和科学技术进步奖的评定，促进企业自主创新能力和科技创新水平不断提高。在人才培养方面，结合行业发展实际和企业需求，打造集教育培育、行业资讯、产学研合作于一体的工程建设行业从业人员职业教育综合服务平台，建立行业竞赛活动机制，持续开展工程建设行业质量管理小组活动竞赛、工程建设行业 BIM 大赛、微创新大赛、发明专利大赛，举办全国建筑财税知识竞赛。

（四）智能建造水平进一步提升

智能建造是提升行业发展质量，实现由劳动密集型生产方式向技术密集型生产方式转变的必经之路。智能建造技术的发展以及与各项相关技术之间的深度融合，使工程设计、生产、施工、管理等环节更加信息化、智能化。中国施工企业管理协会积极推动新一代信息技术与行业融合发展，持续推进 BIM 技术在工程全生命周期的集成应用，倡导企业打造基于 5G、物联网、人工智能技术的数字工地。结合行业实际，建立工程项目管理平台、财税管理平台、供应链公共服务平台等，并逐步形成以 BIM 数据为核心的一体化建造管理平台，打通规划、设计、施工、运营的数据壁垒，实现建筑全生命周期数据信息的共享，推动行业智能建造水平的提升。

参考文献

宋斌：《粮价飙升严重威胁最贫穷国家》，《经济日报》2022 年 5 月 6 日，第 4 版。

陈思进：《债务危机席卷发展中国家》，《法人》2022 年第 5 期。

形 势 篇

Situation Reports

B.2

世界经济形势分析与预测展望（2022）

国家信息中心*

摘　要： 2022年一季度，世界经济持续恢复但速度有所放缓，全球通货膨胀率加速上升，全球贸易增长势头放缓。其中，2月爆发并持续升级的俄乌冲突对全球经济发展中的通胀等问题产生了重要放大效应，造成了冲击。展望2022年全年和2023年的世界经济，滞胀格局已可预见，供给短缺仍难缓解，贸易格局将会重构，陷入债务危机的国家可能继续增加。

关键词： 俄乌冲突　全球通胀　供给短缺

一　2022年一季度世界经济形势分析

2021年以来，新冠肺炎疫情变化导致全球经济跌宕起伏，能源危机凸

* 执笔人：董静媚，经济学博士，国家信息中心经济预测部副研究员，主要研究方向为产业经济与区域发展。

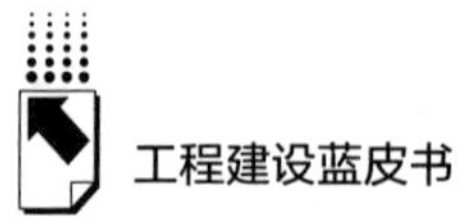

显，通货膨胀率上升，供应链稳定受到较大冲击。而 2022 年 2 月爆发并持续升级的俄乌冲突进一步加剧了对世界经济的冲击和影响，能源、粮食危机凸显，大宗商品市场和供应链受到严重扰乱，通货膨胀加剧，受影响的国家不断增多。

（一）世界经济持续恢复但速度有所放缓

美国一季度经济增长呈放缓趋势。2022 年一季度，美国实际 GDP 同比增长 3.6%，比前一个季度下降 1.9 个百分点，但比 2021 年一季度增速提高 3.0 个百分点；实际 GDP 增速环比折年率下降 1.4%，比上年四季度下降 8.3 个百分点，为 2020 年三季度以来首次转负，经过计算，美国一季度 GDP 环比下降约 0.4%。环比下降主要是受“净出口”与“政府消费支出和投资”两大分项环比下滑较多所影响，而“个人消费支出”和“国内私人投资”两大分项则表现强势，美国经济仍处于强刺激下的过热状态。

欧洲经济持续复苏，但受俄欧相互制裁影响，环比增速放缓。一季度，欧盟 27 国 GDP 同比上涨 5.2%，环比提升 0.4%；欧元区 19 国一季度同比上涨 5.0%，环比增长 0.2%。欧洲一季度 GDP 增速创近三个季度以来新高，但环比增速创近四个季度以来新低。这主要是因为受新冠肺炎疫情封控影响，直到 2021 年四季度，欧洲才逐渐恢复到疫情前经济水平。2022 年 2 月欧洲各国解除疫情完全防控措施后，经济活跃度相比 2021 年同期大幅回升。但 2 月下旬俄乌冲突爆发，其间俄欧之间进行多轮制裁与反制裁，阻挡了欧盟的复苏步伐，所以环比增速继续放缓。分国家来看，不同国家之间增速呈现分化，增速较快的主要为：葡萄牙一季度 GDP 同比上涨 11.9%，环比增长 2.6%；奥地利一季度同比上涨 8.7%，环比增长 2.5%；西班牙同比上涨 6.4%，环比增长 0.3%。而前三大经济体德国、法国、意大利的增速则相对低一些，同比分别为 3.7%、5.3%、5.8%，环比分别为 0.2%、0.0%、-0.2%（见表 1）。

表 1　部分发达和新兴经济体 2022 年一季度 GDP 实际增速

单位：%

分类	国　家	同比	环比	季调:环比折年率
发达经济体	美　国	3.6	-0.4	-1.4
	欧　盟	5.2	0.4	—
	欧元区	5.0	0.2	—
	德　国	3.7	0.2	0.8
	法　国	5.3	0.0	-0.2
	意大利	5.8	-0.2	-0.7
	西班牙	6.4	0.3	—
	葡萄牙	11.9	2.6	—
	瑞　典	3.0	-0.4	—
	奥地利	8.7	2.5	—
	韩　国	3.1	0.7	—
新兴经济体	中　国	4.8	1.3	—
	越　南	5.0	-14.5	—

资料来源：欧盟统计局和 Wind 数据库，其中美国和越南的环比数据为计算得出。

亚洲方面，中国经济继续稳步恢复，一季度 GDP 同比增长 4.8%，比上年四季度加快 0.8 个百分点；环比增长 1.3%，比上个季度放缓 0.2 个百分点。韩国经济自 2021 年以来呈逐渐恢复趋势，但 2022 年一季度增速有所放缓，一季度 GDP 同比增长 3.1%，比上年四季度放缓 1.0 个百分点，环比增长 0.7%，放缓 0.5 个百分点。越南经济略有放缓，一季度 GDP 同比增长 5.0%，比上年四季度放缓 0.2 个百分点，经计算，一季度 GDP 环比约下降 14.5%（见表 1）。

（二）全球通货膨胀率持续加速上升

2022 年，受俄乌冲突影响，全球通货膨胀率在上年基础上持续加速上涨。2021 年俄罗斯、乌克兰两国大宗商品出口之和在全球和欧洲市场中的占比情况见表 2。俄乌冲突导致相关产品产量下降及出口管制增加，进一步冲击全球大宗商品供应，大宗商品价格节节攀升。世界银行发布的数据显示，3 月全球能源商品价格指数同比上涨 102%、环比上涨 24.3%，非能源商品价格指数同比上涨 31.4%、环比上涨 7.9%。其中，天然气、原油的价格指数同比分别上涨 313.1%、81.8%；谷物、食物、粮油、肥料的价格指数则同比分别上涨 32.9%、36.5%、41.1%、18.1%。从通胀的具体成因和影响来看，不同国家和地区的状况存在较大不同。

表 2　2021 年俄罗斯、乌克兰两国主要大宗商品出口之和在全球和欧洲市场中的占比情况

单位：%

产品	全球	欧洲
钯金	26	45
小麦	25	30
大麦	24	44
天然气	21	36
玉米	13	50
铝	12	16
原油	12	29
镍	7	42
钢材	7	22
铜	6	37
铂金	4	36
铁矿石	4	30

资料来源：UN Comtrade。

美国的通货膨胀源于货币超发，并在俄乌冲突之后进一步恶化。2021 年以来，以美国为首的发达经济体不断加大量化宽松货币政策力度，导致货币供给剧增推动物价上涨，而俄乌冲突带来的全球大宗商品供给冲击则进一步加剧了其通胀程度。3 月，美国季调后 CPI 同比上涨 8.6%，环比上涨 1.2%，通胀率达到 40 年来新高。其中能源分项上涨最为突出，同比和环比分别上涨 32.2% 和 11.0%；交通运输分项次之，同比和环比分别上涨22.5%和3.9%；食品分项上涨也较明显，同比和环比分别上涨8.8%和1.0%。但由于美国此前对企业和居民的直接补贴政策，美国的居民消费能力仍然相对较强。在过高的通胀压力之下，美国联邦储备委员会（以下简称“美联储”）于2022年5月4日宣布将联邦基金利率目标区间上调50个基点到0.75%~1%的水平，并宣布计划从6月开始缩减其9万亿美元资产组合，以双管齐下的方式降低40年处于高位的通胀率。

欧洲的通货膨胀则更大程度上受能源价格高企影响。由于欧洲对俄罗斯的天然气等能源高度依赖，俄乌冲突以来俄欧之间持续相互制裁导致欧洲的天然气等能源供给成为难题。欧盟面对更高的进口价格和更少的可采购份额，2022年3月，欧洲地区的天然气价格高达42.39美元/百万英热单位，同比上涨了5.9倍，环比上涨了55.7%，是同期美国天然气价格的8.7倍。从通胀情况来看，3月欧盟HICP同比增长7.8%，环比上涨2.4%；4月欧元区HICP同比增长7.5%，核心CPI（扣除能源和食品价格）则跃升至3.5%。其中，德国4月CPI同比上涨7.4%，刷新该国近40年来的最高纪录。受俄乌冲突影响，3月德国能源价格同比上涨了39.5%，食品价格上涨了6.2%。4月法国CPI刷新近30余年新高，同比增幅达4.8%。除了两大欧洲主要经济体对CPI的影响，4月欧元区通胀率最高的是波罗的海三国——拉脱维亚、爱沙尼亚、立陶宛，增幅均超过10%。能源消费成为欧洲国家企业和居民一项巨大的开支。

非洲国家则面临粮价飙升背景下的粮食短缺、物价上涨等民生隐患。撒哈拉以南非洲作为全球最不发达的地区，2021年人均GDP不超过2000美元，半数以上人口处于贫困或极度贫困状态，1/4以上人口面临严重饥饿和营养不良问题，粮食供给严重依赖进口。经济结构单一、经济基础薄弱的非洲国家更加明显地感受到俄乌冲突带来的外溢效应，其基础食品供应链正面临空前危机，尤其是埃及、埃塞俄比亚、安哥拉、纳米比亚、博茨瓦纳、马拉维、苏丹、刚果（布）、刚果（金）、塞内加尔、坦桑尼亚、贝宁、索马里等严重依赖俄罗斯和乌克兰谷物供应的非洲国家。俄乌冲突加剧了非洲地区的饥饿和贫穷，部分非洲国家已陆续出台控制物价大幅上涨的惠民政策。

（三）全球贸易增长势头呈现放缓趋势

2021 年为新冠肺炎疫情发生后全球贸易强劲复苏的一年。联合国贸易和发展会议（UNCTAD）发布的《全球贸易更新报告》显示，全球来看，受大宗商品价格上涨、疫情限制取消以及经济刺激计划导致需求强劲复苏等因素影响，2021 年，世界货物贸易保持强劲，服务贸易最终恢复到疫情前的水平。2021 年全球贸易总额为 28.5 万亿美元，同比增长 25%，比 2019 年疫情发生前增长 13%。全球大部分贸易增长在 2021 年上半年站稳了脚跟，下半年仍在继续取得进展。在经过相对缓慢的三季度后，四季度贸易增长加速，其中货物贸易增加了近 2000 亿美元，创下 5.8 万亿美元新纪录。与此同时，全球服务贸易也增加了 500 亿美元，达到 1.6 万亿美元，略高于疫情前水平。

2022 年一季度以来全球贸易增长势头呈现放缓趋势。全球第一贸易大国中国的贸易增速明显下降。2021 年中国进出口贸易（人民币）累计增长 21.3%，而 2022 年以来，进出口贸易总额（人民币）累计同比逐月下降，1~4 月分别为 19.3%、13.4%、10.7%、7.9%。其中，4 月进、出口贸易额（人民币）累计同比分别下降 5.0%、10.3%，2021 年中国全年的进、出口贸易额（人民币）累计同比则分别为 21.45%、21.22%。可见，2022 年以来中国的进口贸易额增速下降幅度更大，这很大程度上是由于全球能源价格高位震荡，价格过度上涨对我国进口需求形成制约。全球第二大贸易国美国的贸易增速稳中趋缓。美国一季度进出口贸易总额（美元）累计同比增长 20.98%，比上年四季度放缓 1.0 个百分点，其中，主要由出口贸易额放缓速度加快导致，一季度出口额（美元）累计增长 18.4%，比上年四季度放缓 4.8 个百分点。

二　2022年全年世界经济展望预测

俄乌冲突仍在持续，西方国家不断加大对俄全方位制裁，全球政治经济格局正在发生剧变。全球新冠肺炎疫情持续严峻，仍然是世界经济恢复的主要不利因素，复苏不确定性仍在。5月初美国决定启动陡峭加息和缩表等调控政策以控制通胀，经济衰退风险加大。展望2022年全年及2023年，世界经济发展面临更多不确定性因素，滞胀格局已可预见，供给短缺仍难缓解，贸易格局将会重构，陷入债务危机的国家可能继续增加。

（一）世界经济逐步陷入滞胀

2022年一季度，美国、欧洲、中国等世界主要经济体的经济增速呈现放缓趋势。俄乌冲突之下，能源、粮食、芯片等供给短缺和产业链断链风险会进一步加剧，从而加速恶化当前世界经济发展中存在的问题，导致经济增速继续下降。尤其是欧洲国家，放弃使用俄罗斯的天然气将使自身通胀进一步上升并影响经济复苏。目前欧美国家的通胀率已经达到三四十年来最高水平，5月初，美联储宣布加息50个基点，将联邦基金利率目标区间上调到0.75%～1%，同时宣布将从6月1日起缩减规模近9万亿美元的资产负债表，以控制通胀。英国央行紧跟美联储步调，宣布将基准利率从0.75%上调至1%，这将使英国利率水平达到2009年2月以来的最高点。世界已经逐渐进入“低增长、高通胀、高利率”的状态。而美国陡峭加息将会加大经济衰退风险，并对其他欠发达经济体造成金融资本市场的扰动。4月，国际货币基金组织（IMF）将2022年全球增长预测下调0.8个百分点至3.6%，并预测发达经济体以及新兴市场和发展中经济体的整体通胀水平都将大幅提高。世界银行、美联储等机构的研究部门近期也都大幅下调世界经济增长预期，并大幅上调通胀预期。当前世界经济特征和走势都预示全球经济将陷入滞胀。

（二）全球供给短缺仍难缓解

随着俄乌冲突的持续和升级，全球能源、粮食、芯片等重要产品的供给短缺情况在一段时间内仍将持续。能源方面，欧洲对俄罗斯石油、

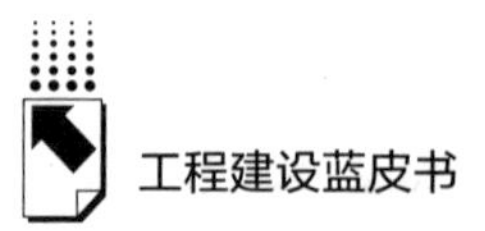

天然气和煤炭的依赖程度过高，全面放弃俄天然气将导致部分成员国陷入严重的能源危机。尽管欧盟委员会称将推出计划在2027年前摆脱对俄罗斯的能源依赖，但两年之内其能源供给量少价高的问题仍将成为重要困扰。粮食方面，俄乌作为世界重要的粮食出口国，其持续的战争导致的粮食供给下降、出口减少，以及断链将给严重依赖俄乌谷物供应的非洲国家持续带来严重粮食危机。同时，俄乌战争导致化肥供应减少也将对其他粮食进口国家的生产带来负面影响，从而进一步加剧全球粮食危机。芯片方面，2021年以来由于不断扩大的市场需求和疫情断链已经出现供给短缺的问题，俄乌冲突之下，俄乌作为世界极其重要的氖、氪、氙、钯等半导体制造的关键材料出口国，其供应的波动将进一步导致相关产品价格上涨以及全球芯片产能缺口进一步增大，并对汽车等产业的发展形成掣肘。

（三）世界贸易格局将发生重构

俄乌冲突带来的俄欧关系、欧美关系调整将重构世界经贸格局。第一，俄欧之间原本紧密的经贸合作面临脱钩。由于美欧对俄实施全方位的制裁，如将部分俄罗斯银行移出SWIFT系统、限制俄罗斯央行使用6000多亿美元的外汇储备、对俄罗斯实行出口管控、叫停“北溪—2号”天然气管道项目，欧盟委员会宣布2022年削减2/3俄罗斯天然气进口，逐步减少对俄能源依赖，英国则宣布将在2022年底前逐步停止进口俄罗斯石油等，俄欧之间的紧密经贸合作将逐渐降至极低的水平。第二，美欧经贸关系将绑定更深，俄欧在能源等经贸领域的脱钩将使欧洲更依赖于与美国在能源、科技等领域的交易与合作。与此同时，欧洲从自身独立安全的角度考虑，可能继续加强同中国的经贸合作。第三，中俄全面战略协作伙伴关系将更加紧密。被西方制裁的俄罗斯，必然会更加依赖“人民币贸易”，俄罗斯对外经济过去以西方为中心，未来必然转向以东方为中心，中国对于俄罗斯经济的复原和发展必将是弥足珍贵的资源，而这也将是中国的发展机遇。

（四）债务危机风险继续上升

美联储和其他央行的加息可能增加新兴市场和发展中经济体偿还美元债务的成本，从而加大全球债务违约风险。国际货币基金组织（IMF）数据显示，中等收入发展中国家偿债负担已处于30年来的最高水平。另外，在69个低收入国家当中，截至2022年3月底，已经有8个国家陷入债务困境、30个国家处于高风险状态，占全部低收入国家的55%。Jubilee Debt Campaign的债务门户网站显示，全球目前有54个国家面临债务危机。自新冠肺炎疫情暴发以来，这些国家的债务规模急剧扩大，债务支付的急剧增加正在阻碍各国从新冠肺炎疫情中复苏，而2022年美国乃至全球利率的上升可能会加剧许多低收入国家的困境。因为随着美联储加息，美国利率上升将带来美元升值，一些经济本就疲弱的国家偿还以美元计价的债务时需要支付更高的成本。发展中国家债务危机已成为今年全球经济又一重要风险。作为全球第二大经济体和最大债权国家之一，中国可能在贸易、投资、金融等领域遭受影响。

三　结语

当前，新冠病毒不断变异，疫情形势仍然非常严峻，是全球经济复苏与发展的最主要威胁因素。疫情给全球经济带来的巨大冲击使任何一个国家都无法独善其身，构建人类命运共同体才是应对全球危机的正确选择。全球应加强抗疫合作，共同度过这一人类重大危机，把疫情对经济的冲击降到最低。各国还应加强宏观调控政策的协调，让政策更加有效，帮助全球经济走出低谷，避免推高全球债务危机，继续加强对落后国家的经济援助。

面对百年未有之大变局和世纪疫情相互叠加的复杂局面，我国经济发展环境的复杂性、严峻性、不确定性上升，稳增长、稳就业、稳物价面临新的挑战。无论国际局势如何风云变幻，我国立足于做好自己的事，统筹好疫情防控和经济社会发展，保持国内社会稳定，是应对国际上各种严峻挑战的实力基础。我们要及时研判各类风险并做好相关防范，出台及时有效的政策稳住我国宏观经济，实现预定的发展目标。

参考文献

《债务危机席卷发展中国家，中国如何应对?》，凤凰网，2022 年 4 月 13 日，https：//finance. ifeng. com/c/8FBUf2Gw4X1。

《俄罗斯正在做的事，是颠覆性的》，网易网，2022 年 5 月 5 日，https：//www. 163. com/dy/article/H6KG91CK0523D4DA. html。

《践行人类命运共同体理念，助力重振全球经济》，“光明网”百家号，2022 年 1 月 21 日，https：//m. gmw. cn/baijia/2022-01/21/35463268. html。

《法国零增长、意大利负增长，欧元区一季度 GDP 增速仅 0. 2%》，“新浪财经”百家号，2022 年 4 月 29 日，https：//baijiahao. baidu. com/s？ id = 1731444031875544273&wfr = spider&for = pc。

《粮价飙升严重威胁最贫穷国家》，“中国经济网”百家号，2022 年 5 月 6 日，https：//baijiahao. baidu. com/s？ id = 1732026990940161806&wfr = spider&for = pc。

B.3

宏观经济形势分析与预测展望（2022）*

国家信息中心**

摘　要： 2021 年面对严峻的国内外政治经济形势，我国着力统筹疫情防控和经济社会发展，全年 GDP 同比增长 8.1%，超出 6%的预期目标，在全球主要经济体中名列前茅。2022 年以来，疫情多点散发、内需明显不足，我国经济迎难而上，一季度 GDP 同比增长 4.8%，这一增速高于业界普遍预期，反映出宏观经济基本面的韧性和政策应对的有效性。在全球经济波动、风险叠加背景下，中国经济仍能保持平稳难能可贵。预计 2022 全年，随着各项稳增长的财税货币政策陆续发力，加之针对特殊群体的纾困政策落实到位，我国经济仍具备稳定增长的充沛动力，GDP 有望实现 5.5%的既定目标。

关键词： 三次产业　三大需求　稳增长

一　经济总量稳中求进，增势好于预期

2021 年面对疫情干扰和复杂多变的国际形势，各部门各地区积极有效统筹疫情防控和经济社会发展，国民经济持续稳定恢复，高质量发展取得新成效，“十四五”实现良好开局。2022 年一季度，在中央经济工作会议精神

* 本报告数据均来自国家统计局。

** 执笔人：祁京梅，国家信息中心经济预测部二级研究员，主要研究方向为宏观经济、产业经济和消费等经济领域。

指导下，各部门兼顾稳增长和高质量发展双重目标，经济发展顺利实现“开门稳”。

（一）2021年GDP同比增长8.1%，主要指标好于预期

2021年，在党中央坚强领导下，我国经济发展和疫情防控双双保持全球领先地位，经济运行位于合理区间，构建新发展格局迈出新步伐。主要表现在以下两方面。

1. 经济增长速度国际领先，经济实力大幅增强

2021年，我国GDP同比增长8.1%，经济增长速度在世界主要经济体中位列榜首；GDP突破114万亿元，按照汇率价格计算，达到17.7万亿美元，稳居世界第二，占世界经济的比重超过18%；人均国内生产总值80976元，按照汇率价格计算，达到12551美元，突破了1.2万美元，按照世界银行的标准，我国步入高收入国家行列。

2. 国民经济持续恢复，全面实现宏观调控四大目标

2021年《政府工作报告》提出了2021年经济社会发展的主要预期目标。从实际运行情况看，多项指标完成情况好于预期。第一，经济增速高于预期值。2021年GDP同比增长8.1%，高于增长6%的预期目标。第二，就业总体稳定。2021年城镇新增就业1269万人，超过预期目标，城镇调查失业率5.1%，低于5.5%的预期目标。第三，物价涨幅低于预期。2021年居民消费价格上涨0.9%，低于3%的预期目标。第四，国际收支基本平衡。2021年，货物进出口顺差比上年扩大20.4%，年末，外汇储备余额保持在3.2万亿美元以上。

（二）2022年一季度GDP同比增长4.8%，经济运行实现了“开门红”

2022年以来，国际形势更具复杂性、不确定性，疫情也呈现点多、面广、频发的特点，对经济运行的影响加大。面对复杂局面，我国经济坚持稳字当头、稳中求进，着力稳定宏观经济大盘，有效应对风险挑战，GDP运

行保持在合理区间。从增速看，2022 年一季度 GDP 同比增长 4.8%，增速高于 2021 年四季度 0.8 个百分点，环比增长 1.3%。

二　供给侧支撑增强，三次产业稳定发力

从生产法 GDP 核算看，第一、第二、第三产业是构成国民经济的核心要素。2022 年一季度经济运行表明，我国农业、工业和服务业三次产业呈现稳定发展态势，有效支撑了 4.8%的经济增长。

（一）农业生产稳中向好，农林牧副渔业均衡发展

2022 年春耕备耕有序推进，种植业、畜牧业发展良好。一季度，第一产业增加值同比增长 6.1%，拉动经济增长 0.3 个百分点，猪牛羊禽肉产量同比增长 8.8%，特别是猪肉产量增长较快。

（二）工业增速回升，结构优化，高质量发展特征突出

在一系列促进工业稳增长政策的引导下，2022 年一季度，规模以上工业增加值同比增长 6.4%，拉动经济增长 2.1 个百分点，比上年四季度有所提高。工业生产呈现增速加快和结构优化的特征。

1. 高技术产业升级带动作用十分明显

随着我国经济发展进入新阶段，产业转型升级步伐加快，高技术制造业、装备制造业呈现较快发展的趋势，对工业的支撑作用日趋显现。一季度，全国规模以上高技术制造业增加值同比增长 14.2%，快于规模以上工业增速 7.7 个百分点。主要高技术产品也保持 20%~30%的高增长，新动能的引擎作用继续显现。一季度，装备制造业增加值同比增长 8.1%，快于规模以上工业增速 1.6 个百分点，其中电气机械和器材制造业，计算机、通信和其他电子设备制造业增长均超过 10%，仅这两个行业就拉动规上工业增长约 1.7 个百分点。

2. 消费品制造业生产扩大

随着经济从停工停产中恢复，生活消费品市场需求不断扩大，促进与消

费制造业相关的产业较快增长。2022 年一季度，消费品制造业增长 8.1%，其中农副食品加工业、食品制造业、酒饮料和精制茶制造业、医药制造业分别增长 6.4%、6.0%、12.1%、11.8%，上述 4 个行业拉动规模以上工业增长约 1.0 个百分点。

3. 制造业增加值占比不断提升

得益于制造业投资快速增加，制造业产能利用率保持在 75.9%的较高水平，一季度制造业增加值增长 6.1%，占 GDP 的比重为 28.9%，比上年一季度提高 1.3 个百分点。

4. 企业利润在较高基数上继续保持增长

1~2 月，规模以上工业企业利润同比增长 5.0%，增速比 2021 年 12 月加快 0.8 个百分点，在两年平均增速 31.2%的基础上继续保持增长态势。在 41 个大类行业中，22 个行业实现利润同比增长或减亏，15 个行业利润增速超过 10%。

（三）服务业持续恢复，现代服务业增势好于预期

一季度，服务业呈现恢复态势。其中，金融业、信息传输业、软件和信息技术服务业发展较好，增加值增速分别为 5.1%、10.8%和 5.1%，合计拉动经济增长 1.1 个百分点。

一季度，全国服务业生产指数同比增长 2.5%。3 月，服务业商务活动指数为 46.7%，业务活动预期指数为 53.6%。其中，铁路运输业、航空运输业、住宿业、餐饮业等接触性、聚集性行业受疫情影响较大，电信广播业、卫星传输服务业、保险业等行业商务活动指数均位于 55.0%及以上的较高景气区间。

三　需求端逐步回暖，三大需求不断改善

从支出法 GDP 核算看，投资、消费和出口“三驾马车”是构成三大需求的核心要素。我国政府坚持稳定既有需求、扩大新增需求和提高需求支付

能力，并出台了一系列配套政策，促进一季度三大需求稳定增长，对经济运行的贡献拉动不断优化和提高。一季度，消费支出对经济增长贡献率为69.4%，拉动 GDP 增长 3.3 个百分点；资本形成对经济增长贡献率为26.9%，拉动 GDP 增长 1.3 个百分点；净出口对经济增长贡献率为 3.7%，拉动 GDP 增长 0.2 个百分点。经过多年对需求结构的调整和转换，消费已成为三大需求中贡献最大的因素。

（一）投资规模扩大，为稳增长提供有力支撑

2022 年以来，围绕稳增长和调结构，中央和地方两级财政积极用好政府投资资金，并充分调动社会投资的积极性，着力补短板、增后劲，一季度全社会固定资产投资同比增长 9.3%，增速维持在较高水平，投资表现亮眼。投资增长呈现以下特点。

1. 制造业投资增长较快

为实现构建制造业强国的目标，我国高度重视制造业的转型升级发展，大幅增加生产和研发投入。一季度制造业投资增长 15.6%，增速超过全部投资 6.3 个百分点。其中，装备制造业投资增长 27.3%，消费品制造业投资增长 25.3%，原材料制造业投资增长 15.0%。

2. 基础设施投资增速回升

围绕国家重大战略部署和“十四五”规划，2022 年我国适度超前开展基础设施投资。在专项债的有效支持下，一季度基础设施投资同比增长8.5%，增速比 1~2 月加快 0.4 个百分点。这对推动一批条件成熟的重大项目开工建设，吸引和撬动更多社会资本投入具有积极引导作用。

3. 新开工项目投资大幅增长

一季度，投资新开工项目 3.5 万个，比上年同期增加 1.2 万个；新开工项目计划总投资同比增长 54.9%；国家预算资金增长 34.7%，自筹资金增长 15.0%，政府投资发挥了较强的引领作用。

4. 基本公共服务领域投资增长较快

为了改善民生福祉，让居民更多分享经济成果，我国不断加大基本公

共服务领域投资力度。一季度，基本公共服务领域社会投资同比增长16.2%。其中，教育投资增长17.2%、卫生和社会工作投资增长24.9%，均高于平均增速。

（二）消费需求逐步恢复，为稳增长发挥“主引擎”作用

各地在精准有效做好疫情防控工作的基础上，积极出台促消费、稳增长举措，有效落实扩大内需战略。一季度市场销售总体保持平稳增长，基本生活类和消费升级类商品增势良好，网上零售额增长较快，最终消费支出对经济增长的贡献远高于投资和出口的贡献。市场消费呈现有升有降的特点。

1. 新冠肺炎疫情对消费市场冲击较大

2022年以来，本土疫情点多、面广、频发，波及全国大多数地区，居民出行出游、外出购物、外出就餐等消费活动明显减少，对消费市场冲击较大。一季度，社会消费品零售总额108659亿元，比2021年同期增长3.3%，其中城镇零售额超过9万亿元，增长3.2%，乡村零售额增长3.5%。扣除物价因素，社会消费品零售总额实际增长1.3%。

2. 网上销售对市场消费贡献率提升

2022年一季度，全国实物商品网上零售额比2021年同期增长8.8%，增速比2021年四季度加快4.0个百分点，占社会消费品零售总额的比重为23.2%，对市场销售增长拉动超过1.5个百分点。

3. 信息服务消费保持较快增长

在通信设施建设不断推进、用户规模持续扩大等因素带动下，2022年一季度，电信、广播电视等信息服务消费保持较快增长。截至2022年2月末，国内手机用户超过16亿户，其中5G用户达到3.8亿户；移动互联网用户数超过14亿户，比上年末净增625万户。工业和信息化部数据显示，1~2月电信业务收入同比增长9%；按照上年不变价计算的电信业务总量同比增长超过20%。

4. 居民增收带动八大类消费支出加快增长

2022年一季度，我国实现了居民收入实际增速略高于经济增速0.3个

百分点的分配格局，在居民收入稳定增长的带动下，八大类消费支出增速较快。一季度全国居民人均消费支出 6393 元，名义增长 6.9%；扣除价格因素，实际增长 5.7%，创近年人均消费支出增速的新高。

（三）外贸进出口开局良好，贸易格局不断优化

尽管当前国内外环境复杂性和不确定性超出预期，但国际市场对我国产品的需求仍在扩大。一季度我国货物贸易进出口总值 9.42 万亿元，同比增长 10.7%。其中，出口 5.23 万亿元，增长 13.4%；进口 4.19 万亿元，增长 7.5%。我国外贸进出口已连续 7 个季度保持正增长，一季度增速超过 10%，为实现全年目标打下较好基础。外贸出口呈现如下特点。

1. 机电产品、高新技术产品出口表现出色

2022 年一季度，我国机电产品出口 3.05 万亿元，增长 9.8%，其中，太阳能电池、锂电池、汽车出口分别增长 100.8%、53.7%、83.4%。机电产品和劳动密集型产品出口合计拉动出口增长 7.9 个百分点。高新技术产品出口表现突出，国内唯一一款采用多喷嘴喷射技术的 3D 打印机，因其具有精密铸造功能，可广泛应用于珠宝首饰、钟表仪器、航空航天等精密熔模铸造领域，率先打开了国际市场大门。

2. 民营外贸进出口企业表现活跃

2022 年一季度，我国民营企业进出口比重提升，外贸市场主体活力进一步激发，民营企业进出口额达到 4.52 万亿元，增长 14.1%，占我国外贸进出口总值的 48%，比上年同期提高 1.4 个百分点，基本达到占据半壁江山的水平。

3. 主要贸易伙伴呈多元化发展趋势

2022 年一季度，我国对东盟、欧盟、美国、日本进出口同比分别增长 8.4%、10.2%、9.9%、12.3%，东盟继续为我国第一大贸易伙伴，占我国外贸净出口总值的比重为 14.4%。与此同时，我国与共建“一带一路”国家进出口总额达到 2.93 万亿元，增长 16.7%，占我国外贸进出口总值的比重为 31.1%。我国与区域全面经济伙伴关系协定（RCEP）其他 14 个成员国进出口额达到 2.86 万亿元，增长 6.9%，占我国外贸进出口总值的比重为 30.4%。

四　物价水平温和上涨，调控成果来之不易

2022 年以来，在俄乌战争等地缘政治因素影响下，欧美等主要经济体的通胀水平屡创新高。但我国多措并举，积极做好重要民生商品和大宗商品保供稳价工作，确保物价涨幅控制在较低水平，调控成果来之不易。物价运行呈现如下特征。

（一）消费领域 CPI 保持温和上涨态势

2022 年一季度，我国 CPI 同比上涨 1.1%，总体处于温和上涨区间。主要消费商品价格涨幅控制在合理区间。

1. 食品价格有所下降

一季度食品价格同比下降 3.1%，下拉 CPI 约 0.59 个百分点，这主要是猪肉价格下调引起的。随着生猪产量不断恢复，一季度猪肉价格平均下降了 41.8%。受全球小麦、玉米和大豆等价格上涨影响，食用植物油、豆类和面粉价格分别上涨 6.4%、5.6%和 3.3%；鲜果、鲜菌和鲜菜价格分别季节性上涨 6.9%、5.0%和 3.7%。

2. 能源价格涨幅较高

受国际能源价格上涨影响，一季度国内能源价格同比上涨 12.2%，影响 CPI 上涨约 0.84 个百分点。其中，汽油、柴油和液化石油气价格分别上涨 23.1%、25.4%和 21.4%，合计影响 CPI 上涨约 0.76 个百分点，占 CPI 总涨幅近七成。

3. 核心 CPI 涨幅稳定

一季度，核心 CPI 同比上涨 1.2%，涨幅连续三个季度相同。扣除能源的工业消费品价格总体稳中微涨，一季度平均上涨 0.5%，影响 CPI 上涨约 0.13 个百分点。服务消费持续恢复，一季度服务价格上涨 1.3%，涨幅比上年全年扩大 0.40 个百分点。其中，飞机票和旅游价格分别上涨 12.6%和 6.4%，家政服务和装潢维修费分别上涨 5.1%和 5.0%，涨幅均有扩大；教育服务、养老服务和医疗服务价格涨幅稳定，分别上涨 2.7%、1.5%和 0.9%。

（二）生产领域 PPI 价格涨幅高位回落

1. PPI 同比涨幅逐月收窄

一季度，PPI 同比上涨 8.7%，涨幅比上年四季度收窄 3.50 个百分点。分月看，前三个月 PPI 同比涨幅分别为 9.1%、8.8%和 8.3%，整体涨幅呈现逐月回落的态势。

2. 生产资料价格涨幅回落

一季度生产资料价格上涨 11.3%，涨幅比上年四季度回落 4.80 个百分点。其中，采掘工业价格上涨 35.3%，原材料工业上涨 17.6%，加工工业上涨 6.4%，涨幅比上年四季度分别回落 21.60 个、5.80 个和 3.30 个百分点。稳价政策效果持续显现，煤炭、钢材等行业价格涨幅较前期明显回落。地缘政治纠纷等因素导致国际能源和有色金属价格剧烈波动，对国内相关行业价格走势冲击较大，石油和天然气开采业价格上涨 42.8%，石油煤炭及其他燃料加工业上涨 31.1%。另外，燃煤发电上网电价市场化改革稳步推进，电力热力生产和供应业价格上涨 8.3%，涨幅比上年四季度扩大 5.60 个百分点，一定程度上缓解了发电供热企业的阶段性困难。

3. 生活资料价格总体趋稳

一季度生活资料价格同比上涨 0.9%，涨幅与上年四季度相同，影响 PPI 上涨约 0.21 个百分点。其中，食品价格上涨 0.6%，涨幅比上年四季度回落 0.70 个百分点。

五　国家宏观政策“组合拳”为稳增长保驾护航

面对世界经济复苏疲弱、中国经济下行压力较大的国内外环境，我国政府明确提出，2022 年经济工作的主要任务是稳增长。围绕稳增长，2022 年以来国家和各部门陆续出台了多项政策措施，良好的政策环境为经济大盘走势指明了方向，为企业发展增添了信心和动力，对于确保经济稳定增长将发挥四两拨千斤的作用。

（一）2022年经济主基调是“稳字当头、稳中求进”

2021 年底召开的中央经济工作会议，确定 2022 年经济工作的总基调是“稳字当头、稳中求进”。相比往年的“稳中求进”，这次多了“稳字当头”四个字，这表明在当前我国经济出现新的下行压力的情况下，要遏制经济下滑的势头，就必须更加重视稳增长。为了实现稳增长，2021 年中央经济工作会议对 2022 年经济运行提出以下新要求。

1. 压实各级部门稳增长的责任

2021 年底召开的中央经济工作会议提出，各地区各部门要担负起稳定宏观经济的责任，积极推出有利于经济稳定的政策，暂缓推出不利于稳增长的政策，政策发力适当靠前。并在多年后，重新提出以经济建设为中心，由此可见中央对 2022 年稳增长的决心和明确要求。

2. 积极的财政政策强调提升效能，注重精准可持续

财政政策要积极发力，提升效能。一方面是指要继续保持适当的赤字规模，适当前移财政支出节奏；另一方面，要优化财政支出结构，加大对“两新一重”建设、技术改造、产能绿化等领域的支持力度，通过财政支出助力供给侧固本培元。“精准”意味着更多定向调控、“滴灌”，重点瞄向小微企业、三农领域、民生领域等重点和薄弱环节；“可持续”意味着量力而行，不要过度加杠杆，防止负债太多，注重防范风险。

3. 2022年房地产业定调有新变化

对于 2022 年的房地产业，会议提出，要推进保障性住房建设，支持商品房市场更好地满足购房者的合理住房需求，促进房地产业健康发展和良性循环。此次房地产业发展有了一个新提法，即良性循环。说明中央要求在保证“房住不炒”的前提下，满足住房合理的改善性需求，促使房地产业实现合理顺畅良性循环，开始重视房地产投资在“稳增长”中扮演的角色。

（二）工业《若干政策》助力工业生产稳定增长

工业在稳定经济大盘中发挥着基础性作用，是确保全年宏观经济稳定运

行的重要基石。2022 年 2 月 18 日，国家发展改革委等部门出台《关于印发促进工业经济平稳增长的若干政策的通知》（以下简称《若干政策》）。《若干政策》从财政税费、金融信贷、投资和外贸外资、保供稳价、用地用能和环境等方面，提出稳定工业增长的 18 条举措，为工业平稳运行奠定了政策基础。主要政策包括以下几方面。

一是在用能方面，提出“落实好新增可再生能源和原料用能消费不纳入能源消费总量控制政策”，这是对企业用能进行科学考核的贯彻落实。

二是在减税降费方面，提出“延长阶段性税费缓缴政策，将 2021 年四季度实施的制造业中小微企业延缓缴纳部分税费政策，延续实施 6 个月”。

三是提出“加大中小微企业设备器具税前扣除力度”，以鼓励企业购置新设备、扩大再生产；提出“支持企业投资开发铁矿、铜矿等国内具备资源条件、符合生态环境保护要求的矿产开发项目”，以确保工业原料稳定供应。

四是强调“2022 年推动大型国有银行优化经济资本分配，向制造业企业倾斜”。“加大对传统外贸企业、跨境电商和物流企业等建设和使用海外仓的金融支持”，有助于加快形成内外联通的、由供给到需求的转化机制。

五是在财税政策中提到，扩大地方“六税两费”减免政策适用主体范围”，旨在让更多的市场主体享受到减税降费的红利；在金融信贷政策中提到，“用好碳减排支持工具和 2000 亿元支持煤炭清洁高效利用专项再贷款”，以对推动煤电等行业绿色发展起到重要的引领作用。

（三）适时运用货币政策工具支持实体经济发展

面对经济运行过程中隐含的不确定因素，国务院总理李克强 2022 年 4 月 6 日主持召开国务院常务会议。会议指出，要适时灵活运用再贷款等多种货币政策工具，着重满足中小微企业、重点项目建设和制造业中长期贷款的融资需求，支持实体经济发展。

一是用好普惠小微贷款支持工具，用市场化、法治化办法促进金融机构向实体经济合理让利，推动中小微企业融资增长。二是提升对新市民的金融服务水平，优化保障性住房金融服务，保障重点项目建设融资需求，推动制造业中长期贷款较快增长。三是设立科技创新和普惠养老两项专项再贷款，人民银行对贷款本金分别提供60%、100%的再贷款支持。做好以政府专项债补充中小银行资本等工作，增强银行信贷能力。

（四）大规模留抵退税政策加速落地

2022年3月下旬以来，按照国家政策要求，国家税务总局深入推进大规模留抵退税政策贯彻实施。4月1~11日，税务部门为20.3万户纳税人办理了留抵退税1557亿元。2022年的留抵退税政策有三个特点：一是聚焦小微企业和重点支持行业；二是增量留抵和存量留抵并退；三是制度性、一次性和阶段性安排并举。2022年大规模留抵退税政策将为市场主体新增约1.5万亿元现金流，有助于企业在后几个季度的生产经营中轻装上阵，积蓄更多资金用于生产活动。

（五）国务院办公厅出台20条促消费举措

基于国内外疫情不断反复、居民收入不确定性增强、消费整体偏弱的现状，2022年4月，国务院办公厅出台了《关于进一步释放消费潜力促进消费持续恢复的意见》（以下简称《意见》）。《意见》部署了五大方面20条工作内容。

一是做好基本消费品保供稳价工作。二是着力稳住消费基本盘。首次提出托育服务消费，表明政府对新增人口的重视。三是鼓励和引导大型商贸流通企业、电商平台和现代服务企业向农村延伸，推动品牌消费、品质消费进农村。四是对破除限制消费障碍壁垒、松绑汽车限购有新表述。五是稳步提高两类人群的工资性收入，落实和完善对农民的直补政策。

六　2022年经济运行面临的机遇挑战及预测

（一）国际环境依然复杂严峻

1. 全球疫情不确定性仍存在

相比2021年，2022年新冠肺炎疫情影响将逐步减弱，但不排除出现传染性更强的变异毒株的可能，全球抗疫面临严峻考验。新冠病毒持续突变、疫苗分配不均导致“免疫鸿沟”、新冠药物研发进度参差不齐均会增加疫情的不确定性影响，此外部分发达国家改变疫情防控策略也为抗疫工作平添变数。全球疫情防控的不确定性，直接为经济增长埋下不确定性隐患。

2. 世界经济增长势头放缓

2022 年世界经济将延续复苏态势，但过程中仍会充满挑战，目前世界经济复苏形势不容乐观。国际货币基金组织最新发布《世界经济展望报告》，预计 2022 年全球经济将增长 4.4%，较此前预测下调 0.5 个百分点。此外，世界经济中长期发展面临重建和调整。疫情冲击后，世界经济增长的脆弱性增加，全球产业链、供应链深度重构，产业链区域化、本土化趋势不断强化，世界经济发展仍将面临新考验。

3. 俄乌战争导致大宗商品价格高攀，全球通胀压力大增

俄罗斯和乌克兰是食品、能源和化肥等重要商品的主要供应国，俄乌冲突以及美国联合盟友对俄罗斯发起多轮制裁，冲击世界经济体系，进一步造成全球粮食、能源、矿产品等大宗商品供需紧张局面，导致价格高位攀升，极大地推升了国际通胀水平。目前，美国通胀率已连续 6 个月超过 6%，远高于美联储设定的 2%的平均目标，3 月美国剔除食品和能源后的核心消费者物价指数年率为 6.5%，消费者物价达到 40 多年来最高的年增长率。欧洲和美国等多国通胀率创新高，全球经济迎来最为严重的通胀压力。

（二）国内经济环境机遇和挑战并存

1. 经济长期向好的基本面没有变

我国发展仍处于重要战略机遇期，经济长期向好的基本面没有发生改变。2022 年，“十四五”规划重大项目陆续上马，各地换届后要以优异的成绩迎接党的二十大胜利召开；供给侧结构性改革、创新驱动发展战略持续深入推进，不断为经济发展注入新动力；数字经济与实体经济深度融合，赋能传统产业转型升级，催生新产业、新业态、新模式。同时，我国宏观调控能力和水平不断提升，跨周期调节更好地统筹兼顾周期性波动和结构性问题，

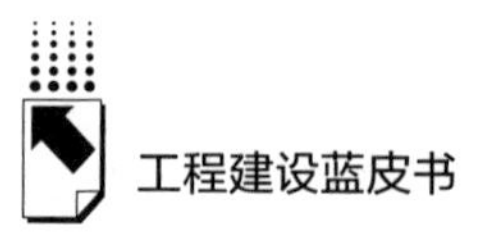

财政实力有所增强，货币政策仍然有较大调节空间，我国完全有能力、有条件采取稳定增长的政策措施。

2. 景气指数研究显示宏观经济有望进入上行周期

国家信息中心宏观经济景气监测预警模型系统显示，此轮经济周期的波谷可能出现在2022年一季度，二季度以后我国经济景气指数有望触底反弹进入上行周期。景气模型显示，一是先行合成指数已触底反弹，景气回升出现先兆。2021年底，先行合成指数达到本轮景气周期的最低点，随后触底反弹，截至2022年3月底已经连续两个月回升，且回升幅度较为显著，预示着二季度之后景气回升的可能性较大。二是一致合成指数好转指标多于下行指标，景气回升能量聚集。构成一致合成指数的6个指标中，2个指标呈现连续下行态势，其余4个指标均有不同程度的好转，尤其是投资指标明确趋好，经过一个时期的巩固，景气指数有望在二季度企稳回升。

3. 疫情不确定性增加稳增长的压力

一是疫情不断反复抑制需求恢复。2022年以来，吉林、上海、北京等多地疫情再度传播扩散，对生产生活影响较大。疫情具有较大的不确定性，这将进一步影响市场预期和需求，不利于经济稳定恢复。二是疫情反复影响供给端生产恢复。受疫情反复、关键零部件和原材料短缺等因素影响，工业生产受到较大干扰，部分行业企业生产中断、原材料供给不足或交货时间延长等问题仍然可能出现。

4. 金融违约增加将使经济运行隐含风险

一是房地产企业违约风险上升。房企融资“三道红线”、“房贷集中度管控”政策和居民住房贷款限制政策影响逐步显现。一季度房地产销售额和销售面积增幅下滑，受新房销售放缓导致回款变慢、开发融资持续收紧的影响，房地产企业资金链日益紧张，部分债务问题较重的房地产企业债务违约可能性增加，面临较大的资金链断裂风险。二是国有企业信用违约风险增加。地方国有企业信用违约风险持续释放，目前新增违约主体占比首次超过民营企业跃居首位，反映出弱资质国企不断打破刚兑、信用风险加速暴露的问题。三是城投信用风险持续发酵。随着国家持续严控地方政府隐性债务风险，城投公司和地方政府在项目承接、业务开展、举债融资等多个层面开始“隔离”，两者之间的信用联系加快脱钩。城投企业融资能力大幅减弱，非标违约、境外债违约、债务逾期等负面事件频发，城投企业信用评级遭到下调。

5. 中小微企业生产经营困难增加

中下游企业面临成本上升和需求下降的双重挤压。一是中下游企业生产成本增加。大宗商品价格上涨给产业链中、下游企业，特别是中小微企业的生产经营增加较大成本压力。二是国际海运费用大幅上涨增加物流成本。由于国际商品需求激增、油价上涨、海员缺口持续扩大，加之疫情打乱全球供应链，国际海运供给能力严重不足，国际集装箱运价持续攀升，进一步增加外贸型企业的物流成本。三是利润收窄抑制企业投资意愿。由于行业竞争充分，中下游企业无法将成本转嫁至消费者，原材料价格的快速上涨大幅压缩利润空间，削弱企业投资能力，抑制其投资意愿。

（三）2022年全年主要经济指标增长预测

1. GDP 增长预测

从一季度经济运行看，2022 年经济发展将更趋稳固、更趋均衡。综合考虑内外环境、发展潜力和风险挑战等因素，初步预计 2022 年我国经济将增长 5.5%左右，基本可以实现全年调控目标。主要依据包括以下几方面。

一是内外需增长更加均衡支撑经济增长。一季度重点项目投资、高技术制造业投资快速增长，线上消费持续较快增长，服务性消费增速不断提高、占比不断扩大，内需薄弱环节加快恢复，外贸出口持续增长，三大需求的新动能、新活力持续释放，将拉动经济持续稳定增长。

二是工业转型升级夯实经济高质量发展基础。目前我国先进制造业、高技术产业、装备制造业等新兴产业的投入和增加值领先增长，未来一个时期高技术产业将继续发力，带动国民经济增长的能力提升。

三是第三产业向正常水平恢复，对经济增长的拉动作用得到巩固。信息技术服务业继续发力，批发零售、住宿餐饮等生活性服务业加快恢复，金融业保持平稳健康发展。

四是收入分配更趋合理，助力消费恢复。随着共同富裕政策不断落地生效，居民收入增长领先经济增长，中等收入群体加快扩容，城乡收入差距缩小，低收入群体收入实现更快增长，有助于扩大消费。

2. 工业增加值增长6.8%左右

2022 年一季度工业生产保持平稳，规模以上工业增加值同比增长 6.5%，高于 2021 年四季度 2.6 个百分点，呈现逐季回升的良好态势。一季度工业企业出口交货值较快增长，制造业投资和占比明显回升，工业结构优化升级的基本趋势将促进工业增加值增速加快。预计 2022 年规模以上工业增加值增长 6.8%左右。主要依据包括以下几个方面。

一是工业产业转型升级将成为增长的主动力。目前，我国高技术产业和装备制造业等较高附加值行业增速明显快于工业平均水平，高技术产业和装备制造业在工业中的比重有所上升，有助于促进工业高质量发展、加速发展。此外，工业绿色化、数字化和新兴化步伐不断加快，行业发展迸发出新的增长活力。

二是工业品出口需求旺盛支撑本土工业发展。我国产业体系齐全，配套能力强，能够较快适应国际市场需求变化，国外对我国工业品出口需求扩大，将有效拉动工业生产增长。一季度规模以上工业企业出口交货值同比增长 14.4%，工业企业出口交货值已经连续一年保持两位数增长，海外市场需求旺盛，对于促进本国工业发展有积极作用。

三是“工业新政”将提升企业生产积极性。2022 年以来，中央出台了一系列支持企业纾困发展的政策措施，企业满意度较高。一季度对全国近 11 万家规模以上工业企业的问卷调查显示，企业对各项优惠政策的满意度环比提高了 2.7 个百分点，其中企业对减税降费政策的满意度超过了 85%。工业新政对激发企业生产意愿、稳定工业生产将继续发挥积极作用。

3. 固定资产投资增长8.0%左右

一季度我国投资实现 9.3%的增长，是三大需求中支撑力最强的因素，制造业投资延续较快增长，高技术产业明显加快，重点投资建设项目储备充裕，投资先行指标增势良好，为今后几个季度投资持续扩大奠定了良好基础。在充分有效发挥投资靠前发力作用，落实好既有强度的投资调控政策的同时，投资增长有望实现持续平稳增长，预计全年全社会固定资产投资增长8.0%左右。主要依据包括以下几个方面。

一是制造业投资扩容助力投资增长。我国支持制造业强链补链、技术改造项目发展，促进生产线数字化、智能化、绿色化改造升级，推动高质量发展的新增投资潜力巨大。

二是围绕重点项目扩大投资有抓手。适度超前开展基础设施建设，加大社会民生领域补短板力度，合理扩大地方政府专项债券使用范围，推进实施“十四五”规划确定的102项重大工程项目。目前国内项目准备充足。2022年专项债对应项目的准备时间较往年提早了2~3个月，这就给各地政府和企业扩大投资准备了充裕的时间，后续基建投资将发挥更大作用。

三是房地产投资具有反弹潜力。在国家房地产新政引导下，各地出台了多项房地产灵活松绑政策，2022年以来已有超过60个城市释放了房地产政策边际放松的信号。政策涵盖了放开限贷限购、取消或降低限售门槛、降低房贷利率、发放购房补贴款等内容，再加上大力推进保障性住房建设，着力满足居民合理住房需求，均可促使房地产业合理有序运转，实现产业良性循环。房地产业对投资贡献的正能量将逐步显现。

四是民营企业投资积极性有望得到释放。为了贯彻稳增长主基调，2022年以来，我国对民营企业、市场主体投资生产的某些政策限制已经有所调整和放宽，进一步拓宽民营企业投资空间，完善健全社会资本投融资合作对接机制，增加民间投资意愿，有望激发各类社会资本的增长活力。

4. 社会消费品零售总额增长6.0%左右

受疫情反复、多点扩散的影响，一季度我国消费增长不尽如人意，但未来支撑消费增长的积极因素将不断增多，消费市场将保持恢复态势。预计全年社会消费品零售总额增长6.0%左右。主要依据包括以下几个方面。

一是疫情影响有望逐步减弱。随着疫情防控精准化精细化水平不断提

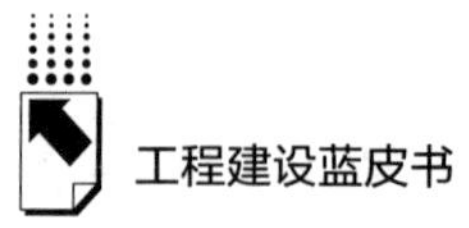

升，人员交往交流升温，被抑制的消费需求将逐步释放。具体看，餐饮消费有望加快恢复，新型消费保持较快增长。

二是扩大消费新政将发挥作用。2022 年 4 月国家出台的扩大消费 20 条举措将逐渐发挥作用，退税减税降费等促进服务业领域困难行业恢复发展的相关政策逐步落地显效。

三是居民增收有助于扩大消费。不断落实就业优先政策，促进居民收入平稳增长，有助于提高居民消费能力和提升消费意愿。

四是重量级大额商品消费仍是引领消费的主流。国家积极推动新能源汽车、绿色智能家电等大宗消费，推动线上线下消费深度融合，加快农村消费市场提质扩容，也将有利于消费持续扩大。

5. 外贸出口增长8. 0%、进口增长6. 5%

预计 2022 年我国外贸出口增长 8. 0%，进口增长 6. 5%。随着发达国家疫情缓解、生产逐步恢复，国际供给市场缺口将有所收窄，我国率先恢复产能带来的出口优势可能减弱。国内需求改善有助于扩大进口，但进口商品价格将有所回落，可能带动进口增速回调。

七　政策建议

（一）加大保供稳价工作力度，确保大宗商品价格稳定

在俄乌冲突持续的背景下，逆全球化的趋势似乎也在持续。西方国家对俄罗斯实施经济制裁，割裂国际供应链、产业链与价值链，还会继续推升通胀。要实现稳增长，亟须做好大宗商品和原材料物资的保供稳价工作。具体做法包括以下几方面。一是大幅提升大宗物资商品国内储备、周转能力，吸引民营主体参与商业储备设施建设和运营，确保关系国计民生的粮食等农产品，以及油气等战略能源产品的供应保持稳定。二是做好工业生产成本调查研究，对原材料成本占比高、成本压力大的行业，采取阶段性税收优惠政策，对冲原材料价格上涨对中下游企业的冲击。三是探索创新大宗商品价格

保险等金融工具，鼓励通过套期保值等业务帮助企业有效对冲原材料价格波动风险。

（二）以重大投资项目为抓手，加快扩大有效投资

一是积极促进项目开工落地。推动工业重大投资项目开工落地，加大项目建设的推进力度。二是强化项目储备。加强重大项目储备，提早谋划、提前谋划，确保工业投资可持续增长。三是加强对工业投资的要素保障。加大土地、资金、财政、税收等方面激励保障力度，引导企业资金持续、稳定投入技术改造等领域。对于纳入国家级重点工业项目，探索在能耗、用地考核指标方面予以单列并优先保障。四是突破产业核心关键技术与培育壮大新动能“双轮驱动”。持续加大工业领域重要产品和关键核心技术攻关力度，加快补齐工业领域关键核心技术瓶颈短板，扎实扩大服务于高质量发展的有效投资，避免重复建设和无效投资。

（三）尽早清除高风险房地产企业的风险隐患

房地产企业违约风险上升是我国经济发展存在的隐患风险之一，要促进房地产业良性循环和健康发展，必须首先解决高风险房地产企业的风险隐患。一是以“保交楼”为首要目标扎实推进风险处置工作。坚持法治化、市场化原则处置企业风险，压实地方属地、部门监管和企业主体三方责任。各地方政府要坚决处置个别房地产企业因债务违约所引发的房地产项目逾期交付的行为，以“保交楼”为首要目标加快推进处置，维护购房者合法权益，稳定市场信心和预期。二是加强对风险化解的窗口指导和统一协调。对个别头部房企的风险处置，应该从国家层面加强对地方的窗口指导和技术支持；对涉及跨省（区、市）处理事项，统一交由国家协调解决，避免“各自为政”，给风险防范化解带来新的困难。三是提前应对潜在风险。对陷入风险传闻的房地产企业尽快组织摸排、提前介入，鼓励房地产企业与债权人加强沟通，稳定商业票据信用，通过提前制定债务重组方案等方式降低风险外溢。

（四）有效促进汽车消费，进一步扩大新能源汽车渗透率

相比西方国家，我国汽车保有量和需求量仍有较大提升空间，在目前消费不振的情况下，应积极有效促进汽车消费。一是减少汽车流通环节赋税，进一步降低售价。二是做好油价调控工作，避免出现连续大幅度涨价的情况。三是保持当前对新能源车补贴力度，加大城市、城镇和农村公共场所以及高速公路加油站新能源车充电桩的建设力度。四是促进充换电基础设施与新型电力系统的协同发展。随着电动汽车的数量迅速增长，电动汽车可以与电网进行一些互动，电动汽车充换电基础设施跟新型电力系统要协同发展。应对能源电力行业提出更高要求：第一，要有更多的充电桩，且充电、换电要更快，充电桩的功率、电网所提供的电力容量要足够大；第二，要更加绿色环保；第三，对电网提出更高要求，包括持续供电的可靠性、电网的安全稳定性以及电力系统运行的经济性；等等。

参考文献

《一季度国民经济开局总体平稳》，国家统计局网站，2022 年 4 月 18 日，http：//www. stats. gov. cn/xxgk/sjfb/zxfb2020/202204/t20220418_ 1829715. html。

《江源：助企纾困政策有效发力　工业经济运行总体平稳》，中国经济网，2022 年 4 月 19 日，http：//www. ce. cn/xwzx/gnsz/gdxw/202204/19/t20220419_ 37506395. shtml。

杨伟民：《对于当前稳增长的四点建议》，《浙商》2022 年第 9 期。

张超：《从一季度经济数据读出什么》，《半月谈》第 8 期。

《外部环境复杂多变，工业经济发展韧性彰显》，《中国经济导报》2022 年 4 月 26 日。

《总体平稳　韧性依旧：海外人士积极评价中国经济“一季报”》，新华网，2022 年 4 月 20 日，http：//www. news. cn/mrdx/2022-04/20/c_ 1310566509. htm。

B.4 固定资产形势分析与预测展望（2022）*

国家信息中心**

摘　要： 2021年，我国固定资产完成额实现增长4.9%，两年平均增长3.9%，呈现总体恢复、稳中有进的态势。制造业投资成为拉动投资的主要动力，房地产开发投资高位回落，基础设施建设投资增长放缓，民间投资平稳增长，社会领域投资增长较快。未来要密切关注国内市场需求恢复缓慢、投资增长可持续能力减弱、投资环境不确定性较大和房地产业投资压力大等问题。预计2022年，投资资金保障性加强，投资空间加大，投资动力增强。建议多举措保障投资平稳增长，增强制造业投资和民间投资的内生动力，发挥基建行业的带动作用，强化投资对经济增长、结构优化的带动作用。

关键词： 固定资产投资　制造业投资　房地产开发投资　基建投资

一　当前我国投资运行平稳

1. 投资平稳恢复

规模继续扩大。2021年完成固定资产投资（不含农户）544547亿元，

* 本报告数据均来自国家统计局。

** 执笔人：刘玉红，国家信息中心经济预测部副研究员，主要研究方向为产业经济、计量经济和经济景气监测预警等。

比 2020 年增长 4.9%。分行业看，2021 年，第一产业投资 14275 亿元，增速为 9.1%；第二产业投资 167395 亿元，增速为 11.3%；第三产业投资 362877 亿元，增速为 2.1%。高技术产业继续发力。2021 年，高技术产业投资增速为 17.1%，比固定资产投资增速快 12.2 个百分点。其中，高技术制造业和高技术服务业投资分别增长 22.2%和 7.9%，分别拉动制造业投资和服务业投资 4.5 个和 0.3 个百分点。

2022 年一季度，我国固定资产投资增速保持平稳，固定资产投资（不含农户）增速为 9.3%（见图 1）。分行业看，第一产业投资增速为 6.8%，渔业投资、农业投资分别增长 33.0%和 21.4%；第二产业投资增速为 16.1%，增速比全部固定资产投资增速快 6.8 个百分点，电力、热力、燃气及水的生产和供应业、采矿业投资分别增长 19.3%和 19.0%；第三产业投资增速为 6.4%。

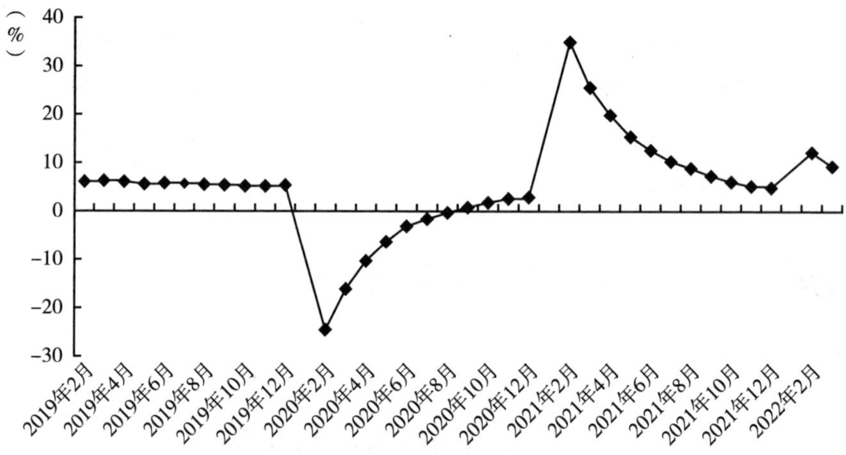

图 1　2019 年 2 月至 2022 年 2 月我国固定资产投资（不含农户）增速走势

2. 制造业投资加快恢复

2021 年，制造业投资同比增长 13.5%，两年平均增速为 4.8%，制造业投资成为拉动投资增长的主要动力。2021 年，规模以上制造业利润同比增长 31.6%，两年平均增速达 19.0%；制造业中长期贷款余额同比增长 31.8%，比各项贷款增速高 20.2 个百分点。其中，装备制造业、消费品制造业和原材料制造业投资分别增长 15.9%、26.0%和 15.0%。企业加快更新替换老旧设备、推进技术改造。2021 年，制造业技改投资增长 13.6%。

2022 年以来，经营利润结转使用、中长期贷款增加、政策助力支持等因素带动制造业投资增速加快。一季度制造业投资增速为 15.6%，比固定资产投资完成总额增速快 6.3 个百分点。装备制造业、消费品制造业和原材料制造业投资分别增长 27.3%、25.3%和 15.0%（见表 1）。

表 1　2021 年 2 月至 2022 年 3 月主要类别制造业固定资产投资累计增速

单位：%

时间	制造业投资	装备制造业投资	消费品制造业投资	原材料制造业投资
2021 年 2 月	37.3	38.1	38.7	50.9
2021 年 3 月	29.8	26.5	27.0	39.4
2021 年 4 月	23.8	21.6	23.0	29.8
2021 年 5 月	20.4	19.2	19.3	24.2
2021 年 6 月	19.2	19.7	16.9	21.8
2021 年 7 月	17.3	18.2	15.2	19.1
2021 年 8 月	15.7	17.5	13.5	16.0
2021 年 9 月	14.8	16.5	12.4	15.1
2021 年 10 月	14.2	16.7	12.1	14.1
2021 年 11 月	13.7	16.4	12.2	13.6
2021 年 12 月	13.5	15.9	26.0	15.0
2022 年 2 月	20.9	34.0	29.8	18.5
2022 年 3 月	15.6	27.3	25.3	15.0

注：表中相关指标均无 1 月数据。

3. 房地产开发投资高位回落

房地产开发投资增速继续回落。受基数影响，2021 年 2 月我国房地产开发投资增长 38.3%，此后开始高位回落（见图 2）。2021 年房地产开发投资总额 14.76 万亿元，增速为 4.4%，住宅投资 11.12 万亿元，增速为 6.4%。2022 年一季度，房地产开发投资增速继续回落，2022 年 1~3 月，全国房地产开发投资累计 27765 亿元，增长 0.7%，比 1~2 月回落 3.0 个百分点，是 2020 年 6 月以来的最低增速。其中，住宅投资 20761.26 亿元，同比增长 0.7%，比 1~2 月回落 3.0 个百分点。

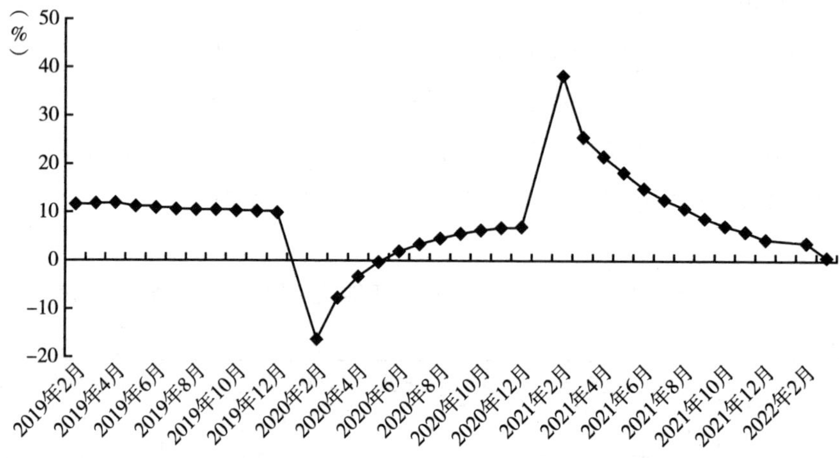

图 2　2019 年 2 月至 2022 年 2 月全国房地产开发投资增速

房地产企业到位资金加速下滑。“三道红线”约束下房地产企业资金来源明显吃紧，2021 年以来房地产开发企业到位资金增速逐步回落，房地产企业到位资金增速从 2021 年 2 月的 51.2%回落至 2021 年底的 4.2%（见图 3）。进入 2022 年，增速连续负增长，1~3 月下降 19.6%，下降幅度为有数据记录以来的最低水平。其中，2021 年国内贷款 2.3 万亿元，回落 12.7%；利用外资 107.4 亿元，回落 44.1%；自筹资金 6.5 万亿元，增速为 3.2%。2022 年一季度房地产各项资金来源中，国内贷款和自筹资金增速继续回落，分别为 5525 亿元和 12395 亿元，分别下降 23.5%和 4.8%；利用外资 10.43 亿元，下降 7.8%，增速有所提升。

4. 基础设施建设投资缓慢增长后强劲复苏

2021 年，基础设施建设（包括电热燃水的生产和供应业）投资呈现前高后低走势，年底仅增长 0.2%（见图 4）。2020 年和 2021 年两年平均增长 0.3%。与上一次金融危机基建对经济托底作用相比，受本轮疫情影响，无论是基建增速还是用于基建的财政支出都没有大幅增加。在防风险、加强地方政府隐性债务监管的财政紧平衡下，财政支出优先保障“六保”，支出结

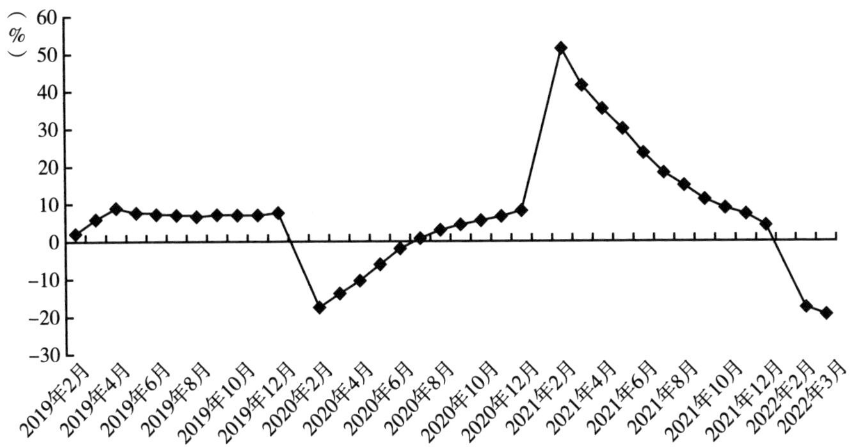

图 3　2019 年 2 月至 2022 年 2 月全国房地产开发企业本年到位资金增速

构优化导致基建的预算内到位资金低于疫情前。2021 年，交通运输和城乡社区事务的公共财政支出分别下降 15.7%和 15.1%，分别低于同期公共财政支出（14.2%）1.5 个和 0.9 个百分点。国家严格控制高耗能高排放项目的无序发展，电力、热力、燃气和水的生产供应业投资仅增长 1.1%，比 2020 年的同期大幅回落 16.5 个百分点。

2022 年一季度，在专项债有效支持下，全国多个省份以重大项目建设为抓手，基建投资大幅发力，基础设施投资增速高达 10.5%，不含电力的基础设施投资增速为 8.5%，其中交通运输、仓储和邮政业投资同比增长 9.6%，电力、热力、燃气及水生产和供应业，水利、环境和公共设施管理业投资分别为 19.3%和 8.0%。

5. 民间投资平稳增长

2021 年我国民间投资总额为 30.77 万亿元，比 2020 年增长 7.0%。农、林、牧、渔业民间投资增速为 9.9%。教育行业、制造业和基础设施民间投资分别增长 24.9%、14.7%和 12.0%。2022 年一季度民间投资增速为 8.4%，保持稳定。其中，制造业、基础设施和社会领域民间投资分别增长 24.8%、11.6%和 10.7%。分行业看，第一产业增长 2.7%，第二产业增长 24.2%，第三产业增长 1.0%。

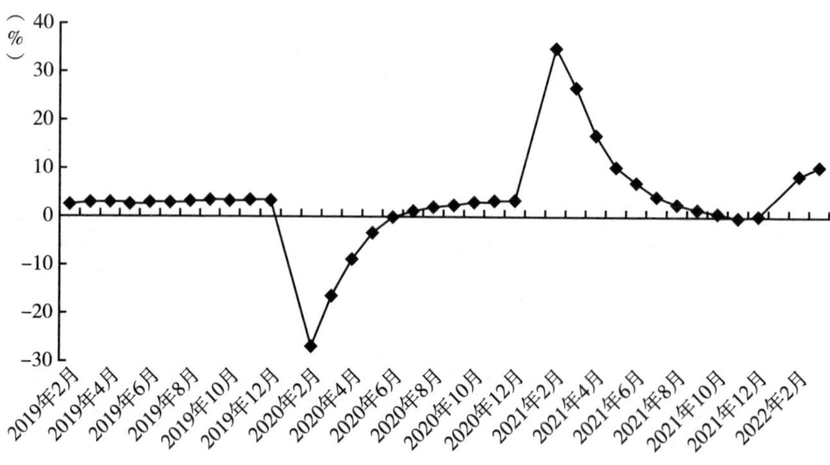

图 4　2019 年 2 月至 2022 年 2 月基础设施建设投资增速

民间投资占比基本持平。随着“放管服”改革的逐步深化和营商环境的改善，货币政策直达、普惠金融、减税降费和财政资金直达等扶持政策出台，我国民间投资增长动能逐步增强。2021 年民间固定资产投资占全部投资比重为 56.5%，继续充当投资主力军。2022 年 1~2 月和一季度，民间投资占比分别为 57.47%和 56.85%，均超过了 2021 年底水平（见图 5）。

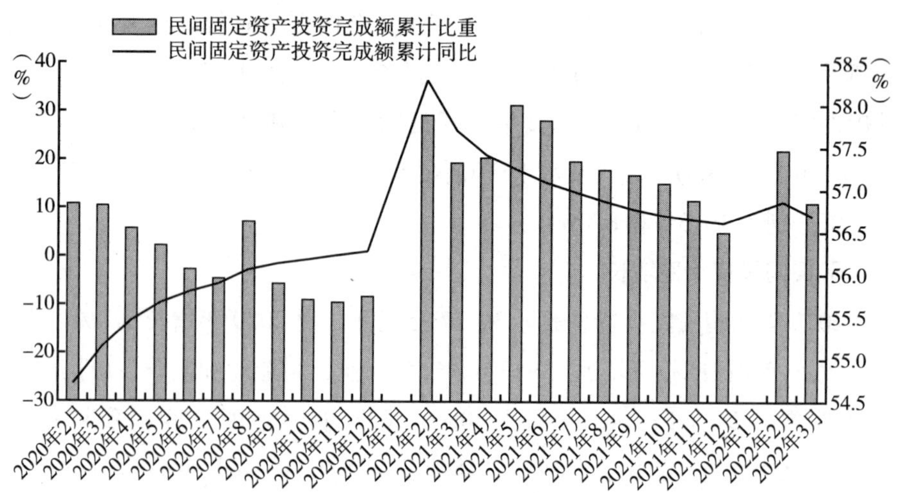

图 5　2020 年 2 月至 2022 年 3 月民间固定资产投资完成额累计比重及累计同比

注：图中 2020 年、2021 年、2022 年均无 1 月数据。

6. 社会领域投资增长较快

2021 年我国社会领域投资增速为 10.7%，教育投资和卫生投资增速分别为 11.7%和 24.5%。农、林、牧、渔业投资同比增长 9.3%，畜牧业投资增长 20.3%。交通运输、仓储和邮政业投资增速为 1.6%，水上运输业、航空运输业和邮政业投资增速分别为 17.9%、18.8%和 25.2%。电力、热力、燃气及水的生产和供应业投资增速为 1.1%。2022 年一季度，社会领域投资增速为 16.2%，其中，文化、体育和娱乐业，教育投资，卫生和社会工作投资增速分别为 6.8%、17.2%、24.9%。

二 投资领域需要重点关注的几个问题

1. 国内市场需求恢复缓慢

一是随着疫情多地散发，对供应链扰动加深，导致我国市场需求整体恢复速度不及预期。2021 年社会消费品零售总额增速逐月回落，全年仅增长 12.5%，两年平均增长 7.9%。随着疫情防控形势更加严峻，2022 年以来消费降幅扩大，3 月同比下降 3.5%，为 2020 年 4 月以来的新低，比 1~2 月的 6.7%回落 10.2 个百分点。服务消费领域受到的冲击更强，2021 年餐饮收入增长 18.6%，两年平均仍然下降 0.5%，尚未恢复 2019 年水平；2022 年 3 月更是大幅下降 16.4%，增速创 2020 年 6 月以来的新低。国内旅游收入恢复也相对缓慢，2022 年“五一”假期国内旅游收入同比减少 42.9%，仅恢复至疫情前同期的 44.0%。

二是居民收入增速放缓，进一步制约消费需求的复苏。2021 年我国居民人均可支配收入 35128 元，比上年名义增长 9.1%，低于同期国内生产总值增速（12.57%）3.47 个百分点；2022 年一季度，尽管差距有所缩小，但居民人均可支配收入增长仍低于同期国内生产总值增速 2.07 个百分点。居民未来收入信心指数处于历史低位，2021 年下降至 49.5%，进入紧缩区间，2022 年一季度尽管有所恢复，但是正处于荣枯区间的 50%。与之对应的是 2021 年以来我国居民存款余额增长一直高位运行，这意味着我国居民消费支出乘数持续放缓，最终消费需求减弱。

2. 投资增长可持续性能力减弱

一是政府政策支持难以为继。一季度全口径基建投资较上年同期增长3000亿元左右，一季度政府性基金支出较上年同期增加7456亿元，而一季度城投融资与2021年同期相比仍然趋紧。因此，预算内资金不仅是一季度基建的增量资金的主要来源，还弥补了部分城投融资的缺口，而预算内资金的缺口则由专项债弥补。政府性基金支出高增之下并非没有隐忧，整个一季度的收支缺口达到1.1万亿元，主要靠2021年四季度发行的1.2万亿元新增专项债和今年一季度发行的1.3万亿元专项债来弥补，预计二季度仍能够支撑政府性基金支出和基建投资保持高增速运行，但持续性堪忧。当前我国经济的总债务已经处于较高水平，依托债务扩张支撑投资高速增长的模式已经难以为继。在逆周期调节总力度有限的前提下，政策靠前发力意味着后续政策强度会有所减弱，基础设施、民生领域投资保持快速增长的难度持续增大。

二是企业主体信心不足，投资意愿偏低。市场需求疲软，加上能源原材料价格快速上涨，导致部分市场主体采取“收缩式”“应对型”的经营策略，对扩大再生产、新增投资较为谨慎，投资意愿整体偏低。市场主体对设备工器具购置的投资明显下降，2019~2021年设备工器具购置投资连续3年同比下降，2021年下降2.6%。设备投资是实体经济运行的重要指示器，设备工具器具购置投资连续降低，说明企业投资信心完全恢复尚待时日。2021年，规模以上工业企业应收账款增速为12.1%，产成品库存增速14.2%，增速和规模均属于近年的高点，表明当前我国企业面临被动补库存的风险。企业资金周转困难持续加剧，2022年一季度仍然保持高位运行，增速分别达到14.4%和18.1%，表明企业经营压力和资金周转压力继续增加。

3. 投资环境存在较大不确定性

一是疫情发展和防控策略均处于动态调整中。2021年以来，新冠病毒持续变异，全球疫情高位流行；进入2022年，疫情在我国开始新一轮传播，防疫压力不逊于2020年疫情初期。新冠病毒变异具有高度不确定性，给新冠肺炎疫情的持续时间和未来走势带来了极大的不确定性。此外，随着部分国家陆续放开新冠限制措施，我国疫情防控策略也将根据国内外疫情走势、特效药研发进展等适时、精准做出调整。

二是重大政策框架还处在重塑构建阶段。共同富裕的战略目标和实践途径、资本的特性和行为规律、初级产品供给保障、防范化解重大风险、碳达峰碳中和等重大理论和实践问题仍在深化认识、破题落地过程中。市场主体要想完整、准确、全面贯彻新发展理念，充分践行经济高质量发展的新要求还需要一段学习和适应的时间。

三是国际环境对我国经济溢出效应不确定性增强。随着全球通胀高企，美国等发达国家将被迫推出刺激政策，将对全球经济和金融市场带来冲击，美联储推出宽松货币政策的时间和速度的不确定性导致我国对经济的外溢效应较难把握。全球大宗商品价格飙升给我国带来的输入型通胀压力持续时间较难预测，2021 年，全球经济反弹，需求强劲复苏，但疫情冲击造成供给短缺叠加全球运力不足，供需错配导致大宗商品价格飙升，并给我国带来了严峻的输入型通胀压力。2022 年全球疫情再次大规模传播，全球海运体系面临的瓶颈短期内难以解决，全球大宗商品价格走势仍面临更加复杂的不确定性。国际经贸合作前景充满挑战。俄乌冲突增大地缘政治风险和全球供应链中断风险，发达国家积极推动制造业回流，加快供应链、产业链本土化、就近化布局，给我外贸企业国际合作增加压力。

4. 房地产投资企稳压力较大

一是房地产企业投资意愿不强。2021 年以来，全国房地产销售面积和总额均呈现快速回落的态势，2021 年商品房销售面积和销售额分别增长 1. 9%和 4. 8%，2022 年一季度分别下降 13. 8%和 22. 7%。销售不佳影响房地产企业资金回笼，进而抑制了房地产开发企业拿地和开工意愿。房地产本年购置土地面积、房屋新开工面积在 2021 年分别回落 15. 5%和 11. 4%，2022 年一季度继续大幅下降 41. 8%和 17. 5%，其中新购置土地面积增速达到有统计数据以来的历史最低；房地产开发计划总投资 2021 年增长 8. 9%，2022 年一季度回落至 7. 2%，为 2002 年以来的历史新低。土地市场方面，

2022 年 4 月全国主要地级市土地溢价率为 5.48%，时隔 7 个月再次达到 5%，但绝对水平仍然较低，溢价率仍处于较低水平，凸显房地产投资端仍较为谨慎。

二是房地产需求端仍然偏弱。在房地产开发企业到位资金中，占比最高的一般为“定金及预收款”，达到 1/3 左右，进入 2022 年以来，该指标一直为负增长，1~2 月、1~3 月分别回落 27%、31%，连续刷新历史新低；同样快速回落的还有个人按揭贷款，今年 1~2 月、1~3 月分别回落 16.9%、18.8%，创 2009 年以来的最大降幅。表明疫情反复导致居民收入增长、压力加大，以及国内外经济环境复杂多变导致居民对房地产市场的信心下降，需求端持续走弱，居民购房需求疲弱态势没有得到明显改善。

三　2022年及2023年固定资产投资将继续保持平稳增长

尽管存在各种压力和不确定性，但从投资走势看，投资先行指标增势良好，有利于投资持续扩大。展望 2022 年，固定资产投资能够实现平稳增长。

1. 投资环境趋向改善

一季度，投资新开工项目 3.5 万个，比 2021 年一季度增加 1.2 万个。“429” 政治局会议提出“全力扩大国内需求”，“发挥有效投资的关键作用”，“全面加强基础设施建设”；在房地产方面，鼓励地方政府制定符合其实际的房地产政策，扩大居民改善性住房及刚性住房需求，强化对商品房预售资金的监管，保证房地产市场平稳发展。“426” 中央财经委会议强调，要“全面加强基础设施建设构建现代化基础设施体系”。2022 年将实施规模最大减税降费政策，预计减税与退税 2.5 万亿元。产业链供应链逐渐恢复，原材料价格有所回落，都将极大改善企业投资环境。

2. 投资资金保障能力增强

2021 年企业利润改善幅度较大、财政收入超收留存都将会极大改善 2022 年的投资资金的供应情况。2022 年一季度新开工项目计划总投资比上年同期增长54.9%；其中，自筹资金同比增速为15.0%，国家预算资金同比增速为34.7%。关于资金保障，“426”中央财经委会议提出“要适应基础设施建设融资需求，拓宽长期资金筹措渠道，加大财政投入”，结合本次会议“谋划增量政策工具”的提法，预计未来增量工具将以基建投资为主要抓手，新一轮基建稳增长值得期待。政府将继续增强金融服务实体经济能力，提高制造业中长期贷款占比，创新结构化融资工具，进一步缓解融资困难的问题。

3. 主要投资指标增长预测

经济增长加快创新升级、产业升级、消费升级，不断创新投资空间。新动能、绿色经济、新加减、农业农村和社会民生等重大工程项目将成为未来投资的新亮点。分领域看，制造业投资继续保持较快增长，以智能化、数字化、低碳化为导向的技改投资和设备更新将继续发力，预计2022年全年制造业投资增长11%，2023年回落至9%；基础设施增速明显加快，政府投资力度加大，重大项目稳步落地实施，预计2022年全年增长10%，2023年回落至7%；房地产投资企稳，利好政策频出，央行下调金融机构存款准备金率，保持房地产企业融资平稳有序，预计2022年全年增长3%，2023年全年增长5%。综合判断，2022年，全社会固定资产投资增长8%左右，2023年回落至6%左右。

四　政策建议

国内外环境仍然复杂，推动投资增长仍存在制约因素。下一阶段，要围绕“促进投资平稳增长”的目标展开工作，激发制造业投资和民间投资的内生动力，增强基建行业的带动作用，释放需求保持房地产增速稳定，激发社会投资活力。

1. 充分发挥政府投资的带动作用

一是发挥重大项目牵引和政府投资撬动作用。加快推进实施“十四五”规划确定的102项重大项目落地，适当放宽社会资本准入门槛，完善社会资本投融资合作方式和对接机制，提高社会各类主体的资金投入和使用效率。二是提高政府投资资金的使用效能。结合国家重大战略规划和“十四五”规划，适度超前开展基础设施投资，强调计划和部署的前瞻性，注重项目质量的提高，既要重视“投什么”，也要精细明确“怎么投”，强化效益导向，强化项目的资金保障。加强项目全生命周期监督管理，切实提高政府投资资金的效能。

2. 保持制造业稳定增长

一是培育壮大新动能。切实落实国家关于稳定提振工业经济的系列政策，启动产业基础再造工程，提升我国制造业核心竞争力，打通产业链、供应链的堵点卡点，维护产业链、供应链的安全稳定，促进工业经济平稳运行和提质升级。二是提升制造业能级。加快发展先进制造业，大力推行制造业和服务业融合发展，加快推进制造业向全球价值链中高端攀升。加大技术改造和设备更新力度，重点支持绿色技术攻关和应用。加快传统产业赋能改造，加快新兴技术与实体经济深度融合，培育新产业、新业态、新模式，以技术突破支撑、引领新兴产业发展。

3. 激发民间投资活力

民间投资领域还存在一些短板和薄弱环节，制约着民营企业发挥关键作用和释放民间资本潜力。一是持续深化放管服改革。精准施策，深化投资建设审批制度改革，精简整合审批流程，做好用地、用人、用能等要素保障，确保项目尽快落地投产，加速投资市场新陈代谢。二是拓宽民营企业投资空间。完善社会资本参与政策，充分发挥民间资本推介项目的长效机制，拆除妨碍民间投资的樊篱，在市政、交通、社会事业等领域让社会资本进得来、能发展、有作为。三是加大政策支持力度。鼓励银行加强对民营企业信贷支持，确保中小微企业降成本政策真正落实，稳定投资预期，持续激发民间投资活力。鼓励企业加大技术改造投入力度，增强对制造业升级发展的融资支撑。强化政府和社会资本合作（PPP），加快推进基础设施领域的不动产投资信托基金。

4. 引导合理住房需求的释放

一是坚持在“房住不炒”的定位下对“一城一策”调控适时、适度进行精准调整。各地方政府应根据实际情况适时、适度调整房地产市场实施管控措施的空间，推出更多有助于房地产行业良性循环和居民合理需求得到释放的政策组合，稳定市场预期和消费信心。二是适度放松对住房合理需求的信贷支持。实施好差别化住房信贷政策，更好地满足购房者的合理住房需求。适当下调房贷利率，降低居民购房成本。通常而言，个人住房按揭贷款风险较低，利率低于一般的企业贷款，而2021年四季度个人住房贷款加权平均利率为5.63%，高于一般贷款加权平均5.19%的利率水平。三是促进居民释放合理住房需求。坚持优先满足刚性需求、合理满足改善性需求、坚决遏制投机需求的原则，部分房地产市场压力较大的城市可推行适当放宽限购、取消“认房又认贷”、降低首付比例、提高公积金贷款额度等措施。

参考文献

《一季度国民经济开局总体平稳》，国家统计局网站，2022年4月18日，http://www.stats.gov.cn/tjsj/zxfb/202204/t20220418_1829679.html。

《中华人民共和国2021年国民经济和社会发展统计公报》，国家统计局网站，2022年2月28日，http://www.stats.gov.cn/xxgk/sjfb/zxfb2020/202202/t20220228_1827971.html。

《翟善清：有效投资持续发力　投资运行总体平稳》，国家统计局网站，2022年4月19日，http://www.stats.gov.cn/xxgk/jd/sjjd2020/202204/t20220419_1829871.html。

行 业 篇

Industry Reports

B.5 中国电力建设行业发展报告（2022）*

中国电力建设企业协会**

摘　要： 2021年，全国电力建设行业迎接挑战，积极融入低碳绿色发展洪流，加快数字化创新进步，持续转型升级，发生了更深刻的变化。电力建设行业未来将按照国家发展规划和政策导向，加快产业升级，加强自主创新，在电力建设各个领域开拓进取、砥砺前行，努力推进行业高质量发展，向第二个百年奋斗目标进军。本报告从电力建设行业工程建设、电力建设施工企业运营两方面梳理了行业发展的基本情况，总结出低碳绿色发展成为电力建设主流、数字平台成为行业进步新引擎、“转型升级”成为企业发展的持续主题等方面的特点。分析了依靠创新成果、创新商业模式、创新体制机制、创新管理手段等方式推动行业创新发展的可

* 本报告数据均来自国家统计局和中国电力建设企业协会。

** 课题组成员：贾秋枫，中国电力建设企业协会发展策划部主任工程师，主要研究方向为电力建设行业调研和统计；辛小蕾，中国电力建设企业协会统计主管，主要研究方向为电力建设行业统计；邓继君，中国电力建设企业协会统计专责，主要研究方向为电力建设行业统计信息化。执笔人：贾秋枫。

行性。指出了行业发展中存在受海外疫情影响加大、火电市场更加萎缩、“两金”拖欠长期困扰、劳动力老龄化、企业效益较低、企业安全承压、监理企业亟待转型等方面的问题。结合实际对促进企业发展提出了强化市场管理、细化监理标准、防控经营风险、加快“转型升级”等建议。

关键词： 电力建设行业　高质量发展　工程建设　绿色发展

一　电力建设行业工程建设情况

在中国经济发展以全面绿色转型为引领，以能源绿色低碳为关键，坚定不移走生态优先、绿色低碳的高质量发展道路的大背景下，我国电力行业紧跟时代脉搏，迎难而上，奋力争先。特别是近5年，我国电力工程建设规模总体呈稳步增长态势。

全国发电装机总容量近5年呈波动增长趋势。风电和太阳能新增装机容量发展较快，2021年已经超过了火电的新增装机容量，其中太阳能发电新增装机容量超过了风电。2021年，火电、水电、风电、太阳能发电新增装机容量均呈下滑趋势，但核电新增装机容量逆势增幅达203.6%。

全国电网220千伏及以上输电线路回路长度及公用变电设备容量和直流换流容量均呈逐年增加趋势，但新增线路回路长度的增幅逐年放缓，变电设备容量和直流换流容量同步增加，主要是由交流的输电线路回路长度、公用变电设备容量和直流的换流容量变化所主导。

（一）电源工程建设情况

1.装机规模

截至2021年底，全国累计发电装机容量237600万千瓦，同比增长7.9%。其中，水电39092万千瓦，同比增长5.6%（其中，抽水蓄能3149

万千瓦，同比增长 4.0%）；火电 129678 万千瓦，同比增长 4.1%（其中，煤电 110901 万千瓦，同比增长 2.8%；气电 10859 万千瓦，同比增长 8.9%）；核电 5326 万千瓦，同比增长 6.8%；风电 32848 万千瓦，同比增长 16.6%；太阳能发电 30656 万千瓦，同比增长 20.9%。

从近 5 年的全国累计发电装机容量发展趋势看，火电、风电和太阳能发电装机容量持续增加，其中火电增幅稳定，风电、太阳能波动较大；水电、核电增长平缓；火电装机总容量仍远大于水电、核电、太阳能发电、风电的装机容量。风电和太阳能发电的装机容量介于水电和核电之间。

2. 新增装机规模

2021 年，全国新增发电装机容量 17567 万千瓦，同比下降 7.9%。其中，新增水电 2349 万千瓦，同比增长 79.0%（其中，新增抽水蓄能 525 万千瓦，同比增长 337.7%）；新增火电 4628 万千瓦，同比下降 18.2%（其中新增煤电 2805 万千瓦，同比下降 30.4%；气电 693 万千瓦，同比下降 22.4%）；新增核电 340 万千瓦，同比下降 203.9%；新增风电装机容量 4757 万千瓦，同比下降 34.0%；新增太阳能发电装机容量 5493 万千瓦，同比增长 14.0%。

从近 5 年的全国新增发电装机容量发展趋势看，风电、火电、太阳能发电新增装机一直多于水电和核电；风电新增装机容量 2020 年超过火电，太阳能发电新增装机容量 2021 年超过了火电；从新增装机增速看，核电波动较大，火电、水电、风电、太阳能发电趋势相同，幅度各有差异。

（二）电网工程建设情况

1. 电网建设规模

截至 2021 年底，全国电网 220 千伏及以上输电线路回路长度为 843390 千米。其中，交流电网的输电线路回路长度为 796409 千米，直流电网的输电线路回路长度为 46981 千米，同比分别增长 3.8%、4.0%。

从近 5 年全国电网 220 千伏及以上输电线路回路总长度年度发展趋势看，交流输电线路回路总长度持续增加，增幅在 3.8%~6.9%波动回落。其中交流线路长度远大于直流线路长度，是输电线路回路总长度持续增长的主要贡献项，前三年增幅稳定在5%~5.5%，近2年波动加大。直流输电线路回路总长度量级较小，在3.7万~4.7万千米，但波动幅度较大。

截至2021年底，全国电网220千伏及以上输电线路公用变电设备容量和直流换流容量分别为446760万千伏安和47162万千瓦，同比分别增长4.9%和5.8%。

从近5年全国电网220千伏及以上变电设备容量和直流换流容量变化情况看，其总体呈上升趋势，其中直流换流容量增速2018年开始高于交流变电容量，并有逐年扩大趋势。

2. 新增电网建设规模

从近5年全国新增220千伏及以上输电线路回路长度发展趋势看，其总体呈下降趋势，其中交流线路回路长度降速较均匀，直流电线路回路长度围绕交流变化上下波动。

截至2021年底，全国电网220千伏及以上输电线路回路长度为843390千米，同比增长3.8%。全国电网220千伏及以上输电线路公用变电设备容量和直流换流容量分别为446760万千伏安和47162万千瓦，同比分别增长4.9%和5.8%。2021年，全国新增220千伏及以上输电线路回路长度为32220千米，同比下降8.0%。其中，新增交流电网的输电线路回路长度为29313千米，新增直流电网的输电线路回路长度为2840千米，同比分别下降4.2%和36.1%。全国新增220千伏及以上公用变电设备容量和直流换流容量分别为24298万千伏安和3200万千瓦，同比分别下降38.5%和增长9.0%。

从近5年全国新增220千伏及以上公用变电设备容量和直流换流容量发展趋势看，其总体呈上升趋势，其中交流变电容量呈波动微升走势，直流换流容量波动较大，2017年和2020年增幅分别达143.8%和136.4%。

二　电力建设施工企业运营情况

截止到2021年底，纳入电力建设行业统计口径的全国主要电力建设施工企业共计108家，其中火电施工企业45家，水电施工企业30家，送变电施工企业33家。业务范围主要是煤电、气电、常规水电、抽水蓄能发电、输变电、核电、风电、太阳能发电和其他储能等。业务区域包括境内和境外。

将各类企业在财务指标、业务经营和人力资源方等方面的统计数据分别按照各指标数据正向排序，前20%的企业称为“指标领先企业”，中间60%的企业（不含20%和80%位企业）称为“指标中位企业”。后20%的企业称为“指标后位企业”。

（一）营业收入及占比

2021年，对火电施工企业营业收入进行正向排序，指标领先企业均在81亿元及以上。指标中位企业为28亿元，小于均值，多数企业营业收入小于均值48亿元。其中，电力业务占比正向排序，指标领先企业均在96.3%及以上。指标中位企业为85.1%，大于均值，多数企业电力业务营收占比大于均值75.2%。境外业务占比正向排序，指标领先企业均在21.2%及以上。指标中位企业为8.7%，小于均值，多数企业境外业务营收占比小于均值12.8%。

2021年，对水电施工企业营业收入进行正向排序，指标领先企业均在230亿元及以上。指标中位企业为86亿元，小于均值，多数企业营业收入小于均值117亿元。其中，电力业务占比正向排序，指标领先企业均在51.8%及以上。指标中位企业为21.8%，小于均值，多数企业营业收入小于均值32.0%。对境外业务占比进行正向排序，指标领先企业均在35.2%及以上。指标中位企业为10.7%，小于均值，多数企业境外业务营收占比小于均值17.9%。

2021年，对送变电施工企业营业收入进行正向排序，指标领先企业均在26亿元及以上。指标中位企业为19亿元，略小于均值，多数企业营业收入小于均值19.4亿元。其中，对电力业务占比进行正向排序，指标领先企业均在99.97%及以上，指标中位企业为98.92%，略大于均值。基本无境外业务。

（二）营业利润率

2021 年，对火电施工企业电力业务营业利润率进行正向排序，指标领先企业均在 1.2%及以上。指标中位企业营业利润略低于均值，均值以下企业稍多。对境外业务营业利润率进行正向排序，指标领先企业均在 0.2%及以上。指标中位企业低于均值，多数企业境外业务营业利润率在均值 0.1%以下。

2021 年，对水电施工企业电力业务营业利润率进行正向排序，指标领先企业均在 1.9%及以上。指标中位企业低于均值，多数企业电力业务营业利润率在均值 0.6%以下。境外业务营业利润率正向排序，指标领先企业均在 0.6%及以上。指标中位企业低于均值，多数企业境外业务营业利润率在均值 0.1%以下。

2021 年，对送变电施工企业电力业务营业利润率进行正向排序，指标领先企业均在 4.6%及以上。指标中位企业低于均值，多数企业电力业务营业利润率在均值 1.5%以下。

（三）资产负债率

2021 年，火电施工企业总负债率为 88.0%，同比增加了 1.6 个百分点。2017~2021 年，火电施工企业总负债率总体波动略增，在 85.9%至 88.0%之间。指标领先企业均值近 5 年维持在 74.0%至 77.0%之间，近 2 年略有增加。指标中位企业均值围绕总体均值波动上行，近 2 年低于均值。

2021 年，水电施工企业总负债率为 74.4%，同比下降了 0.3 个百分点。2017~2021 年，水电施工企业总负债率总体呈下降趋势。指标领先企业均值呈波动微降趋势。指标中位企业均值降低幅度大于指标领先企业，从 78.5%降低到 74%。指标中位企业均值 2020 年降到了总体均值以下。

2021 年，送变电施工企业总负债率为 57.6%，同比增加了 1.8 个百分点。2017~2021 年，送变电施工企业总负债率总体、指标领先企业均值和指标中位企业均值都呈波动式下降趋势。中位企业均值接近重合且略高于总体均值。

（四）新签合同额及业务占比

2021 年，对火电施工企业新签合同额进行正向排序，指标领先企业均在 132 亿元及以上。指标中位企业为 62 亿元，小于均值，多数企业新签合同额小于均值 75 亿元。其中，对电力业务占比进行正向排序，指标领先企业均在 97.2%及以上。指标中位企业为 78.7%，大于均值，多数企业电力业务新签合同额占比大于均值 76.0%；对境外业务占比进行正向排序，指标领先企业均在 34.0%及以上。指标中位企业为 13.2%，小于均值，多数企业境外业务新签合同额占比小于均值 18.9%。

2021 年，对水电施工企业新签合同额进行正向排序，指标领先企业均在 319 亿元及以上。指标中位企业为 196 亿元，小于均值，多数企业新签合同额小于均值 237 亿元。其中，对电力业务占比进行正向排序，指标领先企业均在 41.0%及以上。指标中位企业为 13.3%，小于均值，多数企业电力业务新签合同额占比小于均值 22.0%；对境外业务占比进行正向排序，指标领先企业均在 27.8%及以上。指标中位企业为 17.2%，小于均值，多数企业境外业务新签合同额占比小于均值 20.1%。

2021 年，对送变电施工企业新签合同额进行正向排序，指标领先企业均在 30 亿元及以上。指标中位企业为 19 亿元，小于均值，多数企业新签合同额小于 20 亿元，基本都是电力业务，无境外业务。

（五）电力各业务占比

2021 年，对火电施工企业电力业务产值中的煤电占比进行正向排序，指标领先企业均在 60.0%及以上。指标中位企业为 27.1%，小于均值，多数企业煤电占比小于均值 37.0%；对风电占比进行正向排序，指标领先企业均在 56.9%及以上。指标中位企业为 34.9%，小于均值，多数企业风电占比小于均值 37.8%；对太阳能发电占比进行正向排序，指标领先企业均在 69.8%及以上。指标中位企业为 24.2%，小于均值，多数企业太阳能发电占比小于均值 37.1%。

2021 年，对水电施工企业电力业务产值中的常规水电占比进行正向排序，指标领先企业均在 83.7%及以上。指标中位企业为 28.9%，小于均值，多数企业煤电占比小于均值 43.1%；对抽水蓄能占比进行正向排序，指标领先企业均在 37.6%及以上。指标中位企业为 16.0%，小于均值，多数企业风电占比小于均值 27.0%；对风电占比进行正向排序，进行指标领先企业均在 39.9%及以上。指标中位企业为 11.6%，小于均值，多数企业风电占比小于均值 22.5%；对太阳能发电占比进行正向排序，指标领先企业均在 17.6%及以上。指标中位企业为 7.3%，小于均值，多数企业太阳能发电占比小于均值 10.2%。

2021 年，对送变电施工企业电力业务产值中的输电业务占比进行正向排序，指标领先企业均在 76.8%及以上。指标中位企业为 60.0%，大于均值，煤电占比均值 56.1%以上的企业居多；对变电业务占比进行正向排序，指标领先企业均在 40.6%及以上。指标中位企业为 24.4%，小于均值，变电占比均值 26.7%以上的企业居多。

（六）从业人数变化

2021 年，火电施工企业期末从业人数为 98467 人，同比增加 1.1%。2017~2021 年，火电施工企业期末从业人数总体呈波动变化趋势，2018 年最高，2019 年最低。指标领先企业均值波动增长，指标中位企业均值低位波动，且持续小于总体均值。

2021 年，水电施工企业期末从业人数为 126664 人，同比下降 0.9%。2017~2021 年，水电施工企业期末从业人数总体呈波动下降趋势，2018 年最高，2019 年最低。指标领先企业均值近 2 年平稳变化不大。指标中位企业均值低位波动，且持续小于总体均值。

2021 年，送变电施工企业期末从业人数为 35713 人，同比下降 4.1%。2017~2021 年，送变电施工企业期末从业人数总体呈波动下降趋势，2017 年最高，2021 年最低。近 3 年，指标领先企业均值波动下降。指标中位企业均值低位不断下降，且持续小于均值。

（七）专业技术人员占比

2021 年，火电施工企业专业技术人员占比为 27.6%，同比增加了 0.6 个百分点。2017~2021 年，火电施工企业专业技术人员占比总体呈增长趋势（2017 年除外）。指标领先企业均值呈波动增长趋势。指标中位企业均值呈持续增长趋势，且持续小于并接近总体均值。

2021 年，水电施工企业专业技术人员占比为 47.5%，同比增加了 2.0 个百分点。2017~2021 年，水电施工企业专业技术人员占比总体呈微长趋势。指标领先企业均值呈持续增长趋势。指标中位企业均值与总体均值趋于重合并呈不断增长趋势，2021 年指标中位企业均值超过了总体均值。

2021 年，送变电施工企业专业技术人员占比为 22.6%，同比增加了 4.7 个百分点。2017~2021 年，送变电施工企业专业技术人员占比总体呈波动上升趋势。指标领先企业均值呈持续增长趋势。指标中位企业均值持续低于总体均值，并呈波动上升趋势。

三　2021年电力建设行业发展特点分析

2021 年是我国打赢脱贫攻坚战、全面建成小康社会、实现第一个百年奋斗目标、开启全面建设社会主义现代化国家、向第二个百年奋斗目标进军的关键一年。面对复杂严峻的国内外形势和诸多风险挑战，以习近平同志为核心的党中央统筹全局，贯彻新发展理念、构建新发展格局，把碳达峰碳中和纳入经济社会发展的重要目标。以经济社会发展全面绿色转型为引领，以能源绿色低碳发展为关键，坚定不移走生态优先、绿色低碳的高质量发展道路。电力建设行业市场环境、行业建设和企业发展都呈现了不同的新变化。

（一）低碳绿色发展成为电力建设主流

2021 年，党中央召开了 4 次重要会议，提出了“构建以国内大循环为主体、国内国际双循环相互促进的新发展格局”的未来方向，强调了“我国力争 2030 年前实现碳达峰、2060 年前实现碳中和”的“双碳”目标，实现中部绿色崛起，明确未来发展重点。全国人民代表大会常务委员会召开了第十三届全国人民代表大会第四次会议，确定了国民经济和社会发展“十四五”规划和 2035 年远景目标纲要，通过了《政府工作报告》，明确了一系列与电力行业发展相关的具体内容。

2021 年，国家发布了《中华人民共和国国民经济和社会发展第十四个五年规划和 2035 年远景目标纲要》《抽水蓄能中长期发展规划（2021—2035 年）》等 5 个与电力行业发展相关的发展规划，明确在构建现代能源体系、实施能源资源安全战略、加快数字化发展、优化民营企业发展环境、推动对外承包工程转型升级、加强工程建设管理、推动智能化建造、完善公平竞争环境、打造新能源产业集群等方面做出了具体的规划。

2021 年，国家相继出台了《关于加快建立健全绿色低碳循环发展经济体系的指导意见》《中共中央　国务院关于完整准确全面贯彻新发展理念做好碳达峰碳中和工作的意见》《国家发展改革委　国家能源局关于推进电力源网荷储一体化和多能互补发展的指导意见》《国家发展改革委　国家能源局关于加快推动新型储能发展的指导意见》等 14 项与电力建设有关的政策，其中国务院发布政策 5 项、行政部门发布政策 9 项，主要是在推动能源体系绿色低碳转型、深化“证照分离”改革、落实“双碳”目标和优化营商环境等方面提出了具体的工作要求。国家还发布了与电力行业有关的规范、定额、质监大纲或办法，对承装（修、试）电力设施许可、电网、水电、核电和新型储能等有关工作做出了具体的规定。2021 年，国家发改委和国家能源局等有关部门，在开展年度工作、进一步落实能源政策、加强安全督导等方面开展了一系列具体行动。

（二）数字平台成为行业进步新引擎

国家《“十四五”促进中小企业发展规划》中明确，要培育一批数字化可信服务商，针对中小企业数字化转型需求，开发和推广一批数字化产品和

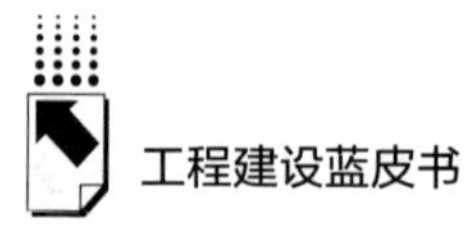

服务；引导工业互联网平台、数字化服务商面向技术、管理、生产、产品、服务等全过程的细分场景，开发使用便捷、成本低廉的场景数字化解决方案，以场景数字化带动企业整体数字化转型。

电力建设行业致力于推动行业数字化进步，努力打造各类一体化数字平台，全面整合系统信息，实现全流程数据贯通，加快全价值链业务协同，形成数据驱动的智能决策能力，帮助行业企业提高整体运行效率，提升企业产业链上下游的协同效率。经过整体规划、全面建设，2021 年已初步形成了工程安全监管、产业工人信息、项目智慧工地和企业决策参考等信息化平台的服务矩阵。

“电力建设施工安全监管平台”由国家能源局电力安全监管司组织建立，全国 18 个能源局派出机构督促填报，目前已建设和试运行 3 年多时间。安全监管平台由项目信息、企业信息、安全监管、安全风险、安全事故、企业标准自评等功能模块组成，收集了全国电力工程建设项目的工程规模及阶段监检、参建单位及主要人员、安监活动及预警、安全风险识别、安全事故、应急预案、安全标准化等信息。自安全监管平台运行以来，动态监管的电力建设工程项目数量持续保持在 5000 个以上。

“全国电力施工产业工人信息管理平台”是根据国务院《新时期产业工人队伍建设改革方案》和《住房和城乡建设部等部门关于加快培育新时代建筑产业工人队伍的指导意见》要求，在国家能源局的指导下建立的电力建设行业人力资源平台。该平台以电力建设企业实名制信息上报和工资代发管理为核心，以过程信用、培训记录为基点，包括了项目管理、人员管理、考勤管理、工资管理等功能。该平台的运行将汇集电力建设行业产业工人的个人信息、工作履历信息、培训持证信息、奖惩信息等的全过程动态信息，便于用工企业、监管部门的查询和使用，以实现数据全行业验证和共享。该平台在产业工人队伍的培育、人员有序流动、技能提升等方面都有重要价值，对提高电力工程施工的人员安全素质具有十分重要的作用和意义。

“智慧工地共享平台”是根据电力建设工程智慧工地管理成果优选整合出的智慧工地共享平台。该平台应用 BIM、大数据、云计算、物联网、人工智能等技术，实现了对项目建设中人员、机械、设备、车辆、物资、进度、成本、质量、安全等多方面内容进行管控，涵盖了火电项目基建期的各个方面，同时在图纸审核、进度控制、数字化移交、三维展示等方面体现出独特的设计。该平台在全国的推广应用将为各需求企业和工程节约大量的重复建设资金。

“企业经营决策参考平台”是为广泛收集电力建设企业经营运行相关的各种信息和数据，系统搭载国内外权威的能源信息云资源，而打造的电力建设行业企业经营决策参考平台。其以在线实时方式为行业企业提供动态的政策环境读解、行业资讯洞察、行业变化趋势、拟建在建项目检索等信息服务，并为个性化需求企业提供专项定制服务。目前，该平台的电力工程项目拟建、核准、在建、已完工程数据链已具备向用户提供月度、季度、年度和专项报告的能力，其他功能也陆续推出，为电力建设行业企业的发展提供有力支持。

（三）“转型升级”成为企业发展的持续主题

电力建设企业的“转型升级”主要根据市场需求和政策引导，通过技术创新、管理创新和商业模式创新，持续优化业务结构，不断突破关键核心技术，提升资源整合和风险控制能力，逐步掌握产业链关键环节和价值链高端环节，强化要素保障，厚植发展基础，提高企业的市场竞争能力和产业链发展水平。电力建设企业的“转型升级”不仅是企业生存发展和国际竞争的必由之路，同时又支持与服务于国家和地区经济转型和产业升级。企业的“转型升级”是一个艰苦、持续、漫长的过程，不同发展时期、不同发展阶段有着不同层次、不同目标的“转型升级”任务。2021 年，电力建设企业紧随社会发展潮流，外抓机遇，不断实现业务转型；内强管理，努力升级企业运营各要素。主要有如下特点。

一是立足长远战略安排，系统推进“转型升级”。典型企业紧跟国家政策导向，把准行业发展脉搏，能够根据市场形势的变化及时制定或调整企业发展目标和战略，正确的战略选择与系统的战略管理是典型企业得以实现转型发展的重要因素。

二是深化体制机制改革，推动管理文化创新。在国家深化国有企业改革的大背景下，加大改革力度，推进体制机制创新，优化制度体系和业务流程，聚焦自身能力建设，夯实管理基础，为推进“转型升级”创造良好的体制机制环境，提升企业在市场中的竞争力。

三是有效开展科技创新，突破关键核心技术。聚焦创新驱动战略，完善科技创新体系和科研激励政策，加大科技投入力度，促进数字化转型取得重大突破和企业科技创新能力获得全面提升。

四是优化调整业务结构，重视培育新兴业务。顺应电力和能源行业发展趋势，主动调整业务布局，积极拓展业务领域，采取差异化发展策略，有效拓展发展空间。通过创新商业模式、产融结合和战略协同，推动业务向高端化发展。

五是持续推进管理创新，长期致力于能力建设。在建筑企业战略趋同的行业背景下，典型企业聚焦自身能力建设，通过借鉴其他专业标杆企业经验，推进管理创新，夯实管理基础，保持组织机构与战略发展的适应性，完善现代企业制度和灵活高效的市场化经营机制，提升企业在市场中的竞争力。

六是服务“一带一路”建设，参与国际产能合作。坚定不移发展国际业务，响应国家“一带一路”倡议，“走出去”开拓国际市场。提前进行国际市场规划布局，跟上国家“一带一路”倡议和区域经济走廊建设步伐，参与国际产能合作。

七是重视非电业务发展，转型综合建设企业。面对日益萎缩的电建市场，电力建设企业通过延伸产业链开拓非电业务，把过剩产能从电建领域向市场空间巨大、处于成长期的其他领域转移，从而实现业务的可持续发展，实现企业管理和业务“转型升级”。

八是推动商业模式创新，提高市场发展能力。创新商业模式，加大高端市场开发力度，推动经营模式由产业链末端向前端延伸、由业务链低端向高端渗透，实现由传统施工总承包向以投资带动和融资驱动为先导的新商业模式转变，加快业务链延伸和价值链拓展。

四　2021年电力建设行业创新发展分析

创新是引领企业发展的第一动力，企业要想实现可持续健康发展，必须统筹兼顾管理创新、机制创新、技术创新和文化创新 4 个环节，使其协调发展，形成合力，才能全面提升企业的竞争实力和发展潜力。电力建设行业创新发展主要包括行业持续的创新活动和企业自身的创新成效两方面。

（一）创新成果推动

近年来，电力建设行业积极开展中国电力创新奖、电力建设科学技术进步奖评选活动和电力建设质量管理（QC）小组活动成果评审活动，极大地促进了电力建设行业科技创新的进步。2018~2021 年，中国电力创新奖共评审出 1618 项成果。2021 年共 420 项成果获得中国电力创新奖，包括大奖 11 项、一等奖 136 项、二等奖 273 项；电力建设科学技术进步奖评审出 2254 项成果。2021 年共 324 项成果获得电力建设科学技术进步奖，其中一等奖 26 项、二等奖 97 项、三等奖 201 项；电力建设质量管理（QC）小组活动成果共评审出了 6028 项。2021 年评审出了 856 项成果，其中一等成果 131 项、二等成果 320 项、三等成果 405 项。

获得 2021 年度电力建设科学技术进步一等奖的 26 项成果中，技术类 20 项、专利类 4 项、管理类 2 项。这些成果围绕强震区特高压变电站电气设备抗震关键技术，工程、水电站新老大坝相互影响下的重建关键技术，海上风电一体化设计与安全监测关键技术等课题开展研究攻关，解决了目前困扰电力建设施工领域的多项技术与管理难题，大力推动了行业的科技进步与发展。

（二）创新商业模式

电力建设企业充分发挥资本运作、商业模式创新、工程技术及管理优势，抢抓发展机遇。在商业模式上，积极探索高质量发展新思路，由单一施工总承包模式向工程总承包及融资驱动的工程总承包、PPP 等多种商业模式转变，由纯粹的施工单位向集投资、建设、运营于一体的全产业链升级。通过投融资能力专项提升，扩大金融机构及资方库，积极培育和提升不同形式总承包和投融资等模式业务的能力。有的企业不断增强自身能力，不断延伸产业链，沿着“微笑曲线”向产业链两端拓展，大力发展投资业务、设计业务和运营业务；有些企业紧跟行业发展趋势，不断提升对不同商业模式的操盘能力，对 EPC、BT、BOT、PPP 等商业模式的项目都有深度参与，逐步向产业链高附加值的高端业务延伸；有的企业通过模式创新和品牌再造，资源配置能力、市场竞争能力和价值创造力显著增强，已成为新能源领域的品牌领跑者和国内清洁能源项目开发、建设、运营一体化的领军企业。

（三）创新体制机制

机制决定活力。企业内部各项机制必须随着企业内外部形势和环境的变化，及时进行创新与完善，否则就必然会阻碍企业生产经营的进一步提高。保持企业蓬勃向上的生机与活力，就必须以与时俱进的精神大力推进机制创新，全面推行全员教育培训和全员绩效考核两个重点，加大人才引进、培养、使用、考核、激励等机制建设的力度，加快建设结构合理、素质优良的优秀人才队伍，适应管理要求。电力建设企业聚焦战略引领，制定本企业“十四五”战略规划，规范公司治理机构建设，稳步推进任期制和契约化管理。创新基层项目正向激励模式，推动建立限制性虚拟股权激励、超额利润分享、绩效奖金递延考核兑现等组合式中长期激励措施。建立健全大经营管理体系，自上而下建立健全涵盖责任成本、增收创效、经营活动分析、经营专项考核、超额利润分享等内容的管理体系。启动关键岗位任职资格及胜任力模型构建及应用项目。执行宽幅薪酬，建立年度绩优员工的动态考核调薪机制。优化资源配置，严控带息负债规模，创新资本运营方式，盘活存量资产。

（四）创新管理手段

电力建设企业持续加大科技研发投入力度，提升自身核心竞争力，顺应互联网发展的趋势，将信息技术与自身业务和管理相融合，推动项目综合管理系统、财务共享中心和智慧工地建设，提升企业运营效率和风险管控能力。

有的企业自主开发完成了国内首个满足“工程数字化建设，城市智慧化管理”的综合系统，涵盖三维协同设计、建设与运营管理、HDCIM 三大基础平台，提供城市规划设计、基础设施建设和智能化运维在内的一揽子整体解决方案。在三大基础平台之上，公司矩阵化研发了 N 种系统解决方案，用于电网、城市建设、轨道交通、水利水电、国际工程、机场民航、民用建筑、新能源、水环境等领域。并依托深圳前海、雄安新区等多个新型数字城市建设，率先建立了国内首个可以承载整个城市生命信息的城市全信息模型，为新型智慧城市建设提供统一、共享、兼容的基础平台，实现了从单个工程数字化到城市级数字化平台的革命性转变。

有的企业通过标准化作业、单兵赋能、可视化监控和交互式经验社区建设，创新开发“数字监理”系统，实现了对现场人员管理的可评、可测、可控，缓解建设施工技术措施落实和人员履职不到位的痛点、难点。推广应用监理移动工作平台车、4G 远程智能执法仪、分布式无人机等设备进行联动现场作业，借助科技手段，立体化保障工程安全、质量，提升现场工作效能。

有的企业协同外部科研机构和高等院校，构建完善的科技创新体系，建设一流技术创新团队，形成“以需求带动研发，以研发促进生产”的良性循环模式。

有的企业推进综合管理系统升级和跨平台移动办公 App、安全、质量等管理系统的建设，积极推进“智慧工地”项目试点，加快企业数字化转型。积极推动 BIM 技术在项目图纸会检、施工现场三维场地布置、施工方案模拟、动画演示等方面发挥效能，推广 BIM 技术的实战应用。

有的企业在抓好常态化疫情防控的前提下，注重风险管控机制建设，健全完善风险管理体系。强化成本风险、分包风险、商务风险等重大经营风险管理意识。完善“总部—分公司—项目部”三级风险管控体系。构建大合规、大监督体系。优化完善内控、风控和合规管理相关制度，健全风险评估和预防机制，完善重大风险管理策略与应对解决方案内容。落实重大经营风险项目的管控措施。

五 电力建设行业目前存在的主要问题

（一）企业外部环境问题

1. 受海外疫情影响加大

2021 年，随着全球新冠疫苗接种范围扩大，疫情对海外市场的影响正逐步减弱。但由于海外项目所在国主要集中在不发达地区，其所能获得的疫苗有限，依靠全民接种疫苗来阻断疫情传播在短期内难以实现。2021 年下半年，新冠病毒变异毒株导致疫情反复，人员跨国流动出现困难，特别是经常发生境外航班熔断现象，境内外员工无法畅通地调入调出；出入境人员需要长时间隔离，增加企业的员工成本；整体工程延期，导致项目完成周期加长；防疫物资、出入境费用等支出增加，都降低了企业的利润率。持续的各种影响，使海外项目的履约、成本、法律纠纷等风险不断加大。部分国际项目被推迟或取消，使部分市场呈现收缩态势，市场竞争压力进一步增大。

2. 火电市场更加萎缩

一方面，随着我国做出“不再新建境外煤电项目”的承诺，部分电建企业境外在建煤电项目受资金影响，建设进度放缓，甚至停建，未开工项目将中止合同。另一方面，受国家“3060”政策影响，国内低碳清洁能源建设热潮兴起，传统火电工程建设市场进一步萎缩，以火力发电工程业务为主的电力建设企业生产任务不饱满，生产能力过剩，经济效益下滑甚至亏损；设计、施工、调试和监理企业产生大量富余人员，面临业务减少的困境和转型的压力。

3. 合同履约随意变更

在电力工程合同履约过程中，部分业主单位存在不严格执行合同约定的行为，主要表现在三个方面。一是随意提高工程建设标准。一些业主单位在项目中标价格没有体现“优质优价”或未包含工程项目创优费用情况下，要求施工企业按优质工程目标进行项目管理和施工，提出超出合同规定以外的内容和要求，随意提高施工工艺和质量标准，加大了施工企业成本。二是随意变更合同工期。一些工程项目前期筹备不充分、资金不足、设备及甲供材到货延迟，导致施工企业中途停工；在具备条件后要求施工单位采取赶工措施加快施工进度，增加了施工企业成本和安全生产隐患。三是随意干预施工企业材料采购。有些业主单位对材料采购提出超过设计标准的要求，有的甚至直接指定供货厂商，干预承包单位的材料招标采购，造成施工企业采购成本增加，遗留工程质量风险隐患。出现以上现象的主要原因是业主单位具有买方心理优势，行为随意和不公，相关约束机制也不完善，企业缺少维权支持。

4.“两金”拖欠长期困扰

电力工程建设过程中完工结算的应收工程款和完工未结算的工程款（以下简称“两金”）的拖欠或拖结算问题是困扰参建单位的顽疾。目前，许多企业“两金”居高不下，且有扩大趋势。分析原因有以下五个方面。一是建设单位资金不足。有的建设单位在资金不足、融资渠道还未落实的情况下，便盲目上马。二是企业风险意识不够。有的施工企业只要能拿下项目，什么条件都答应，有的甚至主动带资承包、垫资施工。三是市场供过于求。业主单位与施工企业间失去了本应有的平等地位，一些业主单位往往在合同中附加一些不平等条款。四是法律解决不快捷。打官司需要花费大量的人力和财力，耗费时间比较长，且即使胜诉也不一定能够顺利执行。五是信用体系不健全，诚信意识薄弱。以信用关系为纽带的工程担保制度还未形成，相关的法律法规和失信惩罚机制有待健全，导致企业的经营行为得不到有效的监督和控制。

（二）企业内部运营问题

1. 优秀工人日趋短缺

近年来，国家积极推进装配式建设、绿色建造、智能建造，同时，数字技术、人工智能、建筑技术迅猛发展，电力建设企业工人日趋短缺的问题亟待破解。

一是电力建设项目，特别是输配电工程，大多地处边远且环境艰苦，对年轻人的吸引力不强，施工企业缺乏新生力量的注入。

二是分包队伍招工难，技工老龄化，人员组织松散、流动性大，不利于项目管理。

三是青年员工成长慢，合格的技能工人较少，培训手段不足，培训效果不佳。

四是企业正式工指挥合同工、合同工指挥派遣工、派遣工只经过临时培训就从事重要技术工作的现象日益凸显。

造成以上问题的原因是多方面的，主要是企业管理不善，一线技术人员没有归属感和事业感；活苦钱少，没有吸引力；培训没有长期抓手；企业为了规避工伤事故风险责任、减少人力资源培养成本，把临时性的劳务派遣用工当作长期用工。

2. 企业效益较低

在市场化机制作用下，火电施工企业发展并不均衡，呈现“强企更强、弱企更弱”的两极分化现象，一部分火电施工企业生产、经营面临困难的局面。火电施工企业正在优胜劣汰地“洗牌”。目前的主要问题包括以下几点。

一是创效能力亟待增强。电建企业人均营业收入、人均利润与其他建筑央企相比偏低。一些项目当期支付比例过低、付款周期过长，导致合同“两金”持续增加，企业利润大幅下降，“两控两降一治一快”方面一些问题仍然比较突出。

二是企业降杠杆压力巨大。2021 年电力建设企业资产负债率总体呈现上升趋势。部分企业发展依赖投融资拉动，支撑当期经营规模和利润实现，随着国资委对负债率管控日益精准，持续强化资产负债率红线约束，致使部分高负债企业资金压力加大，合同转化效率不高。

三是部分电力建设企业新签合同额增长较快，营业收入未实现同步较快增长，存在大量合同未能及时生效落地或未能顺利转化为营收和效益。

3. 企业安全承压

国家的“放开竞争性业务，推进公共资源配置市场化，进一步破除各种形式的行政垄断”的改革要求，给送变电企业带来了挑战。作为电网建设主力应急基干队伍和运维支撑力量，送变电企业承担基建急难险重、创新样板工程和抢修保电任务的职能。目前部分送变电施工企业已经以运维检修、应急抢险业务为主，以电网建设施工业务为辅；即使电网建设施工仍为主营业务，但人员基本从事施工班组管理，缺乏可以“自己干”的施工力量。送变电施工的专业水平逐步下滑，作业风险随之上升。

4. 监理企业亟待转型

国家对建设工程企业资质改革后，取消了水利水电工程专业资质的企业可换发同等级电力工程专业或市政工程专业资质的政策。电力监理的专业资质等级压减为甲、乙两级后，准入门槛进一步放宽，大量的中小企业均具备了电力工程的乙级资质，全面涌入电力建设市场参与竞争，对低电压的电网建设和配电网项目，以及技术含量相对较低的新能源发电项目的电力建设监理市场造成了较大的冲击。

一是大量电力监理企业的业务都很单一，面对住建部门的全过程工程咨询、建设项目的智能建造等新形势和新要求，企业的人力资源和技术准备不足。因此监理咨询企业只有尽快转型，招聘和培养适应新形势、新任务的人才，才能在新一轮的技术和人才竞技中脱颖而出。

二是工程监理业务收费低，各项成本尤其是人工成本逐年上升，企业盈利能力逐步下降；一些企业“集体性质”的短期用工机制和“同工不同酬”的薪酬体制弊端越来越难吸引高素质人才尤其是年轻的高素质人才，不利于核心竞争力的培养；一些企业在信息化、智能化等方面投入严重不足，难以实现创新发展；一些企业能力比较单一，与建设单位多样化、多层次服务的期望之间存在相当大的差距；目前传统施工监理的工作方式很难与国际接轨，不利于企业提高国际竞争力，参与国际竞争。

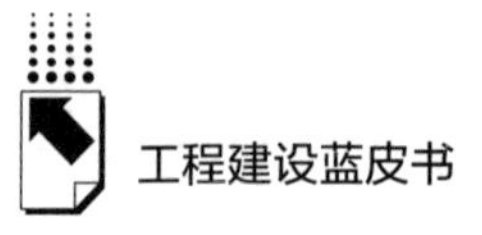

六　促进电力建设发展的对策和建议

（一）强化市场管理

一是加强海外市场的协同组织。建立境外中国企业协调组织，制定协同守则，监督无序竞争行为，协调海外平衡布局。规范中央企业境外投资行为，避免央企间的恶性竞争，防范中央企业境外投资风险。

二是鼓励电力建设企业适应全球电力业务投资新模式，通过海外参股投资方式拉动 EPC；加强与境外知名电力投资商的战略协同，尝试共同投资开发重点电力市场和重点项目；加强与多边金融机构的合作，推动新型项目融资模式发展，充分利用其融资模式灵活、资金成本低廉的优势，不断创新融资模式。

三是政府有关部门综合考虑电力建设企业现状，结合电力建设企业以往业绩，在基础设施建设等行业资质审查、等级评价、技术评标中实现相关业绩互认，帮助电力建设企业缓解传统电力建设市场萎缩造成的影响。

四是政府电力行业主管部门明确或建立电力建设市场行业监管机构，明确其在电力招投标、合同签订、合同履约、工程结算等市场各环节的监管职责。依据国家相关法律法规，制订完善电力建设招投标管理办法等相关行业监管规章，开展招投标、工程结算等市场行为监督，规范市场各方主体行为。

五是规范推行电力建设工程合同示范文本。提倡各电力建设投资主体执行住房和城乡建设部等九部委颁布的建设工程合同示范文本，减少合同条款有失公平及执行随意等不规范情况发生。建议由电力建设市场监管机构（或委托行业协会）牵头调研，制订符合电力建设行业特点的电力建设合同示范文本，在电力建设领域推广使用。

六是完善电力建设工程项目中标价形成机制。严格执行国家有关招投标的法律法规，防止以低于成本价格中标的情况发生。为保证电力建设工程市场价格合理定位，完善项目中标价形成机制，应坚持工程项目价格以工程量清单计价为基础，全面落实《建设工程工程量清单计价规范》和《电力建设工程工程量清单计价规范》。

七是加强行业信用体系建设，规范市场主体行为。建议政府行业信用主管部门牵头搭建全国电力建设市场各类主体企业信用信息监管平台，跟踪监控电力建设市场各环节运行情况，及时反馈曝光超低价中标等市场恶性竞争行为。行业主管部门和行业协会定期开展电力建设市场信用情况调研，定期发布市场信用情况报告，推动信用评价成果在招投标环节的应用，倡导优质优价，杜绝“劣币驱逐良币”的现象，弘扬以诚信、自律为核心的市场主旋律，建设良好市场运行环境。

（二）细化监理标准

一是建议行业主管部门（或委托行业协会）尽早制定各类电力工程，包括新能源发电工程、电网工程的建设工程监理实施规范或行业标准，明确各类建设项目监理咨询服务技术标准以及人员和设施的配置要求，明确监理的工作职责，并进一步测定监理服务成本和企业运营成本，修订电力工程监理取费的费率，确保电力监理企业能够按要求选派合格人员到岗到位、认真履职，切实发挥工程监理的作用，保证电力建设和监理行业能够健康持续发展。

二是行业主管部门应加强对实施强制监理项目的监管，要求建设（管理）单位不采用最低价中标的招标方式，而应大幅降低监理投标报价的得分权重，确保监理企业能够按标准要求进行资源配置，不仅对业主和工程负责，也能对国家和社会负责。对于实施强制监理的大中型项目的概算监理费，建议交由政府专户监管，招投标后概算监理费的节余部分就上交政府监管部门作为监管活动使用资金，也可对绩效较好的监理企业给予优质优价的奖励（合同价的1%~5%）或额外工作、工程延期等的费用补偿，避免建设（管理）单位为节约费用而采取低价中标。

三是建议采用政府购买服务的方式，委托行业协会组织专家团队或委托国内部分有实力、在行业有公信力的监理咨询企业代表行业主管部门，加强对电力工程建设项目施工全过程的监管工作，尤其是部分采用低价中标、不重视安全质量管理的工程项目。

四是进一步明确监理定位，厘清建设单位和工程监理咨询单位的管理责任，尤其是安全管理责任，杜绝“监理是个筐，什么都往里装”的现象，确保工程质量和安全管理职责落到实处，确保电力工程建设的质量和安全，助力行业转型升级、高质量发展。明确委托相关项目管理和监理服务的建设（管理）单位的部分责任可转移至被委托单位，积极鼓励电力建设工程项目的“代甲方项目管理”和全过程工程咨询服务，为有能力的电力监理咨询企业提供更多的监理咨询服务机会。建设监理属于工程咨询的性质，建设监理接受业主委托开展咨询服务，业主是决策者，监理既不是决策者，也不是业主的代理人，FIDIC 合同条件中，工程师并不承担施工现场的安全管理（包括环境管理）的职责。监理企业按委托合同承担部分建设单位安全管理责任的，应增加安全咨询服务费用，并免除建设管理单位的部分安全管理责任，否则建设（管理）单位仍然不敢放权给监理咨询企业进行相关的项目管理工作。

（三）防控经营风险

一是分类统计、分类管理、分类施策，加大对高风险应收账款和存货的清理力度。加强降成本工作，细化、优化成本核算，加强对重点企业、亏损企业的成本动态监控。加大扭亏治亏力度，强化项目投标、履约、结算等全过程亏损治理。要加大到期债权催收力度，推动子企业建立到期债权催收责任机制。加大监督检查力度，切实落实到期债权损失的发现、报告、处置责任。

二是做好重大经营风险项目管控处置工作。持续优化重大经营风险项目管控机制，切实落实子企业主体责任，加强对重大经营风险项目、风险事项的风险识别、研判、防范和化解，不断提升项目管理能力。要加强标前尽调、投标评审，防止集中承揽低利润新能源总承包项目。要树立从项目策划、论证、签约等源头抓风险管理的理念，加强对重大经营风险项目的风险识别、研判、防范和化解，做到早发现、早预防、早化解。

三是不断强化涉外风险防范。进一步完善涉外法律风险防范机制，加强境外业务风险排查，强化风险应急处置。严控在高风险、高负债、局势动荡的国家和地区开展业务，有针对性地建立“危”和“乱”的风险清单。企业发展海外业务时要全面分析所在国政治、经济形势，尽可能做到危地不往、乱地不去。在满足具有控制力和抗风险能力的前提下，开发亚洲、非洲等地区的共建“一带一路”国家市场。项目执行过程中密切关注所在国形势变化，及时做出预判并快速应对，确保人员、财务安全。

四是企业应强化合同管理，签订合同前应系统加强外部环境信息收集，加强宏观经济形势分析研究，通过合同降低、转移风险；敏锐捕捉市场变化，提前做好预判和应对，并通过加强与业主索赔尽可能减少损失；提高精益化管理水平。深化项目成本预算管控，努力降本增效，提升盈利能力。加强企业对标管理。努力查找企业管理存在的薄弱环节，不断完善企业内控和监督体系，不断增强公司竞争力、控制力和抗风险能力。

（四）加快“转型升级”

一是优化多元化业务布局，加快产业链延伸和业务转型，增强企业综合抗风险能力。加快业务转型升级，加大新能源业务和基础设施业务开发的力度，加快区域市场布局。

二是强化国际业务高质量发展战略，聚焦优势国别，充分发挥企业集团总部、国际经营平台与龙头企业的统筹引领作用，发挥电力 EPC 优势，加强国际业务顶层设计和国际业务风险控制。认真践行“不再新建境外煤电项目”承诺，主动调整境外市场策略。优化海外签约结构，持续加大海外新能源及综合智慧能源项目、现汇项目开发力度。

三是加强海外风险和疫情防控。建立公司所属企业本部人员数量与规模、效益特别是价值创造能力挂钩的动态管理机制，提出科学核定所属各层级企业本部人员编制的管理规则，促进所属各企业本部“瘦身健体”，提高管理效率和人均效益指标。

四是加大对各国别项目经理和商务团队的培训力度，全面提升其在政治判断、合规建设、商务谈判、经营管理、索赔与反索赔、风险防控等方面的能力和素质。要加强管理，积极参与国际标准的制定，聚焦优势领域，做大做优投资业务。坚守发展投资的初衷，杜绝“重建设、轻投资、弃运营”思想，规范项目运营管理，确保资金回笼和投资收益。

五是在企业人才建设上下功夫。制订企业中长期人才计划，按照人才复合型、外向型和开拓型要求，通过系统专业的培训，提升员工素质，下决心培养人才、留住人才和引进人才，以不断满足企业转型升级发展中所产生的人才需求，使企业能够更好地适应市场的发展变化。

六是企业自身应适应时代发展需要，积极开展数字化和信息化建设，方便快捷地为更多的现场业务提供强有力的后方支持服务，为企业加强现代化管理提供有效途径。

七　电力建设行业发展趋势展望

2022 年，基建新增装机规模将创历年新高，全年基建新增发电装机容量 2.3 亿千瓦左右，其中非化石能源发电装机投产 1.8 亿千瓦左右。预计 2022 年底全口径发电装机容量将达到 26.0 亿千瓦左右。其中，非化石能源发电装机合计达到 13.0 亿千瓦左右，包括水电 4.1 亿千瓦，并网风电 3.8 亿千瓦，并网太阳能发电 4.0 亿千瓦，核电 5557 万千瓦，生物质发电 4500 万千瓦左右。煤电装机容量 11.4 亿千瓦左右。

火电在“十四五”期间将逐步由主体电源、基础地位、支撑作用转向基荷电源与调节电源并重。预计新建煤电约 2.0 亿千瓦，年均新建约 4000 万千瓦（新增煤电装机 1.5 亿千瓦），主要布局在西部、北部地区，东中部将不再新建煤电，年均增长 3%。2025 年底煤电装机 12.5 亿千瓦，预计约 3000 万千瓦的退役煤电，同时考虑负荷及其他电源发展的不确定性，安排储备 5000 万千瓦的煤电项目。

水电在“十四五”期间将以生态环境保护为前提，兼顾开发的经济性，以基地化开发为主，严控中小型水电站的开发。大力推进水风光一体化发展。以流域水电基地为依托，推进水电、风电、光伏发电多能互补协调发展，推动大型综合清洁能源基地建设；积极推进雅鲁藏布江下游水电规划建设；加快推进抽水蓄能电站核准建设，按照“能核尽核、能开尽开”的原则，在规划重点实施项目库内核准建设抽水蓄能电站。抽水蓄能投产总规模较“十三五”翻一番，达到6200万千瓦以上；到2030年，抽水蓄能投产总规模较“十四五”再翻一番，达到1.2亿千瓦左右。

风电在“十四五”期间将有序推动“三北”地区陆上风电规模化发展，中东南部陆上风电与生态环境协同发展，稳妥推进东部海上风电协调发展。到2025年，预计全国风电装机4.5亿千瓦左右。江苏、广西、广东、浙江、天津和山东等6省（区、市）海上风电装机增量达43.28兆瓦（GW），为我国“十三五”海上风电增量的5.25倍。

光伏发电在“十四五”期间年均装机可达70GW以上。随着全面推进分布式光伏和“光伏+”综合利用工程，以及大力推进集中式光伏电站建设，到2025年，预计全国太阳能发电装机6亿千瓦左右。

到2025年，将实现新型储能从商业化初期向规模化发展转变，新型储能装机规模达到3000万千瓦以上，接近当前新型储能装机规模的10倍，年均复合增长率超过55%，年均新增投资金额180亿元以上。目前，我国已有25个省（区、市）发布文件明确新能源配置储能，青海、新疆、陕西西安推出了地方性补贴政策。10个省（区、市）公布了储能参与调峰服务的价格文件，鼓励电网侧储能的发展。预计未来储能市场将达到万亿级。

“十四五”期间，我国电网建设仍将保持一定的规模，在特高压输电通道、各省（区、市）主网架建设、配电网建设方面仍有较大的市场空间。在经济发展新常态下，主网投资增长空间有限，下一步电网建设重点是在完善主网的同时，将更加关注中低压配网，着眼于电网效率提升、供电可靠性提高以及电力系统节能减排，适应新能源、分布式电源、电动汽车等发展需要，提升配电网智能化水平和供电质量。

国家电网共计划投入 2.23 万亿元推进电网转型升级。在推进“十四五”重点工程方面，深化可研设计，发挥好属地作用，年内核准并开启武汉—南昌、金上—湖北、川渝联网等特高压工程；高质量推进白鹤滩—浙江特高压直流、川藏铁路施工供电二期等重点工程建设。年内建成投运白鹤滩—江苏、荆门—武汉等特高压以及闽粤联网、500 千伏雄安东等重点工程。同时，加快建设坚强智能城市配电网，实施农网巩固提升工程，加快新型电力系统示范区建设。

南方电网基建固定资产投资需求达 5234 亿元，其中输电网 1922 亿元，配电网 3232 亿元。持续加强各省（区、市）主网架建设，优化电力输送通道布局，预计新增 500 千伏变电容量约 1.2 亿千伏安，200 千伏变电容量约 1.3 万千伏安；500 千伏线路约 1.3 万公里，220 千伏线路约 2.3 万公里。

电力建设企业要以低碳环保工程建设为重点，做精做专煤电、气电、核电和检修运维技改等传统业务，做强做大风电（含海上风电）、太阳能发电、生物质发电、综合智慧能源、储能、氢能和地热等新能源及综合智慧能源工程项目；要优化国际市场布局、发展模式和工作机制，坚持属地化、高端化和多元化“三化”发展，不断提升国际市场获取能力、项目履约能力、经营管控能力、风险防控能力和品牌影响力；要深化电力业务经营管控模式，建立健全企业定额建设和应用，提高预算能力和成本管控能力；要深化适应性组织建设，健全市场化机制，提升治理体系和治理能力；推进管理创新提升，加强战略管理，完善“1+N”战略规划体系，建立健全对标世界一流管理提升长效机制，系统推动项目管理由传统管理、经验管理向科学管理、全面数字化管理转变，提升项目履约品质和经营效益；要积极推进“人才强企”战略，突出匹配战略、集约精干、奋斗为本、价值为先的导向，聚焦“引、育、用、测、留”关键环节，打造一支德才兼备、担当承责、忠诚干净的干部队伍，培育一支匹配战略、张力强劲、行业接轨的人才队伍，为企业可持续发展提供坚强的人才保障和智力支撑。实现出精品、出效益、出人才、出市场、出文化成果的“五出价值”。

参考文献

杨歌：《2022 年全社会用电量增速将总体呈逐季上升态势》，《机电商报》2022 年 2 月 21 日，第 A07 版。

丁瑶瑶：《储能“双碳”目标开启的超级赛道》，《环境经济》2022 年第 7 期。

B.6
中国铁路建设行业发展报告（2022）*

中国铁道工程建设协会**

摘　要： 2021年，铁路建设行业按照党中央决策部署，勇担交通强国铁路先行历史使命，积极应对疫情汛情影响，科学有序、安全优质推进铁路建设，全力打好“两坚守两实现”攻坚战，铁路建设任务全面完成。全国铁路完成固定资产投资7489亿元，其中国家铁路完成6616亿元；投产新线4208公里，其中高铁2168公里；全国铁路营业里程突破15万公里，其中高铁超过4万公里，实现了“十四五”铁路建设良好开局。本报告从企业新签合同额和境外项目推进情况两个方面回顾了行业发展基本情况，指出行业发展具有服务国家战略项目有序实施、年度建设目标任务圆满完成、质量安全形势稳中向好等特点。提出了着力破解铁路建设发展难题、推动铁路建设安全高质量发展、提升铁路建设管理水平、提升铁路工程建造水平等方面发展建议。

关键词： 铁路建设行业　交通强国　工程建设

---

* 本报告数据均来自国家统计局和国家铁路总公司。

** 课题组成员：李学福，教授级高级工程师，中国铁道工程建设协会副理事长兼秘书长，主要研究方向为铁道建设行业发展；范永贵，高级工程师，中国铁道工程建设协会副秘书长，主要研究方向为铁道工程建设；黄清云，高级工程师，中国铁道工程建设协会工程设计部长，主要研究方向为铁道工程建设。执笔人：范永贵。

一　行业经营发展情况

1. 企业新签合同额及同比变化情况

目前，铁路建设企业主要包括中国中铁、中国铁建、中国交建、中国建筑、中国电建等5家中央建筑业企业集团。根据5家企业集团发布的2021年年度报告，受益于国内外铁路建设市场的扩大，5家企业集团2021年共完成铁路业务新签合同额8963.2亿元，同比增长28.4%，继续保持良好发展势头（见表1）。

表1　2020年、2021年中央建筑业企业铁路业务新签合同额及同比增长率

单位：亿元，%

项目	中国中铁	中国铁建	中国交建	中国建筑	中国电建	合计
2020年新签合同额	3553.8	2892.1	154.6	178.6	201.6	6980.7
2021年新签合同额	4335.7	3764.7	250.1	430.4	182.3	8963.2
同比增长率	22.0	30.2	61.8	141.0	-9.6	28.4

2. 境外项目建设有序推进

认真贯彻习近平总书记对中老铁路的重要指示批示精神，聚焦建设中老铁路"一带一路"、中老友谊标志性工程，统筹境内玉溪至磨憨铁路、境外磨丁至万象铁路施组安排，克服境外严重疫情影响，攻克景寨隧道等167座630公里隧道建设难题，倾力打造西双版纳站等"一站一景"精品客站，精心组织开展工程验收。2021年12月3日中老铁路昆明至万象实现全线通车，为建设中老经济走廊、构建中老命运共同体提供了重要支撑。务实推进雅万高铁、匈塞铁路、中泰铁路等境外项目建设，为高质量共建"一带一路"做出了积极贡献。

二　行业发展特点分析

2021年，铁路建设系统始终以习近平新时代中国特色社会主义思想为指导，坚决贯彻党中央、国务院决策部署，克服疫情、汛情影响，加强质量、安全、工期、投资控制、文明施工等系统目标管理，勠力同心、勇担重任、奋力攻坚，圆满完成了年度铁路建设任务。

（一）服务国家战略项目有序实施

1. 川藏铁路全线开工建设

川藏铁路拉萨至林芝段历经 6 年艰苦奋战，在庆祝建党百年前夕实现高质量开通运营，为川藏铁路全线开工提供了有力的技术支撑；复兴号开进西藏拉萨，历史性地实现了复兴号对 31 个省（区、市）全覆盖。川藏铁路雅安至林芝段“两隧一桥”形成试点示范效应；新都桥至波密中间段高质量完成初步设计和施工图设计，川藏铁路雅安至林芝段全线实现开工建设目标，为建好实现第二个百年奋斗目标进程中的标志性工程迈出了坚实的第一步。

2. 一批助力区域发展项目建成投产

连徐高铁开通运营，“八纵八横”高铁网最长横向通道贯通，为新亚欧大陆桥经济走廊建设提供了有力支撑；京沈客专北京至承德段建成投产，京哈高铁全线贯通，形成东北地区又一进出关高铁通道；朝凌、牡佳、敦白铁路开通运营，为助力东北全面振兴发挥了积极作用；张吉怀高铁建成投产，推动湘西地区步入乡村振兴“快车道”；赣深、安九铁路同步建成投产，京港（台）高铁通道商丘至深圳段全部贯通，促进了长三角地区与珠三角地区的互联互通；酒额、太崇铁路开通运营，为服务北京冬奥会做出了重要贡献。

3. “十四五”规划的一些重大项目开工建设

主动对接京津冀协同发展、雄安新区建设、粤港澳大湾区建设、长三角一体化发展、成渝地区双城经济圈建设、长江经济带发展、黄河流域生态保护和高质量发展等国家战略。加快推进国家“十四五”规划纲要确定的 102 项工程中的涉铁项目建设，其中沪渝蓉高铁武汉至宜昌段、西安至十堰铁路、包头至银川铁路等重大项目 2021 年内已开工建设，为“十四五”铁路建设开好局、起好步提供了有力支撑。

（二）年度建设目标任务圆满完成

1. 高质量实现保开通目标

科学制定年度验收开通方案，严格落实 10 项开通条件，做到不安全不开通、不达标不开通、不依法不开通。采取领导包保、驻点督导、激励考核等措施，解决玉磨、拉林等项目难题；组织对牡佳、张吉怀等 8 条高铁线路内的 27 座隧道、47 处路基实体质量进行检测，探索推行了程序性验收与实体质量验收并重的新方法；贯彻客站建设新理念，展现地域文化特色，推行站区一体化，建成 125 座客站，助推了综合交通一体化的发展。

2. 高效率完成保在建任务

统筹疫情汛情与项目建设，坚持以施组管理为主线，动态优化重难点工程施组方案，科学合理配置建设资源；积极筹集落实建设资金，提高甲供物资采购效率，统筹安排长轨运输和施工天窗，加快办理Ⅰ类变更设计，形成了上下联动、合力共为的良好态势。

3. 高起点推进保开工计划

超前谋划安排，细化可研、初步设计、施工图审查、工程招标等节点目标，推进站前站后站房一体化设计、一体化招标，确保各项工作有序衔接、务实推进；认真履行建设程序，严格落实开工条件，推广沈白、渝昆前期工作经验，狠抓开工标准化，助力西十、兰合等一批新项目依法开工。

（三）质量安全形势稳中向好

1. 扎实推进红线管理

2021 年，以年内开通项目、隧道工程为重点，深化自查自纠，强化预防预控，联合施工企业集中开展专项督查，将开通项目通道不堵、标识不漏、盖板不晃、线缆不露、评估不缺、程序不乱作为督查重点，全年检查项目 66 个、标段 294 个、工点 779 个，为建设、运营安全奠定了坚实基础。

2. 系统开展专项整治

落实安全生产专项整治三年行动计划，印发安全隐患专项整治行动实施方案，系统推进隧道、桥梁、路基、站房质量安全专项整治，排查在建项目117个；开展以“警钟长鸣、坚守红线”为主题的安全生产月活动，聚焦联调联试、工程线管理等7项重点，组织开展全面自查和分片督导，确保安全万无一失；深入河南、山西等地区督导，确保工程安全度汛；配合运营单位整治线路病害，开展2020年项目质量回访，全力做好保驾护航工作。

3. 持续加强监督管理

推广应用监理管理信息系统，发挥监理人员进退场、转岗网上审核把关作用；制定差异化监管指导意见，组织6家监督站对14个重点项目开展交叉检查。2021年全年累计开展监督检查1134项次、监督检测185项次，进一步提升了质量安全监管水平。

4. 坚决确保安全稳定

围绕确保建党100周年和两会、春运等特殊时段的安全稳定的主题，排查化解农民工工资发放不及时、工程款拨付不到位、沿线治安治理混乱等矛盾纠纷，开展根治欠薪冬季专项排查整治行动，及时消除苗头性、倾向性问题，营造了良好的建设环境。

三　铁路建设行业2021年创新发展分析

围绕铁路建设管理制度、管理模式和标准建设开展管理创新；围绕标准体系建设、科技攻关和智能建造开展科技创新，铁路建设创新成果丰硕。

（一）建设管理创新迈出坚实步伐

1. 建立完善管理制度

制定质量回访、生产安全事故应急预案等管理制度，强化质量安全管理基础；修订施工和监理招标示范文本，规范合同管理工作；起草加强竣工验收若干规定、验工计价等管理办法，制定细化参建单位行贿和违反中央八项规定精神与招投标挂钩、纳入信用评价的标准，进一步完善建设管理制度体系。

2. 创新建设管理模式

推进常益长、沪苏湖等项目单价承包试点工作；规范委托代建管理工作，通过工程咨询等方式，支持地方主导的铁路项目建设；开展杭绍台、昌景黄等项目 EPC 工程总承包调研并取得阶段性进展；建立竣工决算常态化考核机制，强力推动建设项目按期完成竣工决算编制工作。

3. 纵深推进标准化管理

加强日常管理与检查考评，充分发挥首件评估、样板引路、过程控制的作用；持续推进铁路工程管理平台建设，推广应用质量检测管理系统、隧道三维激光扫描技术等，进一步增强了平台系统性、整体性和协同性；发挥信息化手段在建设管理、施工技术、工装设备、监理检测方面的作用，推动标准化管理向工艺、工序级延伸，向机械配套化、工厂智能化、专业管理化拓展。

（二）工程技术创新取得丰硕成果

1. 着力完善建设标准体系

制定隧道防灾疏散救援工程设计补充规定、隧道机械化全断面设计施工指南等 14 项建设标准和绘制铁路旅客车站站台雨棚等 12 套通用图，进一步完善了铁路建设标准体系；编制完成路基智能填筑、牵引供电和通信信号智能建造等多项标准，初步构建了铁路智能建造标准体系；发布川藏铁路勘察设计暂规、“两隧一桥”施工技术指南等 6 项专项标准及简支箱梁通用图，满足了川藏铁路建设需要；制定成渝中线高铁设计暂规，为 CR450 科技创新工程奠定了基础；开展铁路建设和运维标准协调统一研究并形成专题报告。

2. 大力推进科技攻关

构建川藏铁路科技攻关顶层规划和制度体系，组建国家川藏铁路技术创新中心，承担川藏铁路国家重点专项；依托川藏铁路拉林段和“两隧一桥”工程实践，形成高地温高地应力岩爆隧道修建关键技术、适用高原铁路隧道及长大坡度辅助坑道机械化配套方案等阶段成果；开展安九铁路鳊鱼洲长江大桥轨道不平顺偏差专项试验，为完善时速 250 公里高铁大跨桥梁轨道控制标准提供了支撑；启动重大课题研究，工程建设领域基础性、前瞻性、应用型技术攻关全面展开。

3. 积极应用智能建造技术

研发应用空天地立体勘察技术和参数化协同设计平台，铁路勘察设计效率和质量明显提升；推行路基填筑碾压无人化和检测可视化，深入应用装配式桥梁和箱梁制运架智能一体化管理，初步形成山岭隧道智能建造技术体系，试点应用基于北斗的数字化铺板技术，智能建造技术应用初见成效；研发应用接触网腕臂和吊弦智能预配平台、装配式四电房屋和站台雨棚，创建双块式枕场、板场、小型预制构件场等无人化、少人化智能工厂，召开隧道技术与管理创新交流会，推广建造新技术，酒额铁路数字工程认证取得实效，智能建造水平显著提升。

四　行业发展中存在的不足及有关建议

在肯定成绩的同时，必须清醒地看到，当前铁路建设中还存在行业改革有待深入、高质量发展有待提高、标准化管理有待加强等不足。需要采取相应措施，对这些问题认真加以解决。有关建议如下。

（一）深化改革创新，着力破解铁路建设发展难题

1. 深化体制机制创新

一是加快推进建设项目机构编制批复，调整优化铁路建设公司布局。二是围绕破解质量安全、队伍稳定等难题，进一步理顺铁路建设管理关系和工作界面，深化岗位管理改革，完善建设项目管理机构内部工作机制。三是指导督促各级建设管理机构配齐配强建设管理人员，调整落实机构、岗位、人员职责，强化质量、安全、技术、投资、廉政等工作，实现项目管理机构、人员、职责“三到位”。

2. 建立系统目标管理体系

强化建设为运营服务的理念，建立完善项目前期、工程实施、运营管理

“三位一体”的工作机制，研究制定全生命周期的各项管理制度，加强工程建设全过程管控，实现质量、安全、工期、投资控制、文明施工等系统目标管理。

3. 深化分层分类建设

一是合理把握建设重点、时序、标准，落实“十四五”铁路网规划建议方案。二是完善分层分类投资建设机制，发挥国家投资带动作用，带动和吸引更多地方和社会资本参与铁路建设项目投资。三是研究探索以地方投资为主的项目管理方法，做好提前介入、质量监督、方案审查、竣工验收等咨询服务工作。四是健全完善以地方投资为主的项目建设管理模式，研究 PPP 模式下的招标和建设管理工作。

（二）强化问题导向，推动铁路建设安全高质量发展

1. 深化推进红线管理

一是常态化开展自查自纠，严格落实“五定、三统一、一查处”要求，聚焦隧道脱空、衬砌厚度和强度不足等典型红线问题，坚持整改、预防两手抓，着力减存量、遏增量。二是持续抓好专项督查，严格落实一年两次的专项督查制度，紧盯开通项目、高铁项目及隧道工程，创新专项督查方式方法，严肃查处偷工减料、以次充好、转包和违法分包等行为。三是落实差异化监管要求，对红线问题突出、整改不力的项目进行重点监管，实施挂牌督办。

2. 强化质量安全管控

一是认真落实《中华人民共和国安全生产法》，强化安全风险分级管控和隐患排查治理双重预防机制，深入开展安全生产专项整治三年行动，推进隧道、桥梁、营业线施工，以及工程线管理、季节性施工等专项整治，动态更新问题隐患、制度措施“两个清单”。二是落实开通项目问题整改销号和记名签认制度，集中整治突出问题，开展验收问题整改清零专项行动，确保运营安全。

3. 落实质量安全责任

建立完善质量安全保证体系，实行分级管控，落实安全生产责任制和质

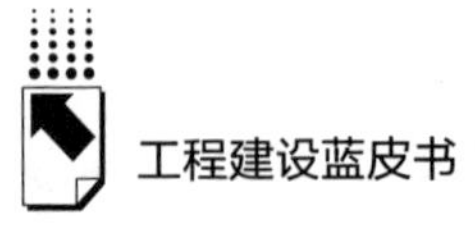

量终身负责制；严抓质量安全问题和事故的分析、追责，充分用好信用评价手段，严肃认定不良行为，全面治理质量安全突出问题，严厉打击问题整改弄虚作假、屡改屡犯等行为。

（三）坚持标准化管理，提升铁路建设管理水平

1. 健全制度管理体系

加快推进管理制度修订工作，建立规范管理的长效机制。一是修订招投标实施细则、招投标监督办法、质量安全事故与招投标挂钩办法等制度，进一步规范招投标管理。二是修订验工计价、变更设计等管理办法，着力规范参建各方行为。三是研究修订勘察设计管理、施工图审核、质量安全监督管理等制度。

2. 发挥四化支撑作用

坚持以信息化为引领，全面推动机械化、工厂化、专业化与信息化的融合发展，纵深推进标准化管理。一是加快构建基于 BIM 技术的全生命周期信息交换体系，探索设计向建造、建造向运维阶段的数据交付，实现数据资产的共建共享。二是强化施工图电子文件交付考核，推动设计成果数据在全产业链准确完整传递。三是将超前地质预报、安全步距等 14 个信息化模块的应用，纳入施工企业信用评价考核，发挥信息化管理的引领作用。四是积极推广基桩检测、路基检测、隧道检测等信息化手段，不断夯实数字化基础。五是推进隧道机械化配套施工，研发“以机代人”的少人化、无人化作业装备，实现机械化与信息化有效融合。六是持续推行轨道板、轨枕、预制梁、预制小型构件等工厂化建造，统筹标准化设计、工厂化生产、装配化施工、智能化应用，实现标准化管理向工序、工艺级纵深推进。七是总结推广隧道、桥梁、四电、站房等建造技术新成果，淘汰一批落后的工艺、工法和工装。

3. 强化监理和检测管理

一是继续抓好监理试点，总结推广试点经验，严格进行考核评价，落实监理“黑名单”制度，采用信息化手段，提升监理履职能力。二是加强第三方检测管理，制定铁路建设项目试验检测管理办法，加强检测单位履约、

检测人员履职检查，严厉打击弄虚作假、失职失责行为。三是统筹监督管理力量，完善重点项目交叉检查机制，提高监督管理成效。

4. 加大考核评价力度

一是加强履职情况检查，督促建设单位抓好重点工作推进落实，发挥建设单位的核心作用。二是加强建设管理工作年度绩效考核，严格进行铁路公司建设管理工作评价，将结果与收入直接挂钩。三是严格责任追究，对在质量、安全、廉政等方面出现问题的建设单位及人员进行问责。

（四）推进技术创新，提升铁路工程建造水平

1. 推进建设标准创新

一是按照智能建造标准体系框架，加快高速铁路无砟轨道智能铺设技术规程、铁路工程无人机综合巡检技术规程等标准编制，进一步完善铁路智能建造技术体系。二是开展铁路数字工程认证试点，构建全专业数字工程认证标准体系，加快铁路 BIM 标准落地和工程化应用，提升数字工程服务及交付水平。三是加强建设标准和工程定额基础研究测定，提高建设标准和运维标准的统一性、协调性。

2. 强化关键技术攻关

一是依托重大项目开展重点课题研究，发挥科研攻关对工程推进的支撑性作用。二是适应未来气候变化，加快开展气候变暖对铁路高原冻土工程影响及防治措施等重大课题攻关。三是深入开展深水大跨、特殊复杂结构桥梁、超长水下隧道、山岭隧道等关键技术攻关。四是加快推进绿色铁路建设，深化绿色低碳技术研究应用。

3. 开展应用技术创新

一是推广并设计优化岩芯照片上蓝图、基于 BIM 技术等的施工图，提高施工图设计精度和质量。二是研发推广铁路工程多维数字化建模与仿真、基于物联网的智能工地、工程大数据驱动的智能决策等技术，推动铁路智能建造再上新台阶。三是建立隧道钻爆法快速施工技术体系，推广应用隧道信息化衬砌台车和轮胎式隧道衬砌质量检测车，保障工程本体本质质量安全。

四是积极应用双块式和板式无砟轨道智能铺设装备和工程线行车调度管理系统，提升轨道工程智能施工管理水平。五是加快客站智能化建设成果和能源综合管理系统的推广应用。六是扩大应用智能牵引供电系统、无人值守牵引变电所和一体化综合视频监控系统。

五　2022年行业发展展望

2022 年，是贯彻党的十九届六中全会精神、迎接党的二十大胜利召开的重要一年，也是深化铁路系统改革、推动“十四五”铁路建设高质量发展的关键一年，做好 2022 年铁路建设工作至关重要。2022 年铁路建设工作将以习近平新时代中国特色社会主义思想为指导，全面贯彻落实党的十九大和十九届历次全会及中央经济工作会议精神，深入贯彻习近平总书记对铁路工作做出的一系列重要指示批示，弘扬伟大建党精神，坚持稳中求进的工作总基调，完整、准确、全面贯彻新发展理念，自觉服务和融入新发展格局，以铁路建设高质量发展为主题，以创建精品、安全、绿色、创新、廉洁工程为目标，以川藏铁路等重大工程建设为重点，深化建设系统改革，推进技术、管理创新，强化质量安全管控，加强党风廉政建设，以优异成绩迎接党的二十大胜利召开。

参考文献

陆东福：《坚持稳中求进　推动高质量发展　以优异成绩迎接党的二十大胜利召开——在中国国家铁路集团有限公司工作会议上的报告（摘要）》，《铁路计算机应用》2022 年第 1 期。

尚润涛主编《工程建设蓝皮书：中国工程建设行业发展报告（2020）》，社会科学文献出版社，2020。

B.7

中国石油工程建设行业发展报告（2022）*

中国石油工程建设协会

摘　要： 2021年中国石油工程建设企业继续不忘初心、牢记使命，精心谋划与组织，全力以赴进行战疫情、保工程建设，完成境内外油气田建设工程、油气储运工程、炼油化工工程等建设项目。虽然行业营业收入、新签合同额同比有所增加，但受多种因素影响，利润出现负增长，在特殊之年行业经受了严峻的考验。本报告整理了行业发展的基本情况和重点工程建设情况，分析了境内重点建设项目以大工程为主，境外工程经受住了考验，继续全面推进“六化”管理模式，油气储运工程建设技术含量高，在新能源、新材料工程市场开发上进行了探索与实践等方面的行业发展特点。提出了企业经营困难、境外工程挑战加大、市场竞争激烈、作业层人员缺乏等行业发展中的主要问题。结合实际提出了要以市场为导向、加大企业内部经营结构调整力度、以科技创新推动发展、加大政策扶持力度等发展建议，并对2022年行业发展趋势进行了展望。

关键词： 石油工程建设　油气田　油气储运　炼油化工

---

* 本报告数据均来自国家统计局和中国石油工程建设协会。

一　行业发展基本情况

1. 营业收入

2021 年，石油工程建设行业规模以上企业共完成营业收入 1142. 34 亿元人民币。其中，境内营业收入 896. 65 亿元，境外营业收入折合人民币 245. 69 亿元，比 2020 年增加 92. 34 亿元，同比增长 8. 79%。

2. 新签合同额

2021 年，石油工程建设行业规模以上企业境内外新签合同额 1252. 49 亿元人民币，比 2020 年增加 53. 49 亿元，同比增长 4. 46%。

3. 实现利润

2021 年，石油工程建设行业规模以上企业虽全力实施精细化管理，但受疫情及其他因素影响，实现利润-13. 4 亿元人民币，同比减少 21. 9 亿元。

4. 企业数量和就业人数

2021 年，石油工程建设行业规模以上企业 33 家，其中特级企业 4 家，总承包企业 23 家，专业承包企业 5 家，其他 1 家。规模以上企业数量较 2020 年没有变化，就业人数为 8. 94 万人，比 2020 年减少 2480 人。

5. 企业境外承包工程情况

2021 年，中国石油集团工程股份有限公司在 2021 年度《工程新闻记录》（ENR）“国际工程承包商 250 强”中排名第 33 位（十大国际油气工程公司排名第 4 位），其所属大型工程建设企业在全球新冠肺炎疫情严重影响下，克服重重困难，完成境外营业收入折合人民币 245. 69 亿元，与 2020 年同比基本持平，境外营业收入占总收入的 21. 5%，比 2020 年减少 6. 5 个百分点。

二　行业发展概述

2021 年，石油工程建设行业各工程建设企业继续千方百计克服新冠肺炎疫情因素影响，采取各种有效措施，创新项目管理方式，精心谋划与组织，全年执行工程建设项目 10542 项，完工 3900 项。国内外工程进展总体顺利。

（一）油气田建设工程

2021 年，中国石油的油气产量创历史新高：油气当量 2. 13 亿吨，其中天然气占比 51. 4%，相当于 1374 亿立方米，同比增长 5. 37%。长庆油田油气当量达 6244 万吨，比 2020 年净增 203 万吨，其中天然气产量 465 亿立方米，同比增长 3. 34%；塔里木油田油气当量 3182 万吨，比 2020 年净增 182 万吨，其中天然气产量 319 亿立方米，同比增长 3%；西南油气田天然气产量 354 亿立方米，比 2020 年净增 54 亿立方米，同比增长 11. 3%。油气产量保持稳定并增长，进一步夯实了保障国家能源安全的资源基础。

1. 长庆油气田工程建设

长庆油气田作为我国第一大油气田，全力推进苏里格气田 300 亿立方米上产。2021 年苏里格天然气产能建设继续推进，包括集气站扩建、采出液输送管道和采气管道建设、井口安装等。同时，积极开展靖边、榆林等主力气田滚动挖潜，实施了一批建设工程，保证了油气上产。

2021 年 7 月，长庆油田原油稳定及伴生气综合利用三期工程开工建设，对于降低油气蒸发损耗、减少油气损失、提高轻烃回收利用和增加经济效益具有重要意义。

2021 年 12 月，油田内直径 711 毫米的“米脂—榆林输气管道”工程竣工投产，投产后通过榆林天然气处理厂将天然气转输至陕京一、二、三线，保障冬季高峰供气。

2. 塔里木油气田工程建设

塔里木油气田为保证油气上产，实施了一批工程建设项目。

2021 年 8 月，“塔里木天然气乙烷回收工程”顺利投产。该项目总投资 16. 7 亿元，采用国际先进、国内领先的“丙烷预冷+膨胀制冷+双回流”工艺技术，年处理天然气 100 亿立方米，是国内最大的乙烷回收项目之一。该项目对丰富中国石油能源工业的产品结构链，进一步优化塔里木油田能源结构，带动下游相关产业建设，促进南疆经济社会发展具有重大现实意义。该工程建成投产，每年可实现销售收入 23.8 亿元，利润 6.9 亿元，上缴税费 1 亿元。

2021 年 11 月，塔里木油田博孜 1 集气站扩建工程成功投产，该站的天然气输送能力大幅提高，为保障西气东输和南疆地区天然气供应再添新动力。

3. 西南油气田工程建设

该油气田聚焦常规气、页岩气、致密气三大领域，狠抓老井稳产保效、新井提速提效，有序加快地面工程建设，实施了一大批建设项目，新建年产能 100 亿立方米以上。

4. 新疆克拉玛依油田

新疆克拉玛依油田继续围绕“双高”油藏稳产、“环玛湖”油藏上产，实施了一批工程建设项目。

2021 年底，该油田采油二厂 81 号联合处理站全面投产，日处理能力达到 2900 吨。这是油田在准噶尔盆地打造的首座“智慧集输、洁净集输、绿色集输”智能化处理站库。该站作为国内陆上油田总体规模最大、一次性建成规模最大的联合站，设计原油处理能力 300 万吨/年，采出水处理系统规模为 2 万米^3/日，原油稳定系统规模为 330 万吨/年。工程建设首次研发应用了“低温聚结”两段高效密闭脱水技术、高效污水处理技术等新技术工艺，对助推新疆油田上产、实现绿色环保开发、保障国内石油供给具有重大的战略意义。

5. 其他油田工程建设

2021 年，吐哈油田、青海油田和东部大庆、吉林、辽河、大港、华北、冀东等油田，保持稳产、延缓减产，实施了一大批油田更新改造、环保升级、节能减排、改扩建等工程。

大庆油田跨年和新开的重点工程 28 项，红压油气处理厂天然气净化工程、三元南 7-5 联合站二期工程、喇一联污水处理站扩改建等一大批产能建设工程，顺利投产运行。

辽河油田双台子储气库群扩建工程全面展开。该工程注气规模为 3200 万米^3/天，采气规模为 5400 万米^3/天；库容 100.2 亿立方米，包括：11 座注采井场（51 口注采井）、1 座集注站、1 座调控中心、68 千米注采管道及配套工程。11 月 12 日，双台子储气库群－双 6 储气库扩容上产工程正式采气投产。双台子储气库群扩建工程，计划 2023 年底全面投产。

（二）油气储运工程

2021 年，国家管网集团重点管道工程建设在全力抗击疫情的情况下，以中石油工程建设企业为主体，部分中石化和地方工程建设企业参加，重点推进长输管道工程、大型储罐工程建设，进展顺利。

1. 中俄东线天然气管道南段工程全面加速

中俄东线天然气管道南段工程（河北永清—上海）新建管道 1243 千米。自 2020 年下半年陆续开工，2021 年 1 月开始全面加速，截止到 2021 年底管道敷设已达 900 千米。

2021 年 9 月 2 日，关键控制性穿越工程之一的滹沱河定向钻穿越工程（管径 1219 毫米，穿越长度 1757 米）全部完成，创造了国内大口径管道穿越长度新纪录；11 月 2 日，沭河盾构隧道（隧道内径 3.08 米，全长 1500.5 米）贯通，这是中俄东线南段首条贯通的盾构工程；5 月 18 日，长江盾构工程（隧道内径 6.8 米，总长度 10.226 千米）开工，截止到 2021 年底已累计掘进 1003 米，计划 2023 年 12 月底隧道贯通，2024 年底管道安装完成。

2. 海西天然气管网二期工程（福州—三明段）开工

2021 年 6 月 28 日，海西天然气管网二期工程（总长 286.6 千米，管径 813 毫米）开工建设。该工程是福建省管网划入国家管网集团后第一个开工项目，也是国家管网集团推动落实《深化天然气管网发展改革合作协议》，加快省级管网建设，培育省级天然气市场的一项重要举措。它的开工标志着福建省天然气基础设施建设进入了全面加速的新发展阶段。计划于 2022 年

12 月建成投产。

3. 国家管网粤东 LNG 一期工程配套外输管道工程投产

2021 年 3 月，国家管网粤东 LNG 一期工程配套外输管道工程投产运行，外输管道全长约 115 千米，途经汕头、潮州、揭阳三市的 9 个区（县），年设计输量近 53 亿立方米。该管道工程投产标志着粤东 LNG 接收站新增气化外输渠道，粤东乃至粤港澳大湾区、我国东南沿海地区供气格局进一步完善。

4. 潮州市天然气管道工程竣工投产

2021 年，潮州市天然气管道工程全面竣工投产。该工程由“一干两支”组成，分别为潮安干线、铁铺支线和古巷支线。三条管道线路全长约 96.5 千米，涉及水平定向钻穿越 13 千米，途经共 24 条河流。

5. 河北唐山 LNG 外输管道主体工程完工

2021 年，河北唐山 LNG 外输管道主体工程完工。管道起始于河北新天唐山 LNG 接收站，终止于天津市宝坻分输站，全长 176.18 千米，管径 1422 毫米，设计年输气量 112 亿立方米，沿线设置 2 座工艺站场，9 座阀室，并配套建设相关工程设施。

6. 北京燃气天津南港 LNG 应急储备项目外输管道主体工程完工

2021 年，管径为 1219 毫米和 1016 毫米的北京燃气天津南港 LNG 应急储备项目外输管道主体工程完工，该工程跨天津、河北、北京三省（市），全长 229 千米，是国家天然气管网、京津冀天然气管网的组成部分。

7. 江苏滨海 LNG 配套输气管道工程进展顺利

2021 年，管径为 1219 毫米和 911 毫米的江苏滨海 LNG 配套输气管道工程全面展开施工建设，工程进展顺利。该工程跨江苏、安徽两省，建成后与地方管网、西气东输干线管网连通，计划 2022 年建成。

8. 涿州—永清天然气管道、京石邯天然气管道线路工程完工

2021 年，涿州—永清天然气管道线路工程完工，该管道全长 81 千米，管径 1219 毫米；北京—石家庄—邯郸天然气管道线路工程完工，该管道全长 103 千米，管径 1219 毫米。

9. 中煤甲醇配套管线工程竣工

2021 年 5 月 10 日，由中国石油管道局工程有限公司 EPC 总承包的“中煤甲醇配套管线工程”投产成功。线路起始于中煤图克首站，途经乌审旗图克镇、乌审召镇，终止于蒙大末站，全长 52 千米，输送介质为 MTO 甲醇，全线设 4 座阀室，是全国首条长输甲醇管线工程。

10. 大型 LNG 接收站工程顺利实施

2021 年，大型 LNG 接收站工程在疫情防控常态化条件下，经过精心谋划、组织工程建设，总体进展顺利。工程建设队伍包括中石油、中海油、中石化、核建、交通、化学工程等所属设计、施工、监理企业和码头专业队伍及地方工程建设企业。

大型 LNG 接收站建设工程主要包括：中石油江苏 LNG 三期工程，北京燃气天津南港 LNG 应急储备项目，河北省唐山 LNG 工程，中海油江苏 LNG 工程，国家管网集团深圳 LNG 工程、福建漳州 LNG 工程、山东龙口 LNG 工程，中石化天津 LNG 二期工程等。

2021 年 6 月，中海油广东珠海 LNG 扩建项目二期工程项目开工建设，包括 5 座 27 万立方米全容式 LNG 储罐及其配套设施。项目建成后，珠海 LNG 接收站整体规模达到 700 万吨/年，计划 2023 年 12 月建成投产。27 万立方米全容式 LNG 储罐是目前我国单体库容最大的 LNG 储罐，其工程设计与施工具有里程碑意义。中石化天津 LNG 接收站也在积极筹备三期工程，单体库容也是 27 万立方米全容式 LNG 储罐。

这些 LNG 项目最显著的特点是：规模大（新建工程投资为 150 亿~250 亿元，分期建设）；库容大（单体库容为 20 万~27 万立方米）；技术含量高（20 万~27 万立方米全包容预应力混凝体 LNG 储罐，自行设计建造 22 万立方米 LNG 薄膜罐，内金属罐采用全自动焊工艺）。

（三）大型炼油化工工程

2021 年，中国石油一大批更新改造、节能环保、质量升级项目先后实施，保证了石油炼化项目平稳运行的本质安全。大型石油炼化项目稳步推进，总体进展顺利。

1. 兰州石化长庆乙烷制乙烯工程投产运行

2021 年 8 月 4 日，总投资 104 亿元的中石油兰州石化长庆乙烷制乙烯工程投产运行，生产出合格乙烯产品。该工程建设克服了新冠肺炎疫情等给工程实施带来的困难，实现了 2021 年 6 月中交、按期建成投产的目标。该项目被国家发展和改革委员会、工业和信息化部列为国家乙烷裂解制乙烯示范工程，项目瞄准国际先进水平，突破了传统乙烯生产能耗物耗高、乙烯收率低的制约，为实现我国乙烯产业从赶超到引领世界的角色转变，发挥示范带动作用。

2. 塔里木60万吨/年乙烷制乙烯工程投产运行

2021 年 8 月 30 日，中石油独山子石化塔里木乙烷制乙烯工程顺利建成投产，生产出合格乙烯产品。该工程是中国石油在新疆南疆地区单笔投资规模最大的炼化项目，总投资 80.4 亿元，由 60 万吨/年乙烯、30 万吨/年高密度聚乙烯、30 万吨/年全密度聚乙烯三套主要生产装置和公用工程、辅助系统构成。项目采用中国石油自主研发的乙烷蒸汽裂解工艺技术。项目被国家发展和改革委员会、工业和信息化部列为国家乙烷裂解制乙烯示范工程。

3. 广东石化炼化一体化建设项目全面推进

2021 年，总投资 600 多亿元的广东石化炼化一体化建设项目全面推进，按照 2000 万吨/年炼油+260 万吨/年芳烃+120 万吨/年乙烯的方式建设。2021 年 41 套生产装置主体工程施工大部完成，计划 2022 年可全部建成投产。同时，与之配套的 30 万吨原油码头、最大泊位 10 万吨的产品码头、原油储备库、外输管道、铁路、污水处理等工程也正在紧锣密鼓施工中。

4. 其他炼油化工工程

各炼化企业在产品质量升级、节能减排、结构调整、炼油和化工改扩建等方面，实施了一大批建设项目，满足环保要求，适应市场需求，保证市场供应。

其中，作为独山子石化提质增效的重点项目，新建的年产 6 万吨溶聚丁苯橡胶生产线采用中国石油自主知识产权专有技术，不仅填补了国内高端环保橡胶生产技术方面的空白，当年设计、当年施工、当年投产，而且主要设备实现国产化，降低了装置投资费用，整体能耗和物耗水平与国外先进水平相当。

（四）境外石油工程建设市场

2021 年，中国石油集团工程股份有限公司所属企业实施的境外工程遍布全球 55 个国家，受全球新冠肺炎疫情影响，很多项目被迫停工。但中国石油工程建设有限公司（CPECC）、中国石油管道局工程有限公司（CPP）、中国寰球工程有限公司（HQC）等大型工程建设企业依然在艰难中坚持，重点工程总体进展顺利。

1. 尼日尔—贝宁原油外输管道工程开工建设

2021 年 7 月 25 日，在撒哈拉沙漠腹地尼日尔津德尔，由中国石油管道局工程有限公司（CPP）和中国石油工程建设有限公司（CPECC）联合体总承包的尼日尔—贝宁原油外输管道工程正式打火开焊。

该管道起始于尼日尔二期 Koulele 油田 CPF，终止于贝宁赛美港口，经海上终端系统外销国际市场。陆上管道全长 1950 千米，均为新建，其中尼日尔境内 1275 千米，贝宁境内 675 千米。设 9 座场站、59 座阀室，管径 711 毫米，设计压力为 5.0 兆帕。海上终端位于贝宁赛美港，包括 1 座单点系泊系统和 2 条平行海洋管道，长度约 14.4 千米。该项目属大型跨国工程，是中国石油促进中非合作、共建“一带一路”的典范项目。

2. 印尼拉维拉维储罐工程开工

2021 年 7 月 17 日，由中国石油管道局工程有限公司（CPP）总承包的印尼拉维拉维储罐工程开工建设。该工程包括终端站场两座 17 万立方米容积的原油外浮顶储罐，及消防储罐、工艺管道、余热锅炉加热、消防给排水、污水处理、电气通信等配套设施。

3. 泰国北部成品油管道二期工程竣工投产

2021 年，由中国石油管道局工程有限公司（CPP）总承包的泰国北部成品油管道二期工程竣工投产。二期工程含两个标段，全长 207 千米，管径 355.6 毫米、323.9 毫米。至此，泰国政府规划的连接曼谷周边与北部地区的成品油主干线已全部连通。

4. 马季努恩外输管道项目（BOC-1703）开工

2021 年 6 月 9 日，由中国石油管道局工程有限公司（CPP）总承包的马季努恩外输管道项目（BOC-1703）正式打火开焊。

该项目业主为伊拉克巴士拉石油公司（BOC），项目管理 PMC 为 KBR 工程公司（美国），是油田增产计划的配套项目，工程包括 22 条集输管道和 1 条外输管道，线路总长 110.2 千米，设 2 座阀室、1 条 HDD 河流穿越及配套工程等。合同整体工期为 21 个月。

5. 阿曼拉斯玛卡兹原油储罐项目竣工

2021 年，由中国石油管道局工程有限公司（CPP）总承包的阿曼拉斯玛卡兹原油储罐项目竣工。该项目包括：陆上 16 台储罐及配套设施，海上 2 条 7.5 千米、1066.8 毫米的海底管线。

6. 沙特阿拉伯重油 EPC 管道工程通过验收

2021 年 12 月 29 日，由中国石油管道局工程有限公司（CPP）承建的沙特阿拉伯重油 EPC 管道工程项目正式通过阿美石油公司验收。

该管道起于沙特祖埃玛罐区，延伸到沙特阿拉伯西东管线泵站，线路全长 164 千米，主要工程量包括 1219.2 毫米主管线、5 座阀室及附属工程。项目建成后，将并进沙特阿拉伯东气西输管廊带，是打通沙特阿拉伯境内重油输送通道，实现东西海岸港口互联互通的关键性工程。

7. 伊拉克哈法亚天然气处理厂（GPP）全面推进

该项目位于伊拉克哈法亚油田东侧，主要功能为收集及处理哈法亚油田三个中心处理站（CPF）的伴生气及凝液，是伊拉克石油部重点项目，项目设计年产能为 30 亿立方米。主要装置包括气体收集、硫黄回收、尾气处理等装置，以及辅助和公用系统等。项目合同模式为 EPCCOM，由中国石油工程建设有限公司（CPECC）总承包，EPC 建设工期为 30 个月，项目总投资 10.7 亿美元。

8. 中标巴格德雷合同区西部气田 EPCC 项目

2021 年 6 月 9 日，土库曼斯坦巴格德雷合同区 B 区西部气田地面工程

EPCC 项目正式签约。该工程由中国石油工程建设有限公司（CPECC）总承包。工程包括基什图凡、西基什图凡、加登、北加登、伊利吉克、东伊利吉克等 6 个气田的单井站、相关采气管线、集气站、集气干线、净化气外输管道和改扩建以及生活营地、水源站、通信光缆、消气防等配套设施，设计产能 18.15 亿米^3/年。

9. 阿联酋巴布油田 BCDS 中心处理站全面投产

2021 年 6 月底，由中国石油工程建设有限公司（CPECC）总承包的阿联酋巴布油田 BCDS 中心处理站全面投产。BCDS 新建一列 17.6 万桶/日增产处理能力的装置及配套新建设施，该装置投产后可将油田各分处理站均经该中心处理站进行原油加工，为油田产量从 140 万桶/日提高到 180 万桶/日打下了坚实的基础。

10. 伊拉克格拉芙项目机械完工

2021 年 12 月，由中国石油工程建设有限公司（CPECC）总承包的伊拉克格拉芙项目机械完工。该项目主要包括新建 3 列原油处理设施的设计、采购、施工及试运。项目投产后，可使原设施的原油处理能力从 10 万桶/日提高到 23 万桶/日。

11. 伊拉克脱气站扩建项目启动

2021 年 8 月，由中国石油工程建设有限公司（CPECC）总承包的伊拉克祖拜尔油田米什瑞夫脱气站扩建项目启动。该项目合同模式为 EPCC，工期 44 个月。工作范围主要包括原油处理设施、水处理列、注水泵站、储罐、火炬和公用工程等。项目建成后，祖拜尔油田产能将由 50 万桶/日提升至 70 万桶/日。

12. 中标泰国国家石油公司第七天然气处理厂工程

2021 年 9 月，中国石油管道局工程有限公司（CPP）和中国石油工程建设有限公司（CPECC）组成的联合体，收到中标泰国国家石油公司第七天然气处理厂总承包项目的授标函，工期 39 个月（含质保期 12 个月）。泰国第七天然气处理厂项目建成后，将替代已在役运行逾 30 年的泰国第一天然气处理厂。

13. 巴生港英达岛 GPS 项目 LPG 罐区项目完工

2021 年 2 月，由中国寰球工程有限公司（HQC）总承包马来西亚巴生港英达岛 GPS 项目 LPG 罐区项目完工。包括 2 台 LPG 低温储罐、单台库容 6 万立方米及配套工程等。

14. 阿穆尔天然气处理厂项目第一列生产线投产

2021 年 6 月 9 日，由中国石油工程建设有限公司（CPECC）参与建设的俄罗斯阿穆尔天然气处理厂（AGPP）项目第一列生产线投产庆典仪式在俄罗斯自由城项目现场举行。

AGPP 项目是俄罗斯远东地区最大的基础设施项目之一，也是中俄东线的源头工程，设计年加工天然气 420 亿立方米，生产商品氦 1 万吨。该项目位于俄罗斯远东区南部与中国交界的阿穆尔州自由城，建设周期 8 年，分 5 期建设。项目全面建成后，将成为世界最大的天然气处理厂之一。此次投产的第一列生产线，年产商品气为 70 亿立方米。

15. 俄罗斯40万吨/年聚丙烯项目举行开工会

2021 年 11 月 23 日，中国寰球工程有限公司（HQC）北京公司承接的俄罗斯 NKNK 公司 40 万吨/年聚丙烯项目开工会通过视频形式在寰球公司办公园区、中国机械设备工程股份有限公司（CMEC）办公园区和俄罗斯下卡姆斯克市同步顺利召开。会议由项目经理王钊主持，寰球北京公司聚烯烃首席专家刘灿刚、设计经理吴伟、生产与项目管理部相关人员及各专业负责人参加会议。俄罗斯 NKNK40 万吨/年聚丙烯项目是俄罗斯 NKNK 公司通过中国融资计划在俄罗斯鞑靼斯坦共和国下卡姆斯克市建设的大型聚丙烯装置，用来满足俄罗斯及远东地区化工产品需求。项目主要建设内容包括 40 万吨/年聚丙烯装置及配套公用工程及辅助设施。

三　行业发展特点分析

1. 境内重点建设项目以大工程为主

2021 年，境内重点建设项目投资规模大，包括竣工投产的“兰州石化长庆乙烷制乙烯、塔里木60万吨/年乙烷制乙烯工程”，正在实施的“中俄东线天然气管道南段工程、广东石化炼化一体化建设项目”，以及正式启动的“西气东输三线中段（中卫—吉安）工程”和大型LNG接收站工程等，投资80亿~650亿元人民币。

2. 境外工程经受住了考验

在全球新冠肺炎疫情跌宕反复、地域政治经济环境复杂的背景下，石油工程建设企业经受住了考验，采取各种保护措施，保证了境外工程的实施，赢得了境外营业收入与2020年基本持平的业绩。同时，在境外市场开发上，实施“1+N”模式，优势互补、合作共赢，开发境外工程建设市场。

3. 继续全面推进“六化”管理模式

在全行业继续全面推进“标准化设计、规模化采购、工厂化预制、模块化建设、信息化管理、数字化交付”的“六化”项目管理模式。优化组织模式和实施方案，科学资源配置，强化过程管控，以项目交付物为目标，在设计、采购和施工各环节应用数字化智能化手段，实现项目闭环管理，推动工程建设向现代集约、精益管控转变，对优化项目建设模式、提升项目管理水平，起到了重要的推动作用。

4. 油气储运工程建设技术含量高

已竣工投产的中俄东线天然气管道北段、中段工程，以及正在实施的南段工程，是迄今为止世界上口径最大的天然气管道工程。其体现了1422毫米X80管线钢管应用技术、大口径管道设计技术和管道全自动焊工艺、AUT自动超声检测技术、机械化防腐补口技术、管道非开挖穿越综合技术（盾构、定向钻、顶管）的全面应用，并提升了项目的科技含量，工程建设居国内领先、国际领先水平。

正在建设的国内大型LNG接收站工程，9Ni钢储罐竖缝、横缝全自动焊技术，薄膜储罐建造技术，以及计划建造的27万立方米LNG储罐，是迄今为止我国技术含量最高的LNG储罐建造技术，居国内领先水平。

已经建成投产的2个乙烷制乙烯项目是国内首个采用自有技术的气相裂解生产乙烯工程，是国家发展和改革委员会、工业和信息化部确立的国家乙烷裂解制乙烯示范工程。

5. 在新能源、新材料工程市场开发上，进行了探索与实践

中国石油工程建设有限公司、中国石油管道局工程有限公司、中国寰球工程有限公司等大型工程建设公司承揽了玉门油田200兆瓦光伏发电、输氢管道和天然气掺氢降碳示范工程中试、独山子石化溶聚丁苯橡胶生产线、乌石化热电厂CCUS等一批建设项目，在新能源、新材料工程市场开发上进行了探索与实践。

四 行业发展中存在的主要问题

2021年，石油工程建设行业经受住了严峻的考验，但在行业发展中依然存在以下问题。

第一，中国石油集团工程股份有限公司上市部分主营收入、营业收入利润率保持稳定。所属中国石油工程建设有限公司、中国石油管道局工程有限公司、中国寰球工程有限公司等企业，市场开拓力度大，抗风险能力较强，面向境内外、行业内外两大市场，在困难之年实现了盈利经营。但部分施工单位受诸多外部因素影响，加之企业人数多、包袱重，在困难之年经营更加困难，亏损经营。

第二，中美关系变化对国际形势、经济全球化产生了深远影响，受全球新冠肺炎疫情蔓延、地域局势动荡、产业结构调整等因素影响，石油工程建设行业境外工程面临前所未有的挑战，境外市场安全风险日益严峻，承担工程的经营风险进一步加大。

第三，石油工程建设市场竞争激烈，工程“低价中标”已成常态，工程项目盈利水平低，对工程建设施工企业更新设备、持续稳定发展造成不利的影响。

第四，石油工程建设施工单位作业层老化更显突出，员工收入与地方企

业相比没有优势，长期野外作业，导致青年员工，特别是关键工种员工招工困难，这是制约石油工程建设行业发展的最主要因素。

五 促进行业发展的对策和建议

石油工程建设行业要实现持续稳定的发展，要在优化结构、补齐短板上下功夫，适应市场需求。

第一，石油工程建设企业依然要以市场为导向，全力以赴开拓境内外市场，以大型工程建设企业为引领，延伸原有工程市场，优化经营结构，创新经营模式，将主营业务做强，为企业生存与发展奠定基础。

第二，在拓展市场的前提下，加大企业内部经营结构、资源结构的调整力度，采取有效的措施帮助亏损施工企业扭亏为盈。石油建设工程大多为EPC总承包项目，设计是先导，采办是支持，施工是结果，强有力的施工力量对项目建设、企业经营至关重要。

第三，以科技创新推动发展，加大新技术、新工艺、新设备、新材料在项目应用的力度，以科技创新占领市场，以科技创新保障质量，以科技创新提高工作效率。深化项目全生命周期精益管理，适应工程建设市场的激烈竞争，实现企业和项目经济效益的最大化。

第四，设计、施工企业在抓好主营业务的同时，要加快清洁替代、绿色转型、多能融合的布局和技术储备与应用。

一是在全产业链CCUS项目建设上下功夫，依托行业主营业务，实现二氧化碳捕集、驱油与封存一体化应用，把二氧化碳封在地下，把油驱出来；发展CCUS对我国具有重要战略意义，符合我国“十四五”推进“双碳”目标的要求。

二是设计单位要发挥龙头作用，在炼化企业氢气提纯、输氢管道和天然气掺氢降碳工程中，真正实现工业化应用。以技术含量高、前景广阔赢得市场，增加新的效益增长点。

三是完善企业“一专多元”业务布局，在环境工程、新能源、新材料及非油气工程业务方面，加大研发和市场开发力度，使之成为企业新的经济和效益增长点。

第五，加大政策扶持力度，多举措解决工程施工企业作业队伍老化，关键技术工种招工难、留人难的发展瓶颈问题。

一是应培养和造就精干的、高水平的关键工种青年作业队伍。行业主管部门要给予施工单位相应的政策支持。

二是施工企业应联合相关有资质、有能力的劳务公司，组成战略联盟。根据行业工程建设需求对关键工种进行再培训上岗，使之成为企业项目实施的重要力量。

三是施工企业与高职院校开展合作，有计划、有目标招收毕业生；毕业生毕业后经过企业再培训，成为企业项目建设的新生力量。

四是提高项目建设自动化、机械化的技术水平；最大限度进行工厂化预制，减少现场模块化组装量，最大限度实现现场自动化、机械化施工，既可以保证工程质量，也可以大幅度减少用工量。

六　2022年行业发展趋势展望

2022 年石油工程建设行业总体发展趋势向好，机遇与挑战并存。

国内工程：中俄东线天然气管道南段工程，广东石化炼化一体化储油库、外输管道等配套工程，西气东输三线中段工程，大型 LNG 接收站项目，各油气田重点产能建设工程，广西石化乙烯及芳烃工程，吉林石化转型升级项目，塔里木乙烯二期工程，以及石油系统外输气管道、LNG 接收站扩建、化工建设项目等，为石油工程建设企业带来了新的市场机遇。

境外工程：各大石油工程建设公司正在执行的境外工程，以及 2021 年新签约的油田建设工程、管道工程、储罐工程、炼油化工项目等，已经全面开工建设。尽管不确定因素依然较多，但石油工程建设企业一定会克服重重困难，把握机遇，执行好项目，赢得良好的信誉和效益。

2022 年，石油工程建设行业将继续不忘初心、牢记使命，为保证国家能源设施的本质安全、响应国家“一带一路”倡议，贡献石油工程建设者应有的力量。苦干实干、勇毅前行，努力开创高质量转型发展的新局面，以优异成绩迎接党的二十大胜利召开！

参考文献

尚润涛主编《工程建设蓝皮书：中国工程建设行业发展报告（2020）》，社会科学文献出版社，2020。

《西气东输三线中段工程开工》，《北京日报》2021 年 9 月 24 日，第 7 版。

B.8
中国化工建设行业发展报告（2022）*

中国化工施工企业协会

摘　要： 2021年，中国化工建设行业全面贯彻落实党中央一系列方针政策，紧紧围绕我国化工建设行业绿色低碳高质量发展的要求，审时度势、攻坚克难，持续推进科技进步、结构调整，实现观念创新、管理创新、体制机制创新。不断提升化工建设企业在国内外工程建设市场的整体竞争力和影响力，为推进我国由石油化学工业大国向强国跨越做出了贡献。本报告回顾了化工建设行业发展基本情况，总结了行业发展中具有“十四五”发展规划战略引领、“双循环”新发展格局效应明显、积极响应国家“双碳”发展战略、科技创新推进化工项目工业化建造、形成化工建设质量提升工作新格局等特点。指出了发展中存在国际市场开拓受阻、国外工程停工损失严重、原材料和物流价格上涨、人工成本增加等不利因素。提出了进一步坚定疫情防控与复工复产的信心、进一步加强风险防控能力、进一步加大工程项目结算和工程款清欠力度、进一步提升企业的应变能力等发展建议。

关键词： 科技创新　绿色低碳　化工建设行业

* 本报告数据均来自国家统计局和中国化工施工企业协会。

一　行业发展基本情况

2021 年是中国共产党建党 100 周年；是我国全面建成小康社会、实现第一个百年奋斗目标之后，乘势而上开启建设社会主义现代化国家新征程，向第二个百年奋斗目标迈进的一年；是国家“十四五”开局之年；是仍然面临新冠肺炎疫情带来的严重影响以及世界政治经济环境复杂多变的一年。化工建设行业落实新发展理念，沉着应对，踔厉奋发，各项事业成绩斐然。

截止到 2021 年底，化工建设企业完成产值 2026.14 亿元，同比增长 19.9%；新签合同额 4206.05 亿元，同比增长 13.8%；企业实现利润总额 94.38 亿元，同比增长 43%；产值利润率 4.6%，同比增长 0.7 个百分点。

以上数据显示，完成产值、新签合同额和实现利润均有两位数的增长率，均高于 GDP 的增长率。这不仅是由于行业的景气度上升，化工建设市场的潜在发展动力增强，也是由于化工建设行业通过科技创新、管理创新和积极转型，取得了积极成效。

二　行业创新发展特点分析

（一）“十四五”发展规划战略引领

党的十九届五中全会为我国“十四五”规划和 2035 年发展远景绘制了宏伟蓝图。化工建设行业以习近平新时代中国特色社会主义思想为指导，结合国家的总体发展战略、目标，以及化工建设的市场走势、特点，以《化工建设行业“十四五”发展规划（2021—2025 年）》为蓝图，为我国化工建设行业和企业“十四五”期间高质量持续健康发展制定了明确的目标和方向。

（二）“双循环”新发展格局效应明显

为全面贯彻落实以习近平同志为核心的党中央提出的“加快形成以国

内大循环为主体、国内国际双循环相互促进的新发展格局理论”，化工建设行业充分认识和理解构建“双循环”新发展格局的必要性和重要性；将构建化工建设“双循环”新发展格局与制定落实“十四五”发展规划有机结合；做到将构建“双循环”新发展格局与高质量发展相结合，与“六保”“六稳”相结合，与“扬长项、补短板”相结合。在国际市场经营环境严重恶化的状态下，积极抓住以国内循环为主体新格局的契机，加大国内市场开发力度，提质增量。对化工建设行业的持续稳定发展起到了重要作用。

（三）积极响应国家“双碳”发展战略

实现碳达峰碳中和是以习近平同志为核心的党中央统筹国内国际两个大局做出的重大战略决策。化工建设行业为全面贯彻落实《中共中央 国务院关于完整准确全面贯彻新发展理念做好碳达峰碳中和工作的意见》《国务院关于加快建立健全绿色低碳循环发展经济体系的指导意见》《关于印发〈绿色施工导则〉的通知》《绿色建造技术导则（试行）》要求，积极推进化工工程建设，绿色施工，达到保护环境、节约能源、有效利用资源、人与自然和谐发展的目的，把加强科技创新作为最紧迫的任务，加快关键核心技术攻关，开展颠覆性技术创新，促进化工产业高端化、多元化、低碳化发展；积极探索化工建设工程实现“双碳”目标的规划设计、工艺路线，以及绿色建造新技术的研发应用；巩固和深化化工“三废”处理科技创新成果及经验；正确处理碳达峰碳中和与产业发展的关系，促进能源绿色低碳发展，提升化工工程绿色建造水平；大力开发和推进 CCUS 新技术的研发、应用与推广，通过二氧化碳的捕捉、碳储存、碳分离、碳运输和再利用技术，实现化工及能源产业的近零排放；建立完善化工建设绿色设计、绿色施工评价标准和推介体系。

（四）科技创新推进化工项目工业化建造

为推动化工建设行业以“工业化+数字化”的高质量发展，提升化工建设行业科技创新水平和国际化竞争优势，化工建设行业认真贯彻落实《住房和城乡建设部等部门关于推动智能建造与建筑工业化协同发展的指导意见》《住房和城乡建设部等部门关于加快新型建筑工业化发展的若干意见》精神，适应新时代化工建设工业化发展的新要求、新目标，依靠技术优势提高企业核心竞争力和在市场竞争中的主动性。这已经成为企业尤其是大型企业的共识。

化工建设行业的“龙头”企业中国化学工程集团有限公司全面推进科技自立自强，坚持“创新技术+特色实业”一体化发展，完善研发平台体系，在化工科技创新方面加大投入，2021 年研发投入达到 38.02 亿元。成立碳中和科学技术研究院、高端智能装备研究院，聚力优势产业强链、补链、延链，己二腈、硅基纳米气凝胶、PBAT 可降解塑料、相变材料等一批实业项目顺利实施；在研发和掌握己内酰胺、二苯基甲烷二异氰酸酯（MDI）、甲苯二异氰酸酯（TDI）、多晶硅、有机硅等化工新材料、新能源领域核心技术取得重大突破。企业核心竞争力显著提高。

化工建设企业积极营造信息共享、协作的市场环境，大力推进信息技术与工程建造的深度融合与智能建造。惠生工程（中国）有限公司的石油化工工程模块化建造研究，在浙石化裂解炉项目模块化施工获得 7 项实用新型专利，同时获得“中国制造 2025 首台（套）重大技术装备奖励补贴”2000 万元。为化工建设集成化—标准化—工厂化起到了良好示范作用。

中国五环工程有限公司在神华宁煤 400 万吨/年煤间接液化项目中，聚焦大型煤间接液化“卡脖子”关键核心技术，在吸收消化国外先进技术的基础上进行攻关，开发出大型粉煤加压气化成套工艺技术及 3000 吨级单烧嘴顶置干粉煤气化炉，首创了湍流强度大、反应程度高的闭式循环膜式水冷壁反应室，从根本上解决了制约我国煤化工产业发展的技术难题。整体技术水平居于世界领先地位。五环公司参与攻关完成的“400 万吨/年煤间接液化成套技术创新开发及产业化”项目荣获“2020 年度国家科学技术进步奖一等奖”，同时进一步确立五环公司在煤化工建设领域的核心地位。

近年来，化工建设企业围绕高质量发展，以着力推进建筑工业化为载体，以数字化、智能化升级为动力，重点推进建筑信息模型、三维数字化设计与交付、人工智能等技术的集成应用。山西省安装集团股份有限公司等以前瞻性的目光进行技术投入，成立“BIM”技术中心，开发应用“BIM”技术，在拓展市场方面取得较好效果。陕西化建工程有限责任公司的“BIM技术在石油化工装置安装的应用”课题在甲醇合成单元建造中实施，助力化工建设缩短工期、降低成本。

科技创新为化工建造能力、质量、效益提升带来虹吸效应。随着化工建设管道自动焊、大型储罐工厂化预制、钢结构管廊模块化、大型动设备撬块化安装、上千吨设备一体化吊装等新技术、新材料、新工艺、新装备的运用逐步扩大，投资上千亿的项目不到五年时间就能建成投产，完成年产值上百亿的化工建设企业劳动生产率达到 200 万元/（人·年）。这充分体现出科技创新的作用和魅力。

（五）形成化工建设质量提升工作新格局

高质量发展已经上升到国家发展战略的高度，为化工建设质量工作新格局的构建创造了前所未有的宏观大环境。对于我们化工行业的建设者而言，高质量建设化工工程项目，规范项目基本建设程序，坚持科学论证、科学决策，加强重大工程的投资咨询、建设监理、设备监理，保障工程项目投资效益和重大设备质量，全面落实工程参建各方主体质量责任，强化建设单位首要责任和勘察、设计、施工单位主体责任，加快推进工程质量管理标准化，提高工程项目管理水平，确保重大工程建设质量和运行管理质量，建设百年优质精品工程，是我们构建质量工作新格局的基础。化工建设企业不断加深对高质量发展的理性认识，形成质量提升、工程创优的自觉；深入开展群众性的质量管理活动，不间断地强化全员质量意识；加强对工程技术和质量管理专业人员队伍的培养和建设，特别是保持项目现场质量管理人员的专业配备及全覆盖，并做到梯次配备及相对稳定；注重对化工建设产业工人特别是分包方的外聘及农民工的专业技术培训、质量规范、标准的辅导和学习，并更加注重对其工程质量的严格监管；正确处理质量提升、工程创优、绿色施工和强化安全管理之间的关系，充分认识绿色施工和安全管理对工程质量提升、创优的积极促进作用；进一步重视工程创优的前期策划和相关资源的匹配，严格按创优计划进行工程质量过程控制，确保项目建设一次成优；妥善确定工程创优目标，高标准、严要求提升项目管理水平和工程质量。2021年，由中国化学工程股份有限公司总承包的“伊犁新天年产20亿立方煤制天然气项目”荣获国家优质工程金奖，由中化二建、中化三建、南京南化建等参与建设的“恒逸（文莱）PMB石油化工项目”获得境外国家优质工程金奖，中化二建集团承建的“四川永祥新能源2.5万吨高纯晶硅项目”荣获国家优质工程奖，由六化建施工总承包的“乌兹别克斯坦纳沃伊PVC、烧碱、甲醇生产综合体项目”获得境外工程鲁班奖。这些境内外国家优质工程荣誉的取得，对化工建设行业提升工程质量、创建国家优质工程、建立化工建设质量工作格局起到了重要示范作用。

三　行业发展中存在的主要问题

2021年面对全球新冠肺炎疫情长期持续严重影响，虽然国家和企业采取了一系列积极有效的防控措施，但对企业经营管理、效率、效益的负面冲击越来越凸显。如国际市场开拓受阻、国外工程停工损失严重、疫情防控成本加大而得不到相应补偿、原材料和物流价格上涨、现场人员流动受限导致人工成本增加等；另外，工程应收账款持续上升、流动资金短缺等一系列问题导致企业抗风险能力下降。

四　促进行业发展的对策和建议

（一）对策

第一，进一步坚定疫情防控与复工复产的信心，巩固总结和推广疫情环境下工程建设管理的措施和经验。

第二，进一步加强风险防控能力，完善各项风险管控制度，做到量力而为，保生存、促发展。

第三，进一步加大工程项目结算和工程款清欠力度，防范企业现金流不足的风险。

第四，进一步强化安全教育，加强安全管理，防范群体事件的发生。

第五，进一步围绕科技创新调整发展思路和战略，不断提升企业对国际国内复杂多变的政治经济环境的应变能力。

（二）建议

第一，国家应进一步给予工程建设企业扶持，建议出台对疫情特殊时期的税收优惠政策，适当冲抵企业一部分防疫抗疫成本。

第二，加大对工程建设项目特别是重大建设项目的金融支持，确保项目建设资金及时到位。

第三，对国际化程度比较高的化工建设企业给予法律援助，着力解决因受疫情影响而形成的合同违约的大额索赔问题。

五　2022年行业发展趋势展望

2022 年，尽管国际政治经济形势和新冠肺炎疫情仍然存在诸多不确定因素，但我国的政治社会稳定、经济发展韧性强的优势十分明显。加快形成以国内大循环为主体、国内国际双循环相互促进的新发展格局已成为广泛共识，国家为应对全球经济一体化发展出现的逆流做出了前瞻性布局、国家“双碳”发展等战略，为化工建设行业提供了新的发展机遇。从宏观层面来看，2022 年化工建设行业发展形势仍然向好。

2022 年，国内各地一大批大中型石油化工项目相继开工，国内化工建设市场出现前所未有的良好局面。从 2021 年化工建设企业已经新签在手的合同额来看，其足以实现企业近两年的完成产值规模需求。所以，2022 年化工建设行业基本能保持平稳增长的发展态势。

参考文献

《化工建设行业“十四五”发展规划（摘要）》，《石油化工建设》2021 年第 2 期。

《国家新政：开展质量提升行动　提升建设工程质量水平》，《建设科技》2017 年第 18 期。

B.9
中国城市轨道交通行业发展报告（2022）*

中国城市轨道交通协会**

摘　要： 2021年，我国城市轨道交通行业依然保持稳健发展态势，全年共完成建设投资5859.8亿元，在建线路总长6096.4公里。截至2021年底，中国共有50个城市开通城市轨道交通运营线路283条（段），运营线路总里程9206.8公里。本报告阐述了行业发展基本情况，总结出发展中具有市域快轨占比继续增加、全年完成建设投资小幅回落、可研批复总投资额同比持平等方面特点。结合实际，针对常态化防疫防控及相关技术、智慧地铁及全自动运行、建造新技术、绿色节能技术等方面提出行业发展建议。对企业发展提出加快城市轨道交通工程建设数字化转型、推进发展城市轨道交通土建工程装配式技术、推广应用建筑信息模型（BIM）技术等方面建议。认为行业将朝着智慧城轨建设永远在路上、助力城市群都市圈建设、“走出去”迈出新步伐、不断推进高质量发展等方向发展。

关键词： 城市轨道交通　工程建设　高质量发展

---

* 本报告数据均来自国家统计局。

** 课题组成员：赵一新，中国城市轨道交通协会工程建设专业委员会副主任兼秘书长，主要研究方向为城市交通规划、城市轨道交通标准；侯秀芬，中国城市轨道交通协会统计部副主任，主要研究方向为城轨数据统计与分析；贺旭，中国城市轨道交通协会工程建设专业委员会秘书，主要研究方向为城市轨道交通标准与数据分析。执笔人：贺旭。

一　总体情况

“十四五”期间我国城市轨道交通（以下简称“城轨交通”）已由重建设转变为建设、运营并重。城轨交通新开通运营线路里程在“十三五”期间呈持续上升态势，预计在“十四五”期间出现波动变化趋势，新开通运营线路规模在近年达到峰值后有所回落。

截至 2021 年底，中国共有 50 个城市开通城轨交通运营线路 283 条，运营线路总长度达 9206.8 公里。有 55 个城市在建线路总规模达 6096.4 公里，在建线路 253 条（段），有 29 个城市在建线路在 3 条及以上。从敷设方式来看，在 6096.4 公里的在建线路中，地下线 4971.7 公里，占比 81.55%；地面线 539.1 公里，占比 8.84%；高架线 585.6 公里，占比 9.61%。

2021 年全年共完成轨道交通建设投资 5859.8 亿元，在建项目的可研批复投资累计为 45553.5 亿元，在建线路规模与年度完成投资额同比均略有下降。

二　行业发展特点分析

（一）多种制式在建，市域快轨占比继续增加

2021 年全国城轨交通在建线路系统制式结构情况见图 1。在 6096.4 公里的在建线路中，地铁 5093.1 公里，占比 83.54%，同比增加 0.23 个百分点；轻轨 5.4 公里，占比 0.09%；跨座式单轨 46.8 公里，占比 0.77%；市域快轨 616.8 公里，占比 10.12%，同比增加 0.52 个百分点；有轨电车 333.2 公里，占比 5.47%，同比下降 0.87 个百分点；磁浮交通 1.2 公里，占比 0.02%。

国家打造“轨道上的都市圈”，推动“四网融合”以及几大都市圈、城市群多层级交通规划政策，助推了市域（郊）轨道交通系统的发展，市域

快轨系统制式在建规模的占比也在稳步上升。随着城市群、都市圈轨道交通规划的推进，市域快轨将出现一个较大的潜在发展空间。

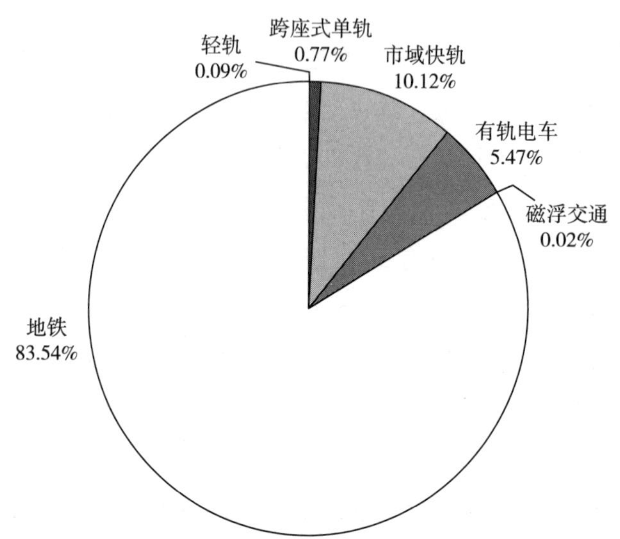

图 1　2021 年全国城轨交通在建线路系统制式结构情况

（二）全年完成建设投资小幅回落

据不完全统计（不含部分地方政府批复项目和个别数据填报不完整的项目资金情况），截至 2021 年底，中国内地轨道交通在建线路可研批复投资累计 45553.5 亿元，初设批复投资累计 38298.1 亿元。2021 年全年共完成建设投资 5859.8 亿元，同比下降 6.78%，年度完成投资额略有回落。当年完成建设投资额约占可研批复总投资额的 12.86%。2021 年城轨车辆购置 854 列（不完全统计），完成车辆购置投资 283.1 亿元，占年度完成建设投资总额的 4.83%。

（三）可研批复总投资额同比持平

截至 2021 年底，国家发展改革委共批复 44 个城市的城轨交通建设规划，呼和浩特、南宁、洛阳、芜湖 4 市获批的城轨交通建设规划项目已全部完成，其余 40 个城市的城轨交通建设规划在实施项目的可研批复总投资额合计为 41839.9 亿元。

从可研批复总投资规模来看，深圳、广州 2 市建设规划在实施项目的可研批复总投资额均超过 3000 亿元，2 市总投资额合计超 7000 亿元，占全国建设规划在实施项目可研批复总投资额的 16.91%；北京、上海、重庆、南京 4 市建设规划在实施项目的可研批复总投资额均在 2000 亿元以上，4 市总投资额合计超 9000 亿元，占全国建设规划在实施项目可研批复总投资额的 21.82%；天津、成都、杭州 3 市建设规划在实施项目的可研批复总投资额均超过 1500 亿元；青岛、合肥、武汉、郑州、西安、沈阳、福州、苏州、佛山 9 市建设规划在实施项目的可研批复总投资额均超过 1000 亿元；另有济南、长春、厦门、长沙、宁波、贵阳、乌鲁木齐 7 市建设规划在实施项目的可研批复总投资额均超过 500 亿元。

三　促进行业发展的对策与建议

（一）常态化防疫防控及相关技术

通过不懈努力，目前国内疫情防控形势总体向好，但形势依然严峻。为推进疫情防控和复工复产工作，须开展以下科技创新工作。

一是需要对如何真正防止病毒传播、保障乘车安全的措施标准进行科学论证。例如，满载率目前各地标准不一，上海提出满载率不高于 60%，北京提出满载率不超过 50%，广州提出在 40% 满载率的基础上进一步降低。所有措施标准应在科学的基础上整合统一。

二是需要开拓思路，引入防疫防控新技术、新方法，同时加速应急处置关键技术的研究和应用。例如，智能化主动体温监测和风险识别技术、自动化消毒及检测新技术和新装备，以及铁路、民航、汽车客运等跨部门信息交流平台等。特别是信息化技术在城市轨道交通应急管理中仍有很大的应用空间。建立科学、稳定、规范的信息化平台，可以快速应对不同场景下的管理

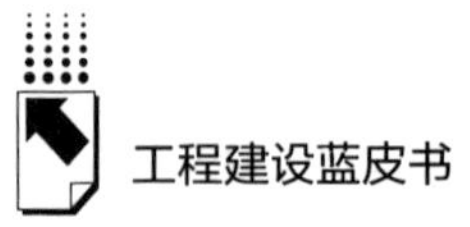

需要，例如防疫物资的管理和防疫宣传工作等。

三是需要加强从业人员知识技术培训，提高个人对防疫防控的认识，同时将最新的政策措施、运营计划、新设备使用方法等及时传达至个人，把防疫防控真正落实到城轨交通的第一线。

（二）智慧地铁及全自动运行

目前国内主要城市智慧地铁建设情况既有共同点又各具特色：各城市智慧地铁的建设均包括智能调度、智慧服务、智慧管理、智能运维，以及为线网生产服务的智能城轨云平台；然而实施的深度和广度各有不同，各城市结合自身发展特点和发展趋势制定了不同政策和计划，各云平台的资源服务范围也有差异。

根据我国城轨交通智慧地铁发展情况，建议进一步开展以下科研工作。

一是实现云平台的资源整合，重点收集线网各类数据信息，包括生产数据、运维数据、乘客数据、企业管理数据等；同时制定线网生产类全专业的数据存储和应用格式标准，为线网数据收集之后的大数据深度挖掘打好基础。

二是推广研究创新技术在新线路的试点应用以及推广应用，例如新一代无线通信技术（如公网 5G/NR-U/WIFI6 等）的发展；搭建超高带宽、超高可靠性、超低时延、超多用户、多网融合的无线连接网络；新型的生物或非生物识别技术，实现多元支付。

全自动运行方面，从 2020 年开始，国内全自动运行线路的建设进入了一个高峰。截至 2020 年 12 月底，中国内地已运营和正在建设的全自动运行城轨系统城市有北京、上海、深圳、广州、武汉、成都、郑州、太原等 26 个城市。随着成都 9 号线和上海 15 号、18 号线一次性采用国际最高自动化等级（GOA4）开通，验证了全自动运行城轨系统不仅在技术上已趋于成熟，且在规模工程应用、运营熟练程度等方面取得了实际突破。后续发展建议进一步研究以下科研内容。①当前全自动运行线路基于车地通信方式，建议进一步研究基于车车通信方式的新一代列控系统，以及主动式的列车障碍物探测技术、行车综合自动化系统等；②中低运量轨道交通全自动运行系统的应用和技术方案；③既有线信号系统整体更新改造中全自动运行系统的应用和技术方案；④四网融合方案中全自动运行技术的应用和技术方案；⑤全自动运行系统联调联试方案；⑥无人自动连挂与解编技术突破；⑦进一步研究全自动运行系统深度融入物联网平台，构建全面的智能运维和设备设施管理系统方案。

（三）建造新技术

目前装配式车站、预制桥梁桥墩、预制轨道板和大断面的盾构、大断面顶管等都是各地城轨交通建造技术创新发展的重要方向。

第一，装配式技术发展应充分借鉴各既有试点工程经验，因地制宜采取适合的装配式结构形式。对于内部结构、出入口通道、临时封堵板、内部隔墙等构件，可以发挥一体化设计施工优势，统一标准尺寸，采用预制拼装，提高施工效率。车辆基地可应用装配式结构，对标准段采用砼构件，对非标段采用钢混组合结构构件。桥梁可以应用预制桥墩，进一步提升桥梁的预制率和装配率。

由于装配式构件制作运输成本较高，装配式结构造价仍然比现浇结构高，因此应选择在可以充分发挥装配式结构免支模、效率高、对现场噪声污染影响小等优势的地方实施，扬长避短，有的放矢。

第二，大断面的盾构和顶管相关施工技术已渐渐广泛用于区间、市政隧道甚至车站，为不具备明挖施工条件的工程提供了更高效、更安全的选择，特别是在管线众多、周边环境复杂的市区内。

BIM 技术应用是工程数字化技术手段之一。在推广 BIM 技术应用过程中，应结合城轨交通工程数字化应用需求，各地业主对于 BIM 技术应用的需要，以及“十四五”发展规划中关于工程数字化建设的战略要求，制定 BIM 技术应用总体目标和分阶段工作目标和各阶段实现技术路线。让 BIM 技术应用快速落地，打造精品工程案例，以精品工程案例引导其他项目开展 BIM 技术应用，为行业走向工程数字化做铺垫。

根据目前行业 BIM 技术应用规划，建议进一步展开以下研究。

一是基于全生命周期多维 BIM 模型开展全专业协同设计，拓展施工和运维阶段数字化业务；

二是新建线路在全生命周期一体化协同设计平台的应用研究；

三是基于 BIM 的装配式设计和施工工法研究，将有力支撑装配式技术在城轨交通项目中推广。

（四）绿色节能技术

2020 年 10 月审议通过的《中共中央关于制定国民经济和社会发展第十四个五年规划和二○三五年远景目标的建议》指出，到 2035 年，我国需广泛形成绿色生产生活方式，碳排放达峰后稳中有降，生态环境根本好转，美丽中国建设目标基本实现。因此，“十四五”期间必须加快推动绿色低碳发展，降低碳排放强度，支持有条件的地方率先达到碳排放峰值。

细化到城轨交通方面，“十四五”期间，建议逐步全面落实绿色交通政策，推广应用节能环保先进技术，在桥梁、隧道等交通基础设施中全面推广节能灯具、智能通风控制等新技术、新设备。目标是初步建成布局科学、生态友好、清洁低碳、集约高效的绿色交通运输体系，通过地铁等公共交通的骨干作用，带动绿色城市公共交通和相关产业的发展。

四　对企业发展的建议

（一）加快城轨交通工程建设数字化转型

由于城轨交通工程建设的参与方众多、管理要素和生产要素庞杂、过程周期长，城轨交通工程建设正面临建造成本不断增加、行业从业人员快速老化、生产力水平低下和安全事故频发等问题。借鉴中国高端制造业的发展方向，运用数字技术实现精益制造成为行业转型升级的关键。而高质量发展要求必然驱使轨道交通建设由数量转向质量、由管理粗放式转向精细化、由经济效应转向绿色发展、由要素驱动转向数据驱动。

（二）推进发展城市轨道交通土建工程装配式技术

目前城轨交通结构多采用现场浇筑的方式，多数城轨交通在地表以下，受制于地下施工作业环境以及工人的责任心，浇筑完的混凝土结构面经常会出现蜂窝、麻面等情况，严重的还会出现烂根、空洞等情况，这是城轨交通的重大安全隐患。为此，可以借鉴房建的装配式技术对结构进行分解，提前在预制场把结构做好，然后运到现场进行组装，可以减少上述问题的产生，以提高城轨交通的质量。

（三）推广应用建筑信息模型（BIM）技术

城轨交通站后工程涉及的专业多、管线复杂，而在施工蓝图中往往只是一根线条就代表一种管线，没有考虑到空间的布置，这就导致施工过程中经常出现“差、错、漏、碰”的情况。为避免此类情况发生，建议在设计及施工前利用 BIM 技术对各专业管线进行建模，模拟出管线的位置并对管线进行整合，这样可以大大减少后期施工的工作量。

五　行业发展趋势展望

（一）扎实推进，智慧城轨建设永远在路上

进入新时代，城轨交通的发展出现了新的内涵和要求，全行业要与时俱进，主动创新，积极创新，善于创新。一是继续开展智慧城轨重点体系深化研究。不断夯实智慧城轨建设的理论和技术基础。久久为功，不断推动智慧城轨落地实施，促进全行业技术水平提升。挖掘优秀成果，适时宣传推广。二是推进示范工程建设。以示范工程为抓手，通过协助和推动开展示范工程项目建设，不断促进智慧城轨建设向深入发展。坚持既有和新建示范工程两手抓，两手硬。一手持之以恒抓既有示范工程建设，保障质量，取得实效；一手与时俱进抓新建示范工程，敏锐发掘新技术方向和优秀创新成果，引领

智慧城轨建设向更高水平发展。三是继续推进智慧城轨标准体系建设。围绕智慧城轨建设目标，依托协会团体标准修订工作机制，研究制定自主知识产权的技术标准体系、关键核心技术标准，以指导智慧城轨建设项目的有序高质量开展。主动对接国家主管部门和国际化标准组织，参与国际性标准制定，推动智慧城轨技术标准国际化。

（二）把握机遇，助力城市群都市圈建设

党中央明确将建设现代化都市圈作为“十四五”时期推进新型城镇化的重点之一。国家发展改革委出台了《关于培育发展现代化都市圈的指导意见》，对未来都市圈发展的目标和路径做出明确要求。近年来，国家相继颁布实施京津冀协同发展、粤港澳大湾区建设、长三角一体化发展和成渝地区双城经济圈建设等规划纲要，先后批复南京、福州、成都、长株潭、西安5个都市圈规划。2020年，国务院印发《关于推动都市圈市域（郊）铁路加快发展意见的通知》，支持重点城市群都市圈加快发展市域（郊）铁路。2021年，国家发展改革委批复《长江三角洲地区多层次轨道交通规划》和《成渝地区双城经济圈多层次轨道交通规划》。城市群都市圈的加快发展进一步拓宽了城轨交通的发展空间，为城轨交通发展创造了机遇。

城轨交通应立足需求，发挥自身特点，在管理和技术上不断适应新的发展要求，支撑好城市群都市圈一体化建设发展。一是理顺管理机制，促进相关地方政府间的协同配合，探索跨行政区线路的收支分享和分成机制，建立健全重大突发事件联防联控机制；二是统筹谋划、顶层设计，做好都市圈轨道交通总体规划、枢纽建设和配套一体化开发建设；三是大力开展技术创新，不断提高市域快轨的适应性，为城市群都市圈发展提供更成熟、更适宜、更实惠的轨道交通制式；四是不断推进立法工作，完善配套法律法规，解决好跨市域城轨交通运营和执法管理有关问题。

（三）厚积薄发，“走出去”迈出新步伐

我国轨道交通加快“走出去”步伐，具有突破和里程碑意义的项目先

后落地实施。一是越南首条城市轻轨项目正式开通。越南河内轻轨是越南第一条城市轻轨，由中国中铁六局以 EPC 总承包模式承建，2021 年 11 月正式移交并通车。二是中企在欧洲承建的首个地铁项目竣工通车。中国铁建承建的莫斯科地铁大环线（又称“第三换乘环线”）西南段项目正式通车。三是“一带一路”项目稳步推进。深铁集团多个“一带一路”项目取得突破。埃塞俄比亚亚的斯亚贝巴轻轨运营管理项目合同进入关闭和收尾，助力埃塞俄比亚跨入现代城轨交通新时代。

当今国际环境日趋复杂，新冠肺炎疫情影响广泛深远，经济全球化遭遇逆流。加快构建以国内大循环为主体、国内国际双循环相互促进的新发展格局，是当前和未来较长时期我国经济发展的战略方向。城轨交通国际市场，地缘政治影响力扩大，竞争加剧，合作需求升高。城轨交通行业业已在国内大循环中形成规模优势、技术优势、制度优势和后发优势，应积极研究新形势下城轨交通“走出去”的策略和路径，服务国家“一带一路”建设构想，以重点区域重点项目为突破口，积极“走出去”参与国际循环，加快形成国内大循环为主体、国内国际双循环相互促进的新发展格局。

（四）开拓创新，不断推进高质量发展

创新是引领城轨交通高质量发展的第一动力，是建设现代化城轨交通体系的战略支撑。2021 年城轨交通行业落实国家创新战略，各个城市在城轨领域涌现了一批创新成果，有力助推了城轨交通高质量发展。一是大连地铁五号线海底隧道工程，攻克“长、大、高、险”四大难题，建成世界首例海域岩溶地层大直径盾构隧道，获得国际隧道行业最高殊荣。二是深铁集团超大规模盾构隧道渣土低碳资源化利用项目，牢固树立和践行绿水青山就是金山银山的理念，不断对渣土处理技术进行研究，优化升级，实现对盾构渣土的资源化、减量化、无害化处理，实现变废为宝。三是众多城轨交通项目获得国家优质工程奖项，北京轨道交通新机场线一期工程、青岛市地铁 2 号线一期工程、成都轨道交通 18 号线工程、武汉市轨道交通 6 号线一期工程、广州市轨道交通 14 号线一期工程、深圳市城市轨道交通 9 号线工程等获得

国家优质工程奖金奖；重庆地铁 10 号线一期工程自主创新 15 项成果，具有国内、世界先进水平的创新技术 6 项，成为同时荣获鲁班奖和詹天佑奖两个大奖的轨道交通工程。四是宁波轨道交通信息安全项目，获全国国有企业数字化转型典型案例。五是城轨交通装备自主创新工作稳步推进，完成信号、牵引、制动、供电系统的自主化核心攻关清单目录，组织开展“基于国产化芯片和操作系统的安全计算机平台的研制”“城轨制动系统电磁阀、无油风源和铝基制动盘自主化研制项目”“MCC 地铁受电弓滑板的自主化研制”“BAS 系统自主 PLC 关键技术研究”“城市轨道交通无弧直流超高速断路器及保护关键技术研究”等 16 项核心技术攻关工作。举办“首届装备自主创新成果展示会”，共 14 项成果参展，涵盖整车、系统、部件、元器件及软件类产品。

要实现城轨交通高质量发展需要持之以恒抓创新。一是建立健全自主创新组织保障。发挥行业协会沟通协调作用，依托城轨交通创新网络平台，通过合作、联盟、合资等市场化运作机制，以资金为链条、资源为纽带，推动企业、科研机构、高校、公共服务平台等创新主体密切合作，推动创建充满活力、覆盖全行业的创新网络体系。二是确保核心装备自主安全可控。按照装备自主攻关清单，加强重点研发任务技术攻关，推动关键装备示范应用。制定自主装备推荐清单，推动自主装备批量应用。分批次组织自主可控程度评估，提出行业应用建议。三是夯实装备体系产业基础。协助政府各部门做好优化产业布局、规范市场秩序、保护知识产权等工作，鼓励支持优秀企业打造著名品牌，推动创建中国标准，加强认证能力建设，推动行业试验检测设施、试验线路、信息安全及工控安全检测平台等创新基础设施建设。

参考文献

中国城市轨道交通协会：《城市轨道交通 2021 年度统计和分析报告》。

B.10

中国信息通信行业发展报告（2022）*

中国通信企业协会通信工程建设分会**

摘　要： 随着社会不断进步和发展，信息通信成为人们工作和生活离不开的基础设施。回顾2021年，信息通信行业深刻感受到外部环境持续变化，并积极做出应对，已经形成了丰富创新探索成果。本报告回顾了全年行业发展的基本情况，总结出基础通信全过程网络特点逐步呈现、移动网络技术发展迅猛、为国民经济发展提供重要基础支撑、基础通信网络为其他行业发展提供了基础、信息通信行业企业为国家提供了大量就业岗位、信息通信工程建设的高技术性可带动我国建设行业的技术进步等发展特点。指出了信息通信行业工程建设中存在的问题，如基础电信运营商增速减缓、与国外前列运营商存在差距、工程服务投标的折扣率不断走低等。提出积极践行“双碳”发展战略、进一步优化市场秩序、加强企业信用体系建设、进一步发挥行业协会作用等发展建议。

关键词： 信息通信行业　通信工程　高质量发展

---

* 本报告数据均来自国家统计局和中国通信企业协会通信工程建设分会。

** 课题组成员：郝智荣，中国通信企业协会通信工程建设分会副会长兼秘书长，高级工程师，主要研究方向为通信工程建设领域的管理及市场分析；甘红，中国通信企业协会通信工程建设分会市场部主任兼监理委员会秘书长，高级经济师，主要研究方向为通信工程市场建设及通信工程监理领域；李鲁湘，教授级高级工程师，中国通讯学会第六届组织工作委员会委员，主要研究方向为通信网理论、通信网络规划与优化。执笔人：李鲁湘。

一　信息通信行业基本情况

国家信息通信运营业主要包含公用通信网企业、互联网企业和专用通信网运营业三大方面，本报告所涉及的信息通信建设情况指中国三大基础电信运营商——中国电信集团有限公司（以下简称“中国电信”）、中国移动通信集团有限公司（以下简称“中国移动”）、中国联合网络通信集团有限公司（以下简称“中国联通”），以及中国铁塔股份有限公司、中国广播电视网络有限公司共 5 家公司 2021 年的基本建设情况。

信息通信工程建设企业，指拥有住建部颁发的相关工程建设资质的施工企业。截至 2021 年底，338 家企业拥有通信工程施工总承包一级资质，比上年增加 31 家。

2021 年通信工程施工总承包企业增长数量较多，与 2020 年相比，一级资质企业增加 31 家；二级资质企业数量略有下降；三级资质企业增加 679 家，说明该资质的社会热度依然很高（见表 1）。

表 1　2020 年、2021 年通信工程施工总承包资质及增加数量情况

单位：家

	2020 年	2021 年	增加数量
通信工程施工总承包一级	307	338	31
通信工程施工总承包二级	1084	1067	-17
通信工程施工总承包三级	3769	4448	679

二　2021年信息通信建设行业经营情况

2009~2021 年中国信息通信市场处于一个新的发展时期，中国开启了 3G、4G 和 5G 移动通信网络的建设。在 12 年的时间中，移动网络技术跨越三代，目前中国的 5G 应用已经全面开展，5G 终端用户数量占全球用户的 80%，5G

基站数量占全球的60%；固定电话技术由传统的TDM交换形态进入全IP时代，实现了ICT的融合；固定宽带从XDSL模式跨入FTTX时代，光纤入户率处于世界前列，在这期间中国的信息通信用户规模也步入了世界前列。

2009~2014年中国的电信业务总量增长率在10%至18%之间浮动，2015年以后增长速度几乎年年翻番，这主要是宽带数据（包括移动和固定）的快速增长。2009年资本性开支的提高源于3G网络的建设；2012~2013年资本性支出快速增长主要源于网络的发展转型；2015年和2016年是4G建设的高峰期，投资又高速增长，2020年起由于5G网络的建设，资本支出再次开始快速增长（见表2）。巨大的网络建设投资，为信息通信建设的服务企业带来了广阔的市场发展空间。

表2　2009~2021年我国信息通信运营领域收入和建设的整体发展情况

单位：亿元，%

年份	电信业务总量		电信业务总量增长率	业务收入	利润	资本性开支
2009	25680.6	2005年不变价	14.44	8424.30	1379.97	3724.90
2010	30955.0	—	17.40	8988.00	1392.50	3197.00
2011	11772.0	2010年不变价	15.20	9880.00	1499.34	3086.00
2012	12984.6	—	10.70	10762.90	1512.55	3614.00
2013	13954.0	—	15.40	11689.10	1497.00	3754.70
2014	18149.5	—	15.50	11541.10	1389.50	3993.00
2015	23141.7	2010年经调整不变价	28.70	11251.40	1389.40	4539.10
2016	35948.0	2010年经调整不变价	33.90	11893.00	1367.60	4800.00
2017	27557.0	2015年不变价	76.40	12620.00	1347.50	4000.36
2018	65556.0	—	137.90	13010.00	1492.10	3503.00
2019	17400.0	—	18.50	13115.00	1431.60	3668.00
2020	15000.0	2019年不变价	20.60	13564.00	1342.00	4072.00
2021	17000.0	—	27.80	14700.00	1485.00	4058.00

注：2016年以后的资本支出为三个基础电信运营商与中国铁塔公司资本支出之和。

三　信息通信行业发展特点

（一）基础通信全过程网络特点逐步呈现

“全过程网络”是指通过终端设备、传输链路、交换设备、相应的信令系统、通信协议和运营支持系统的共同协作，从发起端到达接收端的业务。信息通信企业的联合运营、全过程、全网络合作是实现通信的基本条件。因此，基础信息通信网络建设规模巨大，技术标准要求统一，一次性全覆盖要求高。信息通信网络建设初期的建设投资较大。

（二）移动网络技术发展迅猛

今天，随着移动通信技术的飞速发展，新一代移动通信技术的主要发展方向已经从 4G 转变为 5G。5G 技术的发展可以有效改善用户的网络体验和满足物联网的应用需求。2019 年 6 月 6 日工信部颁发 5G 牌照后，三大基础电信运营商与中国铁塔和中国广电开始了 5G 网络建设，实施的 5G 项目不断增加。

2021 年，我国新增 5G 基站达到 70 万个，5G 基站数量达到 142.5 万个，5G 基站总量占全球 60%以上。5G 网络已完成所有地级市、98%以上县城和 80%以上乡镇的覆盖。我国 5G 基础网络建设进程不断推进，为助力数字经济稳健发展注入新动能。目前，全国各类 5G 应用不断上线，“5G+工业互联网”在建项目已经超过 2000 个。

（三）为国民经济发展提供重要基础支撑

2021 年 12 月 12 日国务院发布的《“十四五”数字经济发展规划》明确指出，数字经济是继农业经济和工业经济之后的主要经济形式。它是以数据资源为要素，以现代信息网络为主要载体，以信息通信技术融合和全要素数字化改造为重要驱动力，促进形成更加统一的公平与效率的新经济形态。从中可以看出，信息通信技术，对促进经济社会数字化转型具有重要支撑引领作用，这已成为大家的共识。因此，要加快 5G 新型信息基础设施建设，打造 5G 开放创新发展高地，深化 5G 与经济社会各领域的融合应用，为更多垂直行业赋能赋智，促进产业转型升级，支持经济高质量发展。这对于推动数字经济发展与实体经济深度融合，支持经济社会数字化转型具有重要意义。

根据工信部发布的《2021 年通信业统计公报》和国家统计局的数据，2021 年中国电话净用户数将增加 4755 万户，达到 18.24 亿户，三大基础电信企业固定互联网宽带接入用户总数将达到 5.36 亿户，移动通信基站总数将达到 996 万个，光缆线路总长度将达到 5488 万公里，中国已建成世界上最大的信息通信网络。此外，2021 年中国电信业务总收入为 1.47 万亿元，比上年增长 8.0%，为 2013 年我国电信收入增长持续走低后一个新的高速增长期。

（四）基础通信网络为其他行业发展提供了基础

近年来，我国信息通信基础设施网络建设发展迅速。信息通信基础设施网络是信息应用的基本渠道，可以加速许多传统产业如工业、医疗、教育等的数字化、网络化和智能化升级。

（五）信息通信行业企业为国家提供了大量就业岗位

从信息通信基础运营商的整体产业链角度看，仅基础电信运营商就是一个能容纳百万人就业的大行业。而作为新系统建设的工程服务企业，有超过 5000 家企业分布在我国的各个地区，这里不乏年收入过千亿元的大型国有企业，但更多的是民营资本占主体的中、小企业。通过分析得知，这些企业中，90%以上的企业为中、小企业，从业人数超过 150 万人，这对我国提高就业率有极大的促进作用。

从增值服务企业层面来看，到 2021 年底，有超过 118000 家增值服务企业，营业规模超过 1.55 万亿元，它们不仅仅带动了地方经济的增长，也为各地带来超过百万个就业机会。在这些企业中，还包含大量创新能力强、成长快的“独角兽”企业。

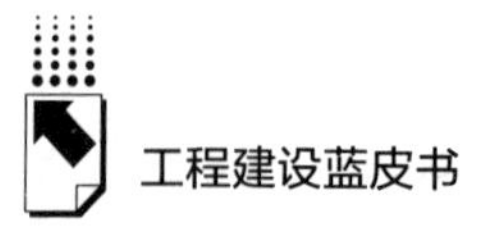

（六）信息通信工程建设的高技术性可带动我国建设行业的技术进步

随着经济社会发展的不断加快，各行各业对基础设施建设提出了更高的要求。此外，随着计算机技术更新迭代速度的不断提高和互联网的普及，我们已经进入了信息时代。在新时代，信息呈爆炸式增长。经济发展和社会进步对信息流通产生了巨大的需求。提高信息流通速度已成为信息时代电信工程建设的重要目标之一。

与信息和通信密切相关的计算机技术的更新和迭代是高度技术性的。信息技术工作对专业知识的要求很高，而且工作的技术性也很强。一般来说，通信技术是一门智能技术，技术的应用具有高度的科学性和专业性。通信建设需要将信息技术的专业性与公众的需求相结合，实现互联网技术的普及，为人们的沟通交流提供高速高效的信息通信环境。由于电信工程的技术性和专业性较强，电信管理也需要有较强的技术性和大量的专业技术设备和人力资源，以确保通信系统的安全稳定。这一过程必将带动中国建设行业的技术进步。

四　促进信息通信建设行业发展策略及建议

（一）积极践行“双碳”发展战略

从 2020 年开始 5G 网络建设持续高速发展，全年建设 60 万个 5G 基站，2021 建设的 5G 基站数量达到 142 万个，2022 年底将达到 200 万个，基站建设规模会继续保持。但是，与此同时，高功耗（5G 基站功耗约为 4G 基站的 3~4 倍）是运营商大规模部署 5G 的棘手问题，近年来备受关注。为此，三大运营商陆续发布了 5G 基站节能白皮书。

2017 年工业和信息化部发布的《工业和信息化部关于加强“十三五”信息通信业节能减排工作的指导意见》就明确指出信息通信业节能减排的六大重点任务。

目前，信息通信行业的 5G 基站和大数据中心已经成为耗电重点领域，需要通过技术和管理的有效手段，降低能耗。一方面，可以满足国家节能要求；另一方面，为企业的降本增效做出贡献。

2021 年出台的《2030 年前碳达峰行动方案》和《“十四五”大数据产业发展规划》，对这方面提出新的要求。

（二）进一步优化市场秩序

扭转当前信息通信工程服务招标中折扣率逐渐下降的局面，是进一步提高项目服务质量的首要条件，对此应开展以下几方面的工作。

第一，在其他行业建立有效的行业自律体系，通过行业自律，杜绝低价（低折扣）中标。质监机构将通过建立违法企业黑名单制度，对恶意低价竞标企业进行约束。

第二，规范招标评标条件，继续降低通信服务招标中价格的权重（可考虑权重的 30%），提高中国通信企业协会颁发的“能力评估”证书的权重，提高绩效和后评价的权重，提高新技术应用在评标中的权重。

具体措施包括：价格点比例控制在 30% 至 40% 之间，主要取其下限；采用平均价格评分规则，平均价格不打折；如果报价偏离平均分，则上偏差和下偏差应扣除相同的分数。

第三，提出适当的折现率限额水平。考虑到目前的实际情况，希望通过一些措施，控制中国移动和中国联通投标中的折扣率。

第四，为有效协调招投标施工方，建议扩大工程建设分公司现有的“运营商施工委员会”。相关组成如下。

（1）中国电信、中国移动、中国联通、中国铁塔。

（2）中国广电、中国交通通信中心。

（3）铁路、石油、石化、电力、水利等行业通信专网。

（4）增值运营商中的重点企业（如 BATJ）。

上述企业在运营商建设专业委员会中，主要研究运营商建筑服务项目的合理招标，使得运营商建设服务低价诱导问题得到解决。必要时，工业和信息化部相关司局可通过专门委员会对运营商的考核标准提出质疑，从而有效为信息通信工程建设创造双赢的市场环境。

第五，完善工程服务整体监管机制。为杜绝工程服务中的“偷工减料”，必须完善工程服务的整体和全过程监管机制，使低成本中标企业不敢低价报价。

（三）重视企业信用体系建设

一是建立完善的信息通信工程建设服务信用服务体系。随着我国国家企业信用体系的建设，建设工程企业和工程服务企业（包括咨询设计企业、工程施工企业和工程监理企业）的信用体系是以信息通信工程建设为内容的。包括：标准化招标、项目执行、项目收尾和售后服务的相应内容。征信服务体系建设采用公开透明的模式，相关学科内容在互联网上公开。

二是加强相关信用数据的应用。信用体系建立后，施工方将信息内容作为评标的重要条件之一，并根据信息程度进行评分。同时，需要注意的是，必须保证信用评估的科学性、公正性和客观性，减少人为因素的干扰。

一般来说，所有实施的项目都有验收要求，不按要求验收也是失信的行为。此外，工程验收是工程建设方和工程服务方的共同工作，应加强工程验收。标准化验收也是防止低价中标的有效手段之一。

（四）发挥行业协会支撑的作用

1. 信息通信工程施工服务企业注重横向拓展

从 2021 年相关企业获得的合同分析可以看出，目前企业在其他项目（非基础电信运营商项目）中的市场份额为 16%～29%。这表明相关企业已开始向其他领域延伸。企业调查结果显示，信息通信工程建设服务龙头企业普遍申请了其他领域的设计咨询、工程建设和工程监理资质，特别是工程监理企业，在其他领域的拓展较为突出。

2. 中国通信企业协会应继续发挥横向拓展的协调作用

信息通信工程服务企业的调查结果显示，许多企业希望中国通信企业协会能够充分发挥其横向传播资源和行业协会的优势。定期组织与其他行业协会及相关领域的交流，拓展信息通信工程服务企业的横向传播资源，带领相关企业实现横向业务拓展。

（五）建立共建共享的5G 网络建设机制

加快 5G 建设速度、减轻 5G 投资压力，共建共享是一条可行的路径。针对 5G 网络建设，工业和信息化部主要领导在 5G 牌照颁发会上强调，加快 5G 网络共建共享，推动 5G 高质量发展，更好地支撑服务数字中国建设，促进社会经济发展。时任工业和信息化部信息通信管理局副局长鲁春丛表示，本着集约建网、绿色建网的原则，统筹推进 5G 网络部署，深化电信基础设施共建共享，努力建成覆盖全国、技术先进、品质优良、全球领先的 5G 精品网。中国信息通信研究院副院长王志勤也建议，为减少网络投资，可以采取企业自愿的原则，与有基础的运营企业开展网络共建共享，降低初期网络建设成本。目前，国资委就 5G 产业发展向中国电信、中国移动、中国联通提出要求：加强合作，避免 5G 重复投资。

共建共享是一条加快 5G 建设速度、减轻 5G 投资压力可行的路径。工业和信息化部原部长苗圩在 5G 牌照发放会上强调，要加快 5G 网络建设和共享，推动 5G 高质量发展，更好支持数字中国建设，促进社会经济发展。国资委向中国电信、中国移动、中国联通提出了以下发展 5G 产业的要求。

1. 进一步完善初期统筹规划

电信运营商在 5G 通信基站布局规划中相互配合，将现有库存基站纳入 5G 基站规划，营造“你可以使用我的资源，我可以使用你的资源”的氛围。据估算，共建共享可将建设周期缩短至 10 天，节省全站建设总投资的 83%。在初步规划中，有必要考虑相关资源的“共建共享”。通过四家 5G 运营商的统筹规划，可以实现全面的共享机制，中国铁塔集团公司将在其中发挥至关重要的作用。

2. 推动“产业共享”向“社会共享”转变

目前，各地区有大量的高悬挂资源，如路灯杆、监控杆、电杆（塔）、交通标志、广告牌、建筑物等，但它们一般功能单一，缺乏整体规划和综合利用。如果5G网络建设能够全面融合，不仅将大大降低通信行业的建设成本，而且符合绿色发展、协调发展的理念。中国铁塔表示，已预留道路灯杆、监控杆、电源杆、交通标志等1000多万杆资源。这些资源可用于帮助电信运营商在未来快速建设和开放5G网络。社会共享还需要政府部门和社会各界的共同支持。

共建共享带来的好处远不止于缩短5G建设周期和减少建设投资。从社会发展的角度来看，充分利用各种社会资源进行跨行业合作，可以促进5G时代垂直产业的大融合和发展，真正将5G覆盖范围延伸到各行各业。以多功能智能灯杆为例，5G设备安装后，公安、气象等部门可以快速利用5G网络进行安全监控、气象监控等。

3. 运营商间已经建立了完好的共建机制

2019年和2020年，中国电信与中国联通、中国移动与中国广电达成共建共享合作协议。5G时代，中国运营商不打价格战，共建共享，两两结合，形成了“2+2”格局。其中，中国联通与中国电信在全国范围内合作共建一张5G接入网络，中国移动与中国广电则按1∶1比例共同投资建设700MHz5G无线网络和共享2.6GHz5G无线网络。事实上今后我国将建设两张5G无线网络，通过共享机制服务于四大5G移动网络运营商。

应该说，2021年中国电信和中国联通的共享接入网的建设方案，已经取得重大成果，在节约建设投资和运维费用方面取得成绩，两个运营商2021年的利润增幅较大。

参考文献

尚润涛主编《工程建设蓝皮书：中国工程建设行业发展报告（2020）》，社会科学文献出版社，2020。

饶小正：《浅析电信通信管理测试研究》，《电子测试》2017年第11期。

郭伟：《读懂“数字经济”之政策解读篇》，《朝阳日报》2022年2月24日，第4版。

区域篇

Regional Reports

B.11

江苏工程建设发展报告（2022）*

江苏省建筑行业协会**

摘　要： 2021年，江苏省建筑业持续健康发展，全年实现建筑业总产值3.82万亿元，同比增长8.5%；实现建筑业增加值7184亿元，占全省地区生产总值的比重达6.2%；全省新签合同额3.46万亿元，占全国总数的比例为10%。建筑业支柱产业的地位更加巩固，对全省经济社会发展的贡献稳步提升。本报告首先回顾了工程建设行业发展基本情况；其次总结出主要经济指标持续向好、特级资质企业数量最多、建筑产业结构趋向合理、工程管理水平不断加强、科技创新能力不断增强等发展特点；再次指出江苏省建筑业仍然存在“大而不强”、亟待纳入减税降费政策范围、建筑企业防风险任务艰巨等问题；最后提出加快推动建筑业调结构

* 本报告数据均来自国家统计局和江苏省统计局。

** 课题组成员：张宁宁，江苏省建筑行业协会会长，主要研究方向为工程建设行业管理；陈实，江苏省住房和城乡建设厅建管总站副站长，主要研究方向为工程建设行业管理；伏祥乾，江苏省建筑行业协会副秘书长，主要研究方向为建筑业改革发展；田浩，江苏省建筑行业协会行业发展部科员，主要研究方向为建筑业改革发展。执笔人：伏祥乾。

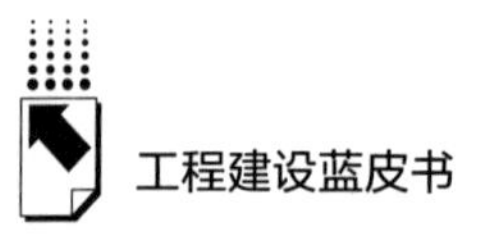

促转型、坚定不移“走出去”发展、大力推动新型建造方式发展、积极推进建筑产业工人队伍建设等发展建议。

关键词： 工程建设 建筑业 江苏省

一 2021年行业发展基本情况

2021 年，面对严峻复杂的国内外环境特别是新冠肺炎疫情的反复，江苏省建筑业一手抓生产一手抓疫情防控，总体上继续保持稳健增长态势。据中国建筑业协会《2021 年建筑业发展统计与分析》有关统计数据，江苏省 2021 年完成建筑业总产值 3. 82 万亿元，同比增长 8. 52%，与全省地区生产总值增速基本一致。全省建筑业产值规模占全国的比重为 13. 05%，已连续 16 年保持全国第一，比排名第二的浙江省多 1. 5 万亿元。若将钢结构、幕墙、门窗、预拌混凝土等类型的建筑企业产值统计进来，全省建筑业总产值已经突破 4 万亿元，达到了 4. 16 万亿元。

全省新签合同额 3. 46 万亿元，占全国比重为 10. 04%，比排名第二的广东省多 4000 多亿元。实现建筑业增加值 7184 亿元，占全省地区生产总值（11. 6 万亿元）的比重达 6. 19%。2021 年全省除镇江、连云港以外的其他 11 个设区市建筑业总产值超过千亿元，其中南通市建筑业总产值超 1 万亿元。跨省完成建筑业总产值约 1. 7 万亿元，排名全国第一。海外市场拓展方面，有 9 家企业入选 2021 年 ENR（《工程新闻记录》）“全球最大 250 家国际承包商”榜单。据全省建筑工人实名制管理信息系统统计，省内从业农民工超 560 万人，全省建筑业人均劳动报酬约为 6. 7 万元/年。

二 行业发展特点分析

1. 主要经济指标持续向好

虽然受国内外环境和疫情的影响，但江苏省建筑业仍然保持了较好的发展态势，2021 年建筑业各项经济数据继续平稳增长，建筑业总产值、建筑业增加值、建筑业利税等多项指标继续保持全国第一。

2. 特级资质企业数量最多

全省特级资质企业共计 86 家 88 项，特级资质企业数排名全国第一、特级资质项数排名全国第二。特级资质企业中市政公用工程 5 家、公路工程 4 家、化工石油工程 2 家、港口与航道 1 家、矿山工程 1 家。全省共有建筑类上市企业 30 家（包含设计、装修等类型企业）。

3. 建筑产业结构趋向合理

在省内试点城市出台推动建筑企业向轨道交通、市政基础设施等高附加值领域发展的相关政策以后，通过与央企、国企组建联合体等合作方式，江苏省已有 13 家省内企业进入 19 个地铁建设项目（标段）。

4. 工程管理水平不断提高

2021 年，全省深入推进建筑施工安全生产专项整治，推进工程质量治理行动，推进智慧工地建设，评选通过江苏省优质工程奖“扬子杯”465 项。江苏省建筑企业创建“鲁班奖”8 项，创建“国优奖”29 项。

5. 科技创新能力不断增强

2021 年，评选年度江苏省工程建设省级工法 805 项，发布标准 53 项，标准设计 7 项，标准设计图则 1 项。评选新技术应用示范工程 824 项，创建智慧片区 31 个，建成智慧工地 694 个。配合省工信厅组织开展省级建筑业企业技术中心评价工作，新认定 9 家、复审通过 142 家。

三　行业发展中存在的主要问题

1. 江苏省建筑业仍然“大而不强”

虽然江苏省建筑业总量规模排名全国第一，但总体“大而不强”。江苏省建筑企业改制较早，以民营企业为主体，在综合竞争力、融资能力、抗风险能力等方面与央企、国企存在较大差距。此外，由于受到资金、人才、市场等因素的影响，江苏省建筑企业发展后劲面临巨大调整。根据“2021 年中国建筑企业综合实力排行榜”，江苏省共有13家企业入围百强，但未有企业进入前10强。

2. 亟待纳入减税降费政策范围

李克强总理在全国减税降费工作座谈会上强调减税降费对于稳增长稳就业的重要作用，明确“减税降费突出支持制造业升级和量大面广、吸纳就业多的中小微企业及个体工商户”①。建筑业在带动就业和稳定经济方面发挥重要支撑作用，与同为第二产业的制造业相比，建筑业得到的关注和产业支持相对较少。建筑业作为就业拉动作用特别突出的行业之一，并未纳入享受减税降费的政策范围。

3. 建筑企业防风险任务艰巨

在房地产市场下行和不少房地产企业遭遇债务危机的影响下，面对“保民生”“保交楼”，江苏省不少和房地产企业建立紧密合作关系的建筑业企业面临重大考验。如果企业的流动资金问题得不到及时解决，不仅影响企业生存、影响“保交楼”推进，可能还会将风险传导至上下游产业，产生链式反应。

四　2022年行业发展展望

1. 加快推动建筑业调结构促转型

继续推动优化江苏省建筑业产业结构，引导建筑业企业加快向高附加值的轨道交通、市政基础设施等行业领域拓展。加大对省内龙头骨干企业的扶持力度，同时积极引导中小建筑业企业向“高精尖专”方向发展。

2. 坚定不移“走出去”发展

巩固加强现有省外建筑市场，积极向中部、西部、东北部市场拓展空间，保持省外产值占全省建筑业总产值的比重在40%以上。联合省有关部门加大建筑企业“走出去”政策支持力度，推动省内优势企业和驻苏央企

---

① 2022年1月5日，国务院总理李克强在其主持召开的减税降费座谈会上的讲话。

成立“江苏国际工程承包产业联盟”，适时举办长三角数字建筑高峰论坛、省外江苏建设领域推介活动，例如举办2022年江苏建设领域—澳门·葡语国家推介会。

3. 大力推动新型建造方式发展

加强智能建造技术及实施路径研究，开展智能建造项目试点，力争在全国率先制定智能建造标准和评价体系。继续推动装配式建造发展，引导政府投资工程优先采用装配式建造方式。加强建筑产业数字经济发展，加大数字技术在工程建设各环节应用，探索建立集科研、设计、生产加工、施工装配、运营等全产业链于一体的数字化建筑产业体系。

4. 积极推进建筑产业工人队伍建设

根据《江苏省建筑产业工人队伍培育试点工作方案（2020—2022年）》，加强建筑产业工人队伍培育，促进建筑产业工人数量和质量有序增长。加强建筑产业工人培养、评价、使用、激励、保障等机制和措施。提升建筑产业工人技能水平，出台施工现场技能工人基本配备标准，引导施工企业加强技能培训。

参考文献

尚润涛主编《工程建设蓝皮书：中国工程建设行业发展报告（2020）》，社会科学文献出版社，2020。

费少云：《建议将建筑业企业纳入减税降费政策支持对象》，《施工企业管理》2022年第4期。

B.12
浙江工程建设发展报告（2022）*

浙江省建筑业行业协会**

摘　要： 本报告首先指出，2021年浙江省建筑业紧紧抓住高质量发展建设共同富裕示范区的重大机遇，努力克服各种不利因素，保持较好发展态势，主要经济指标稳中有进，呈现建筑业总产值企稳回升、建筑业增加值稳定增长、签订合同额保持稳定、龙头企业支撑作用明显等特点。接着从全国范围比较分析，建筑业总产值、签订合同额等主要指标仍未走出低谷，存在外部市场竞争激烈、“走出去”发展面临困境、企业核心竞争力不足、商业模式单一、技术人才瓶颈明显等问题。最后提出推进行业转型发展、积极推动“走出去”发展、加快产业结构调整、扶持企业做优做强、优化市场营商环境等发展对策和建议。

关键词： 工程建设　建筑业　高质量发展　浙江省

一　2021年行业发展基本情况

2021年，在省委、省政府科学统筹疫情防控、有力推动复工复产等举

* 本报告数据均来自国家统计局和浙江省统计局。

** 课题组成员：蒋兆康，浙江省建筑业行业协会副会长兼秘书长，主要研究方向为工程建设行业管理；郑王成，高级统计师、高级经济师，浙江省三建建设集团有限公司副总经济师、董事会秘书，主要研究方向为工程建设企业管理和行业发展。执笔人：蒋兆康。

措下，浙江省建筑业紧紧抓住高质量发展建设共同富裕示范区的重大机遇，努力克服各种不利因素，保持较好发展态势。

1. 建筑业总产值

全省建筑业企业（不含劳务分包企业，下同）完成建筑业总产值 23011 亿元，同比增长 9.9%，保持稳定。其中，民营建筑业总产值达 2.06 万亿元，增长 9.4%，占总产值的比重为 89.6%。

2. 建筑业增加值

全省建筑业增加值为 4225 亿元，同比增长 2.8%，占全省生产总值（GDP）的 5.7%，支柱产业作用依然明显。

3. 建筑业入库税收

全省建筑业入库税收 760.5 亿元，同比增长 5.4%，实现平稳增长，占全省入库税收的 5.5%。

4. 签订合同额

全省建筑业签订合同额为 46613.5 亿元，同比增长 5.4%。其中新签合同额为 22913.4 亿元，与上年基本持平。

5. 房屋建筑施工和竣工面积

全省房屋建筑施工面积为 181956.4 万平方米，同比增长 0.7%。房屋竣工面积为 43302.4 万平方米，同比增长 6.3%。

6. 从业人员和劳动生产率

全省计算劳动生产率的平均人数为 585.2 万人，比上年增加 3.3 万人，同比增长 0.5%。按建筑业总产值计算的劳动生产率为 39.3 万元/人，同比增长 9.3%。

7. 建筑工业化情况

全年新开工装配式建筑面积为 1.13 亿平方米，完成目标任务的 141.2%，占新建建筑面积的比重超过 30%，装配式建筑实施面积和比重均居全国前列。新开工钢结构装配式住宅面积为 160.12 万平方米，完成年度目标任务的 133.43%，累计达 716.12 万平方米。

二　行业发展特点分析

（一）建筑业总产值企稳回升

2016~2021 年浙江省建筑业总产值的走势呈“V”字形反弹，2019 年是明显低谷，首次出现负增长，比上年下降 29.1%；2020 年企稳回正，同比增长 2.7%；2021 年进一步稳定增长，同比增长 9.9%（见图 1）。

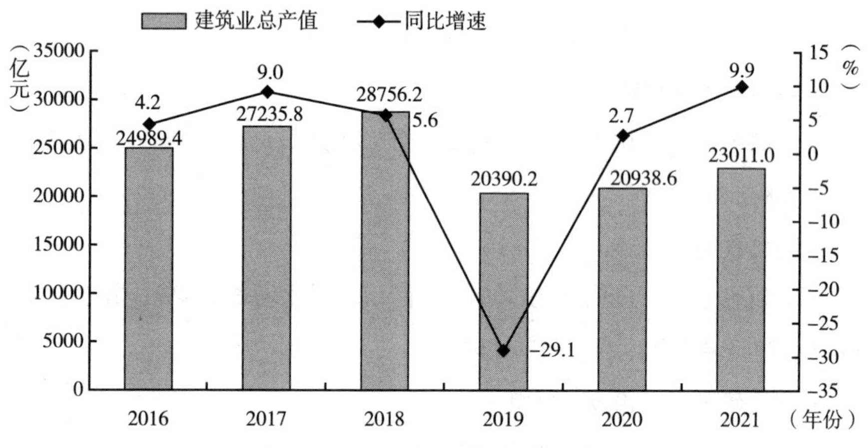

图 1　2016~2021 年浙江省建筑业总产值及同比增速

（二）建筑业增加值稳定增长

2016~2021 年浙江省建筑业增加值的总体趋势基本趋于稳定，占全省地区生产总值比重稳定在 5.7%至 6.4%之间，说明浙江省国民经济支柱产业的作用依然明显（见图 2）。这与浙江省建筑业产值总体保持稳定增长有重要关系（见图 3），2021 年浙江省建筑业产值为 16227.6 亿元，同比增长 14.3%。

（三）签订合同额保持稳定

从 2016~2021 年签订合同总额的走势来看，自 2017 年的较快增长之后

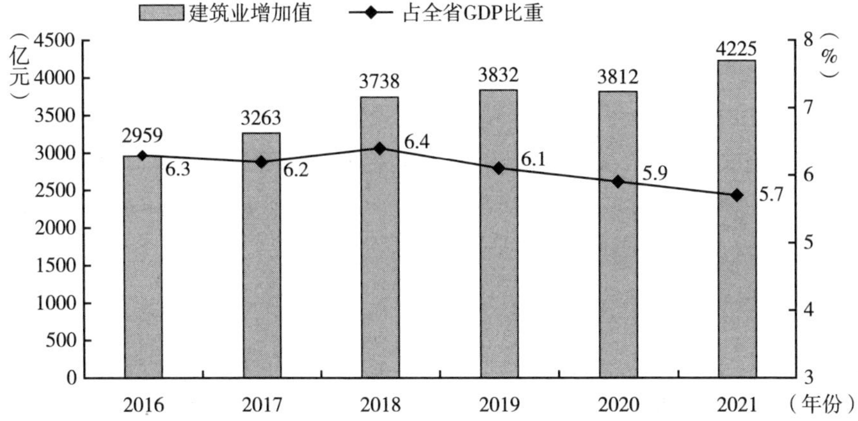

图 2　2016~2021 年浙江省建筑业增加值及占全省 GDP 比重

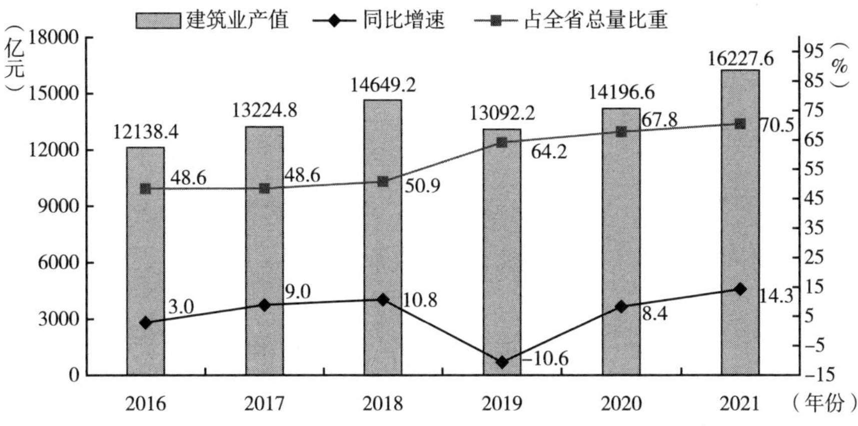

图 3　2016~2021 年浙江省建筑业产值、同比增速及占全省总量比重

开始下滑，增速在 2019 年下跌至−13.1%，为近年来首次负增长，2020 年企稳反弹回到正位，2021 年增速达 5.4%。新签合同额增长乏力，2016 年增速为 7.6%，2017 年增速到达顶峰，为 23.5%，2018 年开始呈下滑趋势，2019 年跌破历史新低，为−26.3%，2020 年回正到 2.3%，2021 年略有下降，为−0.2%（见图 4）。

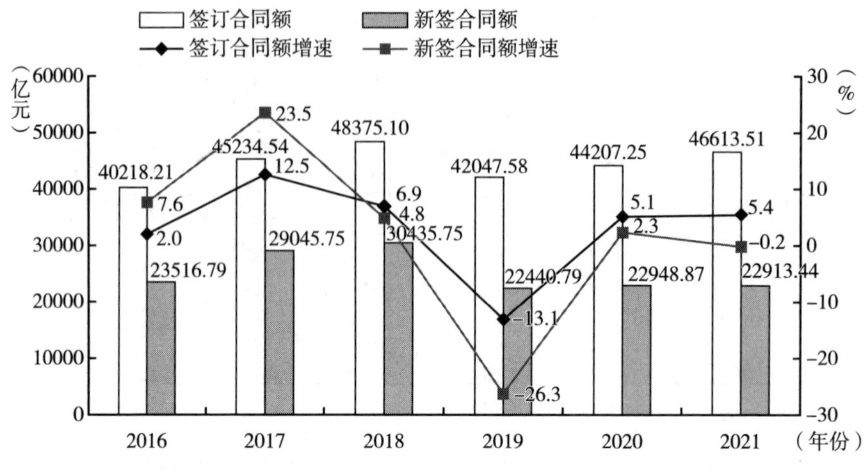

图 4　2016~2021 年浙江省签订合同额、新签合同额及增速

（四）龙头企业支撑作用明显

浙江省有特级资质企业 84 家，居全国第一。当年有工作量的企业有 8750 家，其中特级、一级企业占 16.1%，完成建筑业产值占全省建筑业总产值的比重为 75.1%，签订合同额占全省签订合同总额的 77.3%。

三　行业发展存在的主要问题

2021 年，浙江省建筑业依然面临严峻的形势，建筑业总产值、签订合同额等主要指标虽有提高，但仍未走出低谷。

从全国建筑业施工规模占比情况来看。2021 年浙江省建筑业产值占全国建筑业总产值 293079 亿元的 7.9%，与 2020 年同期的 8.0%相比略有下降；房屋建筑施工面积为 18.20 亿平方米，占全国房屋建筑施工面积 157.55 亿平方米的 11.6%，同比下降 0.4 个百分点（见图 5）。

从全国各省（市）发展情况来看。2021 年，浙江省建筑业总产值居全国第 2 位，新签合同额居全国第 4 位，建筑业总产值比江苏省少 15234 亿

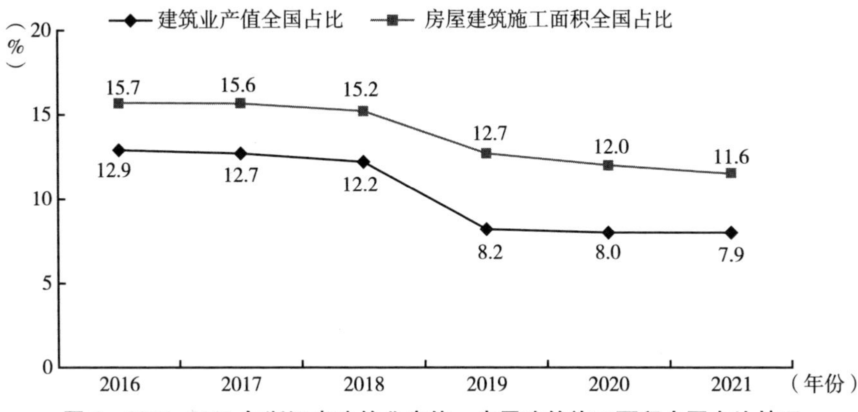

图 5　2016~2021 年浙江省建筑业产值、房屋建筑施工面积全国占比情况

元，比第 3 名广东省多 1665 亿元（见图 6）。在全国完成建筑业产值前 10 位的省（市）中，浙江省增速排名第 6（见表 1）。

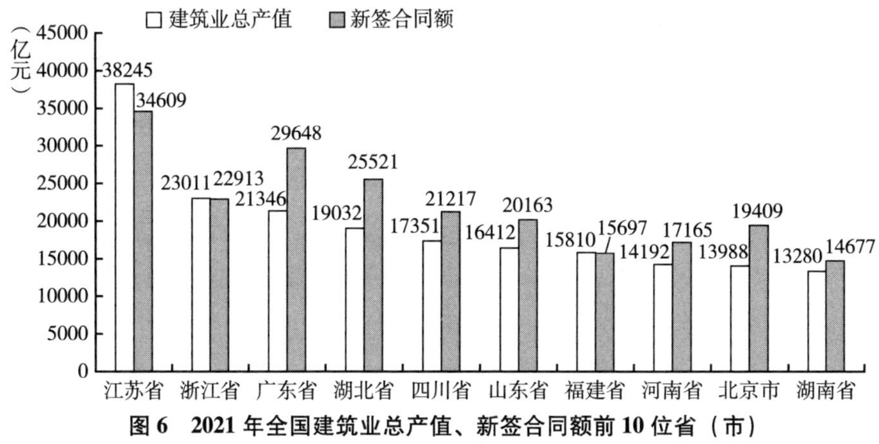

图 6　2021 年全国建筑业总产值、新签合同额前 10 位省（市）

表 1　2021 年全国建筑业完成产值前 10 位省（市）及产值增速

单位：亿元，%

省(市)	江苏	浙江	广东	湖北	四川	山东	福建	河南	北京	湖南
产值	38245	23011	21346	19032	17351	16412	15810	14192	13988	13280
增速	8.5	9.9	15.8	17.9	11.1	9.8	12.0	8.1	8.4	11.9

浙江省建筑业主要指标未走出低谷的原因主要有以下几点。

（一）外部市场竞争激烈

浙江省民营企业在与央企、兄弟省份地方国企竞争中，在技术装备、人才队伍、融资信贷等方面处在劣势，市场份额占有率逐渐缩小。2021 年浙江省建筑业总产值居全国第 2，与江苏省 3.8 万亿元相差 1.5 万亿元，仅比排名第 3 的广东省多 1665 亿元。

（二）"走出去"发展面临困境

近年来受"营改增"政策、新冠肺炎疫情等影响，部分省（市）产生新的壁垒，企业"走出去"主动性下降。2021 年，浙江省外建筑业产值为 6783 亿元，产值外向度仅为 29.5%，首次跌至 30%以下，较 2017 年最高点（51.4%）下降 21.9 个百分点，比江苏省（44.3%）低 14.8 个百分点。从省外产值近几年的走势来看，省外产值增速自 2018 年开始下滑，2019 年跌入历史谷底，2020 年开始爬坡过坎，2021 年实现 0.6%的正增长（见图 7）。省外产值持续低迷，是造成浙江省建筑业产值波动下滑的主要原因。

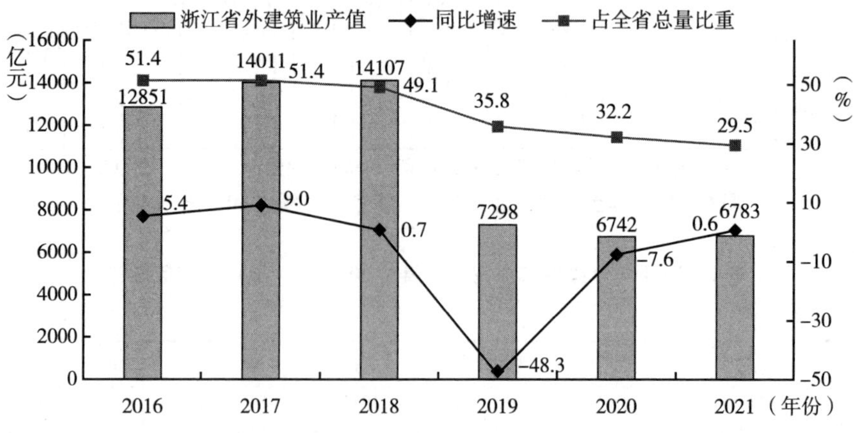

图 7　2016~2021 年浙江省外建筑业产值、同比增速及占全省总量比重

（三）企业核心竞争力不足

浙江省建筑业企业同质化竞争严重，而且整体管理水平还不够，科技管理创新弱化。浙江省民营建筑业企业普遍存在融资能力不足、信用担保基础弱，贷款难、成本高、额度低、周期短，在海外市场开拓中存在各类保函申请难等问题。同时，面对建筑材料价格大幅波动影响，企业资金压力巨大，部分建筑企业发展信心不足，开始采用收缩经营策略。

（四）产业结构不合理

浙江省建筑业产业结构单一，主要集中在房建领域。以特级资质企业为例，浙江省共有特级资质企业 84 家，其中房建企业 69 家，占比达 82%，市政工程、公路工程、水利工程、化工石油工程特级资质企业分别仅有 7 家、5 家、2 家、1 家，在主要基础设施如铁路、电力、港航、通信、矿山等领域还没有特级资质企业。传统房建市场竞争激烈，超低价竞争成为常态，业务和利润空间越来越小，交通、水利等重大基础设施建设领域进不去，直接影响产业可持续发展能力。

（五）商业模式单一

PPP、EPC 等新模式业务领域拓展不快，部分地方对工程总承包模式认识不一，力度不够。许多具备设计资质的特级、一级建筑业企业普遍存在设计能力不强、实践经验不足以及人才储备不足的情况，工程总承包等新领域拓展面临严峻考验。

（六）技术人才瓶颈明显

根据浙江省统计局 2021 年四季度调查结果，59. 7%的企业存在不同程度的“招工难”问题，28. 1%的企业最需要和缺少高级技工。技术人才不足对创新能力、管理水平、转型升级、市场拓展形成较大瓶颈，影响建筑业企业核心竞争力，也制约全省建筑业持续高质量发展。

四　促进行业发展的对策和建议

（一）推进行业转型发展

全面贯彻落实全省建筑业大会精神和省政府《关于推动浙江建筑业改革创新高质量发展的实施意见》《浙江省建筑业发展“十四五”规划》，推动工业化、绿色化、数字化、标准化、品牌化发展。加快推进新型建筑工业化，大力发展钢结构等装配式建筑，积极推行装配化装修，打造“全国新型建筑工业化标杆省”；落实碳达峰碳中和要求，研究制定建筑领域碳达峰目标和路径；推进建筑市场数字化改革，制定全省建筑智能建造推进实施方案；推进投融资带动施工模式，大力推进 EPC、全过程工程咨询服务，培育一批具有综合管理能力的工程总承包骨干企业。

（二）积极推动“走出去”发展

加强政府引领作用，完善建筑业“走出去”服务机制，加大财政、金融等方面对“走出去”发展的政策支持力度；紧抓“一带一路”、RCEP、中欧绿色经贸合作机制等国家重大发展机遇，紧跟政府援建项目，联合海外浙商团体力量，主动布局境外重点区域市场；鼓励企业以品牌拓市场、投资占市场、合资扩市场，全面参与长三角一体化、粤港澳大湾区、京津冀、中部崛起、西部大开发和东北振兴等国家战略建设，重点巩固、拓展固定资产投资规模较大、经济发展基础条件较好的省市建筑市场，支持与当地建筑业企业开展形式多样的企业级、项目级合作，引导民营企业与国有大型企业合作，建立省域建筑业合作机制，为“走出去”发展清除市场壁垒，实现合作共赢。

（三）加快产业结构调整

支持房屋建筑、市政基础设施、交通、水利等领域的骨干企业向建筑工业化转型，提升工程总承包能力；支持具有产业优势的钢结构、装饰、智能、幕墙等专业承包企业向专业化转型，走“专精特新”道路；引导企业通过业务拓展、专业转型以及并购、重组等方式，积极转向基础设施、绿色环保等国家重点投资领域；支持建筑产业发达地区开展建筑业高质量发展综合实验区建设，推动建筑业集群发展；推进大型建筑业企业和中小型建筑业企业、上下游企业加强产业协同，形成产业链、供应链、价值链良性协作机制。

（四）扶持企业做优做强

积极开展银企对接、金融咨询、上市辅导等交流培训，培育打造一批“航母型”领军企业；支持一批骨干工程建设企业加快进入桥梁隧道、港口航道、水利水电、市政、高速公路等高附加值基础设施、绿色环保建设领域；鼓励经营特色明显、具有比较优势的大中型企业走专业化发展道路，培育一批具有“专精特新”优势的企业；深化劳务用工制度改革，支持具有一定管理能力的班组长组建专业作业企业，推动专业化劳务企业发展；加快培育建筑产业工人队伍；积极支持民营企业发展，推动混合所有制改革，建立现代企业制度，制定落实人财物相适应的配套政策。

（五）优化市场营商环境

加强信用体系建设，规范建筑市场信用评价在招投标领域的应用；强化建筑市场执法监督检查，严厉打击建筑施工违法承发包等各类违法行为；继续推进行业“无欠薪”行动，加强实名制管理，健全建筑业防治欠薪长效机制；加快工程造价市场化改革，健全工程担保制度，深化保证金制度改革和施工过程结算工作；加强行业统计体系建设，规范统计要求，做到应报尽报、应统尽统；深化和推进“最多跑一次”改革，提升行业治理能力。

参考文献

中国施工企业管理协会：《工程建设行业发展情况简报》。

浙江省住房和城乡建设厅：《浙江省建筑业发展“十四五”规划》。

B.13
广东工程建设发展报告（2022）

广东省建筑业协会*

摘　要： 本报告首先回顾了广东省建筑业发展基本情况，总结了省政府发布促进建筑业高质量发展重磅文件、全省建筑业高质量发展取得重要成果、积极主动适应新冠肺炎疫情防控新常态、国有及国有控股建筑企业作用明显、劳动生产率年人均产值突破 50 万元、建筑工程细分行业市场快速增长、建筑工程施工周期缩短等发展特点。接着指出发展中存在建筑产业现代化程度有待深化、建筑企业核心竞争力有待加强、建筑行业人才队伍素质有待提升、建筑市场监督管理有待优化等问题。最后对 2022 年全省建筑业发展形势进行了分析判断，并对未来全省建筑业改革发展提出了意见建议。

关键词： 工程建设　建筑业　广东省

一　2021年行业发展基本情况

2021 年，广东省委、省政府全面贯彻新发展理念，抢抓建筑业发展机遇，贯彻落实并推动实施了一系列促进建筑业高质量发展的政策，加快建设建筑强省，全年建筑业发展取得了不错的成绩，为全省经济稳增长做出了积

* 课题组成员：梁剑明，教授级高级工程师，广东省建筑业协会会长，主要研究方向为建筑行业发展；谢瑞，广东省建筑业协会副秘书长，主要研究方向为建筑行业发展、诚信管理等。执笔人：谢瑞。

极贡献。

建筑业总产值位列全国第三。2021 年，广东省总承包和专业承包完成建筑企业总产值 21345.58 亿元，同比增长 15.8%，两年平均增长 13.3%；总产值占全国的 7.3%，比上年提高 0.3 个百分点，低于江苏省的 38244.49 亿元和浙江省的 23010.97 亿元；产值排名保持全国第三，与浙江省差距缩小。

产值增速位列全国第三。2021 年，广东省建筑业产值同比增长 15.8%，高于全国 11%的平均水平，增速位居全国第三，前两位为湖北、新疆，增速分别为 17.9%、16.0%。

新签合同额位列全国第二。2021 年，广东省建筑业新签合同额为 29647.62，同比增长 15.4%，新签合同额仅次于江苏省的 34608.65 亿元。

企业数量继续保持增长。2021 年，全省纳入统计的企业共 9671 家，同比增长 16.0%，总承包和专业分包企业中特级资质企业有 37 家持有 48 项特级资质，特级资质企业数比上年增加 6 家。

保障就业作用明显。2021 年底，广东省建筑业从业人员期末人数为 354.49 万人，劳动生产率为 54.31 万元/人，年度人均产值首次突破 50 万元，同比增长 9.9%，高于全国 47.32 万元/人的平均水平。

企业实现利润略有下降。2021 年，广东省建筑业企业利税总额为 1020.65 亿元，同比下降 0.1%；实现利润总额 525.00 亿元，同比下降 3.1%。

境外承包工程业务略有下降。2021 年，受新冠肺炎疫情影响，广东省对外承包工程完成营业额 156.2 亿美元，同比下降 0.3%。

二　行业发展特点分析

（一）省政府发布促进建筑业高质量发展重磅文件

2021 年，省政府印发《广东省促进建筑业高质量发展的若干措施》（以下简称《若干措施》），这是引领全省建筑业发展的纲领性文件。《若干措施》坚持问题、目标和结果导向，主要从完善建筑业产业体系、升级建造方式、健全工程质量安全体系、增强建筑业企业竞争力、支持建筑业“走出去”、优化发展环境等6个方面，提出18项具体政策措施，构建了广东省建筑业高质量发展的目标路径和保障措施。

（二）全省建筑业高质量发展取得重要成果

2021年，广东省11项工程获得中国建设工程鲁班奖，28项工程获得国家优质工程奖。智能建造与建筑工业化协同发展稳步推进，新增绿色建筑面积1.8亿平方米，占新建建筑面积比例达73%。成功举办以“粤有文化·建筑粤美”为主题的首届广东省建筑文化宣传周活动，展示和分享广东省在历史文化保护、城市更新、乡村振兴等工作实施中的优秀建筑成果以及历史建筑活化利用典型案例。

（三）积极主动适应疫情防控新常态

广东省住房城乡建设领域按照“管行业必须管疫情防控工作”的要求，对标对表，严抓建筑工地疫情防控，筑牢建设项目工地疫情防控坚固防线，确保全省2万余个在建工地运转平稳有序。积极引导各建设项目工地利用微信、公众号、显示屏、宣传栏等广泛宣传防疫知识，进一步增强从业人员的防疫意识。积极落实抓好物业管理区域、城市公园等公共区域疫情防控，保障城市市政设施正常运行。

（四）国有及国有控股建筑业企业作用明显

2021年，广东省在库国有及国有控股建筑业企业536家，完成建筑业总产值9865.35亿元，同比增长25.6%，完成建筑业产值占全部建筑业产值的比重为46.2%；签订合同额为34981.04亿元，同比增长20.7%；从事建筑业活动的平均人数为156.64万人，同比增长20.1%；完成房屋施工面积51048.71万平方米，同比增长22.9%。

（五）劳动生产率年人均产值突破50万元

建筑业吸纳就业人员稳步增长。2021 年，广东省总承包和专业承包从事建筑业活动的平均人数 393.04 万人，同比增长 5.4%。随着建筑业装备技术水平的不断提升，劳动生产率大幅提升。2021 年实现人均产值 54.31 万元，年度人均产值首次突破 50 万元，其中国有及国有控股企业年度人均产值为 62.98 万元。

（六）建筑工程细分行业市场快速增长

随着旧城改造、城市美化环境建设力度持续增大，城市轨道交通工程、节能环保工程等细分行业保持高速增长。2021 年，广东省总承包和专业承包建筑业企业完成土木工程建筑产值 6875.13 亿元，同比增长 12.1%。其中，铁路、道路、隧道和桥梁工程建筑产值同比增长 15.2%，市政道路工程建筑产值同比增长 19.7%，城市轨道交通工程建筑产值同比增长 149.9%。此外，节能环保工程施工产值受上年高基数影响同比下降 31.2%，但两年平均增长 167.5%。

（七）建筑工程施工周期缩短

2021 年，广东省总承包和专业承包建筑业企业房屋竣工面积为 24525.57 万平方米，同比增长 27.3%，增速比房屋施工面积高 12.0 个百分点，表明企业施工项目周期跨度缩短，企业工程款回笼加速，有利于资金周转和后续承揽工程。同时，房屋施工面积中的新开工面积为 30525.01 万平方米，同比增长 4.6%，增速比房屋竣工面积低 22.7 个百分点。

三　行业发展过程中存在的主要问题

（一）建筑产业现代化程度有待深化

由于建筑业企业研发费用投入有限、集成建筑技术缺乏、工程建设标准体系仍不完善、建筑领域科研成果与实际应用结合不紧密等，建筑科技创新成果支撑建筑产业现代化的力度仍然不足，大多数企业依然呈现劳动密集型产业的特征。此外，当前 BIM 技术在建筑工程中的应用比例还比较低，智能设计、智能建造、建筑机器人、智慧工地等领域的发展仍处于起步阶段。与港澳及国际成熟的工程组织模式相比，广东省建筑业在设计、施工、管理等方面的融合深度不够，工程总承包、全过程工程咨询发展有待提升。

（二）建筑企业核心竞争力有待加强

当前，全省具有资源整合能力、品牌影响力的龙头骨干企业仍然不多，截至 2021 年底，广东省建筑施工特级资质企业仅有 37 家，远远落后于江苏省、浙江省。大多数建筑业企业处于产业链的中低端，劳动生产率偏低，存在“散、小、弱”的问题，同质化经营现象严重，行业利润率偏低，行业结构抗风险能力较差。企业大部分工程业务主要集中在房屋建筑和市政基础设施建设领域，在地铁、高铁、轨道交通、桥梁、综合管廊等利润率相对较高的领域存在程度偏低，建筑业产业链条呈碎片化发展，专业化企业“专精特新”程度不高，不利于资源整合和调配。

（三）建筑行业人才队伍素质有待提升

“低技术、低成本”的劳动密集型发展模式已不可能满足建筑业高质量发展的要求，人才问题在推动企业转型升级过程中就显得尤为关键。当前，全省建筑业从业人员职业化、专业化、技能化水平依然不高，建筑工人老龄化趋势明显。以广州为例，50 岁以上建筑工人占比为 16%，40 岁以上建筑工人占比为 53%。以农民工为主的建筑工人队伍的企业归属感弱、文化程度低、技能培训不足等诸多现实问题依然突出。此外，现有专业人才供给与行业发展需求不够匹配，难以满足智能建造技术推广应用、建筑工业化生产、一体化业务模式的需求。企业“走出去”也缺乏国际化以及适应工程总承包、全过程咨询发展的综合型、复合型人才，全行业人才培养体系亟待升级。

（四）建筑市场监督管理有待优化

建筑市场各行为主体履行质量安全的意识和能力需要进一步强化，建设单位首要责任履行程度差异较大，部分施工企业缺乏必要的质量安全管理体系。部分企业施工技术水平、安全风险防控等方面的教育培训也不足，建筑工人存在安全意识淡薄、专业技能不高等问题。建筑市场过度追求低价中标，未报先建、转包挂靠、违法分包、围标串标等乱象时有发生，严重影响建筑市场的健康发展。建筑市场信用管理体系建设还不完善，企业主体责任落实不到位，部分企业对诚信市场建设认识不足，失信联合惩戒制度还不健全。

四　促进行业发展的对策和建议

（一）精准施策，培育扶持龙头骨干企业发展

实施建筑业企业培育计划，利用 3 年时间扶持 100 家施工总承包以及 300 家专业领域龙头骨干企业。支持龙头骨干企业由施工总承包向工程总承包转变，由承包商向服务商、运营商转变，引导一批产值过百亿元的建筑业企业发展成为具有“链主”地位的工程总承包企业；引导一批装饰装修、园林绿化、混凝土预制构件生产、建筑幕墙施工等类型的专业企业发展成为“专精特新”的专业承包或专业化企业。支持龙头骨干企业与各地市合资成立建筑公司，提高当地建筑业水平。鼓励与央企合作，参与桥梁隧道、综合管廊、港口航道等大型基础设施建设，提升重大基础设施建设项目中省内企业参与承建的比例。

（二）推进智能建造与建筑工业化协同发展

根据中央和省委、省政府的决策部署，应加快推进智能建造与新型建筑工业化协同发展。全面发展智能建造，夯实数字化基础，构建城市信息模型 CIM 平台、智慧工地认证标准和规范、数字设计平台和集成系统，研发自主

可控的 BIM 技术。加快建筑机器人研发和应用，开展智能建造相关基础技术和关键技术研发和商业化应用，形成一批建筑机器人标志性产品。发展建筑产业互联网，探索适应不同应用场景的系统解决方案。培育智能建造产业生态，打造一批智能建造示范项目和智能建造技术应用示范企业。大力发展装配式建筑，建立完善覆盖设计、生产、施工和使用维护全过程，并具有岭南特色的广东装配式建筑标准规范体系。加强标准化、系统化设计，以学校、医院、办公楼、酒店、住宅等为重点，强化设计引领，推动项目设计深度达到符合工厂化生产、装配化施工的要求。优化构件和部品部件生产，编制主要构件尺寸指南，推进预制混凝土通用构件及部件的工厂化生产线，提高集成化建筑部品的产业配套能力。

（三）对接“双碳”目标，引领绿色低碳建筑发展

深入贯彻落实《广东省绿色建筑条例》，对高星级绿色建筑、零碳建筑等给予政策扶持，研究建筑能效交易、碳交易机制，推进碳普惠激励机制。拓宽专项资金支持范围，采用减免容积率核算方式鼓励建设绿色建筑和使用装配式技术，开展绿色金融试点，优先推荐高等级标准建设或者采用装配式全装修方式建造的项目参与建筑工程奖项评审。推动认定星级绿色建筑，探索建立建筑能耗数据共享机制，完善合同能源管理市场机制。推动绿色建筑技术与装配式、智能技术深度融合发展与应用。建立省级科技应用成果库，推进建筑领域产学研合作。发挥大型国企研发带动作用，推动行业新技术、新工艺、新设备重点突破。

（四）强化人才培育，促进人才高质量发展

人才是支撑建筑产业发展的基石。广东省将贯彻国家和省委、省政府出台的相关政策，以提升从业人员素质和技能为着力点，培育打造高素质产业工人队伍，助推建筑业高质量发展。建立建筑产业工人培育示范基地。推动重点县市及其龙头骨干企业联合开展建筑产业工人队伍培育试点，出台建筑产业工人队伍建设和职业训练行动方案。实施全链条培训，推动建设职业培

训实训基地，组织专业技术人员送教下乡，开展砌筑、钢筋、抹灰等初级建筑技能、职业安全培训。建立完善“互联网+建筑工人”服务平台，动态记录工人的个人信息、培训记录与考核评价、作业绩效与评价等信息，为全行业劳动就业提供信息支撑。

（五）推进粤港澳大湾区建筑业融合发展

推进粤港澳大湾区建筑业专业机构、专业人员资质资格及信用评价管理的规则衔接、机制对接。便利香港、澳门工程建设咨询企业和专业人士经备案后在粤港澳大湾区内地城市开业执业。围绕数字设计、智能生产、智能施工等内容，开展基础共性标准、关键技术标准、行业应用标准研究，探索编制三地互认的湾区工程建设团体标准。持续试行港澳工程建设管理模式，及时总结经验。扩大港澳工程建设管理模式试点范围，引导珠三角地区城市在更多工程建设项目开展粤港澳合作。继续办好深港城市建筑双城双年展，定期开展高峰论坛及项目对接会等活动，加强粤港澳 BIM 技术应用、全过程工程咨询等建筑业高端服务领域的合作。联合港澳机构，申办国际工程交易会，组建建筑业“走出去”战略合作联盟，开拓全球性工程建设领域全链条产业交易市场。

五　2022年行业发展趋势展望

当前和今后一个时期，国际国内环境已经发生深刻变化，既迎来新的发展机遇，也面临更具复杂性、全局性的挑战。随着国家、省市各级政府强力防控疫情，国家调控政策相继落实，基建投资增速回升等，预计 2022 年广东省建筑业仍将继续保持稳定健康发展。

（一）发展机遇分析

1. 基础设施投资带来新机遇

2022 年，中央经济工作会议确定实施新的减税降费政策，适当超前开展基础设施投资，意味着国家宏观政策层面将推动新一轮基建投资计划来弥补内需不足，以政府投资来引导投资、刺激投资。广东省已规划部署了公路、水利、机场、桥梁、河湖整治等诸多重大项目，要求省市政府及各有关部门主动作为、协同推进、抓紧抓实。超前投资的预期以及基础设施投资的快速增长，将为建筑行业带来新的市场机遇。

2. 房地产市场深度调整风险可控

2022 年《政府工作报告》再次对房地产业定调，继续强调“房住不炒”的总体定位，同时提出“探索新的发展模式，坚持租购并举，加快发展长租房市场，推进保障性住房建设，支持商品房市场更好满足购房者的合理住房需求，稳地价、稳房价、稳预期，因城施策促进房地产业良性循环和健康发展”。可以预计，2022 年房地产投资有望企稳，个别企业的风险外溢影响可控。

3. 新基建项目规划部署和施工建设不断提速

2022 年，广东省新基建正在加快布局和建设，投资势头良好，产业政策不断推进，以 5G 数据为中心，重大科学装置项目、生态节能环保工程建设等不断提速，对建筑业拉动作用明显。

4. 营商环境不断优化，优质企业相继迁入

中共中央、国务院发布的《关于加快建设全国统一大市场的意见》，确立了竞争政策在国家经济政策体系中的基础地位。只有坚持在政策、规则和执行上对各类市场主体一视同仁，才能做到优胜劣汰、鼓励先进。近年来，广东省持续优化营商环境，坚持“放管服”改革，坚持“产业现代化”发展，吸引了部分优质建筑业企业迁入广东，新迁入的建筑业企业为全省建筑业带来了可观的产值增量。

（二）面临挑战分析

1. 新冠肺炎疫情影响建筑业生产施工

当前，广东省坚持“外防输入、内防反弹”总策略和“动态清零”总方针，严格落实新冠肺炎疫情全链条防控责任，取得了来之不易的成果，但

疫情依然呈点状散发状态，带来不确定性。建筑业企业作为劳动密集型企业，疫情防控压力仍然较大，劳务用工、现场施工和建材采购等受疫情影响较大。

2. 建筑业转型升级创新发展越发紧迫

工程总承包、全过程咨询、投建营一体化、智能建造和建筑工业化、人口老龄化等发展趋势以及国家对碳达峰碳中和的承诺，对劳动密集型、高能耗低效率传统建筑业企业整合资源、延伸产业链、优化运营体系和加强人才培育等提出新要求。

3. 建筑市场竞争复杂而激烈

随着国家深入构建建筑业统一开放市场进程加快，广东省域内建筑业竞争更趋复杂激烈，各类风险和不确定因素增加，地方建筑业企业尤其是中小建筑业企业生存发展压力倍增，在业务拓展、融资能力、项目管理、风险防控、成本管控等方面均面临新挑战。

综上所述，广东省建筑业将继续在机遇与挑战并存但机遇大于挑战的环境下发展壮大。2022 年至今后较长一段时期，广东省建筑业将深入贯彻实施省委“1+1+9”工作部署及相关要求，紧紧把握“双区”和横琴、前海两个合作区建设的重大机遇，构建新发展格局，坚持创新驱动发展战略，统筹疫情防控和经济社会发展，统筹发展和安全，促进建筑业高质量发展，以优异成绩迎接党的二十大胜利召开。

参考文献

《踔厉奋发开启新征程，笃行不怠迈步向未来》《广东建设报》2022 年 2 月 9 日，第 1 版。

《政府工作报告》，《南方日报》2022 年 1 月 24 日，第 3 版。

B.14

四川工程建设发展报告（2022）*

四川省建筑业协会

摘　要： 2021年，四川省住建系统认真贯彻落实党中央、国务院决策部署，在省委、省政府的坚强领导下，坚持新发展理念，统筹抓好疫情防控和建筑业改革发展，以深化供给侧结构性改革为主线，以改革创新为根本动力，积极推动建筑业转型升级，努力提升建筑业发展质量和效益，实现“十四五”良好开局。本报告首先回顾和分析了2021年行业发展主要经济指标变化、区域发展、企业经营、“走出去”发展、建造方式改革、技术创新推广、工程质量安全、建筑人才培养、行业管理等方面工作。接着总结出编制发展规划引领高质量发展、发展智能建造推动新型建筑工业化、强调绿色发展推动“双碳”工作开展三个方面的发展特点。最后提出，2022年将主要围绕加强统筹谋划、大力发展装配式建筑、加快发展智能建造、积极推行工程总承包、加大科技创新力度、提升工程质量安全水平、培育建筑产业工人队伍、提升市场规范化水平、支持企业“走出去”发展、推动川渝建筑业协同发展等方面开展工作。

关键词： 工程建设　建筑业　四川省

* 本报告数据均来自国家统计局和四川省统计局。

一　行业发展概况

（一）主要经济指标

1. 建筑业总产值

2021 年，四川省完成建筑业总产值 17351.2 亿元，同比增长 11.1%（见图 1），较全国平均水平高出 0.1 个百分点。2021 年，全国建筑业总产值为 293079.0 亿元，四川省占比 5.92%，较上年提升 0.01 个百分点，排名保持全国第五、西部第一。

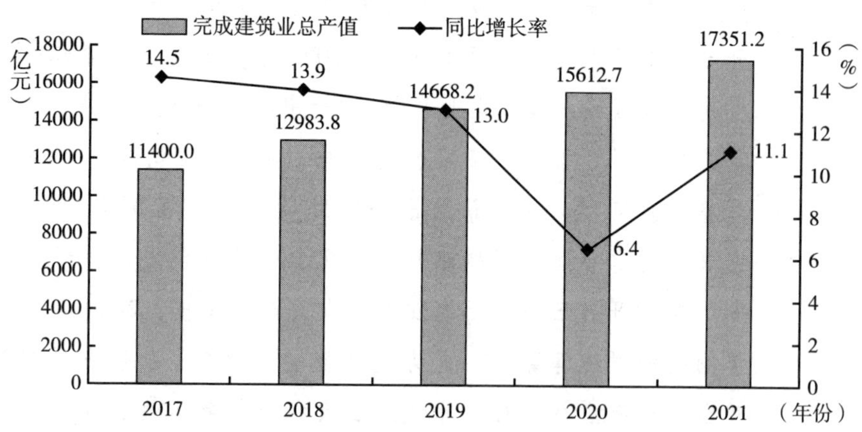

图 1　2017~2021 年四川省完成建筑业总产值及同比增长率

从施工类别来看，房屋建筑工程产值为 11439.8 亿元，同比增长 6.7%，占总产值的比重为 65.9%；土木工程产值为 4966.6 亿元，同比增长 22.7%，占总产值的比重为 28.6%；建筑安装工程产值为 546.0 亿元，同比增长 6.3%，占总产值的比重为 4.8%；建筑装饰、装修和其他建筑工程产值为 398.7 亿元，同比增长 19.3%，占总产值的比重为 3.5%（见图 2）。建筑产业结构调整效益进一步显现。

从企业资质等级来看，全省 30 家特级资质企业产值为 3007.2 亿元，同

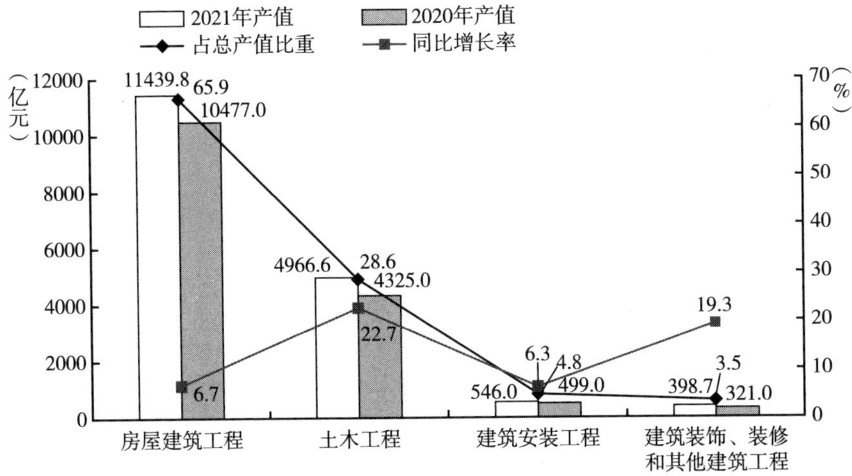

图 2　按工程类别划分建筑业总产值情况

比增长 33.3%，占全省建筑业总产值的比重为 17.3%；一级资质企业产值为 6374.3 亿元，同比增长 15.1%，占全省建筑业总产值的比重为 36.7%；二级资质企业产值为 4833.6 亿元，同比下降 8.1%，占全省建筑业总产值的比重为 27.9%；三级资质企业产值为 3136.0 亿元，同比增长 22.7%，占全省建筑业总产值的比重为 18.1%（见图 3）。

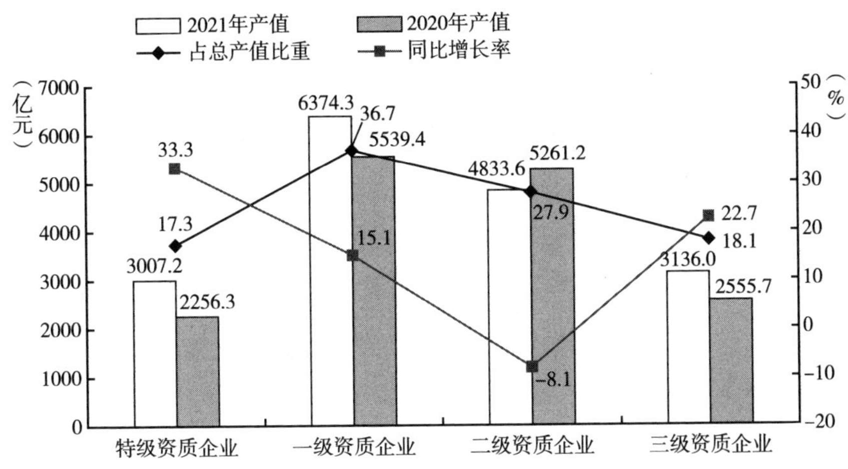

图 3　按企业资质等级划分建筑业总产值情况

2. 竣工产值

2021 年，四川省建筑业竣工产值为 7573.7 亿元，同比增长 13.2%，竣工率为 43.6%，同比上升 0.8 个百分点。

3. 建筑业增加值

2021 年四川省实现建筑业增加值 4662.0 亿元，同比增长 1.7%（见图 4），占全省地区生产总值的比重为 8.7%，占比较上年回落 0.1 个百分点，仍保持在近几年的高位。经济贡献率为 6.7%，较上年提高 0.2 个百分点。

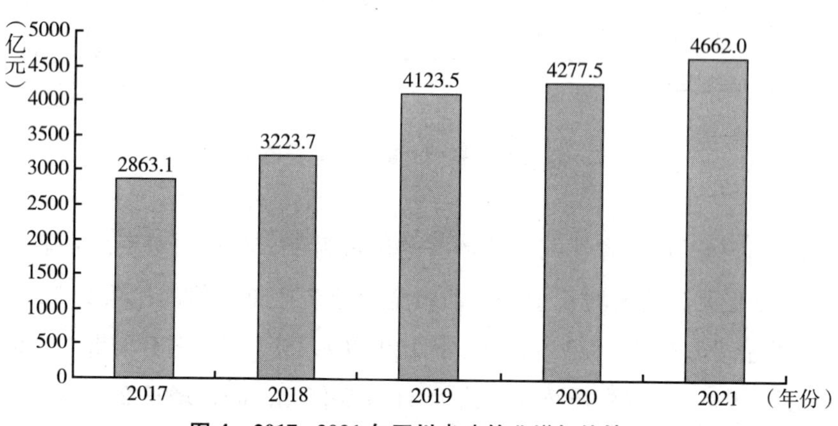

图 4　2017～2021 年四川省建筑业增加值情况

4. 新签合同额

2021 年，四川省建筑业企业签订合同额为 43506.4 亿元，同比增长 18.6%，其中，上年结转合同额 22289.8 亿元、本年新签合同额 21216.6 亿元，分别较上年增长 35.0%和 5.2%。

5. 劳动生产率和利润率

2021 年，四川省建筑业劳动生产率为 420179 元/人，同比增长 22.8%，增速高于全国平均水平 10.9 个百分点，全省建筑业利润率为 3.2%。

（二）企业经营情况

1. 产业集中度

全省特级资质企业总产值为 3007.2 亿元，同比增长 39.1%；一级总承包资质企业总产值为 5870.7 亿元，同比增长 17.9%；特级和一级施工总包资质企业总产值为 8877.9 亿元，产业集中度为 51.1%，较上年提升 4.1 个百分点。

2. 规模企业

四川省有 2606 家建筑业企业产值超过亿元，总产值达 15666.1 亿元，占全省建筑业总产值的 90.3%；共签订合同额 40127.3 亿元，占全省签订合同额的 92.2%；竣工产值为 6785.5 亿元，占全省竣工产值的 89.6%。产值 1 亿~10 亿元企业有 2344 家、10 亿~50 亿元企业有 218 家、50 亿~100 亿元企业有 44 家。产值超百亿元企业有 12 家，其中成都建工集团产值首次突破千亿元，四川华西集团、四川公路桥梁建设集团、中铁二局集团、五冶集团产值均超过 500 亿元。

（三）“走出去”发展情况

2021 年，省外入川建筑业企业 7835 家。四川建筑业企业省外产值为 3632.2 亿元，同比增长 26.4%，占全省建筑业总产值的比重为 20.9%，外向度较上年提高 2.5 个百分点，比全国平均水平（34.4%）低 13.4 个百分点，外向度与全国水平的差距较上年缩小 2.6 个百分点。外向度自 2017 年以来首次突破 20%。

（四）建造方式改革

1. 加快装配式建筑发展

2021 年，印发《提升装配式建筑发展质量五年行动方案》，启动实施装配式建筑质量提升五年行动。发布 2021 年度装配式建筑示范项目 22 项。组织召开川渝装配式建筑发展论坛暨装配式建筑项目观摩会。开展四川省装配式建筑产业基地申报和评审工作，7 家企业通过评审。全省共建成装配式建筑产业基地 39 个，年生产能力 580 余万立方米；四川华西集团、成都建工集团等 12 家企业被评为全国装配式建筑示范基地。

2021 年，四川省新开工装配式建筑 5600 万平方米，排名全国第三，占全国新建建筑面积的 31.0%，占比较上年提高 9.0 个百分点。其中，成都市新开工装配式建筑面积 4286 万平方米，占本市新建建筑面积的 63.5%；乐山市新开工装配式建筑面积 506 万平方米，占本市新建建筑面积的 30.3%。

2. 推动智能建造发展

四川省发展改革委等12个部门印发《关于推进智能建造与建筑工业化协同发展的实施意见》，明确推进建筑工业化、数字化、智能化升级。4项做法和经验成功入选住建部《智能建造与新型工业化协同发展可复制经验做法清单》，在全国推广；11个案例入选住建部《智能建造新技术新产品创新服务典型案例清单（第一批）》，数量排名全国第四。

（五）加快建设组织方式改革

积极推行工程总承包，印发《关于进一步加强全省房屋建筑和市政基础设施工程总承包监督管理的通知》，强化工程总承包项目监管。开展工程总承包计价调研工作，草拟完成《四川省房屋建筑和市政基础设施项目工程总承包合同计价指导意见（征求意见稿）》，持续完善配套政策措施。加强对125个省工程总承包示范项目的跟踪督导，推进试点示范工作，加快工程总承包专业人才培养，培育工程总承包骨干企业。

（六）技术创新推广

1. 推进标准化建设

2021年共立项编制标准62项（修编3项）、标准设计2项。包含装配式建筑方面8项、强化安全生产管理方面3项、技术创新方面20项、行业精细化管理方面28项和建筑节能环保方面5项。评审通过《四川省碲化镉发电玻璃建筑一体化系统应用技术标准》《四川省预成孔植桩技术标准》等35项；发布《四川省住宅设计标准》《四川省微晶发泡陶瓷保温装饰一体板系统技术标准》等28项；印发《四川省放舱式集中收治临时医院技术导则》等3项应急医疗设施建设技术导则。加强川渝地区建筑市场一体化建设，制定出台《川渝两地工程建设地方标准互认管理办法》。

2. 加快工法和新技术推广应用

2021年共受理省级工法申请1844项，评审通过521项，通过率为28.3%。依托首届川渝住房城乡建设博览会促进BIM技术交流和应用，制定省级城市信息模型（CIM）平台建设目标、建设内容与技术方案，积极推进CIM平台建设。

（七）工程质量安全

1. 积极打造精品工程

2021年，四川省20项建筑工程项目荣获“国家优质工程奖”。省级安全生产文明施工标准化工地203个，“天府杯奖”167个，启动实施省结构优质工程评审工作。

2. 强化质量保障

认真落实质量强省决策部署，紧紧围绕“落实主体责任”“强化政府监管”两个重点。全面落实《工程质量安全手册》制度，推行工程质量管理标准化，推进智慧工地建设，逐步实现对施工现场质量、安全、环境等业务在线化智慧监管。在成都、宜宾、雅安开展住宅工程质量信息公示试点，通过信息公示，发挥社会舆论和公众监督作用。开展工程质量缺陷保险试点，充分利用市场机制化解工程质量风险。修订出台《四川省建设工程质量检测机构和检测人员信用管理办法》，强化检测行业信用管理。以“绿色共建·智能创新”为主题，举办现场观摩交流会。2021年四川省共监督项目14230个，新报监项目5900个，竣工验收备案5676项。工程项目监督到位率100%，工程质量合格率100%，重大工程一次验收合格率100%。

3. 提升安全治理能力

印发《全省建筑施工安全生产专项整治两年行动工作方案》《“创安2021”监管执法专项行动》《预防高处坠落事故专项行动》，开发建设建筑施工质量安全智慧监管平台，深入推进建筑施工安全生产工作。联合《四川日报》、四川广播电视台，于2021年7月23日启动“住建安全在行动”，聚焦重点领域、重大项目、重要环节暗访检查。持续开展建筑起重机械安全生产专项整治，对全省21个市（州）抽查起重机械91台、责令停用或拆除38台、查摆问题隐患398项。启动建筑施工安全生产百日攻坚战，全省累计检查项目22021个次、督促整改项目7713个、执法处罚

352 个。对发生较大事故、事故多发地区和相关单位发出提醒函、进行警示约谈。

（八）建筑人才培养

1. 执业人员队伍不断壮大

2021 年，共办理人员执业资格注册事项审查 49.49 万件，发放注册证书 29.46 万本，注册人员较 2020 年增加 3.04 万人。全省现有一级注册建造师 3.9 万人、二级注册建造师 21.86 万人、注册建筑师 0.4 万人、注册勘察设计工程师 1.12 万人、注册监理工程师 2.19 万人、注册造价工程师 2.24 万人。

2. 教育培训有序开展

2021 年，开展建筑工人职业培训 10.3 万人次，发放培训合格证书 9.99 万本，开展施工现场专业人员职业培训 7.32 万人次，发放培训合格证书 6.24 万本。全年共计组织建筑施工企业“安管人员”和“特种作业人员”统一考试 4 次，报名参加考试共计 23.42 万人次，考试合格 18.05 万人。

3. 建筑产业工人培育卓有成效

印发《四川省加快培育新时代建筑产业工人队伍的实施方案》，加快行业用工制度改革，积极培育新时代建筑产业工人队伍，提升“川建工”品牌劳务影响力，全省组织开展建筑工人培训 10.3 万人次，培训考核合格 9.99 万人次。“岳池输变电工”“川筑劳务”“富顺建工”“华蓥建工”“川科发建工”五个品牌入选四川首批“川字号”特色劳务品牌。召开全省培育新时代建筑产业工人队伍推进会，推进建筑产业工人培育基地建设。

（九）加强行业管理

1. 强化市场监管

制定《四川省建筑市场“三包一挂”专项整治两年行动工作方案》，启动实施建筑市场“三包一挂”专项整治，累计排查项目 17783 个次，查处违法违规项目 1007 个，涉及企业 1097 家。组织开展 2021 年度建筑业企业“双随机”检查和资质动态核查，依法注销 598 家“空壳”企业资质，对

2195 家建筑业企业下发责令限期整改通知书。开展 2021 年度注册建造师执业资格“双随机”检查，对 4530 名检查不合格建造师限制执业。全面开展补录业绩核查，共核查业绩 65170 条，其中虚假业绩 17436 条、存疑业绩 22580 条、报请住建部删除 11373 条。

2. 推进招投标领域改革

持续深化房屋建筑和市政工程招标投标全流程电子化改革，推进《四川省房屋建筑和市政工程标准招标文件（2021 年版）》实施，全省已基本完成新版电子招标文件上线运行，实现电子招标投标。修订《四川省工程建设项目招标代理操作规程》，引导招标代理机构提升服务能力水平，制定《四川省工程建设项目招标代理机构信用记录管理办法（试行）》，推动招标代理行业信用体系建设。深化招投标领域系统治理，启动工程建设项目招标代理行业规范管理专项行动。

3. 加强工程造价管理

完成“2020 定额”出版发行，2021 年 4 月 1 日起在全省贯彻执行。印发《四川省房屋建筑和市政工程工程量清单招标投标报价评审办法》，进一步规范房屋建筑和市政工程工程量清单招标投标的报价评审行为。制定《四川省住房和城乡建设厅关于建设工程合同中价格风险约定和价格调整的指导意见》，妥善处置建设工程价格风险争议。每月发布《四川工程造价信息》，扩大信息服务范围和内容，增加装配式建筑及绿色建筑成品价格信息。及时印发《四川省建设工程造价总站关于进一步加强全省材料价格等信息采集发布工作的通知》，为各方主体确定风险幅度和合理分担风险提供依据。

4. 推进欠薪源头治理

贯彻落实《保障农民工工资支付条例》，持续完善建筑工人实名制管理制度，严格对企业、项目实名制认证录入、管理，强化实名制考勤，农民工工资保障工作顺利通过国务院考核并得到 A 级评价。组织开展根治欠薪攻坚行动，严查工程款结算支付、工资专用账户、实名制管理、维权信息公示等制度执行情况，加大“恶意欠薪”“违法讨薪”企业信用惩戒。加强房地产涉险项目重点监控，积极处置“问题楼盘”欠薪案件。全省住建系统受理解决欠薪投诉举报线索800余件（条），为1.4万名农民工讨回欠薪3.1亿元，有力维护建筑农民工合法权益，全省房屋建筑和市政工程项目未因工资拖欠发生群体性事件。

5. 支持企业“走出去”发展

进一步完善全省建筑业发展服务平台功能，开发平台手机App客户端，加强对“走出去”企业指导、服务和信息交流，累计发布工程招标、劳务用工信息1.3万余条。在北京举办“携手京津冀·唱响川建工”大型推介会，为川企与央企、省外强企合作牵线搭桥，促成签订施工项目51个、合同额7.8亿元，构建两地优势互补、共享共赢的新格局。推动出川企业以质量品牌拓市场、树形象，将省外承建项目纳入“天府杯”“省结构优质工程”参评范围。充分发挥建筑业发展驻外分中心沟通协调作用，组织开展务工人员工资结算支付隐患排查及“送安全到工地”活动500余次，先后为企业解决300余件急难愁盼问题。

6. 优化营商环境

制定《四川省建筑领域营商环境专项治理工作方案》，清理住建领域涉及违反公平竞争原则、不合理限制或者排斥、妨碍建立统一开放竞争市场的规范性文件、标准招标文件及其他政策文件242个，其中废止39个、修订20个，市场环境进一步优化。

二　行业发展特点分析

（一）编制发展规划引领高质量发展

2021年，依据《四川省国民经济和社会发展第十四个五年规划和二〇三五年远景目标纲要》以及住房和城乡建设部建筑业改革发展总体要求，编制《四川省“十四五”建筑业发展规划》，立足四川省建筑业正处于转变发展方式、优化产业结构、转换增长动力的关键期，研判发展形势，坚持问题导向、目标导向，明确建筑业发展目标、任务和重要举措，坚持创新驱动，以新发展理念加快建筑业转型升级，引领推动高质量发展。

（二）发展智能建造推动新型建筑工业化

2021 年，四川省住房和城乡建设厅印发《关于推进智能建造与建筑工业化协同发展的实施意见》，提出围绕建筑业高质量发展总体要求，明确以发展新型建筑工业化为载体，以数字化、智能化升级为动力，创新突破相关核心技术，推进建筑工业化、数字化、智能化升级，加快建造方式转变。一方面要通过发展装配式建筑推进建造方式改革，促进建筑工业化发展；另一方面要通过加大智能建造在工程建设各环节应用，形成涵盖科研、设计、生产加工、施工装配、运营等全产业链融合一体的智能建造产业体系。四川省明确以互联网为切入点，推进智能建造模式的制度机制建设。发布《四川省建筑产业互联网建设指南》，推动建筑业数字化转型，加快智能建造试点和应用。

（三）强调绿色发展推动“双碳”工作开展

2021 年，四川省住房和城乡建设厅深入贯彻习近平生态文明思想，完整、准确、全面贯彻新发展理念，坚持城乡建设领域绿色低碳发展，扎实开展城乡建设碳达峰行动。启动城乡建设领域碳排放现状、达峰目标、实施路径和保障措施研究，编制《四川省城乡建设领域碳达峰行动方案》。印发《四川省绿色建筑创建行动方案》《四川省绿色社区创建行动实施方案》，加强绿色建筑全过程管理，完善建筑节能和绿色建筑专项验收制度，城镇民用建筑全面执行绿色建筑标准，全省城镇绿色建筑发展加速推进，推动建筑垃圾减量化和资源化利用。

三　2022年重点工作任务

（一）加强统筹谋划

落实《加快转变建筑业发展方式推动建筑强省建设工作方案》，开展建筑业发展形势调研，研究制定支持建筑企业做大做强政策措施。推进《四川省“十四五”建筑业发展规划》实施，坚持整体推进与重点突破相结合，着力构建建筑业发展新格局。修订完善全省建筑业发展质量评价体系，做好行业发展监测分析，开展“2021 年度全省建筑业发展质量评价”。

（二）加快发展智能建造

研究出台《四川省建筑业数字化转型行动方案》。鼓励建筑企业、互联网企业和科研院所等开展合作，以数字化、智能化为动力，创新突破关键核心技术，加大互联网、大数据、云计算、人工智能、区块链等新一代信息技术在建筑领域中的融合应用。实施智能建造试点示范创建活动，支持有条件的地区创建智能建造试点城市，组织智能建造现场观摩活动，形成可复制、可推广的智能建造发展模式和实施经验。

（三）积极推行工程总承包

研究制定《四川省房屋建筑和市政基础设施项目工程总承包招标评标暂行办法》《四川省房屋建筑和市政基础设施工程总承包计价指导意见》，持续完善工程总承包制度规定。坚持以装配式建筑为重点，鼓励和引导建设内容明确、技术方案成熟的工程项目优先采用工程总承包模式。加强工程总承包项目监管，加快提升企业工程总承包管理能力，优化工程总承包项目实施，积极培育工程总承包市场。

（四）加大科技创新力度

坚持创新驱动，落实碳达峰碳中和目标任务。鼓励骨干建筑企业、高等院校、科研院所等申报住建部科学计划项目和省住房和城乡建设领域科技创新课题研究，探索将企业获奖科研成果纳入企业信用评价。在省级工法和建筑业新技术应用示范工程申报和评审中，向绿色低碳技术、装配式建筑技术、智能建造技术创新应用倾斜。推荐一批技术科研成果、创新工艺、工法、技术标准转化应用。

（五）深化招标投标改革

深化招投标领域突出问题系统治理，加强房屋建筑和市政工程招标投标活动监督管理，规范招投标投诉受理处理。落实《四川省远程异地评标管理暂行办法》，进一步推进招标投标全流程电子化，加快电子交易、监管数据互联共享。开展《四川省工程建设项目招标代理操作规程》宣贯和《四川省工程建设项目招标代理办法》修订立法调研，加强招标代理机构信用管理，规范招标代理市场秩序。

（六）提升工程质量安全水平

持续抓好疫情防控常态化条件下的工程质量安全工作，全面落实建设单位工程质量首要责任，开展工程质量检测市场系统治理，制定《四川省住宅工程质量潜在缺陷保险试点实施办法》，加强工程质量行为和实体质量控制规范化管理。加快推进“智慧工地”建设，扎实开展房建市政工程安全生产治理，深入推进建筑施工安全专项整治两年行动、预防高处坠落事故专项行动。加强预拌混凝土生产、运输和使用管理，加强建筑工地扬尘综合管控。

（七）培育建筑产业工人队伍

落实《四川省加快培育新时代建筑产业工人队伍的实施方案》，支持骨干建筑企业、职业院校与建筑劳务企业共同建设建筑产业工人培育基地，促进建筑产业工人数量和质量有序增长。支持建筑劳务输出市县、信誉良好的建筑劳务企业与央企、大型国有建筑企业建立长期战略合作关系。深入推进根治欠薪各项措施落实，深化建筑工人实名制管理，加大拖欠工程款和工资查处力度。制定全省建筑施工现场技能工人配备标准。

（八）提升市场规范化水平

持续开展“三包一挂”专项治理和建筑市场“双随机”检查，严厉查处违法发包、违法分包、转包和挂靠等违法违规行为，优化建筑领域营商环境。组织民营企业经营管理人员培训，引导企业增强市场拓展能力，促进民营建筑企业健康发展。加强建筑市场信息化建设，规范信用信息归集，强化信用管理和施工现场监管联动，制定《四川建筑市场责任主体信用管理办法》。

（九）支持企业“走出去”发展

建立完善“走出去”发展推进机制，以国家战略为向导，支持企业开拓粤港澳、长三角、京津冀等重点区域建筑市场。发挥驻外建筑业发展分中心作用，加强与重点省（区、市）交流和战略合作，进一步拓展省外建筑市场发展空间。完善四川建筑业发展服务平台功能，提升平台行业政策、工程项目、企业用工、工人求职等信息发布质量。支持企业在省外国外工程建设项目积极参与评优评奖。

（十）推动川渝建筑业协同发展

举办川渝建筑行业创新发展合作交流会，推动两地建筑业合作交流和创新发展。支持骨干建筑企业组建川渝建筑产业联盟，推动川渝建筑企业抱团发展，联合开拓国内外建筑市场。推动建立统一市场准入标准，实现两地从业人员资格互认，企业信用信息互通共享。加强装配式建筑技术标准体系协同，共同建设标准化部品部件数据库。

（十一）加强作风建设

认真践行“我为群众办实事”实践活动，主动、及时、高效为企业服务，真正把好事办好、实事办实。做好现有政策解读，加强政策衔接与协调，推动政策落地见效。主动了解企业诉求，研究解决企业面临的困难，支持引导企业加快转型发展。充分发挥新闻媒体作用，加大建筑业改革发展宣传力度，营造建筑业高质量发展的良好舆论氛围，推动“建筑强省”建设。

参考文献

尚润涛主编《工程建设蓝皮书：中国工程建设行业发展报告（2020）》，社会科学文献出版社，2020。

《“十四五”建筑业发展规划》，《工程造价管理》2022年第2期。

B.15

山东工程建设发展报告（2022）*

山东省建筑业协会**

摘　要： 2021年，山东省各级住房城乡建设部门不断强化政策扶持，优化指导服务，加大监管力度，制定建筑业高质量发展的十条措施，促进建筑业实现稳定健康增长。全省建筑业总产值为16412.0亿元，同比增长9.8%，占全国建筑业总产值的5.6%。本报告总结了房地产市场保持平稳健康发展、城市建设管理水平持续提升、建筑业转型升级持续加快、城乡建设向绿色发展深度转型、营商环境持续优化、工程质量和安全生产水平不断提升等方面发展特点。指出了行业发展中存在产业规模与先进省份差距较大、各地市发展水平不平衡、骨干企业数量偏少、市场占有率不高、核心竞争力不强等问题。结合实际提出了优化建筑业发展环境、支持建筑业科技创新、加大金融支持力度、减轻建筑企业负担、规范工程价款结算、支持建筑企业走出去、发展建筑业总部经济、激励建筑企业做大做强、推动建筑业绿色低碳安全发展、落实建筑业税收优惠政策等发展建议。

关键词： 工程建设　建筑业　山东省

---

* 本报告数据均来自国家统计局和山东省统计局。

** 课题组成员：刘勇，山东省建筑业协会会长，主要研究方向为建筑行业发展；姜晓燕，山东省建筑业协会行业发展部主任，主要研究方向为建筑行业发展、诚信管理。执笔人：姜晓燕。

一　行业发展基本情况

山东省建筑业总产值为16412.0亿元，同比增长9.8%，实现增加值6094.5亿元，占全省地区生产总值的7.3%。其中省外建筑业产值为3623.98亿元，同比增长13.3%，国外产值为678亿元，同比增长6.7%。缴纳税收700.2亿元，占全省税收比重的6.8%。全省建筑业新签合同额为20163.01亿元，同比增长12.8%。房屋建筑新开工面积为32571.67万平方米，同比增长1.5%。新晋升施工总承包特级资质企业5家，全省特级资质企业达50家。具有总承包或专业承包资质的有工作量建筑业企业9297家，比上年增加1216家。其中，国有及国有控股企业652家，比上年增加70家。12家建筑业企业获山东百强民营企业，中国百强企业、民营百强企业中均占3家。

二　行业发展特点分析

（一）房地产市场保持平稳健康发展

山东省加强市场监测，及时预警调控，妥善化解个别房地产项目风险，山东省房地产市场与全国相比更加温和稳健。全省2021年完成房地产开发投资9819.75亿元，同比增长3.9%；新建商品住宅网签成交面积1.29亿平方米，居全国首位，同比增长2.5%；网签均价同比增幅较全国平均水平低3个百分点；商品住宅库存去化周期16个月，处于合理区间。

棚改旧改任务超额完成。全省棚户区改造新开工12.95万套、基本建成43.6万套，分别完成105%、382%。青岛棚改获国务院督查激励。全省开工改造老旧小区65.56万户，完工63.00万户，居全国首位。济南、青岛入选军队老旧住房小区改造试点。

住房保障体系加快完善。省政府办公厅印发《关于加快发展保障性租

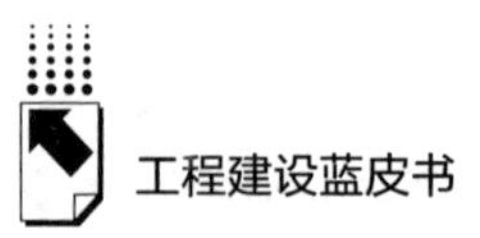

赁住房的实施意见》，济南、青岛2个国家试点开工7.49万套，利用非居住存量闲置房改建保障性租赁住房，取得良好成效。全省新筹集公租房1610套，发放住房租赁补贴5.64万户，完成144.6%。

公积金缴存持续扩面增量，新增缴存职工135.36万人、缴存额1591亿元，同比分别增长25.3%、10.7%；“全省通办”“跨省通办”走在全国前列，济南牵头黄河流域8个省会城市签署了公积金战略合作协议。

物业服务水平不断提高。“齐鲁红色物业”建设向纵深推进，城市社区环境和物业管理委员会、业主委员会成立率分别达到100%、56%，物业服务整体覆盖率、物业企业党组织覆盖率分别达到96%、100%。住房和城乡建设部（以下简称“住建部”）在山东省召开现场会，济南、威海入选全国“加强物业管理，共建美好家园”试点，青岛入选全国“智慧物业”建设试点。

（二）城市更新步伐加快，城市建设管理水平持续提升

2021年山东省统筹推进城市更新和品质提升三年行动，对29个试点片区开展中期评估，10个片区获省级奖补1亿元。烟台、潍坊入选首批城市更新国家试点，济南、青岛、东营入选城市体检国家试点，济南、青岛、烟台、济宁入选全国新型城市基础设施建设试点。

基础设施日益完善。全年完成城建投资1481.7亿元，同比增长6.5%。全省新增综合管廊43.9公里、海绵城市109平方公里、城市（县城）集中供热面积7468万平方米，设区市新增公共停车位3.2万个。潍坊获批全国海绵城市建设示范城市。3个市新开工建设高架快速路，建有高架快速路的城市增加到7个，分别是济南、青岛、淄博、烟台、潍坊、济宁、临沂。烟台、济宁被住建部确定为城市基础设施安全运行监测试点。城市防洪排涝能力不断提升，新建改造雨水管网1350公里、污水管网1593公里，改造合流制管网1042公里，在降雨量创历史新高的情况下，保障了城市安全度汛。

城市管理水平不断提高。推进城市管理智能化，16个市平台与住建部完成对接，省、市、县三级平台实现互联互通。实施市容环境综合整治，清

理背街小巷3万余条，济南、青岛、烟台、临沂4市入选全国背街小巷环境整治试点。全省共排查铁路沿线环境问题6949个，整治完成率在99%以上。

历史文化保护力度加大。20个历史文化名城保护规划完成省级审查，其中10个获省政府批复，8个报住建部审查。第一批35处历史文化街区全部完成保护规划编制，新公布历史文化街区25处、历史建筑900处。各市县历史建筑数量全面实现“清零”“达十”目标，基本完成测绘建档和挂牌保护。济南、青州分别入选全国历史文化街区及名城保护示范案例。

（三）建筑业转型升级持续加快

2021年山东省政府与中建集团签订战略合作协议，12个部门联合出台建筑业高质量发展十条措施。开展建筑市场“打非治违、正本清源”专项行动，全省检查项目2356个（次），108家企业受到处罚，有效规范了市场秩序。

2021年山东新增特级建筑企业5家，累计达到50家，12家入选山东民营企业百强。全省建筑业总产值为16412亿元，其中省外产值为3624亿元、国外产值678亿元，同比分别增长9.8%、13.3%、6.7%。

新型建筑工业化加快发展。开工装配式建筑5092万平方米，同比增长24.8%，占新开工民用建筑比例27%以上。国家钢结构住宅试点任务圆满完成，其间建设钢结构住宅341万平方米。新建校舍推广钢结构建筑，建设规模全国领先。

（四）城乡建设向绿色发展深度转型，住建领域生态底色持续擦亮

2021年山东省住建领域生态底色持续擦亮。以中央环保督察反馈问题整改为契机，打好住建领域蓝天、碧水、净土保卫战。狠抓建设扬尘治理，规模以上房建、市政工地全面落实防控措施，纳入监管的3万余台渣土车实现密闭运输。县（市）104条黑臭水体完成工程整治，其中63条通过“长制久清”评估验收。新建、扩建27座城市污水处理厂，新增处理能力82万吨/日。新建生活垃圾处理设施7座，新增处理能力5100吨/日，城乡生活垃圾焚烧处理率达到90%。促成部省签订城乡建设绿色低碳发展合作框架

协议，成功举办中德建筑节能对接交流会，青岛获批全国首个绿色城市建设发展试点。全省新增绿色建筑 1.79 亿平方米，完成建筑节能改造 758 万平方米，推广可再生能源建筑应用 1.16 亿平方米。新建城市绿道 779 公里，新增综合性公园和专类公园 40 个、口袋公园 975 个。

（五）营商环境持续优化

2021 年山东省住建营商环境持续优化。工程建设项目审批制度改革取得新突破。新出台 26 项创新改革举措，省级审批事项压减到 48 项，压减了 34%，简易低风险项目全流程审批事项全国最少。济南分类推进联合验收、济宁开工前零收费、淄博施工许可“一证化”、威海项目审批全链条闭环办理等做法在全国推广。

简政放权取得新成效。省厅将 95%省级权力下放，指导承接部门完善办事指南、规范许可实施、优化审批服务。深化住建部下放试点改革，四大类 168 项部批资质实现一窗受理、一网通办、就近办结。

审批服务效率实现新提升。实施政务服务“双全双百”工程，推进“证照分离”改革，推广“电子证照”应用。加快推行网上审批，省级许可事项证明减少 40 项，审批时限压减 90%以上，即办率达 60%。推动水电气暖信联合报装，实现不动产登记和水气暖过户协同办理。全面实施“阳光图审”，推行施工图审查信息“五公开、三报告”。

（六）住建领域质量安全基础持续巩固，工程质量和安全生产水平不断提升

创建鲁班奖 8 项、国优工程 26 项，数量均排名全国第一。住宅质量信息公示、“先验房后收房”试点成效良好，作为质量考核典型案例上报国务院。深入实施安全生产专项整治三年行动，安全形势保持平稳，死亡人数同比下降 22.7%。全面推开智慧工地建设，烟台先行先试项目上线率达 98%。全省教育考核注册建造师、特种作业人员 45 万人次，在全国砌筑和吊装技能大赛中勇夺桂冠，从业人员素质明显提升。

城镇燃气安全监管全面加强。开展燃气安全大排查大整治“回头看”，各级检查城镇燃气项目 1.5 万个（次），整改各类隐患 4.4 万项；排查整改建（构）筑物占压燃气管网 412 处。推广潍坊为用户免费更换不锈钢波纹管经验，全省已更换 737 万户。

建设工程消防监管开创新局。省厅建立“一处一中心”组织架构，16 市均明确职能承接机构。发布实施消防设计审验细则和相关技术导则，政策技术体系初步形成。烟台市及牟平区获批全国既有建筑改造利用消防设计审查验收试点，住建部在烟台召开现场会。

勘察设计质量监管更加严格。开展勘察设计行业市场和质量监督检查，抽查勘察设计成果 1601 项，发现质量问题 1685 条，责令整改 702 家。

城市房屋建筑“两违”清查深入开展。16 市共排查既有房屋建筑 222 万栋、在建房屋建筑 8.85 万栋，隐患整改分别完成 50.9%、60.4%；排查违法建设行为 3.45 万起，整改完成 44%。

自然灾害综合风险普查扎实推进。12 个国家试点县任务圆满完成，全省累计调查房屋建筑 3799 万栋、市政道路 1.4 万条、市政桥梁 5358 座、供水管线 1.45 万公里、供水厂站 658 座。日照“岚山大会战”、滨州“156”等工作经验在全国推广。

三　行业发展中存在的主要问题

（一）产业规模与先进省份差距较大

2021 年，山东省建筑业总产值排名全国第六，排名前五的江苏省、浙江省、广东省、湖北省、四川省的建筑业产值分别为 3.82 万亿、2.30 万亿、2.13 万亿、1.90 万亿和 1.74 万亿元。与建筑强省比较，差距较为明显。

（二）各地市发展水平不平衡

2021 年，青岛、济南、泰安、临沂、滨州、东营、济宁 7 市建筑业产值增速高于全省平均水平，其他市增速不快，个别市甚至出现负增长。

（三）骨干企业数量偏少

山东省特级企业 50 家，与排名前三的江苏省、浙江省、北京市差距较大，年产值过百亿元的企业山东省有 30 家，江苏省、浙江省均超过 50 家。截至 2021 年底，山东省尚有枣庄、东营、济宁、泰安、聊城、滨州、菏泽 7 市无特级资质企业。

（四）市场占有率不高

省内建筑市场约有 40%的份额被省外企业占领，个别市达到 60%以上，且大多集中于轨道交通、超高层建筑、大型公共设施等高附加值项目。2021 年，山东省外出施工产值占总产值的比重为 22%，江苏省、浙江省分别超过 44%、29%。

（五）核心竞争力不强

省内企业普遍存在高端人才少、技术能力弱、资本运作水平低等问题，融资渠道单一，融资难、融资贵的问题长期存在，尤其是民营企业大多集中在普通房建等低端市场领域，难以承接高精尖项目。

另外，工程结算复杂缓慢、资金回笼难，部分项目垫资施工、拖欠工程款现象严重，一定程度上制约了山东省建筑业发展。

四　促进行业发展的对策和建议

为深入贯彻党中央、国务院决策部署和省委、省政府工作要求，扎实做好“六稳”工作，全面落实“六保”任务，进一步优化建筑行业营商环境，加大政策扶持力度，促进全省建筑业高质量发展，2021 年 6 月，经省政府同意，山东省住房和城乡建设厅、山东省发展和改革委员会、山东省科学技术厅、山东省财政厅、山东省人力资源和社会保障厅、山东省生态环境厅、山东省交通运输厅、山东省水利厅、山东省商务厅、中国人民银行济南分行、国家税务总局山东省税务局、中国银行保险监督管理委员会山东监管局联合印发《关于促进建筑业高质量发展的十条措施的通知》。

（一）优化建筑业发展环境

对建筑企业跨省、跨市、跨县（市、区）承揽工程的，各地不得以任何理由强制或变相要求企业在本地注册设立子公司或分公司。为省内外建筑企业、民营国有建筑企业搭建平等竞争平台，支持省内企业采取联合体投标等方式参与轨道交通、机场设施、水利工程、电力工程、城市快速路、综合管廊以及超高层建筑等重大项目建设。落实优质优价政策，对获得国家级、省级和市级工程奖项的，按规定计取优质优价费用。加快推进建设工程招标投标制度改革，实施技术、质量、安全、价格、信用等综合评价，防止恶意低价中标。全部或者部分使用国有资金投资或者政府主导的工程项目在采购或招标时，对具备相应资质条件的企业，不得设置与业务能力无关的企业规模门槛、初始业绩门槛以及其他不平等限制条件。

（二）支持建筑业科技创新

支持建筑企业申请高新技术企业，通过认定的按规定享受税收优惠政策。建筑企业符合条件的研发支出，按规定享受研发费用税前加计扣除优惠。支持建筑企业设立技术中心，对于达到相应标准的，优先支持认定为省级企业技术中心。

（三）加大金融支持力度

鼓励金融机构在合规审慎的前提下，积极开发适合建筑业特点的信贷产品，允许建筑企业在承接政府投资项目后凭施工许可证等材料向银行申请抵质押贷款。对规模相当、信用良好的民营或国有建筑企业，在贷款审批中不得对民营企业设置歧视性要求，同等条件下民营企业与国有企业贷款利率和贷款条件保持一致。对于建筑企业参与 PPP 项目或承接投资、建设、运营一体化项目的，金融机构依法合规给予融资支持。

（四）减轻建筑企业负担

政府和国有资金投资项目全面推行银行保函、保证保险方式缴纳 4 类保证金（投标、履约、工程质量、农民工工资）。完善农民工工资专用账户管理，持续提升建筑企业银行结算账户服务水平。建筑业小微企业按规定享受小微企业普惠性税收减免政策。建筑企业一般纳税人为甲供工程提供的建筑服务和以清包工程方式提供的建筑服务，可以选择适用简易计税方法计税。

（五）支持建筑企业“走出去”

完善外出施工联络服务机制，定期组织建筑企业推介活动，引导企业参与“一带一路”以及各类功能区、国家级新区建设，提高外埠市场份额。对山东省建筑企业开展国家鼓励的境外投资和对外工程承包，投保中国出口信用保险公司海外投资保险、出口特险（含特定合同保险和买方违约保险）和出口卖方信贷保险，对山东省“走出去”风险保障平台给予保费支持。

（六）发展建筑业总部经济

对施工综合资质（特级资质）企业迁入山东省或将施工综合资质（特级资质）分立到山东省设立独立法人资格公司的，给予一次性奖励 2000 万元，即自迁入之日起 3 年内，对企业产生的新增地方财力，由企业所在地给予适当奖励。对于上述迁入山东省企业的高级管理人员、专业技术人员，享受山东省关于人才引进的保障性住房政策。鼓励各市结合实际出台相关扶持政策，支持建筑业总部经济发展。

（七）激励建筑企业做大做强

对于在省内注册的建筑企业首次获得施工综合资质（特级资质）的，给予一次性奖励 2000 万元，省级财政、企业所在市财政分别负担 1000 万元。鼓励各市出台建筑业“小升规”奖励政策，对于 2021 年建筑业新升规企业，企业注册地政府可给予最高一次性奖励 10 万元。对于拥有上市建筑企业的省属国有企业集团，2021 年按减 10%的比例上缴国有资本经营收益。政府或国有资金投资的房屋建筑和市政工程项目，应带头采用工程总承包、全过程咨询服务，实施装配式建造，促进投资、设计、开发、施工、运营维护、部品部件生产全产业链发展。

（八）推动建筑业绿色低碳安全发展

认真落实碳达峰碳中和要求，推行绿色建造方式，加快推进智能建造与新型建筑工业化协同发展。加强施工现场环保、质量、安全管控，对于确认为民生保障、防汛救灾、应急抢险等重点工程项目和环保绩效达到引领性级别的水泥、混凝土、预拌砂浆、砂石料等生产企业，以及混凝土浇筑等不可间断的施工工序，在严格落实扬尘治理等环保措施的前提下，允许在重污染天气应急响应期间正常施工、生产。将重污染天气应急响应视为不可抗力因素，由此造成停工等情形的，可由承发包双方通过修改合同约定或协商等，相应顺延计划工期，以此减少承包方可能承担的损失。将扬尘污染防治支出列入建设项目成本，保障建筑企业绿色文明施工。

（九）落实建筑业税收优惠政策

严格落实减税降费政策，降低建筑企业税收负担，对建筑企业增值税增量留抵税额，按规定予以退还。对确有特殊困难不能按期缴纳税款的建筑企业，经省级税务部门批准，可以延期缴纳税款。建立健全建筑施工信息共享制度，各级住建部门（行政审批部门）及时向当地财税部门提供建筑施工许可等信息，税务部门要深化数据分析应用，实现项目源头管控，提高行业税收征管质效。

参考文献

《“事争一流提标杆　唯旗是夺勇担当”全力推动住房城乡建设事业高质量发展走在前——全省住房城乡建设工作会议召开》，界面新闻网，2022 年 2 月 3 日，https：//www. jiemian. com/article/7071501. html。

《重磅！山东省出台〈关于促进建筑业高质量发展的十条措施〉》，山东省建筑业协会网站，2021 年 6 月 3 日，http：//www. sdsjzyxh. com/news/842. html。

B.16

湖南工程建设发展报告（2022）*

湖南省建筑业协会

摘　要： 2021年，湖南省建筑业生产稳中有进，稳中向好。全省建筑业企业完成建筑业总产值13280.14亿元，同比增长11.9%。报告回顾了行业发展基本情况，对建筑业总产值、建筑业增加值、合同金额、从业人数与劳动生产率、房屋施工面积和竣工面积、建筑企业税收总额等主要经营指标进行了对比分析。总结出行业发展具有建筑业凸显重要支柱地位、房屋建筑业主导地位有所强化、大型企业快速成长、长沙市建筑业各项指标保持绝对领先、信息化成建筑业促转型育动能重要抓手、政策层面为行业转型升级指明方向、新形势新变化事关建筑业可持续发展等方面特点。指出2022年施工企业可以关注重点投资领域的发展机遇、重点区域的发展机遇、新时代建筑业发展机遇、行业竞争新格局下的建筑业发展机遇，力争实现企业的健康可持续发展。

关键词： 工程建设　建筑业　湖南省

一　行业发展基本情况

（一）建筑业总产值

2021年，湖南省建筑业总产值达13280.14亿元，保持增长态势；扭转

* 本报告数据均来自国家统计局、湖南省统计局和湖南省住房和城乡建设厅。

前三年增长率下降趋势，同比增长率达到了11.94%，增幅较上年增长2.14个百分点（见图1）。

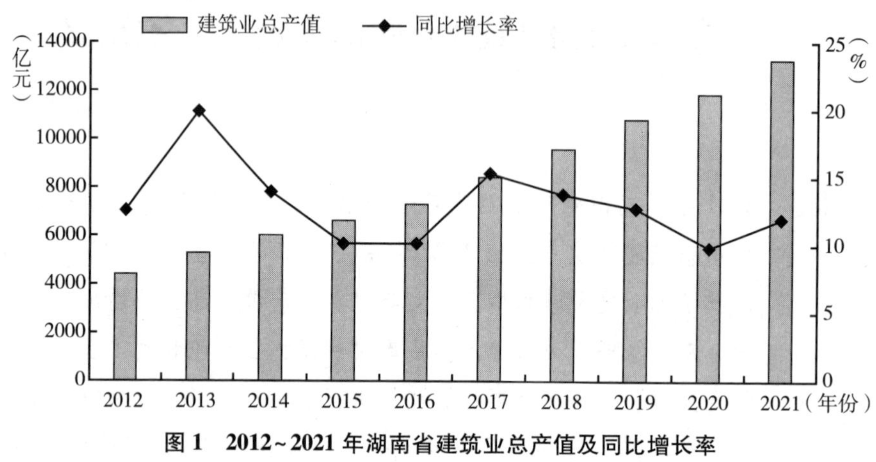

图1　2012~2021年湖南省建筑业总产值及同比增长率

（二）建筑业增加值

2021年，湖南省地区生产总值（GDP）为46063.09亿元，名义GDP比上年增长10.25%。湖南省建筑业增加值为3973.36亿元，占全国建筑业增加值（80138.50亿元）的4.96%，较2020年占比（4.92%）略有上升；建筑业增加值比上年增加10.58%，同比增长率较2020年增加5.48个百分点（见图2）。

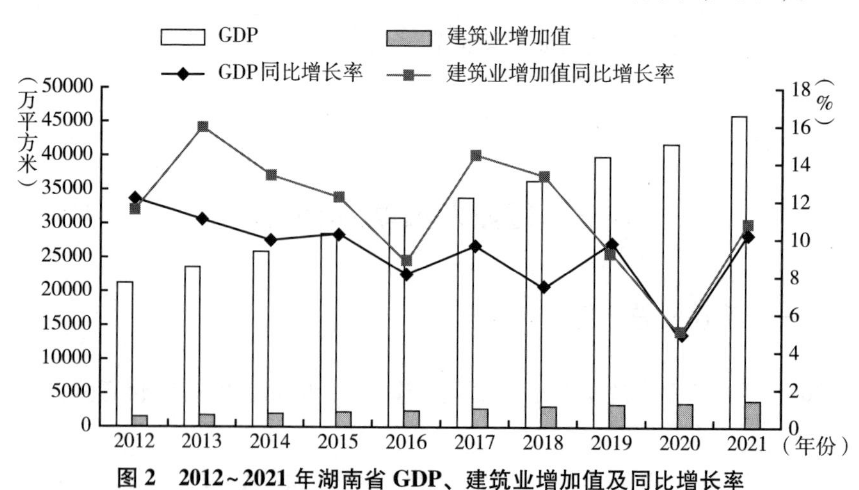

图2　2012~2021年湖南省GDP、建筑业增加值及同比增长率

2012~2021 年，湖南省建筑业增加值占湖南省地区生产总值的比重稳定在 7%以上。2021 年占比达 8.63%，较 2020 年略有提升，是近 10 年来最高值（见表 1），并高出全国平均水平（7.01%）1.62 个百分点，说明建筑业在湖南省经济发展中的支柱地位依然稳固。

表 1　2012~2021 年湖南省建筑业增加值、GDP 及建筑业增加值占 GDP 的比重

单位：亿元，%

年份	建筑业增加值	GDP	建筑业增加值占 GDP 的比重
2012	1503.6	21207.2	7.09
2013	1742.9	23545.2	7.40
2014	1975.8	25881.3	7.63
2015	2217.1	28538.6	7.77
2016	2411.7	30853.5	7.82
2017	2760.2	33828.1	8.16
2018	3128.3	36329.7	8.61
2019	3416.9	39894.1	8.56
2020	3585.5	41781.5	8.58
2021	3973.4	46063.1	8.63

（三）合同金额

2021 年，湖南省建筑业企业签订合同金额为 29743.95 亿元，同比增长 17.72%；湖南省本年新签合同额 14676.79 亿元，同比增长 6.42%（见表 2）。湖南省本年新签合同金额占其全年签订合同总金额的 49.34%，低于全国平均水平 3.11 个百分点。从近 10 年湖南省建筑业新签合同额来看，虽然规模不断上升，但增速不够稳定，同比增长率极差高达 22.83%。

表 2　2012~2021 年湖南省建筑业企业本年新签合同额及同比增长率

单位：亿元，%

年份	建筑业企业本年新签合同额	同比增长率
2012	5086.38	15.71
2013	6503.01	27.85

续表

年份	建筑业企业本年新签合同额	同比增长率
2014	6829.45	5.02
2015	7208.96	5.56
2016	8361.45	15.99
2017	10210.73	22.12
2018	11204.86	9.74
2019	12589.48	12.36
2020	13791.16	9.55
2021	14676.79	6.42

（四）从业人数与劳动生产率

2021 年，湖南省建筑业的平均从业人数为 301.25 万人，同比减少 0.6%；建筑业劳动生产率达 44.1 万元/人，同比增长 12.6%，较 2020 年增速高出 5.81 个百分点，不过建筑业劳动生产率与全国平均水平（47.3 万元/人）相比仍有不足，相差 3.2 万元/人（见图 3）。

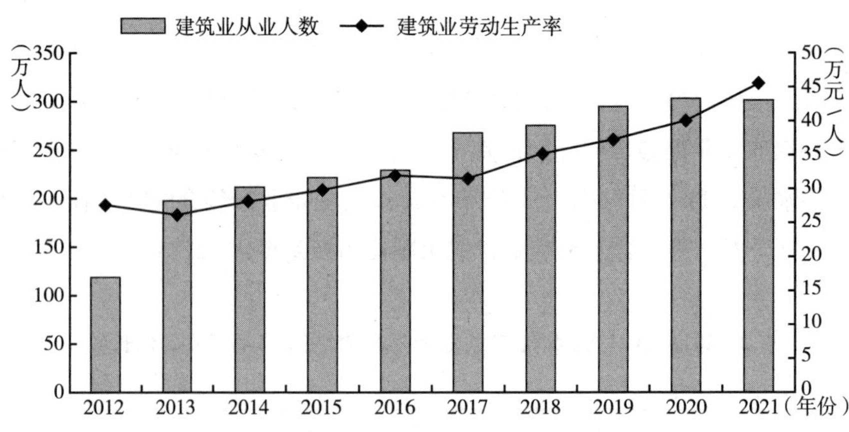

图 3　2012~2021 年湖南省建筑业从业人数和建筑业劳动生产率

（五）房屋施工面积和竣工面积

2021 年，湖南省房屋建筑施工面积为 76367.89 万平方米，同比增长 12.3%，增速较 2020 年增加 8.1 个百分点，与全国平均增速水平（5.4%）相比高出 6.9 个百分点。房屋建筑竣工面积为 24029.1 万平方米，同比增长 13.1%，与全国平均水平（6.1%）相比高出 7.0 个百分点（见图 4）。

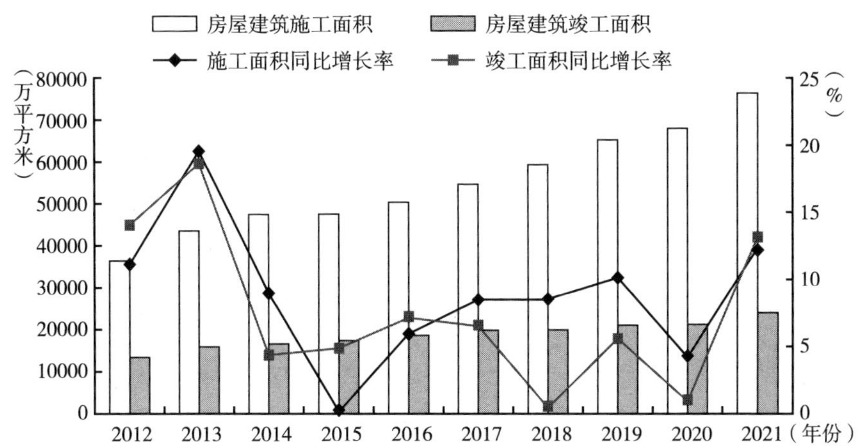

图 4　2012~2021 年湖南省房屋建筑施工面积、房屋建筑竣工面积及同比增长率

（六）建筑企业税收总额

2021 年，湖南省建筑业税收总额为 385.64 亿元，同比增长 11.52%（见表 3），占全口径税收比重的 8.56%。建筑业上缴税收在主要行业中排名第四，仅次于制造业、房地产业、批发零售业，同比增长高于制造业和房地产业。

表 3　2017~2021 年湖南省建筑业税收总额

单位：亿元

年份	建筑业税收总额
2017	301.16
2018	321.15
2019	356.70

续表

年份	建筑业税收总额
2020	345.79
2021	385.64

二　行业发展特点分析

（一）建筑业凸显重要支柱地位

2021年，湖南省建筑业生产稳中有进，整体呈现回升态势，各项主要指标稳定恢复。

从季度来看，2021年第一季度，湖南省建筑业呈现快速恢复增长态势，当季总产值为2348.24亿元，同比增长25.7%。此后，全省建筑业企业统筹做好疫情防控和生产经营，生产继续呈现平稳增长态势。至2021年年中，建筑业总产值达5429.11亿元，同比增长16.6%。至2021年第三季度末，建筑业总产值达8422.07亿元，同比增长13.9%。此后建筑业企业抢抓机遇，乘势而上，通过扩市场、抓项目，不断做大市场份额。2021年全省完成建筑业总产值13280.12亿元，同比增长11.9%。

在经济运行贡献方面，2021年湖南省建筑业增加值为3973.4亿元，同比增长10.8%，占地区生产总值的比重达8.63%，为近10年来最高值，凸显了建筑业在湖南省经济发展中的重要支柱地位。

（二）房屋建筑业主导地位有所强化

从行业分类来看，房屋建筑业在建筑业总产值中的主导地位有所强化。2021年房屋建筑业产值为9499.90亿元，同比增长14.8%，两年平均增长11.6%，占建筑业总产值的比重为71.5%，较2020年增加近2.0个百分点；建筑安装业产值575.08亿元，同比增长21.0%，两年平均增长20.8%，占建筑业总产值的比重为4.3%。

2021 年，湖南省房地产市场进入调整期，开发投资增速有所回落，全年开发投资 5427. 83 亿元，同比增长 11. 2%，比 2019 年增长 22. 1%，两年平均增长 10. 5%。其中，住宅投资 4164. 61 亿元，增长 15. 2%，两年平均增长 14. 1%；占房地产开发投资的比重为 76. 7%。

（三）大型企业快速成长，整体影响力仍有提升空间

2021 年，湖南省大型建筑业企业经营形势呈现良好态势，全省 92 家大型建筑业企业完成建筑业总产值 6290. 56 亿元，同比增长 19. 5%，高出全省平均水平 7. 6 个百分点，占全省建筑业总产值的比重为 47. 4%。分资质来看，特级和一级企业增长较快。2021 年全省特一级资质总承包和专业承包建筑业企业 564 家，增加 12 家，同比增长 2. 2%；共完成建筑业总产值 8711. 29 亿元，增长 12. 1%，占全省建筑业总产值 65. 6%。

2021 年，全省总承包和专业承包资质企业 3744 家，同比增长 9. 7%，两年平均增长 10. 4%。2021 年新增建筑业企业完成建筑业总产值 223. 08 亿元，产值贡献率为 1. 7%。值得关注的是，本省企业在外省完成产值 4525. 38 亿元，占建筑业总产值的 34%，全省共有 936 家建筑业企业在全国各地开展施工业务。但在企业整体竞争力方面，2021 年“中国企业 500 强”名单共有 52 家工程建筑企业上榜，湖南省只有湖南建工集团有限公司 1 家建筑企业入围，名列第 223 位；在 2021 年度“全球最大 250 家国际承包商”榜单中，共有 78 家中国企业上榜，湖南省企业中，湖南建工集团有限公司名列第 180 位，较上年排名上升 11 位，湖南路桥建设集团有限责任公司名列第 192 位，较上年排名上升 29 位。总的来看，湖南省头部建筑企业数量偏少，整体品牌竞争力与行业影响力仍有待提升。

（四）长沙市建筑业各项指标保持绝对领先

从湖南省 2021 年各市州主要建筑业指标来看，长沙市在各个方面呈现强者恒强局面。在建筑业总产值、签订合同额、本年新签合同额和本年房屋建筑施工面积这几项中，长沙市占全省的比重均逾五成（见表 4）。此外，

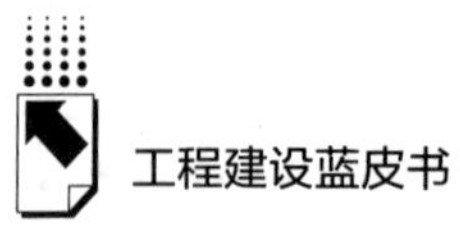

除了本年新签合同额一项外，长沙在其余几项占比均较上年有所提升。

从头部企业分布来看，2021 年湖南企业 100 强名单中有建筑业企业 11 家，长沙市共有 9 家建筑企业入选。其中，中国建筑第五工程局有限公司、湖南建工集团有限公司、中国水利水电第八工程局有限公司、五矿二十三冶建设集团有限公司 4 家入围榜单前 20 强。在湖南省住房和城乡建设厅公布的湖南省 20 家“建筑强企”名单中，有 16 家企业总部位于长沙市。

近年来，长沙市重点支持建筑业总部经济建设，扶持建筑企业做强做大，推进产业结构升级。目前，长沙市注册的具有建筑资质企业共有 8896 家，其中特级企业 15 家。2022 年长沙市将实施房地产建筑企业培育行动，推动建筑企业高质量发展，支持建筑业龙头企业采用联合体投标方式参与重大基础设施建设。引导企业市场外拓，打造长沙建筑业品牌。同时，推动建筑业转型升级，着力提升企业在低碳、绿色、新能源、新基建领域的施工能力。

表 4　2021 年长沙市、全省建筑业主要指标及占比

主要指标	长沙市	全省	占比(%)
建筑业总产值(亿元)	6823.82	13280.12	51.38
建筑业增加值(亿元)	1437.36	3973.36	36.17
签订合同额(亿元)	20417.28	29743.95	68.64
其中,本年新签合同额(亿元)	8714.40	14676.79	59.37
房屋建筑施工面积(万平方米)	45416.60	76367.90	59.47
其中,本年新开工面积(万平方米)	11726.20	26085.10	44.95
从事生产建筑业活动平均从业人数(万人)	128.90	301.20	42.79

（五）信息化成建筑业促转型、育动能重要抓手

近年来，湖南省稳步推进智慧住建工作，立足智慧城市建设大局打造建筑业信息化平台，同时以行业新技术如智能制造、BIM 等为抓手促进行业优质高效发展。

2021 年在智慧住建强化保障方面，湖南省加快建设大数据中心，建立

智慧住建专家委员会与智慧住建信息化项目储备库，推进业务和管理过程再造、流程再造、组织再造，开展定期、定量评估评价等。进一步加强信息中心统筹能力，推动智慧住建与智慧城市衔接，抓好智慧社区、新城建试点，致力实现数据可视化、可量化、即时性、开放性等。2021 年，融合物联网、大数据、BIM、GIS 等现代信息技术的湖南省城市桥梁隧道监管平台上线，实现了城市桥梁隧道的连续动态管理，增加了城市隧道信息管理模块和城市桥梁隧道安全监测子系统。

值得一提的是，湖南省 BIM 技术应用工作在全国位于前列，特别是施工图 BIM 审查工作受到国务院大督查的通报表扬。2021 年 10 月，第三届湖南省 BIM 技术应用大赛决赛在长沙举行，共有 95 家单位 377 个项目参赛。下一步湖南省将加快推动 BIM 技术在设计、施工、运维等工程建设全阶段全流程的应用。此外，今年还将推进工程建设项目审批制度改革 3.0 版升级，推动“互联网+智慧工地”平台 2.0 版升级。在城市管理方面还将加快行业大数据中心建设，推进 CIM 平台和城市运行管理服务平台建设与 CIM 试点工作，梳理重点应用场景，加大物联感知设备投入力度。

（六）政策层面为行业转型升级指明方向

2021 年国家和湖南省主管部门出台了一系列政策文件，形成了行业运行的政策总基调，为行业转型升级指明了发展方向。

1.“房住不炒”连续写进《湖南省政府工作报告》

湖南省坚持“房住不炒”定位，稳妥实施房地产长效管理机制。2021 年，受市场环境、个别房企债务违约风险显现等因素影响，湖南省房地产开发投资增速持续回落。土地供应减少影响了房企新开工规模，市场活跃度不足、资金压力较大降低了部分企业开工意愿，房企投资渐趋谨慎。由于在建项目施工规模较大，相关建筑工程投资仍对开发投资形成一定支撑。

值得关注的是，保障性住房建设也对开发投资起到拉动作用。2021 年，湖南省实施城镇棚改 3.56 万套，全面开工保障性租赁住房 4.35 万套，改造农村危房 2.8 万户。棚改工作获国务院真抓实干表彰。

2. 政策引领下湖南省绿色与装配式建筑发展居全国前列

2021 年，湖南省完成全国首批装配式钢结构住宅建设试点，出台了《湖南省绿色建筑发展条例》，启动绿色建造试点，升格并成功举办中国（长沙）国际装配式建筑与工程技术博览会。

为支撑湖南省逐步建设成为国内领先并具有国际影响的绿色建造科技创新中心和绿色建造产业中心，湖南省成立了绿色建造专家委员会，其中包括 17 位中国工程院院士以及 21 位境外专家和 74 位国内专家。目前已明确长沙机场改扩建工程等 9 个项目为第一批绿色建造试点项目，明确长沙市、株洲市、湘潭市为第一批绿色建造试点城市。

3. 不断筑牢行业安全运行基石，突出问题不容忽视

安全生产是行业长足发展的前提。针对建筑施工领域事故多发的情况，湖南省住房和城乡建设厅 2021 年持续开展全省建筑工程质量安全和建筑管理工作督查，开展“强监督、遏事故，百日攻坚”行动。从 2021 年第四季度相关督查通报来看，省内各地在持续做好疫情防控前提下，大部分能按照年度工作要点和工程质量安全目标管理要求，保障在建工程质量和安全生产整体平稳可控。但一些突出问题不容忽视，一是部分市州监督和指导力度不够，所辖县市区工程质量安全监管能力和水平提升不明显；二是部分地区“打非治违”和监管执法力度不够，存在未办理施工许可和质量安全监督手续擅自开工建设等现象；三是日常监督管理工作统筹协调不够，效能有待进一步提升，部分在建工程项目监督规范化工作没有真正落实，未纳入标准化考评，施工现场存在较多质量安全问题。此外，各市州对在建工程项目的质量安全监管偏重于主体工程，对装饰装修工程、消防工程、室外工程等监管重视不够。

（七）新形势、新变化事关建筑业可持续发展

1. 建筑业传统人力资源面临升级

2021 年以来，湖南省建筑业劳动生产率稳步提升。全省从事建筑业活动人数 301.25 万人，同比下降 0.6%，人力构成仍以农民工为主。与此同

时，全省建筑业企业劳动生产率由上年同期的 39.2 万元/人提高到 44.1 万元/人，增长 12.6%。

从全国来看，当前建筑业面临工人老龄化、人工成本高涨以及“用工荒”等情况，湖南也面临类似问题。由于支撑传统建筑业发展的人力资源“根基”出现新变化，建筑业亟须从“劳动密集型”向“创新驱动”的新型建筑业转型，实现可持续发展。

国家统计局数据显示，从事建筑业的农民工人数在 2014 年达到峰值，为 6109.1 万人，2020 年降至 5226.48 万人，降幅为 14.4%。

对湖南省建筑业企业而言，加大农民工技能培训力度，推动“人口数量红利”向“劳动技能红利”转变，尤其是积极帮助大龄农民工通过新技能培训来转岗，拓展就业渠道，是行业可持续发展的一个重要课题。

2. “健康建筑”方兴未艾

健康建筑被赋予了更多“以人为本”的属性，强调建筑使用者的安全和体验，是以建筑技术、建材、设备、建筑管理等为手段，通过多种形式呈现其功能。比如，健康建筑要求的排水设计和水封、气封设计更为严格；此外，要求可以监测控制室内污染物浓度，优化室内热湿环境，创建优美绿化环境等，既能够满足建筑使用者短期的应急需求，也能为建筑使用者提供长期的健康促进保障。

健康建筑是绿色建筑深层次发展与行业供给侧结构性改革深化的必然要求，行业应把改善产品性能、功能放在重要位置。先行企业可探索结合第四代、第五代住宅革命发展趋势，融合智能建筑和智能家居建材技术，满足人们的美好居住生活新需求。

3. 适老化改造成建筑业新风口

“十四五”时期，我国人口老龄化程度将进一步加深，60 岁及以上人口占总人口的比重将超过 20%，进入中度老龄化社会。近几年，城市更新在全国各地快速展开，其中，“无障碍”“适老化”成为热词。在大的政策环境引导与现实需求下，适老化改造已经延伸至公共场所、社区、医疗卫生机构、运动健身场所和家庭等多个场景，并涉及电梯加装及公共设施改造等。

对建筑业企业而言，适老化改造将成为热门赛道。据业内初步估算，全国将催生出万亿元市场，但目前适老化改造还处于起步阶段，从项目方案设计、设施改造到产品创新，产业链中每一个环节都值得企业深挖。

4. 韧性城市对基础设施提出新的现实要求

长期以来，我国高速度、大规模粗放式建设积累了许多风险隐患，突出表现为地下管线老化、底数不清、排水管网亟待更新完善等。近年来，国内燃气爆炸等灾害事故多发，迫切需要改造。此外，极端天气引发多个城市遭受特大洪涝灾害，造成人员财产损失。2017 年，长沙市也经历了特大洪灾。

旧有管线改造、城市防洪排涝能力提升已成为韧性城市建设的重要内容。《2022 年湖南省政府工作报告》提出了“加快城市燃气管道等管网更新改造，完善防洪排涝设施，继续推进地下综合管廊建设”的要求。2022 年 2 月召开的湖南省住建工作会议也强调，强力推进城镇环境基础设施建设，突出推进老旧管网改造等。对建筑业而言，与城市发展息息相关的水利、燃气管网、地下管廊领域将迎来新的发展机遇，主管部门后续会在规范和优化地下空间资源等方面出台相关利好政策。

三　2022年行业发展趋势分析

（一）重点投资领域中的发展机遇

1. “三高四新”战略持续释放发展红利

2022 年湖南省更好更快地推动“三高四新”战略定位和使命任务全面落实，将进一步拓展建筑业发展空间。

2022 年，湖南省将组织部署省重点建设项目 309 个，项目总投资 18524 亿元。其中产业发展项目 178 个，基础设施项目 109 个，社会民生项目 16 个，生态环保项目 6 个。重点围绕创建国家制造业高质量发展试验区，实施产业发展“万千百”工程，升级建设“3+3+2”产业集群，包括培优育强 22 个优势产业链，力争千亿园区达 16 个。主要计划目标包括地区生产总值增长 6.5% 以上，规模以上工业增加值增长 7.2%，固定资产投资增长 7.5%。

2. 重大区域发展战略催生经济新增长点

2022 年湖南省将深入实施对接粤港澳大湾区方案，实施“强省会”战略，引领带动长株潭都市圈发展，实施县域经济高质量发展工程。在省内重点区域方面，投资热点包括以下 4 个方面。

一是长株潭都市圈。落实“强省会”战略，支持城市更新、科技创新、先进制造业、基本公共服务、交通互联互通等关键领域项目。二是洞庭湖生态经济区。围绕生态绿色发展，推进岳阳长江经济带绿色发展示范区建设，支持区内重大基础设施、湖区生态环境改善、农业示范园、产城融合、城市更新等领域项目。三是湘南地区。围绕承接产业转移示范区建设，助力衡阳建设副中心城市，支持产业园区、片区开发、基础设施优化升级等项目。四是大湘西地区。围绕提升开发水平，支持以生态工业和绿色农业为抓手的产业园区基础设施建设，以城区和县城为抓手的新型城镇化建设，以红色、绿色、民族资源为抓手的旅游产业发展。

3. 城市更新带动基础设施提质升级

2022 年湖南省将推进以人为核心的新型城镇化，持续实施城市更新行动，支持新型城镇化示范县建设，着力提升城镇品质，建设一批具有湖湘特色的海绵城市、韧性城市、宜居城市。

一是对城市特定建成区域的提升改造建设。包括拆迁安置、人居环境治理、住宅修缮改造、基础设施完善、公共服务设施配套、产业提质升级及配套等内容。二是城市老旧管网改造。支持对城市建成区域内供水管网、排水管网、燃气管网等老旧管网进行更新改造，保障水气热供应持续稳定，全口径实现雨污分流。三是产城融合。支持片区产业更新升级、生态环境治理、综合开发等。四是县城城镇化补短板、强弱项。支持县城养老、托育、污水垃圾处理、产业平台配套设施等项目建设。

4. 接续推进乡村振兴，加快推进农业农村现代化

2022 年湖南省委一号文件提出，稳住农业基本盘，接续推进乡村振兴。

抓好"三项重点"，扎实有序推进乡村发展、乡村建设、乡村治理。湖南省已部署推进抓好农村人居环境整治提升五年行动。

在乡村发展方面，聚焦产业振兴，实施"中国粮·湖南饭"品牌提升计划，部署培育发展农业优势特色千亿产业等5个方面的重点工作；在乡村建设方面，抓好健全乡村建设实施机制等6个方面的重点工作；在乡村治理方面，部署加强农村基层组织建设等4个方面的工作。

5. 保障性安居工程是行业发展重点投资风口

《2022年政府工作报告》提出要"加快发展"长租房。对于保障性租赁住房，主管部门已经明确将其作为"十四五"时期住房工作的重点，正处于加速建设阶段。

《2022年湖南省政府工作报告》提出，要推进保障性住房建设，着力解决外来务工人员、新就业大学生等新市民住房、子女上学等问题，促进房地产业健康发展和良性循环。还将加快发展保障性租赁住房，培育发展租赁市场，将开工保障性租赁住房45801套，积极支持株洲市、湘潭市和岳阳市，适度支持其他地市保障性租赁住房的合理需求。此外，开工城镇棚户区改造24970户。

（二）重点区域的发展机遇

1. 京津冀城市群：聚焦重大专项任务，注重激发社会资本积极性

2022年，北京市将全力推进疏解非首都功能，支持雄安新区打造非首都功能疏解集中承载地，此外，将紧抓"两个示范区"建设，加快推动"五项突破"。天津市2022年一共推出676个重点项目，总投资1.8万亿元，投资规模再度刷新纪录。其中，超九成投资额集中在10亿元以上的大项目，比如总投资102亿元的京津冀大数据基地项目等。重点项目中，产业链提升项目、科技和产业创新项目的投资比重由21.8%提升至26.0%。

2. 长三角城市群：以重大项目作为发展"牵引器"和"动力源"

2022年长三角沪、苏、浙、皖重大项目建设相继启动。其中，上海公布首批82个重大项目总投资达3176亿元；浙江首批开工358个重大项目，

总投资 6386 亿元；江苏省全年共安排省级重大项目总投资 5590 亿元；安徽首批集中开工重大项目共 731 个，总投资 3760. 6 亿元。

上海市首批项目聚焦推动产业升级、完善城市功能、加快改善民生、优化生态环境等领域，这也是举全市之力推进浦东新区高水平改革开放、打造社会主义现代化建设引领区的重要举措。

2022 年 1 月，浙江省集中开工项目总投资 6386 亿元。此次总投资在 100 亿元以上项目有 12 个，50 亿~100 亿元项目有 22 个，20 亿~50 亿元项目有 38 个。浙江省重大产业项目 16 个，总投资 387 亿元；浙江重大外资项目 6 个，总投资 241 亿元；央企合作项目 10 个，总投资 442 亿元。

江苏省计划一季度开工 2180 个项目。140 个未开工项目绝大部分是由于疫情影响。分行业看，产业项目情况较好，开工项目 1722 个，开工率 94. 7%；基础设施项目开工 69 个，开工率 82%。

安徽省 2022 年度共安排重点项目 8897 个，计划投资 16572. 4 亿元，其中，续建项目 5642 个，计划开工 3255 个，全年计划竣工项目 1752 个。

3. 成渝城市群：加快实施标志性重大项目，助推双城经济圈建设

2022 年 2 月，推动成渝地区双城经济圈建设联合办公室正式印发《共建成渝地区双城经济圈 2022 年重大项目名单》，共纳入标志性重大项目 160 个、总投资超 2 万亿元，其中 2022 年计划投资 1835 亿元。160 个重大项目紧扣合力建设现代基础设施网络、协同建设现代产业体系、共建科技创新中心、共建巴蜀文化旅游走廊、生态共建共保、公共服务共建共享等六大重点共建任务。

4. 山东半岛城市群：形成独特竞争力，跻身世界级城市群

山东半岛城市群包括济南市、青岛市 2 个特大城市以及 9 个大城市、8 个中等城市、75 个小城市，是沿黄流域几大城市群中唯一处于成熟阶段的城市群。

2022 年 1 月，《山东半岛城市群发展规划（2021—2035 年）》正式印发。山东省提出着力构建现代产业体系，打造国际先进制造中心、全球海洋经济中心、优质高效农业中心、现代服务经济高地、数字经济发展高地、未来产业策源高地。根据规划，到 2035 年，济南市、青岛市将进入现代化国际大都市行列。

（三）新时代下湖南省的建筑业发展机遇

1. 推进绿色建造，县城将成绿色建筑发力点

湖南省提出 2022 年将贯彻落实《湖南省绿色建筑发展条例》，制定住建领域碳达峰具体行动方案。大力推进绿色建造，鼓励在“八大工程”建设项目中开展绿色建造试点。鼓励在建筑领域推广应用地热能，加强建筑垃圾管理和资源化利用，逐步推动源头减量、产生、排放、收集、清运、处置、利用等全生命周期监管和分类管理。

2. 老旧小区改造惠民生、扩内需

老旧小区改造中涉及的基础设施改造完善、适老化改造、停车位改造运营、电梯加装及运营成为投资点。根据《湖南省 2022 年度重点民生实事城镇老旧小区改造实施方案》数据，截至 2021 年 12 月底，全省 2021 年计划改造 3529 个小区（涉及 50 万户），已开工 3600 个，开工率达 102%；到 2022 年底，全省将开工改造 1500 个城镇老旧小区，完成既有住宅加装电梯 4000 台。

3. 文化强省建设蕴含“文旅+”商机

2022 年湖南省将推进文化铸魂、文化赋能、文化惠民，加快文化强省建设，推进文旅融合高质量发展。大力推进马栏山视频文创产业园建设，努力打造具有中国特色、全国领先、全球影响力的媒体融合新地标。大力实施全域旅游战略，打造一批精品景区景点、旅游线路，建设一批文旅产业千亿市、百亿县、亿元镇，促进“文旅+”产业融合发展，培育新型文化业态和文化消费模式。

（四）行业竞争新格局下的建筑业发展机遇

1. 建筑业治理体系现代化势在必行

2022 年湖南省将深入打造“智慧住建”，统筹规划建设省级基础平台，

持续优化和完善工程建设项目审批系统、工程项目动态监管平台、施工图系统等基础平台，推进房地产、住房保障、公积金、工程造价等行业平台建设。推进市县城市信息模型（CIM）平台、省市县三级城市综合管理运行服务平台建设，促进各地“城市超级大脑”对接互联，逐步打造城市建设、运行和管理智能化支撑体系。

在BIM方面，湖南省将坚持以科技创新引领建筑业转型，推广应用BIM技术，加快构建BIM全流程应用体系等建筑领域科技创新体系。湖南省还针对不同市场主体发布了建筑信息模型审查系统模型交付标准、技术标准、数字化交付数据标准等多项标准规范，在全国首创数据兼容、可追溯的BIM智能化审查功能，建设全省统一的“装配式建筑全产业链智能建造管理和综合服务平台”，为打通装配式建筑项目全流程BIM应用提供坚实基础。

2. 装配式建筑已成湖南建筑业优势产业链

湖南省2022年要实现城镇装配式建筑占新建建筑比例达到32%，将深入完善装配式建筑产业链、供应链和创新链，加快出台装配式建筑示范城市、产业基地、示范项目评价技术导则，推动装配式建筑全产业链智能建造平台应用。

近年来，湖南省部分城市大力推进装配式建筑。例如，长沙市将装配式建筑产业链确定为全市22条重点推进的优势产业链之一，全面构建现代产业推进体系，同时在全市各区域全面推广装配式建筑，要求重点推进区域内项目100%全部采用，积极推进区域内项目40%的面积采用。长沙市已培育国家级装配式示范基地13个，省级装配式建筑基地30个；全产业链共有上下游骨干企业400余家，其中规模以上企业超300家。下一步将充分发挥政府和市场作用，促进行业资源共享，支持企业将核心技术转化为国家标准，形成具有国际知名度的长沙装配式建筑品牌和“千亿级现代装配式建筑产业集群”。

3. 建筑产业工业化、智能化将成关键竞争要素

前沿科技、交叉学科越来越成为助力建筑业转型的重要手段。在产业变

革加速发展的背景下，以 5G、工业互联网、物联网和人工智能为核心的新一代信息技术将和建设领域相关技术深度融合，结合新材料、先进制造、清洁能源等技术，催生新一轮的建筑产业发展。新型城市基础设施建设、智能建造与新型建筑工业化将促进数字化、智能化与建筑现场深度融合，以科技赋能建筑业智慧转型。加强跨行业、跨领域的新技术深度融合和创新应用，是建筑业科技创新发展的新机遇和新趋势。

“十四五”期间智能建筑产业工业化的发展有望从“量”向“质”转变，全产业链整合能力、技术和制造资源成为建筑业企业关键的竞争要素，数字化设计、工厂化制造、施工装配化是提升全产业链效率的重要路径。

4. 工程总承包模式正在行业内加快推广

工程总承包模式可以理顺项目流程，整合零碎环节，加快建设进度，节省管理资源，提升项目管控效率，能最大限度地发挥资源整合优势和项目管理优势，通过其产业链资源和品质管控标准，可逐步提高相关施工单位整体管控水平，间接推动建筑业规范化、标准化发展。

湖南省持续营造工程总承包政策环境，2022 年将全面推动工程总承包工程管理模式落细落实。当前工程总承包模式正在行业内加快推广，在政府投资的基建、房建领域，业主对设计施工一体化服务能力及大项目运作能力的要求快速提升，相对而言，大型企业优势会更加明显。

参考文献

《围绕四大功能　努力创造“城市副中心质量”》，《北京城市副中心报》2022 年 4 月 18 日，第 4 版。

孙杰贤：《湖南：提升数字驱动力》，《中国信息化》2022 年第 3 期。

B.17

江西工程建设发展报告（2022）*

江西省建筑业协会

摘　要： 2021年，江西省建筑业积极应对疫情挑战，全力推动行业转型发展，为全省经济社会发展做出应有贡献。全省完成建筑业总产值9762.95亿元，列全国第13位，与上年持平，总产值增速12.88%，列全国第8位；全年新签合同额9456.35亿元，列全国第14位，同比增长7.8%。报告分析了主要经营指标同比变化情况和企业基本情况，从深入推进链长制工作、着力减轻企业负担、支持企业发展壮大、推动装配式建筑发展、大力优化营商环境、净化建筑市场秩序、维护各方合法权益、做好综合协调工作等方面回顾总结了年度重点工作。

关键词： 工程建设　建筑业　江西省

一　行业发展基本情况

1. 建筑业总产值完成情况

2021年，全省完成建筑业总产值9762.95亿元，列全国第13位，与上年持平；建筑业总产值增速12.88%，比全国平均增速高1.88个百分点，列全国第8位（见表1）。全年新签合同额9456.35亿元，列全国第14位，同比增长7.8%。完成税收入库收入296.03亿元，同比增长

* 本报告数据均来自国家统计局和江西省统计局。

5.1%，占全部税收总额的7.74%。全省对外承包工程完成营业额41.22亿美元，同比增长1.43%，全国排名第9位，已连续6年排名保持在全国前10。江西省江西国际、江西中煤、江水建设、中鼎国际、省建工集团、江联重工6家对外承包工程企业继续入选ENR“全球最大国际承包商250强”榜单，江西国际、江西中煤位列百强，名次不断前移，保持了“全国领先、中西部第一”的地位。

表1　中部六省2020年、2021年建筑业总产值、同比增长及全国排名

单位：亿元，%

省份	2021年总产值	2020年总产值	同比增长	全国排名
山西	5677.71	5113.64	11.03	19
安徽	10584.04	9365.12	13.02	11
江西	9762.95	8649.16	12.88	13
河南	14192.01	13122.55	8.15	8
湖北	19031.55	16136.1	17.94	4
湖南	13280.14	11863.77	11.94	10

2. 建筑业企业情况

2021年，全省施工总承包企业10500家，其中特级企业23家，比上年增加1家；施工总承包一级企业473家，比上年新增17家。

3. 重点骨干建筑企业情况

2021年，全省完成产值超过百亿元的建筑业企业共8家，比上年增加1家，分别是江西建工第一建筑有限责任公司、江西省交通工程集团有限公司、中联建设集团股份有限公司、江西中煤建设集团有限公司、江西建工第三建筑有限责任公司、中大建设股份有限公司、发达控股集团有限公司、中恒建设集团有限公司；完成产值为50亿~100亿元的企业有18家，比上年减少5家；完成产值为20亿~50亿元的企业有42家，比上年减少11家；完成产值为5亿~20亿元的企业达到221家，比上年增加16家。

4. 民营经济发展情况

2021年江西民营企业百强中建筑企业有26家，与上年持平，总营业收入 1654.5 亿元，占百强企业总营业收入的比重近 20%，建筑业成为江西省民营经济的中流砥柱。

5. 建设工程监理行业情况

江西省共有监理企业 399 家，综合甲级资质 6 家，甲级资质企业 78 多家，较上年增加 6 家。监理从业人员 15000 余人，注册监理工程师 5330 人，较上年增加 790 人。

6. 装饰装修行业情况

美华建设有限公司、利达装饰集团有限公司、金昌建设有限公司荣获全国装饰百强企业；美华建设有限公司、利达装饰集团有限公司、宏发建设有限公司荣获全国幕墙百强企业。18 个公共建筑装饰类项目、5 个幕墙类项目、4 个设计类项目荣获中国建筑工程装饰工程奖。

二　年度完成的重点工作

（一）深入推进链长制工作

一是领导重视高位推进。全年召开两次全省房地产建筑产业链链长制工作推进会，高位推进链长制工作。二是深入企业加强交流。链长制办公室组织召开 3 次链长制企业座谈会，链长制各成员单位开展走访调研 17 次。大力支持“走出去”建筑企业国内国际双循环相互促进发展，在江西住建云上线运行国外业绩补录功能。三是完善帮扶机制。为精准对接企业需求，不断完善帮扶政策，确定了第三批 10 个重点联系企业，其中企业普遍关心关注的工程款支付担保、二级建造师人员缺口较大、全过程工程咨询服务等重点问题，在省人社厅、省商务厅、省发展改革委的大力支持下，得到了圆满解决，受到企业和群众的高度肯定。四是加强政策支持。为深入推进房地产建筑产业链工作，省住建厅会同省工信厅等 16 个部门印发《关于推动智能建造与建筑工业化协同和加快新型建筑工业化发展的实施意见》，推进建筑工业化、数字化、智能化发展；省住建厅会同省发展改革委印发《关于加快推进我省全过程工程咨询服务发展的实施意见》，促进工程监理行业转型升级。

（二）着力减轻企业负担

省住建厅联合省人社厅制定出台《关于加强房屋建筑和市政工程领域工程款支付担保管理工作的通知》，成为全国最早印发工程款支付担保文件的省份，为遏制拖欠工程款和农民工工资问题，保障施工企业合法权益提供政策制度保障，深受企业和农民群众欢迎。全省实行工程款支付担保项目385个，担保金额65.5亿元，在维护建筑施工企业合法权益的同时，有力保障了农民工工资发放；全年以保函形式缴纳四类保证金452.8亿元，占比45.83%，较上年大幅提高，很大程度上降低了企业在资金、财务等方面的成本。

（三）支持企业发展壮大

南昌、九江、鹰潭、赣州、宜春、上饶、吉安、抚州陆续出台了促进建筑业高质量发展的实施意见。南昌市在引进大型建筑企业落户、鼓励建筑企业增产创收做强创优和鼓励建筑企业资质升级等方面落实了资金奖励政策。省住建厅会同省教育厅等13个部门印发《江西省加快培育新时代建筑产业工人队伍实施方案》，着力提升建筑工人职业素质，保障工人合法权益，建设一支秉承劳模精神、劳动精神、工匠精神的知识型、技能型、创新型建筑工人大军。江西省4家建筑企业被评为第三届年度功勋企业、2家企业被评为第三届脱贫攻坚贡献企业、1名个人被评为第三届脱贫攻坚企业家。在提供人才支撑方面，2021年全省通过二级建造师考试人数约为2.4万人，比上年增加70%，创历史纪录，多措并举，为江西省建筑业高质量发展提供人才保障。

（四）推动装配式建筑发展

省政府高度重视装配式建筑发展，分管领导多次前往南昌县、安义县、进贤县等地调研装配式建筑工作，对江西省装配式建筑发展提出了更高标准、更严要求，各级政府主管部门提升了工作决心，各建筑企业增添了发展信心。第二届全国装配式钢结构建筑发展研讨会在于都县召开，多位领导和专家出席会议。全省共有装配式建筑产业基地 62 家，其中装配式混凝土结构产业基地 28 家，钢结构企业 33 家，木结构企业 1 家。装配式建筑产业基地实现各设区市全覆盖。目前，全省装配式混凝土结构企业设计产能 248 万立方米，钢结构企业生产能力 130 万吨。全省共开工装配式建筑面积 3285 万平方米，占新开工总建筑面积的比重达 24%，基本与上年持平。受钢材价格大幅上涨影响，2021 年钢结构装配式住宅新开工面积仅 70 万平方米，较上年有所下降。

（五）大力优化营商环境

积极组织参加由省非公办、省工商联和省广播电视台打造的江西首档云直播营商政策宣贯节目《政策必达》省住建厅专场。省住建厅建管处荣获“2018 年至 2020 年度全省促进非公有制经济发展先进集体”表彰。加强建筑工程施工许可核发管理工作，任何部门、单位不得违规设置“搭车”事项，不得违规收费。全面实行施工许可电子证照，电子证照文件应及时归集，规范上传至全国建筑市场公共监管服务平台，电子证照与纸质证照具有同等法律效力。2021 年，江西省在工程审批系统核发建筑施工许可证项目共计 7700 个，均可以在全国建筑市场公共监管服务平台查询到有关信息。优化进赣信息登记服务，着力简化进赣企业信息登记手续，实行不见面办理。

（六）净化建筑市场秩序

一是为进一步规范建筑市场秩序，遏制建筑市场违法违规行为。省住建厅制定出台《关于规范房屋建筑和市政基础设施工程施工发包承包行为加强标后人员管理的通知》，对存在质量安全问题、拖欠农民工工资行为的项目，同时启动对项目承发包行为的核查，实行“一案双查”。全省各级住房城乡建设主管部门检查工程项目 11384 个，查处违法违规项目 370 个，处罚金额 2989 万元。二是不断完善市场清出机制，开展建筑企业资质动态核查工作，对 254 个资质不合格企业限制承揽新的工程，给予三个月的整改期限。开展建筑市场监督执法检查，对存在转包挂靠违法分包的工程项目下发执法建议书。三是从严查处二级建造师“挂证”行为，撤销其注册许可，截至目前，按照建造师管理要求已对109名二级建造师做出撤销注册资格的行政处罚，且三年不得再次申请注册。

（七）维护各方合法权益

推进建筑工人实名制管理，江西省建筑工人实名制服务信息平台共有在建工程项目3401个，更新率94.06%，位列全国第4，到岗率49.1%，也位列全国第4。对238家未落实建筑工人实名制的建筑施工企业做出限制市场行为的处理。省住建厅会同省人社厅对《江西省建筑工人实名制管理实施细则》进行修订。全省各级住房城乡建设主管部门查处拖欠农民工工资案件384件，已全部解决完成，涉及金额1.06亿元。

（八）做好综合协调工作

完成《江西省志·建筑与房地产业志》复审工作，年内将验收出版。全年申报省级工法212项，新技术应用立项62个，为建筑施工企业补录工程业绩414项。省住建厅会同省人防办建立人防工程建设管理联动工作机制。妥善处理江西企业在新疆施工期间建筑工程社会保险费、基本保险费遗留问题，通知相关企业提交办理建筑工程社会保险费、基本保险费申请拨付资料。按照住建部要求对江西省住建系统和建筑业领域从业人员的疫苗接种情况及时跟踪统计并上报。贯彻落实省领导批示精神，配合抓好全省经济发展环境审计发现问题整改落实工作。

参考文献

《我省全力遏制拖欠工程款和农民工工资》，《江西日报》2021年12月14日，第3版。

《加快发展装配式建筑》，《江西日报》2022年3月2日，第2版。

B.18

陕西工程建设发展报告（2022）*

陕西省建筑业协会**

摘　要： 2021 年，陕西省建筑业在洪涝灾害和新冠肺炎疫情的双重影响下，全年实现总产值 9176.40 亿元，完成增加值 2674.17 亿元。本报告系统梳理了陕西建筑业基本经营情况，分析了主要经济数据，总结出 2021 年陕西建筑业增速稳步回升、支柱地位依然稳固、建筑技术绿色节能低碳化、工程质量安全监管力度加大、营商环境持续优化、法治建设成效显著等发展特点。2022 年，陕西省建筑业将通过持续推进“放管服”改革、推动产业转型升级、促进建设方式绿色转型、严把生产安全质量关、加快产业工人队伍建设、大力推进 CIM 平台和海绵城市建设等举措，促进行业高质量发展。

关键词： 工程建设　建筑业　陕西省

一　行业基本经营发展情况

1. 建筑业总产值与新签合同额持续增长

2021 年，全省资质以上建筑企业总产值 9176.40 亿元，比上年增长 7.9%，两年平均增长 7.8%。资质以上建筑企业共签订合同额 21842.59 亿

* 本报告数据来自国家统计局和陕西省统计局。

** 执笔人：陈凯，陕西省建筑业协会建筑市场发展部科员，主要研究方向为施工安全管理、绿色建造、BIM 技术等。

元，比上年增长 9.8%，两年平均增长 10.2%。资质以上建筑业总专包企业 4023 家，比上年增长 11.0%，两年平均增长 11.2%。

2. 建筑业增加值稳步增长

2021 年全省建筑业增加值 2674.17 亿元，比上年下降 3.5%。具有资质等级的总承包和专业承包建筑企业实现总产值 9176.40 亿元，其中国有及国有控股企业实现总产值 5933.95 亿元，比上年增长 8.7%。

3. 施工面积保持增长

2021 年全省房屋施工面积 29978.08 万平方米，比上年增长 5.7%，比 2019 年回落 6.9 个百分点，两年平均增长 4.0%。房屋新开工面积 5970.37 万平方米，同比增长 3.0%，比 2019 年回落 15.0 个百分点，两年平均下降 3.6%。新开工速度两年平均下降，而施工面积增长，反映出房地产项目建设呈现周期拉长趋势。

4. 房地产市场稳中趋缓

2021 年全省房地产开发投资高开低走，增速一路回落，是 2020 年一季度以来的最低水平。受房地产调控尤其是金融收紧政策影响，房地产企业开发速度进一步趋稳趋缓。全年房地产开发企业完成投资 4441.00 亿元，同比增长 0.8%，比 2019 年回落 9.6 个百分点，比全国平均增速低 3.6 个百分点，两年平均增长 6.7%。

5. 商品房销售面积下降

2021 年全省商品房销售高位开启，上半年大幅回落，下半年下降速度有所减缓，全年呈较明显回落态势。受疫情和房地产调控叠加影响，近两年全省商品房销售整体稳中有降。全年商品房销售面积 4260.06 万平方米，同比下降 4.3%，比 2019 年回落 11.2 个百分点，两年平均下降 1.6%。商品房销售额 4146.26 亿元，同比下降 5.2%，两年平均增长 2.3%。截至 2021 年末，商品房待售面积 579.58 万平方米，较上年末下降 2.2%，两年平均下降 5.6%。

6. 企业购地速度明显减缓

2021 年全省房地产开发企业土地购置面积 260.14 万平方米，同比下降

37.1%，降幅比2019年收窄1.8个百分点，两年平均下降26.8%。土地成交价款91.26亿元，同比下降55.5%，降幅比2019年扩大21.6个百分点，两年平均下降23.8%。

7.固定资产投资增速趋稳

2021年，全省固定资产投资比上年下降3.0%，两年平均增长0.5%。其中，民间投资增长3.7%，两年平均增长5.3%，占全部投资的51.4%，占比较上年提高3.4个百分点。

二 行业发展特点分析

1.建筑业增速稳步回升

截至2021年前三季度，全省建筑业总产值为5987.08亿元，相比2020年同期增长了586.51亿元。其中建筑业工程、安装工程及其他产值分别为5311.41亿元、444.00亿元、231.67亿元，分别占前三季度建筑业总产值的88.7%、7.4%、3.9%。全省建筑业装饰装修产值为182.99亿元，相比2020年同期增长了37.67亿元。建筑业在外省完成产值2240.64亿元，占建筑业总产值的比重为37.4%。

截至2021年前三季度，全省建筑业企业单位3435家，企业人员105.77万人，直接从事生产经营活动的平均有132.98万人，全省建筑业劳动生产率为450216元/人。

2.建筑产业支柱地位依然稳固

2021年全省建筑业企业完成总产值9176.40亿元，同比增长7.9%。全省建筑业增加值2674.17亿元，占全省地区生产总值的9.0%，建筑产业支柱地位依然稳固。随着产值规模的持续壮大，建筑业对经济的支撑作用不断增强。

3.建筑技术绿色节能低碳化

深入开展城乡建设领域碳达峰碳中和行动，发布《关于推动城乡建设绿色发展的实施意见》，全省城镇绿色建筑竣工面积1757.44万平方米，新

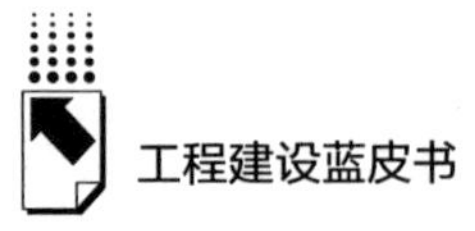

开工装配式建筑面积1665.55万平方米。积极推动清洁能源利用，中深层地热能项目开工建设723.61万平方米，完成年度目标任务的131.6%。不断提升建筑科技水平，发布36项工程建设标准，4个项目列为省绿色生态居住小区建设项目，公布2批共39个新型墙体材料产品。2021年榆林市、延安市被成功纳入第四批全国北方地区清洁取暖试点城市。

4. 工程质量安全监管力度加大

深入推进安全生产专项整治三年行动，全面落实网格化监管机制，扎实开展“大排查、大整治、大检查”，全面启动第一次全国自然灾害普查房屋建筑和市政基础设施调查工作。全年创建省级文明工地347个，授予省优质工程“长安杯”奖47项；4项民生工程获国家“鲁班奖”，22项获国家优质工程奖；西安市地铁4号线等2个项目获中国土木工程詹天佑奖；中建西北院黄帝文化中心等17个项目获建筑设计奖；中联西北院科技办公楼项目获全国绿色建筑创新奖。深入开展全省城镇燃气安全排查整治，组织开展“全省燃气用户大排查、安全用气进万家”活动。

5. 健全建设工程消防审验制度

建立健全建设工程消防审验制度体系，加强消防审验专项抽查检查，办结消防设计审查2598件，消防验收2090件，竣工验收备案9081件，实施消防违法行为行政处罚311起。

6. 深入推进行政审批制度改革

依据国家有关文件精神，继续深化放管服、“证照分离”等各项改革。按照住建部要求，印发《关于做好住房和城乡建设部建设工程企业资质审批权限下放试点工作的通知》，对审批系统和电子证照系统进行针对性改造，确保建筑施工、工程监理、勘察设计等部分部批资质的承接落实。按照“证照分离”改革要求，取消工程造价咨询资质，停止受理建筑施工企业三级、工程监理丙级、勘察设计丙丁级、房地产开发三四暂定级等资质办理业务。

7. 营商环境持续优化

围绕《陕西省优化营商环境三年行动计划（2021—2023年）》，牵头对工程建设项目实行全流程、全覆盖改革，市县两级全部实现“一个窗口”

提供综合服务，全面实施工程建设项目在线审批。认真落实国家关于工程建设项目审批制度改革决策部署，按照国家要求基本建成全省统一的工程建设项目审批和管理体系。

8. 法治建设成效显著

印发《2021 年全省城市管理执法工作要点》，制定《陕西省城市管理执法人员行为规范实施细则》，进一步加强城市管理执法队伍规范化管理，提高执法队伍整体素质，树立新时代城市管理执法队伍良好形象。印发城市管理执法《“三项制度”工作指标体系》，召开全省城市管理执法现场工作观摩和座谈会，对城管执法人员进行网络培训。依法行政、科学立法、严格执法，法治建设水平明显提升。

9. 全过程工程咨询持续推进

鼓励开展创新咨询服务模式；加快培育具备“全牌照全资质”的咨询企业；政府投资项目率先开展咨询服务；完善项目委托方式；提升项目管理水平；完善服务计费方式；优化服务市场环境。为全过程工程咨询服务的实施提供有力的制度保障。

10. 高质量发展稳步推进

搭建大型企业与中小企业交流合作平台，引导其积极向信息化、数字化、智能化转型，主动向节能环保、老旧小区改造、文化旅游、新基建等国家重点投资领域拓展，推动上下游产业联动融合，加快培育新的发展增长点，推动行业和企业高质量发展。

三　行业发展趋势展望

1. 持续推进“放管服”改革

按照国务院“证照分离”和住建部资质改革相关要求，继续深入推进行政审批制度改革。严格落实“限时办结”和“即时办结”制度，统一规范行政审批工作标准，做到一把尺子衡量、一个标准审批。持续推进“互联网+政务”服务，在做好“一网通办”的基础上，推行“掌上可办、掌上好办”，补充完善政务服务事项办事指南，进行事项动态管理和维护。结合新资质标准，启动建筑施工、工程监理、勘察设计资质办理等相关业务的办事指南和办事条件修订完善工作。

2. 推动建筑产业转型升级

建立建筑企业重点扶持名录，加强新型管理人才和建筑产业技能人才供给，加快培育一批工程总承包和专业领域龙头骨干企业，助力建筑企业综合实力提升。落实建筑企业资质管理制度改革，指导帮扶满足条件的企业加速提升资质等级、拓展资质种类。紧贴国家“一带一路”建设要求，为企业“走出去”发展创造良好条件。推动建筑业与工业化、信息化深度融合，改进建造组织模式，构建建筑业产业联盟，开展智能建造试点示范，促进建筑业工业化、数字化、智能化升级，引导建筑企业转变发展方式，拓展产业链，积极参与新型城镇化、城市更新和乡村振兴等工作。稳步推行施工图无纸化申报和网上审查，实现全过程数字化多图联审，推动建筑业高质量发展。

3. 促进建设方式绿色转型

加快推动城乡建设绿色发展。建立健全城乡建设绿色发展体制机制，建立城乡建设碳排放统计检测体系和考核评价指标体系，完善省级公共建筑能耗监测平台，促进建设方式绿色转型，碳减排取得实效，进一步提高城乡发展质量和资源环境承载能力。深入推进绿色建筑创建行动。加强绿色建筑建设管理和绿色建筑标识管理，城镇绿色建筑占新建建筑的比重达60%，装配式建筑占新建建筑的比重达24%。积极推进超低能耗建筑试点示范及可再生能源建筑利用，推广地热能、太阳能建筑利用技术，大力推进建筑行业科技创新。

4. 严把生产安全质量关

全面压实属地管理责任、行业监管责任和企业主体责任，扎实做好安全生产三年专项整治行动收官工作，督促企业建立和落实全员安全生产责任制，建立风险管控和隐患排查双重预防机制，充分发挥建筑施工安责险的事故预防作用。依托“网格化”监管机制，持续开展“大排查、大整治、大检查”，积极开展工程创优，强化对工程质量检测机构的监管，全面提升行业监管信息化管理水平，确保建筑施工质量安全生产形势平稳。多措并举做好消防审验工作。配套制定第三方技术机构管理制度，促进全省制度体系更加科学、完备，消防审验平台功能拓展、优化。

5. 加快培育建筑产业工人队伍

支持大型建筑业企业与建筑工人输出地区建立合作关系，建设建筑工人培育基地。引导劳务企业向具有地域特色、行业特征、技能特点的专业作业企业转型发展。贯彻落实施工现场技能工人基本配备标准，引导建筑业企业将薪酬与建筑工人技能等级挂钩。

6. 完善住房市场监管

开展房地产市场调研，加强政策储备，相机启用，综合运用经济、法律和必要的行政手段，不断优化完善房地产市场调控政策措施“工具箱”；抓好房地产市场监测和预警，用足用好土地、金融等调控政策；大力整治房地产市场秩序，不断净化房地产市场环境，保持房地产市场平稳健康运行。

7. 健全住房保障体系

做好住房租赁市场发展试点工作，进一步完善租赁服务平台，大力推行住房租赁网签备案，继续加强部门协同联动，整治和规范住房租赁市场秩序，形成监管合力，加大对长租房整治力度，不断优化住房租赁市场环境。持续健全完善住房公积金缴存、使用、管理机制，开展住房公积金服务提升行动，实现住有所居、住有安居、住有宜居。推进住房公积金电子档案工程建设，健全住房公积金信息系统安全防护体系。加快推进住房公积金“互联网+监管”，完善住房公积金监管平台建设，设置重要指标预警和分析功能实时监控，保障资金和系统安全。

8. 加快推进 CIM 平台建设

加快发展城市信息模型（CIM）基础平台建设，尽快构建平台体系，在城市规划建设管理和公共服务中深化应用。实施智能化市政基础设施建设和改造行动，推动供水、排水、供热、燃气等市政设施智能化改造升级。

9. 大力推进海绵城市建设

结合道路新改扩建、轨道交通建设、重大市政管线更新、功能区及老旧小区改造等工程，大力推进海绵城市、综合管廊建设，统筹城市水资源利用和防灾减灾，加大易涝点整治力度，统筹城市防洪和排涝工作。加快推进城镇污水管网建设，提高污水收集处理能效，完善城镇污水处理考评机制，巩固城市黑臭水体治理成效。

10. 促进勘察设计行业升级发展

印发《关于进一步加强工程勘察设计质量管理工作的通知》，全面加强勘察设计全过程管理，提升勘察设计水平，落实勘察设计责任，确保勘察设计质量。加强行业诚信管理体系建设，完善市场准入清出机制，做好勘察设计行业评优创优，提升建筑设计精品意识和创新活力，探索在民用建筑工程领域推进和完善建筑师负责制。规范工程建设标准管理，完善重点领域工程建设标准体系，有序推进团体标准编制，充分发挥标准基础性和引领性，构建具有陕西特色的工程建设标准体系。

参考文献

思金梁、刘佩鑫:《在变局中创新　在逆势中奋进——2020 年陕西省建筑业总产值突破 8500 亿元，同比增长 7.8%》,《建筑》2021 年第 3 期。

《“十四五”建筑业发展规划》,《工程造价管理》2022 年第 2 期。

B.19

河北工程建设发展报告（2022）*

河北省建筑业协会**

摘　要： 2021年，河北省建筑业稳中有进，保持稳步增长的良好势头。全省建筑业完成总产值6484.6亿元，实现增加值2303.9亿元；新开工被动式超低能耗建筑161.1万平方米，建设规模继续高居全国第一；城镇竣工绿色建筑占比达98.8%，位居全国前列，行业发展规模和质量持续提升。本报告总结了2021年全省建筑行业发展基本情况，通过对完成主要经济指标数据的客观分析，归纳出行业经济运行的特点和态势；梳理了建筑业重点领域、关键环节“放管服”改革创新做法和行业转型发展特点。并在此基础上，结合“十四五”产业规划发展方向，结合深化行业改革和推进绿色低碳转型的着力点，以及影响制约行业发展的问题提出促进建筑行业发展的对策建议。

关键词： 工程建设　“放管服”改革　河北省

一　行业经营发展基本情况

（一）主要经济指标运行特点及态势分析

2021年，全省建筑业企业完成建筑业总产值6484.60亿元，同比增长

* 本报告数据均来自国家统计局、河北省统计局及河北省2012~2021年国民经济和社会发展统计公报。

** 执笔人：李亚莉，高级政工师，主要研究方向为建筑行业发展研究。

9.0%；完成竣工产值 2801.5 亿元，同比增长 22.3%；新签合同额 8501.06 亿元，同比增长 8.98%；房屋施工面积 35548.91 万平方米，同比增长 1.33%；房屋竣工面积 8212.20 万平方米，同比增长 12.2%；实现利润 110.7 亿元，比上年下降 14.9%。

截至 2021 年 12 月底，全省有施工活动的建筑业企业 3142 个，同比增长6.87%；从业人数78.97 万人，同比下降3.03%；按建筑业总产值计算的劳动生产率为 645244 元/人，同比增长 6.82%；建筑业企业实现利润 110.7 亿元，同比下降 14.9%。

1. 建筑业总产值完成情况及特点

（1）建筑业生产规模持续扩大

近年来，河北省建筑业企业生产和经营规模不断扩大，建筑业总产值持续增长。国家统计局初步核算数据显示，2021 年全省建筑业完成总产值 6484.60 亿元，同比增长 9.0%，增速比上年提高了 7.31 个百分点（见表 1）。

表 1　2012~2021 年河北省建筑业总产值及增速

单位：亿元，%

年份	2012	2013	2014	2015	2016	2017	2018	2019	2020	2021
建筑业总产值	4784.38	5203.92	5625.75	5252.57	5517.69	5656.9	5740.2	5848.0	5948.09	6484.60
增速	21.7	8.77	8.1	-6.6	5.0	2.52	1.5	1.9	1.71	9.0

（2）建筑业增加值稳步增长，对国民经济的贡献率不断提高

经省统计局初步核算，2021 年全年省内生产总值 40391.3 亿元，比上年增长 6.5%（按不变价格计算）。全年全社会建筑业实现增加值 2303.9 亿元，同比增长 6.1%（见表 2）。建筑业总产值占全省地区生产总值的比重达到 5.7%，对国民经济的贡献率不断提高，支柱产业地位依然稳固。

表 2　2012~2021 年河北省建筑业增加值及增速

单位：亿元，%

年份	2012	2013	2014	2015	2016	2017	2018	2019	2020	2021
建筑业增加值	1489. 4	1567. 3	1702. 7	1782	1885. 3	2109. 3	2362. 7	2129. 9	2087. 4	2303. 9
增速	9. 8	5. 1	5. 3	4. 6	6. 5	11. 9	12	2. 9	5. 8	6. 1

（3）建筑业市域发展不均衡，石家庄市和保定市完成建筑业总产值占比达 42. 77%

2021 年全省建筑业完成总产值 6484. 60 亿元。全省 11 个市和雄安新区及 2 个县级市完成总产值基本情况显示，石家庄市完成建筑业总产值 1525. 7 亿元，保定市完成建筑业总产值 1248. 0 亿元，两市分别位居第 1 和第 2，两市完成建筑业总产值占全省建筑业总产值的比重达 42. 77%（见表 3）。唐山市完成建筑业总产值 826. 3 亿元位居第 3，占全省建筑业总产值的比重为 12. 74%。其他 7 市和雄安新区及 2 个县级市完成产值占比均在 9%以下。

表 3　2021 年河北省各市建筑业分别完成建筑业总产值情况

单位：亿元

序号	城市	建筑业总产值	序号	城市	建筑业总产值
1	石家庄	1525. 7	8	承德	170. 1
2	邯郸	573. 4	9	廊坊	572. 7
3	邢台	233. 2	10	唐山	826. 3
4	保定	1248. 0	11	秦皇岛	260. 3
5	沧州	523. 7	12	雄安新区	11. 9
6	衡水	146. 2	13	定州	173. 3
7	张家口	199. 8	14	辛集	20. 1

2. 企业合同总额及新签合同额持续平稳增长，房屋施工面积和竣工面积由降转增

2021 年资质等级以上建筑业企业签订合同总额 16250. 66 亿元，同比增长 14.48%。其中，新签合同额 8501.06 亿元，同比增长 8.98%（见表 4）；房屋施工面积 35548.91 万平方米，同比增长 1.33%；房屋竣工面积 8212.20 万平方米，同比增长 12.97%。

表 4　2012～2021 年河北省建筑业企业新签合同额及增速

单位：亿元，%

年份	2012	2013	2014	2015	2016	2017	2018	2019	2020	2021
新签合同额	5134.95	5110.56	5540.91	5081.66	5660.30	6440.70	6678.10	6957.70	7800.26	8501.06
增速	19.81	-0.47	8.42	-8.29	11.39	13.79	3.69	4.19	12.11	8.98

3. 建筑业企业数量增加，全员劳动生产率继续提高

截至 2021 年 12 月底，全省有施工活动的建筑业企业 3142 个，同比增长 6.87%；从业人数为 78.97 万人，同比下降 3.03%；全员劳动生产率为 645244 元/人，同比增长 6.82%（见表 5）。其中，国有及国有控股建筑业企业 216 个，与上年保持不变，占建筑业企业总数的 6.87%，企业人员数为 23.37 万人，同比增长 24.64%；劳动生产率为 973615 元/人，同比下降 20.57%。

2021 年全省建筑业企业直接从事生产经营活动的平均累计人数达 100.50 万人，同比增长 3.61%，拉动就业作用明显。

表 5　2012～2021 年河北建筑业企业劳动生产率及增速

单位：元/人，%

年份	2012	2013	2014	2015	2016	2017	2018	2019	2020	2021
劳动生产率	351210	430534	384614	377267	379815	374964	429099	602872	604025	645244
增速	34.63	22.59	-10.67	-1.91	1.68	-1.28	14.44	40.50	0.19	6.82

4. 企业利润总量增速继续放缓，行业产值利润率连续2年下降

2021 年，全省建筑业企业实现利润 110.7 亿元，同比下降 14.92%（见

表6）。2021年，建筑业产值利润率（利润总额与总产值之比）为1.37%，低于全国建筑业产值利润率（2.92%）1.55个百分点。

表6　2012~2021年河北省建筑业企业利润及增速

单位：亿元，%

年份	2012	2013	2014	2015	2016	2017	2018	2019	2020	2021
企业利润	147.17	153.5	163.13	155.67	154.65	162.54	139.34	143.93	130.11	110.7
增速	15.90	4.30	6.27	-4.57	0.66	5.10	-14.27	3.29	-9.60	-14.92

（二）建筑市场拓展情况及特点分析

2021年，河北省建筑业在巩固传统建筑市场的基础上，进一步加速向民生工程拓展，紧紧把握国家“稳增长”、固定资产投资力度加大的政策机遇；紧紧抓住京津冀一体化协同发展和雄安新区建设提速战略机遇，坚持“走出去”开拓省外市场和国际市场，不断拓展提升建筑业发展新空间。

1.省内市场

（1）全社会固定资产投资保持增长，建筑业投资增幅位居第1，为建筑业带来提升新空间，推动行业持续恢复和加快发展

2021年，河北省全社会固定资产投资比上年增长3.0%。其中，固定资产投资（不含农户）增长3.0%。基础设施投资下降7.4%，占固定资产投资（不含农户）的比重为23.1%。按全省分行业固定资产投资增长速度划分，2021年房地产业增长17.4%；建筑业增长605.3%，位居第1。

（2）重点工程项目投资建设力度加大，大项目带动突出，雄安新区投资增势强劲

据省发展改革委数据，2021年省、市重点新开工项目1561项，重点建设项目竣工投产906项。轨道交通工程完成投资11.6亿元，其中2号线一期工程完成投资3.9亿元；3号线一期工程完成投资4.6亿元；3号线二期工程完成投资3.1亿元。2021年，雄安新区投资重点建设项目140个，总

投资 5317 亿元，其中新开工项目 52 个，总投资 1110 亿元，结转续建项目 88 个，总投资 4207 亿元。年度计划完成投资 1499 亿元，当年完成投资 1511 亿元。

2021 年雄安新区建设扎实推进，投资增势强劲，域内完成投资增长 22.1%，增速保持全省领先。铁路、高速公路区域交通枢纽初步形成，总长度 545 公里的“四纵三横”高速公路和对外骨干道路网络全面建成。启动区、起步区加快建设，重点片区框架全面拉开，城市雏形开始显现。投资保持较快增长，商务服务中心、雄安城市计算（超算云）中心等一批重点项目扎实推进，为建筑业企业带来发展新空间。

（3）建筑市场向民心工程进一步拓展，取得新成效

2021 年，全省住房和城乡建设领域重点推进实施棚户区改造、老旧小区改造、城中村改造、市政老旧管网改造、雨污分流改造、城乡垃圾处理设施建设等民心工程。建筑业抓住政策机遇，建筑市场重点向民心工程进一步拓展，民生工程圆满完成，取得新成效。2021 年，棚户区改造开工 11.04 万套、建成 13.62 万套，35 万群众居住条件得到改善；完成老旧小区改造 3057 个，累计改造总量位居全国第 2；启动城中村改造 459 个，城市建成区内全部启动；新增城市公共停车位 23 万个，城市停车难问题得到进一步解决；完成市政老旧管网改造 288 公里，雨污分流改造 690 公里；新开工生活垃圾焚烧处理设施 22 座、建成 5 座，城乡生活垃圾焚烧处理率超过 90%，居全国前列；南水北调受水区城市生活水源全部置换为引江水，为华北地下水超采综合治理做出贡献。

2. 省外市场

2021 年河北省建筑业抓住国家政策机遇，积极寻找新的经济增长点，加速向国家战略和热点区域市场布局，不断创新市场开发模式，“走出去”拓展市场步伐进一步加快。2021 年全省建筑业省外施工完成产值 2304.27 亿元，外向度为 35.53%，同比增长 15.0%。从全国 31 个省（区、市）跨省完成总产值情况来看，2021 年各地区跨省完成的建筑业产值达 100711.63 亿元，比上年增长 10.59%，河北省增速位居全国第 23。

3. 境外市场

（1）2021 年河北建筑业境外市场开拓步伐加快

数据显示，2021 年全省对外承包工程新签合同额 31.7 亿美元，同比增长 3.26%，新签上亿美元大项目 11 个，合同额 19.3 亿美元，占全省总量的 60.9%；完成营业额 27.8 亿美元，同比增长 0.36%（见表 7），在全国排名第 12。其中，对共建“一带一路”国家承包工程新签合同额 21.7 亿美元，完成营业额 18.5 亿美元，主要涉及阿拉伯联合酋长国、泰国、印度尼西亚、沙特阿拉伯、伊拉克、科威特、阿曼苏丹国等。

2021 年，全省对外承包工程和对外劳务合作共派出务工人员 6551 人，年末在外 10435 人。其中，对外劳务合作派出劳务人员 1798 人，增长 239.3%，年末在外 2251 人。

表 7　2012~2021 年河北省对外承包工程完成营业额及同比增长率

单位：亿美元，%

年份	2012	2013	2014	2015	2016	2017	2018	2019	2020	2021
完成营业额	28.5	43.5	40.9	35.7	25.8	29.4	27.7	30.7	27.7	27.8
同比增长率	17.28	52.63	-5.98	-12.71	-27.73	13.95	-5.78	10.83	-9.77	0.36

（2）对外承包工程重点地市和企业

2021 年全省对外承包工程企业主要集中在廊坊、保定、唐山、石家庄、邯郸、沧州、秦皇岛等市，2020 年和 2021 年，对外承包工程业绩企业主要有中石油东方地球物理勘探公司、中石油管道局工程公司、中材建设公司、中电建河北工程公司、中建路桥集团公司等央企，以及河北建工集团、河北建设集团、省水利工程局、中冀建勘集团、河北华元科工公司等河北地方企业。

另据美国《工程新闻记录》（简称“ENR”）杂志公布的 2021 年度“全球最大 250 家国际承包商”榜单，河北建工集团在内地企业中居第 59 位，较上年前移 15 位。

二　行业重点领域和关键环节“放管服”改革取得新突破

（一）建筑业“放管服”改革持续深化，推动建筑业“量”“质”稳步提升

1. 持续推进审批制度改革，服务效能进一步提升

省住建厅按照住建部“证照分离”改革有关工作要求，印发《关于进一步做好建筑业和工程造价咨询企业“证照分离”改革有关工作的通知》，取消工程造价咨询企业资质审批，完善建筑施工企业劳务资质备案制度，确保政策衔接紧密，提升服务效能；推进电子证照应用，编制了竣工验收备案电子证书地方标准，施工许可、竣工验收备案已全部实现电子证照；简化小型工程建设手续，试行调整了全省房建和市政基础设施施工许可办理限额。

2. 以资质管理制度改革试点为契机，推进建筑业企业提档升级、上市发展

2021 年，省住建厅印发《关于开展建设工程企业资质审批权限下放试点工作的通知》，坚持扶优扶强，引导帮扶企业晋升资质，8 家企业晋升施工总承包一级资质，5 家企业（含 2 家钢结构企业）分立一级，特级资质企业累计达到 20 家，另有 4 家企业晋升特级资质申请已通过住建部初审。进一步加强资质资格审批监管，印发《关于加强建筑业及工程造价咨询企业资质申报事中事后监管的通知》，严格业绩核查和违法行为查处。

3. 持续创新监管方式，全力推进工程建设组织新模式

一是指导雄安新区积极推动建筑师负责制试点相关工作，开展项目实地检查调研，抓好试点项目落地，不断提升雄安新区工程建设项目管理水平。二是在全省范围内组织开展 BIM 技术应用示范，以视频形式展示建筑信息模型（BIM）技术应用示范项目在优化设计、提升质量、精确计量、节约资源、管理信息化等方面的积极成果，引导工程建设企业开展交流学习，促进河北省建筑信息化水平不断提升。三是发挥信息化监管优势，印发《关于

进一步推进省市建筑工程施工现场视频监控系统对接的通知》，督促各地规范系统建设，增强利用视频监控对工地巡查检查的能力，同时发挥典型示范作用，组织各市将518个项目列入河北省建筑施工安全文明标准化工地创建计划，在全省精选17个“云观摩”建筑施工项目，以VR全景形式供企业观摩互鉴，发挥示范引领作用。

（二）强化行业监管，营造良好市场环境

1. 招标“评定分离”改革稳步推进

河北省是住建部两个试点省份之一，在石家庄市、邯郸市先期试点的基础上于2021年在全省国有资金投资的房屋建筑和市政基础设施工程项目中试行招标“评定分离”改革，将“评标”“定标”作为两个独立环节进行分离，落实招标人主体责任，约束评标专家权力，节约交易成本，做到还权于招标人。同步推行招标投标全流程电子化，实行文件资料线上传输，采用“视频+现场”模式实时监督，实现了评标专家随机抽取和电子交易平台辅助评标，减少了招标人、招标代理机构及潜在投标人接触和共谋机会，从制度和技术层面防范围标串标行为。目前，全省已有1445个房屋建筑和市政基础设施项目的招标采用了“评定分离”模式。

石家庄市制定了“评定分离”评标方法和定标操作导则，在全市范围内全面推行“评定分离”。全市共1240个项目采用“评定分离”方式招标，投标成本、社会成本明显降低，企业扎堆投标现象也有了明显改变。经统计，每个项目平均参与投标的企业为10家左右，与改革前相比投标企业数减少了近80%。邯郸市在推进“评定分离”过程中，在全省率先开发招投标监督管理系统，并与第三方交易平台数据对接，监督员从评标室撤出，实施“线上+视频+现场”全方位监督，实现招投标项目“不见面”，压缩围标串标、恶意竞标的空间，有效规避招投标领域廉政风险和减少人为干预招投标因素，提升了行政监督电子化水平。

2. 工程建设领域专项整治有序推进

按照住建部《关于开展工程建设领域整治工作的通知》要求，聚焦突出问题，印发《关于开展工程建设领域整治工作的通知》，安排部署工程建设领域整治工作，组织各地住建部门对在建房屋建筑和市政基础设施工程项目进行全面排查。各地坚持开门整治，以电话、微信、网络平台等方式畅通群众举报渠道，加大线索核查力度，依法查处违法违规行为，及时发现并堵塞监管漏洞。全省已排查在建房屋建筑和市政基础设施工程项目 6782 个。

3. 建筑工人实名制工作扎实推进

一是开展建筑工人工资实名制试点工作。按照住建部工作安排，河北省作为首批建筑工人实名制工作试点省份，与住建部定点的腾讯微信团队、支付宝团队在石家庄、沧州等地开展试点，积累了经验。二是配合省人社厅开展重点工程专项清欠，成立涉奥欠薪问题专班。组织协调抽调邯郸、石家庄两市精干力量充实专班工作，集中攻坚。三是配合做好“恒大专班”相关工作。抽调专人进驻专班，组织各地梳理拖欠农民工工资超 7 亿元。四是不断完善实名制数据平台。对接全省建设工程视频调度系统，实现各地农民工考勤数据同步更新；对接省人社厅河北省农民工工资欠薪预警系统，实现农民工实名制数据共享。

三　行业转型升级，绿色发展全面提速

（一）建筑业龙头优势企业转型步伐加快，引领作用凸显

河北省龙头优势企业为经济恢复性增长做出了积极贡献。截至 2021 年末，河北省建筑业企业 14396 家，其中一级以上总承包资质 457 项。目前，河北省施工特级总承包资质已累计达到 22 项（20 家）。在疫情防控常态化下河北省建筑业龙头优势企业结构调整和转型升级步伐加快，抓住新经济发展政策机遇，主动融入国内国际双循环相互促进的新发展格局和全省社会发展大战略、大格局之中，在危机中寻机培育新增长点，创新力、抗风

险能力和市场竞争能力进一步增强。各类要素加速向大企业、大集团和优势企业聚集，涌现出一批能够承担高大精尖项目的龙头企业和一批掌握BIM技术的优势企业，表现出较强活力。省统计局数据显示，2021年全省建筑业（指具有资质等级的总承包和专业承包建筑业企业，不含劳务分包建筑业企业）实现建筑业总产值6484.60亿元，其中一级资质以上建筑业企业完成建筑业总产值4526.50亿元，占比70%，产业集中度不断提升。

另据调研，2021年建筑业总产值100亿元以上的企业共5家，其中河北建工集团、河北建设集团超过500亿元，河北省龙头企业领军作用突出，高质量发展步伐铿锵有力。①

（二）建筑业绿色低碳转型提速，科技创新推动力增强

1. 强力推进被动式超低能耗建筑建设

在全国率先出台贯彻落实国家政策的《城乡建设领域碳达峰行动方案》，强力推进被动式超低能耗建筑建设，行业绿色发展保持较强引领带动作用，推动建筑业向规范化、规模化、标准化转型。统筹被动式超低能耗建筑产业发展与项目建设，2021年新开工被动式超低能耗建筑面积161.06万平方米，提前完成省委、省政府要求的160万平方米的年度目标。目前，全省已累计完成605.71万平方米，继续保持全国领先。保定市强化政策落实到位，狠抓项目谋划和落地，2022年新开工被动式超低能耗建筑面积21.7万平方米，全省排名第1。省建筑科学研究院有限公司“超低能耗建筑全产业链关键技术与规模化应用”项目荣获省科学技术进步一等奖，示范项目呈现良好发展势头，政策支撑作用进一步增强。

2. 大力促进行业绿色低碳转型升级

2021年在全国第一个出台贯彻落实国家《关于推动城乡建设绿色发展

① 河北建工集团完成建筑业总产值570.88亿元、河北建设集团完成建筑业总产值509.23亿元、中国二十二冶集团有限公司完成建筑业总产值266.73亿元、中国电子系统工程第四建设有限公司实现建筑业总产值170亿元、大元建业集团实现建筑业总产值168.15亿元。

的意见》的实施意见，全面提升绿色低碳发展水平。省委办公厅、省政府办公厅印发《关于推动城乡建设绿色发展的实施意见》，明确提出 2025 年、2035 年全省城乡建设绿色发展的总体目标，着力构建与京津相匹配的城乡绿色发展新格局，加快城乡建设发展方式转型升级，推进城乡建设绿色发展管理现代化等具体要求。出台了《河北省新型建筑工业化“十四五”规划》，推动 2021 年全省城镇竣工绿色建筑占比为 98.76%。雄安新区强化规划引领，着力打造绿色建筑发展高地，二星级以上绿色建筑占比 100%。秦皇岛市立足高标准发展，强化部门和县（市、区）闭合联动机制，星级绿色建筑占比 70%。2021 年全省新开工装配式建筑面积 2770.37 万平方米，占新开工建筑面积的 25.85%。沧州市新开工装配式建筑占比达 33.44%，钢结构装配式建筑发展取得明显成果，罗湖·四季花语 10#楼获得第十四届第二批中国钢结构金奖。

3. 助力城乡建设领域科技创新发展

完成 32 项高水平科研成果，其中，国际先进 6 项，国内领先 26 项。完成工程建设地方标准 45 项和京津冀工程建设标准协同 9 项。着力提升建筑企业核心竞争力，推动具备条件的建筑企业建立以 BIM 技术为基础的数字化中心（实验室），进一步增强企业技术实力和市场竞争力。

四 促进行业发展的对策建议

2022 年，河北省建筑业要坚持稳字当头、稳中求进，完整准确全面贯彻新发展理念，紧紧围绕高质量发展目标要求，按照河北省建筑业“十四五”发展规划和《关于推动城乡建设绿色发展的实施意见》提出的建筑业发展思路和重点任务，把绿色发展贯穿河北省建筑业发展全过程，多举措推动行业绿色低碳转型，以发展新型建筑工业化为载体，加快建造方式的转变，做优做强建筑企业，持续增强“河北建造”竞争力。进一步深化建筑业“放管服”改革，优化营商环境，推动建筑业绿色转型、提质升级高质量发展，在“十四五”期间向建筑强省目标迈进。

（一）着力推动建筑业绿色转型和提质升级高质量发展

1. 支持建筑企业创新转型发展

引导和促进建筑业工业化、数字化、智能化升级，提升核心竞争力。鼓励建筑企业向上下游产业链延伸，壮大总体规模。支持建筑施工企业向工程总承包企业转型。培育建筑产业工人队伍，强化建筑工人实名制管理。推动建立建筑业产业联盟，引导建筑企业联合开拓市场。支持河北省建筑企业对外承揽工程，实现资源共享、抱团发展、互利共赢。开展建筑市场秩序集中整治，营造公平有序的市场环境。贯彻实施工程总承包管理办法，加大推行工程总承包力度。开展工作调研，发现提炼各地及企业工作亮点，优选一批有代表性的项目，培育具备工程总承包能力的企业。

2. 推动被动式超低能耗建筑规模化发展

加强部门协调联动，在项目谋划、用地保障、激励措施、人才支撑等方面予以支持。落实碳达峰碳中和要求，对政府投资或以政府投资为主的办公、学校、医院等公共建筑，优先按照被动式超低能耗建筑建设。加大科技研发投入，鼓励企业开展关键技术、自主知识产权项目的研发和创新。严格按照标准对项目进行审查认证，确保被动式超低能耗建筑“名副其实”。

3. 推进绿色建筑、建筑工业化发展

按照《河北省促进绿色建筑发展条例》要求，推动绿色建筑专项规划落地实施，做好绿色建筑创建行动总结与评估。抓紧编制完成 2022 年度新型建筑工业化发展计划，确保城镇新开工装配式建筑占比达 26% 以上。全省新增 3~4 个省级装配式建筑产业基地。

4. 加快培育新时代高素质建筑产业工人队伍，为建筑业转型升级和高质量发展提供有力支撑

一要加快制定《河北省加快培育新时代建筑产业工人队伍工作方案》，建立与新时代建筑产业工人队伍建设要求相适应的培训教育、技能评价、用工管理和权益保障机制，全面提升建筑产业工人素质，努力培育知识型、技术型、创新型建筑产业工人队伍。二要以建筑劳务用工制度改革为切入点，

加快培育适应建筑业转型发展需要的多元化用工方式。研究制定《河北省建筑产业工人基地培育发展工作计划》，引导建筑劳务企业向建制化、专业化、规模化转型。三要探索推进多层次建筑工人队伍。建筑业企业要紧跟建筑业转型发展步伐，逐步建立以高技能工种为主的自有核心技术工人队伍。四要健全企业为主、社会参与和政府促进的职业培训管理机制，为产业现代化奠定坚实人才基础和有力支撑。五要推行工程总承包。贯彻实施工程总承包管理办法，开展工作调研，发现提炼各地及企业工作亮点，优选一批有代表性的项目，培育6家具备工程总承包能力的企业。

（二）强化战略引导，为推进河北省建筑业高质量发展提供强有力政策支撑

1. 继续巩固建筑业在国民经济发展中的支柱产业地位

一是把推进建筑业高质量发展列为政府重要工作内容之一。深入贯彻《河北省政府办公厅关于促进建筑业持续健康发展的实施意见》精神，制定强有力政策措施，确保各项目标任务落到实处。以省政府名义或由省住建厅牵头与政府相关部门联合制定出台《河北省关于推进建筑业高质量发展的若干政策措施》。二是以新发展理念为指引，坚持目标引领和问题导向，依托省内和省外两个市场，聚焦短板精准发力、分类施策，持续推动建筑业转型升级，增强企业综合竞争力，促进建筑业产值上台阶，实现高质量发展。

2. 从政策层面进一步加大对龙头骨干企业的培育支持力度，引导企业做大做强，带动产业链整体提升

一是推进龙头企业兼并重组、做大做强，加大金融支持力度，培育打造河北省建筑业参与国内外市场竞争“航母”；支持企业采取联合体投标，在高附加值基础设施领域提升企业市场竞争力，推进省内大型建筑业企业向综合型企业转型；引导支持建筑业总部经济发展，推动河北省建筑业企业上层次、上台阶。

二是加大省内建筑企业市场开发政策支持力度。省内各地市出台支持本

区域龙头企业参与重大项目的相关政策。同时鼓励勘察设计企业、房地产开发公司、构配件生产厂家、各级国有建设投资集团申报建筑业企业资质，延长产业链，做大市场。如省内龙头企业可与大型国企、央企组成联合体共同参与重大项目建设；出台相关政策，本省企业特别是龙头企业在信用评价系统中可额外加分；在评标办法中，建议去掉抽取下浮系数，采用投标人报价的算数平均值，以避免投标报价的恶性竞争；在本地项目投标评标中，加入2%~5%权重分值，以本地纳税额作为评审依据，如本地纳税额达一定标准可得满分。

三是为省外市场业务较多的龙头企业提供工作支持。各省对国家标准执行不统一，政策规定不一致，导致企业开拓省外市场受限。政府主管部门应与各地建设厅密切联系，解决本省龙头企业在省外市场遇到的合同履约、地方保护等问题，并根据实际情况和业务需要，一事一议，为跨省施工龙头企业提供相应的工作支持。对于对地方就业和经济发展贡献大、综合实力较强、具有良好信用的“走出去”企业，在资质申报中给予支持，在职称评定、技术工人考核等方面予以倾斜。

四是河北省在吸引全国优秀央企、国企参与河北省经济社会建设的同时，积极引导他们与省内企业联合发展，推动河北省企业上层次、上台阶，增强河北省经济内生发展动力。比如在建筑行业，出台政策积极引导省内骨干企业与大型央企、省外骨干企业组成战略联盟，共同开拓市场，推动省内建筑业逐步从房屋建筑等传统领域向轨道交通、水利、机场等重点投资领域转型。

3. 加大对建筑业民营企业支持力度，推动民营建筑经济高质量发展

一要着力打造建筑业龙头领军民营企业，重视中小民营企业培育，营造优化发展环境，推动建筑业民营企业转变企业经营方式和治理模式做优做强。二要借鉴辽宁省开展“央企带民企”活动成功经验，推动企业联合经营，实现合作发展共赢目标。三要激励建筑业民企创新创优，培育民营企业优秀品牌，培养优秀民企领导团队，为建筑业民营企业健康发展提供有力保证。四要加大对民营企业支持力度，尤其加大对龙头企业建设 PPP 项目、高大精尖特项目等重点项目的支持力度；提高民营企业政治待遇，支持传统产业高质量发展，尤其是加大对行业龙头企业及特级企业的关注与支持力度。

4. 以资质管理制度改革为契机，构筑建筑业竞争发展新格局

一要加大资质改革政策引导扶持力度，支持企业拓展业务领域，推进建筑业企业提档升级，优化建筑业组织结构，并从政策层面加大对龙头骨干企业的培育支持力度，推动企业做大做强，带动产业链整体提升。二要加强对本省企业资质升级、增项工作的业务指导，引导企业提前规划，找准自身定位，实现加速成长。同时，建立厅际联系沟通机制，会同有关部门研究建筑业发展中的问题和对策，加大政策支持力度。

5. 加大对“走出去”建筑企业的政策支持力度

一是把建筑业“走出去”发展战略纳入“十四五”规划，加快制定行动计划方案，加大政策支持力度，推动区域建筑业龙头优势企业组成战略联盟，“走出去”共同开拓国际工程建筑市场，进一步提升国际竞争力和市场占有率。

二是省政府相关部门应创造条件，引领本地企业，尤其是龙头企业积极“走出去”，扩大省外、境外市场份额。推动建立建筑业产业联盟，引导企业联合开拓市场，推动设计、施工、设备、技术和服务输出。支持河北省建筑业企业对外承包工程，境外承包工程业绩可用于资质申报。创新联络机制，按照企业自愿的原则，在建筑业企业输出较多、市场潜力较大的省外地区，设立河北省建筑业企业服务站点，第一时间帮助省内企业解决日常经营中遇到的相关问题。

三是对“走出去”的企业加大培育支持力度，适当放宽企业申请建筑工程资质的条件限制，尤其对以对外工程承包为主的国有建筑企业给予政策倾斜支持，对在国外完成的工程业绩在企业申报资质、招标投标、信用评价等方面予以认可和支持。在评选各类先进时，在同等条件下，对在国外承包工程的企业、项目负责人和项目经理给予优先认定；对在外开拓业绩突出的企业和个人，给予表彰和奖励。

参考文献

《不断改善人居环境　推动城乡建设水平显著提升》，《河北日报》2022 年 2 月 19 日，第 1 版。

《“新城建”提速，城市如何升级》，《河北日报》2022 年 3 月 16 日，第 5 版。

B.20

天津工程建设发展报告（2022）*

天津市建筑业协会

摘　要： 2021年，天津市建筑业立足新发展阶段、贯彻新发展理念、构建新发展格局，深入推进“放管服”改革，统筹疫情防控和建筑业发展，加大经济运行工作力度，主动对接企业，为企业提供精准服务，企业克服诸多不利因素和影响，积极开拓市场，主要经济指标保持同比增长，建筑业经济运行总体平稳，继续保持健康发展的态势。本报告首先回顾了行业发展基本情况，总结出行业发展中具有主要经济指标继续呈现向好的态势、外省市场继续保持强劲发展势头、特级企业仍是完成建筑业总产值的主要力量。接着指出企业发展中主要存在企业经营成本上升、本市市场份额减少、受宏观经济增速放缓影响较为明显、建筑材料价格上涨影响企业经营等方面的问题。最后指出，2022年工作要主要围绕打造“天津建造”品牌、转变产业发展模式、强化建设工程质量安全管理、优化建筑市场环境等方面开展。

关键词： 工程建设　建筑业　天津市

一　行业发展基本情况

截至2021年12月，参加本市建筑业纳统企业总数2559家，新增纳统

* 本报告数据均来自国家统计局和天津市统计局。

企业 651 家，同比增长 34.12%。其中，总承包一级以上企业 150 家，总承包二级企业 193 家，专业承包企业 1636 家。

1. 建筑业总产值

2021 年度天津市建筑业完成总产值 4653.04 亿元，同比增长 6.04%。其中，建筑工程产值 4109.35 亿元，同比增长 4.41%；安装工程产值 420.76 亿元，同比增长 12.66%；其他产值 122.93 亿元，同比增长 56.10%。装配式建筑工程产值 23.87 亿元，同比增长 4.33%；外地产值 3071.21 亿元，占总产值的 66%，同比增长 6.82%；竣工产值 1519.95 亿元，同比增长 23.07%。

2. 签订合同额

2021 年签订合同额 14116.37 亿元，同比增长 5.87%。其中，上年结转合同额 6720.85 亿元，同比下降 1.35%；本年新签合同额 7395.52 亿元，同比增长 13.5%。

3. 房屋施工面积

2021 年建筑企业房屋施工面积 18022.62 万平方米，同比增长 18.30%。增幅高于全国（5.4%）12.9 个百分点。其中，新开工面积 4580.4 万平方米，同比增长 16.79%。

4. 从业人员

截至 2021 年 12 月底，天津市从事建筑业活动的平均人数为 88.51 万人，同比下降 21.06%。从业人员期末人数为 57.89 万人，同比下降 12.63%。

5. 建筑业增加值

天津市 2021 年度实现建筑业增加值 760.2 亿元，占全市地区生产总值（GDP）的 4.8%，高出 2020 年天津市建筑业增加值占全市地区生产总值比重（3.9%）0.9 个百分点。

6. 天津市17家特级企业主要指标完成情况

2021 年天津市特级企业完成总产值 2053.76 亿元，占全市建筑业总产值的 44.14%；在外省市完成总产值 1856.77 亿元，占全市企业在外省市完成产值（3071.21 亿元）的 60.46%；企业签订合同额为 7516.62 亿元，占全市建筑业企业签订合同额的 53.25%；企业本年新签合同额为 3896.36 亿元，占本市建筑业企业本年新签合同额的 52.69%。企业新开工面积为 2313.76 万平方米，占本市建筑业企业新开工面积的 50.51%。

7. 天津市民营建筑业企业总产值完成情况

天津市民营建筑业企业完成建筑业总产值 1314.39 亿元，同比增长 5.71%，签订合同额 2277.00 亿元，同比增长 9.37%。民营建筑业企业总产值保持稳定增长。

8. 区域建筑业总产值完成情况

2021 年中心城区共完成建筑业总产值 770.28 亿元，占全市建筑业总产值的 16.55%；环城四区共完成建筑业总产值 962.12 亿元，占全市建筑业总产值的 20.68%；远郊五区共完成建筑业总产值 461.93 亿元，占全市建筑业总产值的 9.93%；滨海新区共完成建筑业总产值 2458.71 亿元，占全市建筑业总产值的 52.84%。除中心城区外，其他区域均保持增长。

二　行业发展主要特点分析

（一）主要经济指标继续呈现向好的态势

从建筑业总产值环比增速、同比增速以及 2021 年签订合同额、房屋施工面积及新开工面积较大幅度增加情况来看，建筑业经济运行总体平稳，继续呈现向好的态势，为 2022 年总产值实现平稳增长奠定了良好基础。

2021 年实现建筑业增加值 760.20 亿元，占全市地区生产总值的 4.80%，同比实现增长，为全市经济稳增长贡献建筑业力量。

但是天津市建筑业总产值没有实现年度预期数额，增幅也比全国建筑业产值同比增速低（11.0%）4.96 个百分点。从业人员平均人数同比下降 21.06%。原因之一是市统计局从 2021 年第 4 季度严格执行了建筑业总产值、从业人员统计指标的统计口径，一些企业完成的部分产值及相应从业人员不能纳入统计范围。

（二）外省市场继续保持强劲发展势头

2021 年天津市企业在外省市完成产值占本市建筑业总产值的 66%，较 2020 年增长 0.5 个百分点，外省市场开发继续保持强劲的发展势头。

（三）特级企业仍是完成建筑业总产值的主要力量

17 家特级企业完成建筑业总产值、在外省市完成总产值、企业签订合同额、企业新开工面积主要指标仍占天津市相应指标总额的 50%左右，环比增速、同比增速稳固向好。

三　企业发展中面临的困难和存在的问题

一是天津市企业受新冠肺炎疫情影响，经营成本上升、工期延长、用工及管理难度加大，尤其是企业资金周转困难。部分驻津央企因国外新冠肺炎疫情仍在持续蔓延，对企业参与开拓国际市场、国际工程订单承接等带来诸多不利因素和影响。

二是在市场经营方面，企业在本市市场份额普遍减少，对企业经营开发、承揽任务影响较大。部分驻津央企产值大部分为外地产值，在本市建筑市场份额很少。

三是随着宏观经济增速放缓和房地产政策调控，本市建筑业企业发展不同程度受到一定影响。

四是 2021 年建筑材料价格较大幅度上涨对本市建筑业企业资金和盈利方面造成了较大影响，材料价格的上涨严重影响了工程项目的正常运行，大部分施工企业均遭受了不同程度的损失。

四　2022年工作要求和主要任务

（一）工作要求

2022 年是开启第二个百年奋斗目标的勇毅前行之年，也是坚定不移推动高质量发展的深化改革之年，更是强担当、勇作为、开创事业新局面的作风建设之年。天津市建筑业要坚持以习近平新时代中国特色社会主义思想为指导，坚决落实中央经济工作会议精神和全国住建工作会议、市委十一届十一次、十二次全会及市两会部署要求，坚持稳字当头、稳中求进工作总基调，进一步巩固党史学习教育成果，全面深化改革创新，做大做强建筑企业，打造“天津建造”品牌，推行“先进建造”计划，扎实推进建筑业高质量发展，统筹疫情防控和工程建设工作，迎盛会、铸忠诚、强担当、创业绩，以建筑业高质量发展迎接党的二十大胜利召开。

（二）主要任务

1. 做大做强建筑企业，打造“天津建造”品牌，助推建筑业高质量发展

落实城建工作会议精神，引导勘察、设计、施工、监理、中介企业整合重组，鼓励央企、民企参与建筑业改革发展，加快转变建筑业发展方式，提升发展质量和效益，促进天津市建筑业高质量发展。

培育支持龙头骨干企业，提升企业综合实力和市场竞争力。支持骨干企业做大做强，重点支持培育有实力的建筑业企业晋升高等级资质，鼓励央企、本市国企、民营企业参与建筑业改革发展，通过企业重组、合并、分立等方式优化资质结构，提升企业综合实力和市场竞争力。支持符合条件的企业参加高新技术企业认定。

不断完善和推进建设行业诚信体系建设。加强信用成果应用，发挥社会监督作用。促进建筑企业坚守诚信经营理念，增强诚信意识，提高诚信管理水平，推动形成崇尚诚信、践行诚信的良好氛围。强化对行业协会和社会组织的行业指导，发挥协会在规范市场、技术创新、队伍提质、信用建设方面的重要作用。积极构建行业信用监管责任体系，推进信用评价结果在行业监管领域的应用。

2. 推进产业结构调整，转变产业发展模式，全面推进“先进建造”及绿色建设发展

积极推进智能建造与建筑工业化协同发展。将建材业与建筑业有机融合，打造建筑工业化产业基地，推进新技术、新产品、新设备智能建造试点。将智能建造纳入企业信用评价，在招投标中依法设置支持技术创新、绿色低碳的评标要求。推进工程总承包改革、全过程工程咨询服务改革和民用建筑工程建筑师负责制。

加强绿色建筑、智能建造专业人才队伍建设，实施重大人才工程。加大新时代建筑产业工人队伍建设，强化施工现场技术工人标准设定和配置，加强绿色建造知识技术的培训，打造有组织、有技术、有工匠精神的产业队伍。

全面推进建设领域“双碳”行动。制定城乡建设领域碳达峰实施方案。建立低碳发展体制机制和政策体系，将低碳理念贯穿规划、设计、建造、运营、处置的建筑全生命周期，改变大量建设、大量消耗、大量排放的粗放建设方式，最大限度降低建设过程中的排污、扬尘、渣土排放。提高建筑节能标准，推广超低能耗建筑、近零能耗建筑，降低运行能耗。建立新建建筑能耗监测制度，加大既有建筑节能综合改造。优化建筑用能结构方式，促进建筑垃圾合理利用，提高可再生能源利用和建筑一体化应用水平。

加强高品质绿色建筑项目建设。2022 年城镇新建建筑中绿色建筑占比要达到 80%以上，2025 年要达到 100%。积极推动新型建筑工业化，以“天津市现代建筑产业园”为龙头，进一步完善装配式建筑研发、设计、生产、施工、检测全产业链条，鼓励在工程项目中优先采用绿色建材，促进建筑产业向“绿色化”“低碳化”发展。

3. 加快重点工程建设，强化建设工程质量安全管理

保持基础设施投资稳定增长，持续推进重大项目建设。科学安排市政基础设施项目建设，计划全年新建、续建项目 241 项，完成投资 409 亿元，同比增长 10%。加快推进地铁、国家会展中心、机场三期改扩建工程等重大项目建设。

强化建设工程质量安全管理。坚持人民至上、生命至上、安全第一理念，坚决遏制较大以上安全生产事故，减少一般事故。全面完成城市建设安全专项整治三年行动任务目标，持续开展安全隐患排查治理行动，实施建筑工程质量品牌战略，结合建筑工业化新要求，探索质量监管新模式，全面提升建筑品质。继续加强疫情防控常态化管理，建立防疫抢建应急机制，严格

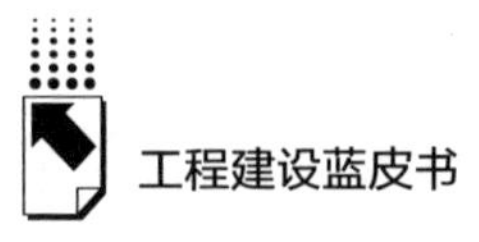

落实建筑工地防疫要求，始终保持临战状态。

4. 完善建筑市场监管，优化建筑市场环境

深入开展招投标领域整治，进一步规范招投标活动，完善失信惩戒制度和事中事后监管机制。加强建筑市场与招投标专项检查，加大对围标串标、转包挂靠、违法分包、不履行项目管理职责企业和人员的查处力度。发布《天津市工程建设项目招标投标活动投诉处理工作指引》，规范工程建设项目招投标投诉处理。

按照住建部关于开展施工现场技能工人配备标准制定工作的要求，规范房屋建筑和市政基础设施工程施工现场项目管理机构建设，推进施工管理标准化、体系化，提升施工管理水平，促进施工现场从业人员素质持续提高，确保工程质量和安全生产，年内出台《房屋建筑和市政基础设施工程施工现场从业人员配备标准》，规范建设项目施工现场从业人员配置行为。

统筹信息化平台建设。强化重点职能，建立统一平台，实现统一标准，打通数据通路，形成以房屋建筑、基础设施、行业管理为骨架的基础性平台。完善政务服务平台功能，优化“证照分离”事中事后监管模块，拓展电子证照和智能审批建设应用。推进智慧住建监督执法平台建设，吸纳企业已有管理平台成果，实现工程监督执法、建设工程质量检测、扬尘在线监测信息的互联互通。

增强为民服务意识，注重为民服务实效。深化建筑业“放管服”改革，推进“证照分离”改革，实现住建领域涉企经营事项电子证照全覆盖，真正让“数据多跑路、企业少跑腿”。深化工程建设项目审批制度改革，完善建筑行业资质审批改革，支持项目建设，助力企业发展。

参考文献

《让百姓住得舒心行得顺畅》，《天津日报》2022 年 2 月 22 日，第 4 版。

B.21

贵州工程建设发展报告（2022）*

贵州省建筑业协会**

摘　要： 2021年深入学习贯彻习近平总书记视察贵州重要讲话精神和党的十九届六中全会精神，在省委、省政府的领导下，围绕“四新”主攻“四化”，各项工作取得积极进展。2021年，贵州省资质以上总承包企业和专业承包建筑业企业共2171家，合计完成建筑业总产值4578.04亿元，比上年增长12.2%，增速比上年提高2.4个百分点。本报告从建设行业发展基本情况、2021年发展特点分析、2021年创新发展分析、发展中存在的问题、发展的对策和建议、建筑业协会下一步重点工作等方面对贵州建筑业发展情况进行了梳理、总结和展望。

关键词： 工程建设　建筑业　贵州省

一　行业发展基本情况

2021年，贵州省资质以上总承包企业和专业承包建筑业企业共2171家，合计完成建筑业总产值4578.04亿元，比上年增长12.2%，增速比上年提高2.4个百分点。

---

* 本报告数据来自国家统计局和贵州省统计局。

** 课题组成员：邹雨，高级工程师，贵州省建筑业协会秘书长，主要研究方向为工程建设行业管理；梅鸿，高级工程师，贵州省建筑业协会常务副秘书长，主要研究方向为工程建设行业管理；叶令，高级工程师，贵州省建筑业协会副秘书长，主要研究方向为工程建设行业管理。执笔人：邹雨。

全省开工复工棚户区改造43万套（户），完成改造9万套（户），完成投资360亿元。全省766个城镇老旧小区项目开工，涉及17.04万户，累计完成投资32.42亿元。全省完成背街小巷改造1273条，占年度目标任务的101.84%；累计完成投资8.63亿元，占年度目标任务的143.83%。新型城镇化城建投资（含小城镇）完成1849.53亿元。

二　行业发展特点分析

1. 建筑业总产值稳步增长

2021年，贵州省四个季度建筑业总产值均保持增长，四个报告期全省建筑业总产值增速分别为一季度25.4%、上半年17.4%、前三季度13.2%、全年12.2%。2021年贵州省建筑业总产值增速趋势与全国及西部地区总体保持一致（见图1）。

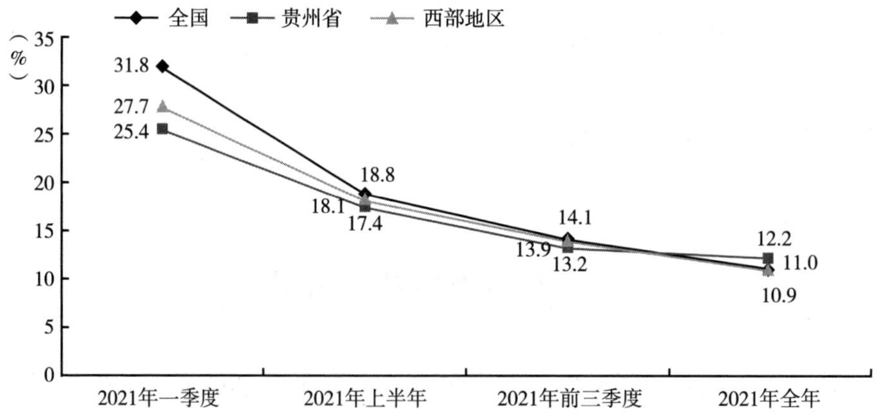

图1　2021年贵州建筑业总产值增速与全国及西部地区对比

2. 建筑业企业数量持续增加

2021年全省资质以上总专包在库企业数量持续增加，全省资质以上总专包建筑业企业共2171家，比上年增长14.8%，企业个数比上年增加280家，占企业总数的12.9%。资质等级特级、一级企业共130家，比上年增加

6 家；资质等级二级企业共 947 家，比上年增加 135 家；资质等级三级企业共 1088 家，比上年增加 135 家；其他资质企业 6 家，比上年增加 4 家。

3. 高资质龙头建筑业企业支撑作用突出

2021 年，贵州省资质以上总专包建筑业企业共 2171 家，其中，占企业总数 6.0%的 130 家特级、一级资质建筑业企业完成建筑业总产值占全部总产值的比重为 61.8%，占比较上年提高 1.1 个百分点；占企业总数 43.6%的

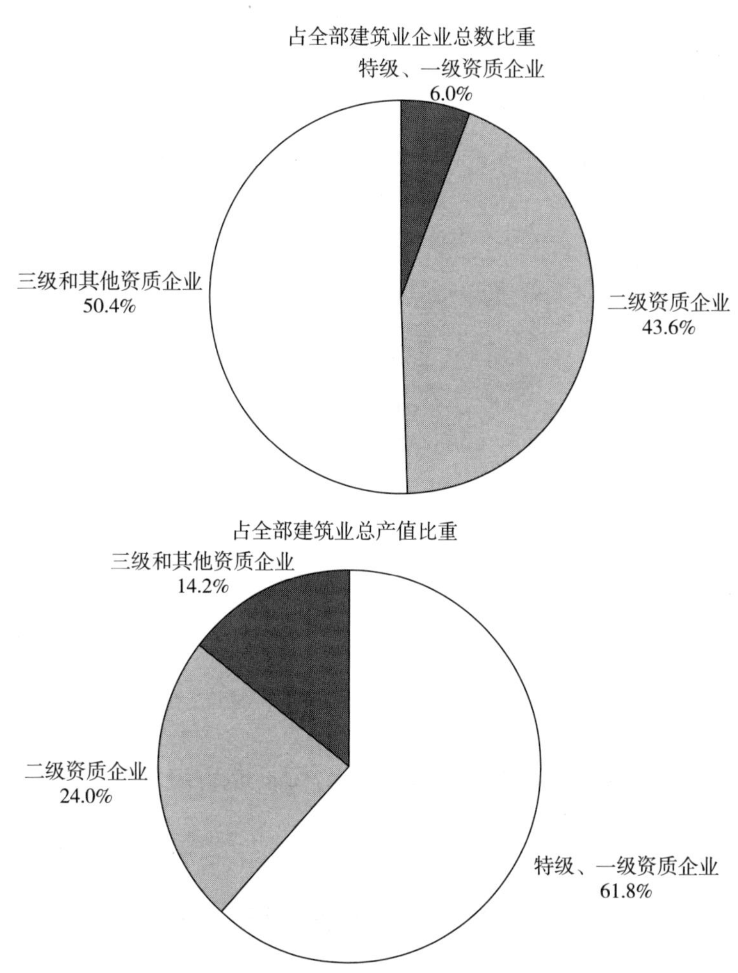

图 2　2021 年贵州省按资质等级分建筑业企业占全部建筑业企业总数比重与占全部建筑业总产值比重

947家二级资质建筑业企业完成建筑业总产值占全部总产值的比重为24.0%，占比较上年下降0.9个百分点；占全部企业总数50.4%的1094家三级和其他资质建筑业企业完成建筑业总产值占全部总产值的比重为14.2%，占比较上年下降0.2个百分点（见图2）。

4. 全省建筑业总产值结构保持稳定

2021年，贵州省建筑业总产值4578.04亿元中，建筑工程产值为3916.64亿元，占全部产值的比重为85.6%，占比较上年提高1.1个百分点；安装工程产值为425.73亿元，占全部产值的比重为9.3%，占比较上年下降0.5个百分点；其他产值为235.67亿元，占全部产值的比重为5.1%，占比较上年下降0.6个百分点（见图3）。全省建筑业总产值结构保持稳定。

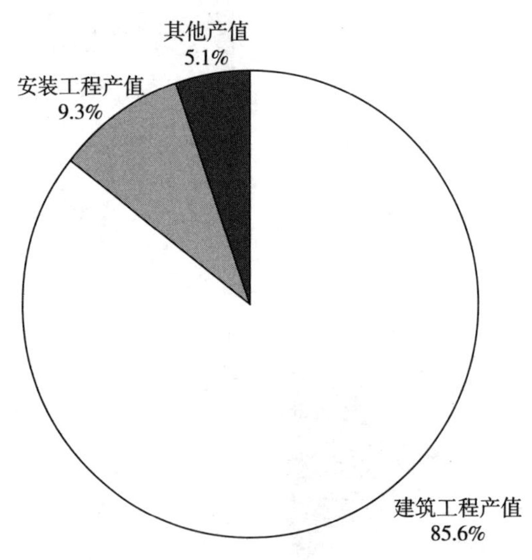

图3 2021年贵州省建筑业总产值各结构占比情况

三 2021年创新发展分析

聚焦创新发展，强力推进建筑业转型升级。一是完成扫黑除恶及建筑领域行业整治工作任务，获得2020年度全省“扫黑除恶”先进集体。二是扶持新增建筑业特级资质企业 2 家，一级资质企业 26 家，二级资质企业 200 余家；新增勘察设计甲级资质企业 9 家，监理甲级资质企业 3 家。三是全面开展工程建设项目审批制度改革工作向纵深推进，形成审批事项清单 2.0 版，审批事项由 155 项减至 68 项，压缩幅度达 56%；将交通、水利、能源等领域非重大工程建设项目纳入改革；数字化审图系统实现了“降本、增效、透明、全程无纸化”的目标；城镇老旧小区改造项目高效审批，将时限分别控制在 15 个、18 个、23 个工作日以内。四是落实建设单位工程质量首要责任；开展预拌混凝土质量专项检查，积极推行工程质量标准化，提升建筑施工企业管理水平。五是扎实推进安全生产专项整治三年行动，认真开展建筑起重机械安全等专项整治。六是组织编制《贵州省消防技术规范疑难问题技术指南》，完善建设工程领域消防相关法规制度。加强消防技术服务机构管理，提升消防行业管理服务能力。

四　行业发展中存在的主要问题

1. 全省建筑业区域发展不均衡

2021 年，在贵州省 9 个市（州）中，建筑业总量规模最大的是贵阳市，其 2021 年建筑业总产值为 2888.24 亿元，占全部产值的比重为 63.1%，该占比较上年提高 0.7 个百分点；建筑业总量规模排名第二的是遵义市，其 2021 年建筑业总产值为 433.88 亿元，占全部产值的比重为 9.5%，占比较上年下降 0.2 个百分点；建筑业总量规模最小的是六盘水市，其 2021 年建筑业总产值为 115.25 亿元，占全部产值的比重为 2.5%，占比较上年提升 0.1 个百分点（见图 4）。由上述数据可见，贵州省建筑业发展区域不均衡的情况十分突出，且其他地区与贵阳市的差距还在进一步拉大。

2. 本年新签合同额出现负增长

2021 年，贵州省总专包建筑业本年新签合同额 5337.95 亿元，比上年同期下降 4.9%。新签合同额是建筑业持续发展的保障，2021 年建筑业总产值的增长主要依托企业往年承接的工程，新签合同额的减少将不利于贵州省

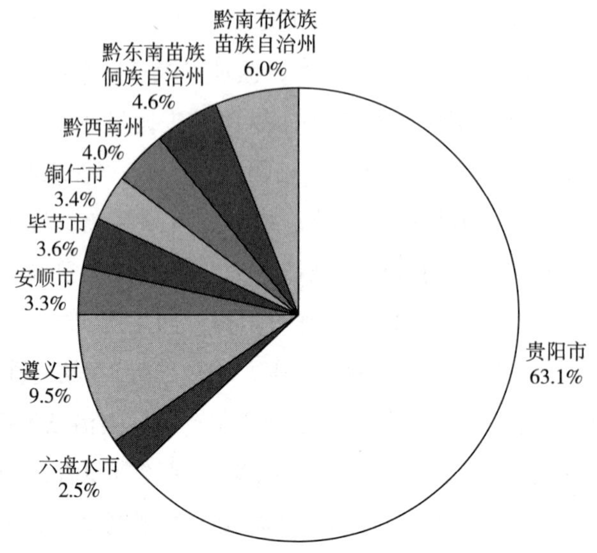

图 4　2021 年贵州省 9 个市（州）的建筑业总产值占比情况

建筑业未来的持续发展。

3. 新入库企业资质整体偏低

2021 年，全省新入库资质以上总专包建筑业企业中，一级资质企业占全部新入库企业的比重为 1.7%；二级资质企业占全部新入库企业的比重为 46.6%；三级资质企业占全部新入库企业的比重为 51.7%；没有新入库的特级企业。从以上数据来看，贵州省新入库建筑业企业以资质偏低的二、三级企业为主，新入库企业资质整体偏低。

五　促进行业发展的对策和建议

1. 大力促进全省各地区均衡发展

贵州省建筑业区域发展不均衡的现状对省内建筑业行业加快发展不利，且 2021 年还呈现差距逐渐拉大的态势。省内建筑业发展相对落后的地区，要提高对建筑业发展的重视程度，在辖区内现有的建筑业企业基础上，出台相应政策引导企业兼并重组、整合资源，尽快打造出一批具备品牌效应和一定技术力量的龙头建筑业企业，从而拉动本地区建筑业发展，以确保本地区建筑业能够在省内外建筑市场中占有一席之地。

2. 密切关注省内重点大型建筑业企业的生产经营

相关部门要持续密切关注重点企业的生产经营情况，进一步为其做好服务，切实解决企业所面临的各种困难，继续制定和出台相应的政策扶持企业做大做强，力争使贵州省龙头企业在当前全国建筑市场下行压力较大的形势下保持较强竞争力，继续充分发挥其在贵州省经济社会发展中的支柱作用。

3. 加大力度促进中小建筑业企业资质提升

相关部门要出台针对中小企业的扶持政策，为其解决融资、招工等一系列扩大生产经营的关键问题，推动企业提高资质，力争减小低资质企业占全部企业总数的比重，促进贵州省建筑业向更高层次发展。

六　2022年建筑行业协会重点工作

1. 认真学习贯彻党的十九届六中全会精神，明确协会的工作目标

党的十九届六中全会全面总结党百年奋斗的重大成就和历史经验，对于党和国家工作全局，对于协会建设发展都具有重要的指导意义。要通过学习《中共中央关于党的百年奋斗重大成就和历史经验的决议》（以下简称《决议》）和习近平总书记的重要讲话，提高协会工作的政治站位，领悟服务企业的根本要求，掌握推动工作建设的立场、观点、方法，更加自觉地向党中央看齐，着力提升服务企业、服务社会、服务国家和人民的精神境界。

在协会年度工作规划和理事会工作安排中，要把全会精神的宣传贯彻融入协会开展的各项活动，突出六中全会精神的学习。在各项培训、观摩、创先争优活动中，要坚持以六中全会精神为指导，把全会精神宣传贯彻贯穿其中，邀请领导和专家，结合行业发展实际对《决议》进行宣讲解读。党支部对自身学习教育做出周密安排，通过领导领学、个人自学、专题辅导、讨论交流，深化对全会精神的理解掌握。按照社会组织综合党委的安排，积极

参加各项学习教育活动和参观学习活动，总结和推送学习教育的经验做法，促进全会精神学习贯彻走深走实。

2. 着力进一步推动高质量发展，引领企业在创新创优上取得新的突破

深入贯彻加快贵州省建筑业高质量发展精神，坚持把引领企业创新创优作为推动建筑业高质量发展和提升核心竞争力的重要途径，坚持以协会自身的工作创新增强服务企业的主动性、针对性、实效性。通过对评优评价、咨询指导、专业培训等服务内容、工作流程、评价标准的进一步梳理，总结经验、查找不足，看准提升空间，找准工作加强改进的发力点、创新点。

一是协助省住建厅修订好《贵州省“黄果树杯”优质施工工程评选办法》，公平公正开展2022年度“黄果树杯”优质工程奖评选工作。促进企业高度重视质量安全、技术创新及建筑节能减排工作，进一步扩大“黄果树杯”优质工程奖的社会影响力和品牌效应。

二是加大绿色低碳发展推广力度。根据国家标准结合贵州实际情况，修订完成贵州省建筑工程绿色施工示范工程现场验收评价打分标准，做好2022年度绿色施工验收评价工作。推动企业把绿色建造理念、施工方式融入项目建设全过程，引导企业进一步树立“生态安全、环境友好、自愿循环”的建造理念，探索绿色低碳循环发展以及从“低碳”到“负碳”的建设模式，为实现碳达峰目标与碳中和愿景做出积极贡献。

三是开展企业高质量发展咨询服务。参考中建协、中施协工程建设企业高质量发展评价指标、实施细则，组织开展企业高质量发展咨询服务。举办企业家沙龙、企业家峰会，研究探讨推动高质量发展思路、举措和对策。

四是发挥科技创新对企业的赋能作用。开展行业科技创新调研，强化科技成果转化，推动高校与企业进行科技成果对接，组织专家团队到工程建设一线提供技术咨询，推广建筑工业化新工艺、新技术、新成果，推动科技成果向现实生产力转化。继续开展建筑业10项新技术宣贯、贵州省建筑业新技术应用示范工程和工程建设省级工法评审等工作。举办新技术及省级工法成果推广与经验交流会，持续加强对企业科技人才的培养。

3. 加强培训工作

当前，建筑业企业面临经济下行和疫情影响的双重压力。企业的发展，离不开政策的支持，而协会作为企业与主管部门之间的桥梁，有义务帮助企业排忧解难。协会培训部作为面对会员企业的窗口之一，将充分发挥培训部的作用，在相关法律法规及政策的允许下，联合具备培训资质的职业技能学校、培训中心（机构）开展建筑类人才培训，为施工企业提供更优质的服务平台，把持证上岗与人才建设放在第一位，为加快建筑业转型升级高质量发展助力。同时也继续开展好一级注册建造师继续教育与龙头骨干企业“安管人员”的培训工作，为企业“走出去”提供有力支撑。针对国家新政策的解读、新施工规范的宣传、资质改革下企业面临的困难、企业收款难、债务纠纷多等热点问题，不定期邀请相关专家举办培训会及宣贯会，帮助企业更好地解决问题。

4. 国家级奖项的推荐及省级奖项的评选

推荐企业申报鲁班奖、国家优质工程奖。协助企业做好绿色施工示范工程、国家 QC 奖、工程建设科学技术奖、信用评价奖项的申报、推荐工作。组织开展“黄果树杯”优质工程、新技术示范工程、省级工法、贵州省绿色施工示范工程、优秀企业、优秀项目经理等评选活动。拟开展首次贵州省建筑工程项目优秀技术负责人评选活动，鼓励项目技术负责人认真钻研业务、履行职责，成为懂技术、会管理、善经营的项目管理人才。

5. 进一步提升自身建设水平，努力打造全面过硬的品牌协会

加强会员队伍建设，不断壮大协会影响力、感召力。加强协会自身宣传，结合各类会议活动、服务咨询活动等，主动走进企业、联络企业，向企业介绍协会的性质宗旨、职能定位、服务内容，增强协会知名度和影响力。要通过提高服务质量吸引会员，进一步加大行业调研力度，按照企业需求确定服务内容、定制服务项目，真正对企业需求做到亲知真知，增强服务的针对性。建立科学完善的会员管理体系，做好会员管理系统，实现会员各类信息融合互通，探索实行分档分类管理服务，让企业体会到入会有入会的好处，增强加入协会的获得感、归属感。

参考文献

《“硬核”推动住建高质量发展》，《贵州日报》2022 年 2 月 10 日，第 15 版。

B.22

青海工程建设发展报告（2022）*

青海省建筑业协会

摘　要： 建筑业是国民经济的基础性、先导性产业，在制造业、交通运输业、房地产业等涉及国计民生的重大经济领域，发挥着不可估量的作用。本报告首先回顾了青海省2021年行业发展基本情况，总结了建筑业具有对全省经济发展发挥重要作用、对税收收入发挥重要作用、对就业和农牧民增收发挥重要作用、对拉动上下游产业发展发挥重要作用等特点。接着指出了行业发展中存在固定资产投资转化为建筑业增加值比例较低、建筑业税收外流较大、建筑业从业人员技能水平较低、扶持建筑业企业发展的政策措施不能够有效实施等方面的问题。最后提出了重视建筑业的转型发展、落实支持建筑业发展政策两个方面的发展建议。

关键词： 工程建设　建筑业　青海省

一　行业发展基本情况

表1　2016~2021年青海省建筑业总产值、增加值、增加值占地区生产总值的比重及增加值增长率

单位：亿元，%

年份	建筑业总产值	建筑业增加值	建筑业增加值占地区生产总值的比重	建筑业增加值增长率
2016	411.38	270.31	12.00	10.21
2017	406.93	292.51	11.90	8.21
2018	441.31	316.20	11.50	8.10

* 本报告数据均来自国家统计局和青海省统计局。

续表

年份	建筑业总产值	建筑业增加值	建筑业增加值占地区生产总值的比重	建筑业增加值增长率
2019	460.72	332.03	11.30	5.01
2020	512.24	357.65	11.90	7.72
2021	587.33	379.53	11.30	6.12

表 2　2016~2020 年青海省 GDP 增量、建筑业增加值增量及建筑业贡献率

单位：亿元，%

年份	全省 GDP 增量	建筑业增加值增量	建筑业贡献率
2016	247.17	25.58	10.3
2017	206.92	22.20	10.7
2018	282.89	23.69	8.4
2019	193.07	15.83	8.2
2020	64.85	25.62	39.5

表 3　2016~2020 年青海省税收总收入、建筑业税收收入及占比

单位：亿元，%

年份	税收总收入	建筑业	
		税收收入	占比
2016	312.24	62.24	19.93
2017	360.76	41.38	11.47
2018	395.80	41.30	10.43
2019	386.46	40.40	10.45
2020	391.62	40.98	10.46

二　行业发展特点分析

近年来，城镇化和新型工业化快速发展，青海省固定资产投资不断增加，建筑业紧紧抓住机遇，主要生产经营指标实现较快增长，对青海省经济保持稳定较快增长和社会和谐进步起到重要的支撑和保障作用。

1. 建筑业对全省经济发展发挥重要作用

从建筑业增加值占全省地区生产总值的比重来看，“十三五”期间，全省资质内企业累计完成建筑业增加值 1568.7 亿元，较“十二五”增加 32.27%，占全省地区生产总值的比重平均达 11.72%。从建筑业增加值对全省地区生产总值的贡献率来看，“十三五”期间，建筑业增加值对全省地区生产总值的贡献率平均达 15.43%，特别是 2020 年，建筑业克服疫情影响，增加值增速达 7.3%，对全省地区生产总值的贡献率平均达 39.5%。

2. 建筑业对税收收入发挥重要作用

“十三五”期间，全省建筑业完成税收 226.3 亿元，占全省税收收入的比重达 12.25%，扣除 2016 年因建筑业营改增之前企业集中纳税情况，建筑业税收占全省税收收入的比重为 10.45%。

3. 建筑业对就业和农牧民增收发挥重要作用

根据青海省建筑工人实名制管理平台统计数据，2021 年实行实名制管理的 811 个项目（约占全部项目的 50%）共有建筑劳务工人 12.97 万人，其中本省建筑劳务人员 6.69 万人，占全部建筑劳务人员的 51.6%。按全部项目计算，本省建筑劳务人员超过 13 万人，对全省农牧民就业起到了积极作用。

4. 建筑业对上下游产业拉动发挥重要作用

“十三五”期间，全省资质内企业共消耗水泥 1911.75 万吨，消耗玻璃 744.28 万平方米，消耗钢材 729.5 万吨，消耗铝型材 32.23 万吨，对建材产业发展起到了促进作用。同时，省住建厅积极引进改性酚醛保温防火板、加气混凝土砌块、石墨级 EPS 聚苯板、石墨聚苯板、新型泡沫玻璃和低辐射（LOW-E）节能镀膜玻璃等节能材料项目，经过几年的发展，初步实现了大部分建筑节能产品的本土化生产，降低了建筑成本。

三　行业发展中存在的主要问题

1. 固定资产投资转化为建筑业增加值比例较低

2021 年，全省建筑业总产值为 587.33 亿元，去除本省企业在省外完成的产值262.59亿元，本省企业在省内完成的产值为324.74亿元，占全省固定资产投资的10%左右，与全国50.1%的占比差距巨大，与西部甘肃、宁夏等省（区）32.8%、21.67%的占比相比也有较大差距。按照国家统计局建筑业增加值核算办法，建筑业增加值增速核算涉及本省建筑业产值增速、本省建安投资增速、全国建筑业产值增速、全国建安投资增速以及物价因素5个指标。而本省建筑业产值增速与本省企业承接任务量息息相关，由于本省企业相对较弱，加上各地对建筑业发展重视不够，建设单位倾向于选择省外央企施工，建筑业产值增速乏力，固定资产投资转化为建筑业增加值的比重较低。近两年青海省建筑业总产值保持增长，主要是依靠本省企业在省外完成的产值。

2. 建筑业税收外流较大

建筑业实行“营改增”后，按照《财政部、国家税务总局关于建筑服务等营改增政策的通知》（财税〔2017〕58号）规定，一般纳税人跨地区提供建筑服务，纳税人应以取得的全部价款和价外费用扣除支付分包款后的余额，按照2%的预征率在建筑服务发生地预缴，其余在企业工商注册所在地交纳。据调查统计，目前建筑业企业交纳增值税额占工程总造价的3%~3.5%，也就是说有1%~1.5%在企业工商注册所在地交纳。青海省建筑业税收在2016年达到62.24亿元（2016年开始实行“营改增”），之后建筑业税收保持在40亿元左右，建筑业税收每年外流20亿元左右。

3. 建筑业从业人员技能水平较低

从专业技术人员数量上看，青海省现有一、二级注册建造师9800人，仅占全国的0.3%左右，尤其是公路、铁路、电力等方面专业人才缺乏。从建筑劳务人员数量上看，大部分建筑业从业人员是进城务工的农牧民，技能水平较低，安全质量意识淡薄。省内多数建筑业企业缺乏专业能力较强的管理和技术人才。

4. 扶持建筑业企业发展的政策措施不能有效实施

为扶持青海省建筑业发展，近年来青海省出台了一系列政策措施。2017年，省政府办公厅出台《关于推进装配式建筑发展的实施意见》；2018年，省政府办公厅印发《关于促进建筑业持续健康发展的实施意见》。但从实际效果来看，一些政策措施没有得到很好的落实，例如，工程价款结算制度执行不力，部分建设单位不严格执行工程预付款、进度款、竣工结算制度，没有按合同约定的计量周期和工程进度足额向承包单位支付工程款，还是以审计结果作为工程款结算依据，将未完成审计作为延期工程结算、拖欠工程款的理由。再如，装配式建筑等新型建造方式推广力度不大，“从2018年起，西宁市、海东市装配式建筑项目供地占建筑项目招拍挂土地的比例不少于10%，以后年度每年增长不低于3个百分点”① 的政策目标没有得到落实。

四　发展趋势展望

1. 发展建筑业总部基地

建筑业是劳动密集型产业，相对于工业来讲，对土地无需求，也不会造成污染，符合青海省生态环保大省的省情及“四地”建设的需要。同时，建筑业对扩大城乡就业、促进城乡建设、推动经济和社会发展有着积极作用，因此，发展建筑业总部基地，是促进建设业发展的重要途径之一。去年在住建部的支持下，湟中区、大通县建立了建筑业总部基地。目前，湟中区建筑业总部基地拥有特级资质建筑业企业1家、一级资质建筑业企业3家、甲级设计资质企业1家，大通县建筑业总部基地拥有一级资质建筑业企业3家。据初步统计，总部基地建筑业企业共完成产值48.95亿元，纳税0.51亿元。建议各地借鉴建筑业总部基地和外省先进做法，将引进优势建筑业企业纳入招商引资范围，给予建筑业企业和工业企业相同的待遇，筑巢引凤，吸引建筑业企业落户。

2. 大力发展装配式建筑

装配式建筑具有人力投入少、施工速度快、质量好、对环境影响小等特点，发展装配式建筑是大势所趋。并且在青海省发展装配式建筑，能够推进装配式生产基地建设，形成研发、生产、建设的产业链，促进工业与建筑业融合发展，促进建筑业转型升级。建议各地认真落实省政府办公厅印发的

① 《青海省人民政府办公厅关于推进装配式建筑发展的实施意见》。

《关于推进装配式建筑发展的实施意见》，引进钢结构、轻钢结构和PC构件生产企业，打造全省装配式建筑生产基地，大力发展装配式建筑，推动智能建造与新型建筑工业化协同发展，促进建筑业转型升级。

3. 科技引领，创新驱动

聚焦绿色低碳发展需求，构建以市场为导向、以企业为主体、产学研深度融合的技术创新体系，加强技术攻关，补齐技术短板，注重国际技术合作，促进我国建筑节能与绿色建筑创新发展。

4. 提高建筑业从业人员素质

推动工人组织化和专业化，完善建筑工人技能培训与鉴定、建设工程劳保统筹实施细则、建筑工人实名制管理等配套措施。加强建筑人才的引进和培育，构建以施工承包企业自有建筑工人为骨干、专业作业企业自有建筑工人为主体的多元化用工体系，推动劳务企业向专业作业企业转型。健全技能培训和鉴定体系，建立岗前培训与岗位技能提升培训制度，落实企业在职工人职业技能培训工作中的主体责任。建筑企业要足额提取职工教育培训经费，并确保一定比例的经费用于一线工人职业技能培训。整合人社、扶贫等部门力量，充分发挥政府职能作用，开展由政府主导的劳务人员技能培训，出台相关规定和优惠政策，支持企业积极开展职工职业技能培训。

参考文献

汪发红等：《青海省建筑业发展现状与趋势展望》，《建材世界》2017年第2期。

B.23

海南工程建设发展报告（2022）*

海南省建筑业协会

摘　要： 2021年，海南省建筑业统筹常态化疫情防控和行业发展，实现了“十四五”的良好开局。全年全省建筑业完成产值447.09亿元，同比增长14.2%；完成建筑业增加值560.67亿元，同比增长2.4%，占全省生产总值的8.6%。本报告从房地产市场平稳健康发展、建筑业转型升级步伐加快、行业改革创新不断深化、常态化疫情防控安全有序、城市建设管理质量稳步提升、安居房和保障性安居工程有序推进、装配式建筑面积持续翻番、绿色建筑发展质量明显提升等方面对2021年度工作进行了回顾。明确2022年重点工作是在促进房地产市场健康发展上取得新成绩、在推进住房供给侧结构性改革上迈出新步伐、在实施城市建设和更新改造上开拓新局面、在推进乡村振兴行动上绘就新画卷、在推动城乡建设绿色发展上营造新格局、在加快建筑业高质量发展上达到新高度、在推动改革创新和法治建设上实现新突破、在坚守安全底线上彰显新担当。

关键词： 工程建设　建筑业　海南省

一　行业发展基本情况

2021年，全省建筑业完成产值447.09亿元，同比增长14.2%；完成建

* 本报告数据均来自国家统计局和海南省统计局。

筑业增加值 560.67 亿元，同比增长 2.4%，占全省生产总值的 8.6%；企业新签合同额为 509.62 亿元，同比下降 4.1%；截至 2021 年底，全省有施工企业 390 家，同比增长 1.8%。

二 2021年完成主要工作

1. 房地产市场平稳健康发展

2021 年，全省房地产开发完成投资 1379.60 亿元，同比增长 2.8%，仍占固定资产投资的很大份额；实现房地产业增加值 589.04 亿元，同比增长 9.4%，占全省生产总值的 9.1%。主要做法是：保持调控力度不放松，坚持因城施策，压实市县主体责任，统筹建立信息共享、联合查处、联合监管等联动机制，加强市场监测；健全房地产风险防控工作机制，及时处置房地产风险项目，化解矛盾纠纷；大力开展住房租赁市场专项治理、房地产市场专项整治和网络虚假广告专项治理，不断规范房地产市场秩序。在 2021 年国新办召开的“努力实现全体人民住有所居”新闻发布会上，海南省房地产市场整治成效受到住建部的充分肯定。

2. 建筑业转型升级步伐加快

在建筑市场方面，大力开展产业工人培训，建筑工人实名制考勤人数和项目经理、总监考勤率大幅提高，洋浦经济开发区实名制管理成效居于全省前列；四项政务事项合并到施工许可办理，出台推行工程担保实施意见，以信用监管为基础的过程监管体系进一步健全。全省建筑施工领域安全生产形势总体平稳可控，三防工作和深化工程安全生产专项治理行动得到省领导的高度肯定，2 项工程荣获国家优质工程奖，24 个工程项目荣获绿岛优质工程奖，4 项工程技术标准和计价依据正式发布。

3. 行业改革创新不断深化

深入推进工程建设项目审批制度改革，全力推动建立省部合作共建机制。持续深化“清单制+告知承诺制”、“掌上办”、“指尖办”、数字化图纸应用和工程建设档案电子化规范化管理等关键环节改革，在全国率先实现工程建设项目审批证书100%电子化，审批服务时长进一步缩短，切实减轻了企业负担。1项制度创新成功入选自贸港制度创新发布推广案例。部分市县创新审批服务模式取得较好成效，如海口市江东新区设立“办不成事”反映窗口、实行“否定报备”制度，琼中县积极探索全程代办帮办机制等多项创新，得到省营商环境专班的充分肯定。

4. 常态化疫情防控安全有序

始终坚持统筹疫情防控常态化和行业发展，多措并举实现抗疫情、保民生、促发展。通过有力手段，督促指导房地产开发、中介机构、物业服务等企业加强疫情防控，确保各项工作平稳有序开展。督导各项目工地严格执行“五个一律”政策，全面排查1000余个建筑工地，确保疫情管控措施得到严格落实。扎实做好全省环卫工人疫情防护，日均环卫作业达9万余人次、清运垃圾1万余吨，有效防止了病菌滋生传播。全力抓好新冠疫苗接种工作，全系统近30万名从业人员的疫苗接种率达到97.4%。

5. 城市建设管理质量稳步提升

海南城市信息模型（CIM）平台建设前期工作稳步推进，全省城市运行管理服务平台与国家平台成功联网，城市精细化管理水平稳步提高。海口市和三亚市有序开展城市体检试点，8个设市城市持续推进海绵城市建设。圆满完成48个综合公园、1.5万个外语标识牌设置。省级园林城市数量增至6个，三亚市多措并举推动城市园林绿化、花化、彩化，城市品质不断提升。全年开工改造城镇老旧小区450个，惠及居民约5.2万户。东方市举措有力，提前2个月完成年度改造任务。

6. 安居房和保障性安居工程有序推进

海南省推动出台《海南自由贸易港安居房建设和管理若干规定》，为安居房发展提供了强有力的法制支撑。2021年全省安居房开工3.9万套，超额完成3.5万套的年度任务。保障性安居工程年度计划全面完成，其中棚户区改造开工3045套、公租房开工243套，开工率均达到100%；向1.4万户发放住房租赁补贴，完成率达171%。

7. 装配式建筑面积持续翻番

通过出台政策、自查评估、交流培训、督查检查、印发专刊等措施继续发力，2021 年装配式建筑领域保持大幅迈进，产能布局更加完善，技术能力稳步提高，全省装配式建筑面积达 2280 万平方米，连续 4 年实现翻番。临高在推进装配式建筑产业园区发展方面进行了积极探索和实践。

8. 绿色建筑发展质量明显提升

印发《海南省绿色建筑创建行动实施方案》，扎实推进绿色建筑创建行动，绿色建筑标准体系进一步完善，全省新建绿色建筑 2605 万平方米，占新建建筑面积的 79%。扎实开展海南省城乡建设领域碳达峰碳中和研究，有序推动“双碳”战略落实。

三 2022年重点工作

2022 年是党的二十大召开之年，也是海南自由贸易港建设攻坚之年、封关运作准备关键之年，做好全年住房城乡建设工作意义重大。

1. 在促进房地产市场健康发展上取得新成绩

一是保持调控政策的连续性、稳定性。按照“稳地价、稳房价、稳预期”的要求，有计划、有节奏地合理安排商品住房供应，完善并稳妥实施房地产长效机制，落实城市主体责任制和各项调控政策，增强调控政策的协调性、精准性，加强督导考核，做到调控目标不动摇、力度不放松、政策不走样。二是不断完善住房体系。加快构建与海南发展相适应的“租购并举”住房制度。大力推动住房租赁市场发展，规范租赁住房运营管理，引导房地产企业转型发展，出实招推动存量闲置房转型利用。三是持续加强房地产市场整治。力争用 3 年左右时间，实现房地产市场秩序明显好转。进一步规范小区物业、住房维修基金管理，切实维护群众切身利益。

2. 在推进住房供给侧结构性改革上迈出新步伐

一是加快完善海南住房保障政策制度。出台《关于完善海南自由贸易港住房保障体系的指导意见》《海南自由贸易港安居房管理暂行办法》《关于加快发展保障性租赁住房的实施意见》等系列住房保障政策文件，加快构建以安居房、保障性租赁住房、公共租赁住房为主体的住房保障体系。协调督导各市县配套健全完善本地安居房、保障性租赁住房、公租房政策制度。二是全力推进安居房和保障性安居工程项目建设。全年计划开工建设安居房5万套，提供保障性租赁住房和公共租赁住房1.4万套，稳步推进棚户区改造。各市县要以加快项目落地为导向，强化规划、土地、资金、审批等要素保障。加强统筹协调和督导检查，确保8月底前实现5万套安居房100%开工，9月底前实现保障性安居工程项目100%开工。三是扎实抓好住房保障领域审计问题整改。各市县要加快推进住房保障智慧化信息平台建设应用，扎实做好住房保障信息数据的归集、整理和迁移录入，争取4月前初步建立保障性住房房源、住房保障对象“两张清单”。会同相关部门完善住房保障领域审计发现问题整改的会商联动机制，压实相关市县政府主体责任，确保整改工作按要求和时间节点落实到位。四是认真抓好住房公积金监管。积极推动符合自贸港建设需要的住房公积金制度集成创新，开展灵活就业人员试行住房公积金制度和住房公积金管理中心体检评估试点，进一步提升住房公积金监管信息化水平。

3. 在实施城市建设和更新改造上开拓新局面

一是加快推进城镇老旧小区改造。严格落实全省城镇老旧小区改造工作实施方案，完善加装电梯相关政策，加大资金筹措力度，强化改造工程质量安全管理，狠抓改造任务考核，确保全年开工改造城镇老旧小区608个。二是加大力度推进园林城市创建和海绵城市建设。指导市县加大园林绿化工作力度，稳步提高建成区绿地率和绿化覆盖率等重要园林绿化指标。推进市县创建园林城市（县城）工作，鼓励已创建国家和省级园林城市的市县，对标国内高水平园林城市，不断提升城市绿化水平。三是提升市政公用设施管养水平。指导海口市、三亚市做好城市体检，推动体检成果应用。促进住房城乡建设领域市政设施管理养护水平向精细化发展，进一步配套完善建筑和市政工程无障碍通用设施。四是推进城市管理信息化。深入推进全省城市运行管理服务平台建设，加强城市精细化管理。加快推进 CIM 平台建设前期工作，将城镇管道燃气数字化监管作为 CIM 平台建设的优先领域。

4. 在推进乡村振兴行动上绘就新画卷

一是进一步巩固拓展脱贫攻坚成果。保持脱贫攻坚帮扶政策总体稳定，持续推进农村危房改造和农房抗震改造，落实农村低收入群体住房安全信息共享制度，妥善解决农村低收入群体的基本住房安全。二是加强农房和村庄建设管理。开展乡村建设评价。继续推进农村房屋安全隐患排查整治。强化农村建筑工匠培训管理，提高农村建筑工匠及农户质量安全意识。探索常态化农房建设管理和动态化监测管理，建立农房管理台账。三是扎实推进厕所防渗漏改造。通过加强技术指导、严控建设标准、规范施工管理、强化督导考核、及时组织竣工验收等措施，高标准完成厕所防渗漏改造 5 万座以上。四是有序推进燃气下乡“气代柴薪”。加强与省级相关部门协调联动，及时下达省级补贴资金，加强资金和项目安全监管，到年底实现“气代柴薪”覆盖所有乡镇。五是提升乡村民宿管理水平。扎实推进全省乡村民宿备案登记管理制度化、高效化。加强乡村民宿等经营性农村住房安全管理，组织省级民宿优秀设计评奖活动，提升乡村民宿设计水平。六是加强传统村落保护与发展。研究制定全省传统村落和传统建筑保护利用规定，建立跟踪监测和动态管理制度。加快推动海南省中国传统村落录入国家传统村落数字博物馆平台，宣传推广传统村落保护发展典型经验。组织开展第六批中国传统村落申报工作，编制省级传统村落名录。

5. 在推动城乡建设绿色发展上营造新格局

一是加强城乡建设绿色发展顶层设计。配合制定出台《关于推动城乡建设绿色发展的实施意见》，并抓好贯彻落实。完成全省城乡建设领域碳达峰路径相关研究，出台城乡建设领域碳达峰实施方案。二是全面提高绿色低碳建筑水平。持续开展绿色建筑创建行动，制定相关优惠政策，引导高星级绿色建筑科学规模化发展。开展低碳（超低能耗）示范社区建设，推动低碳建筑发展。推进城市绿色照明。三是持续推进生活垃圾处理设施建设。推动海口、三亚、万宁、五指山和白沙等市县的 8 座生活垃圾转运站新建、扩建工作，完成三亚、儋州和陵水等市县生活垃圾焚烧发电厂扩建工作，按时完成海口、儋州、文昌、琼海、东方、陵水、屯昌等市县的厨余垃圾处理厂扩建工作。四是全面推进生活垃圾、建筑垃圾分类和减量化、资源化。在全省实行生活垃圾分类，2022 年完成 110 座乡镇标准示范分类投放屋（亭）建设和 30%以上的行政村（居）分类投放屋（亭）建设。强化海上环卫，编制海上环卫作业标准，落实重点区域每日巡查、打捞制度。开展全省治理建筑垃圾污染环境专项行动，遏制建筑垃圾偷倒乱排问题，推进建筑垃圾规范化管理和资源化再利用。

6. 在加快建筑业高质量发展上达到新高度

一是提高装配式建筑发展质量。深化完善装配式建筑发展政策、标准和计价依据体系，编制出台装配式建筑施工合同范本。加强预制构件、部品生产能力建设，不断提高产品品质，推进产品标准化、智能化应用。积极协调指导临高县推进金牌港装配式建筑产业基地建设。到 2022 年底，力争装配式建筑在新增建筑中的占比超过 60%。二是推进工程建设组织方式改革。持续推行工程总承包，出台全省工程总承包管理实施细则和工程总承包合同示范文本。推进工程全过程咨询服务发展，在民用建筑中推行建筑师负责制。三是不断提高勘察设计水平和质量。加快推进勘察设计和施工图审查数字化建设，实现设计文件全电子化交付。争取海南国际设计岛规划在城乡建设领域实现早期收获。研究推动海南省勘察设计相关奖项评选。继续加强勘察设计和施工图审查质量抽查，规范全省消防设计审查验收。四是健全建筑市场运行机制。完成全省房建工程全过程监管信息平台二期的开发建设。修订建筑市场诚信管理办法，不断完善建筑业信用监管体系。开展转包挂靠等建筑市场违法行为整治。持续落实实名制管理，推动建筑产业工人队伍建设。五是切实提升建筑工程质量管理水平。以工程质量问题为切入点，着力破除体制机制障碍，进一步完善质量保障体系。持续强化参建各方质量责任，加强建材质量管理和施工监管。修订全装修管理办法，完善全装修房屋的质量管理体系，加强分户验收管理，提升全装修工程质量。稳步推进房屋建筑工程质量潜在缺陷保险工作。

7. 在推动改革创新和法治建设上实现新突破

加大制度集成创新和法治建设工作力度，推进依法行政，为全省住房城乡建设事业高质量发展营造良好的政策和法治环境，服务好海南自贸港建设。一是深入推进工程建设项目审批制度改革。建立并落实部省合作常态化工作机制，结合住房和城乡建设工作改革三年工作方案细化 2022 年工作，统筹协调深化项目策划生成、区域评估、“多测合一”改革工作，提升审批管理数字化、网络化、智能化水平。二是进一步提升审批服务水平。加强下放重点园区事项的业务指导，开展全省建设工程企业资质统一换证，推行注册人员审批新系统和企业资质电子证书应用。将事前指导、技术服务和信息化管理贯穿运用在施工全生命周期，进一步优化工程竣工联合验收工作机制。三是加快构建具有自贸港特色的工程建设地方标准和计价依据体系。继续推进地方标准化建设，完成《海南省绿色建筑评价标准》等 4 部标准的制（修）订工作，加强地方标准贯彻落实。继续完善建设工程领域计价依据，完成概算定额编制和装配式建筑综合定额编制。四是进一步加强法治建设。推动加快《海南自由贸易港绿色建筑条例》的立法进程。继续抓实依法行政制度体系建设，推进科学民主合法行政决策，严格规范公正执法，不断提升干部职工的法治思维和依法行政能力。五是进一步净化工程建设环境。加强建设工程招投标领域监管和公共工程项目监管，继续完善相关制度，提高监管效能，打造廉洁工程。进一步配合完善招投标在线监管系统，探索运用智慧监管技术，提高招投标监管系统的分析预警能力。

8. 在坚守安全底线上彰显新担当

一是坚决有力防范化解房地产风险。落实属地监管责任，压实企业主体责任，以“保交楼、保民生、保稳定”为首要目标，以法治化、市场化为原则，重点做好个别房企项目风险处置，确保房地产风险总体可控。会同金融部门有效加强对房地产企业穿透式资金的有效监管，防范化解系统性金融风险。二是加强建筑施工安全监管和安全隐患整治。修订《海南省建设系统安全生产工作责任目标考核办法》，开展全省住房城乡建设系统安全生产目标考核。进一步规范建筑施工安全生产标准化和安全风险分级管控制度，建立危大工程隐患排查整治台账，提升安全生产事故处理能力。加强包括农房建设在内的建筑施工安全生产管理，推动各参建主体落实安全生产责任。扎实推进既有建筑安全隐患排查整治，深入实施城市建设安全专项整治三年行动。继续开展自然灾害风险普查房屋建筑和市政设施调查、“两违”排查和地震易发区加固工程。三是进一步加强城镇燃气安全管理。认真贯彻落实《全国城镇燃气安全排查整治工作方案》《海南省城镇燃气安全排查整治工作实施方案》要求，加大城镇燃气安全隐患排查力度，防范遏制燃气事故的发生。研究制定液化石油气瓶装供应站和配送服务管理办法，推进城镇燃气老旧管网改造，确保全省城镇燃气供用安全。

参考文献

《践行绿色发展理念　推动绿色城乡建设》，《海南日报》2022 年 4 月 28 日，第 A16 版。

李动：《担当有为　征途漫漫奋楫先　住建事业开创高质量发展新篇章》，《中华建设》2021 年第 1 期。

调 研 篇

Research Reports

B.24

工程建设行业信用环境暨地方公共信用评价实践研究报告*

中国施工企业管理协会信用评价工作委员会　汇友财产相互保险社

摘　要： 2021年，工程建设行业保持平稳发展态势，对经济社会发展做出显著贡献。随着行业改革的持续深化，以信用为核心的新型监管机制进一步完善，行业信用体系建设的深入推进，对规范建筑市场行为，保障建设工程质量和安全，维护公民、法人和其他组织的合法权益发挥了重要作用。全国有46个地区实施了公共信用评价，通过整合各方面数据信息，对企业信用水平进行全面评价，并将评价结果在项目招投标、金融服务等方面加以应用。全国有近9万家建筑业企业参与地方公共信用评价，在评价过程中不断提高诚信意识，不断提升信用管理水平，不断规范市场经营行为。本报告回顾了工程建设行业发展情况，梳理了工程建设行业信用秩序现状，阐述了全国建筑业企业综合信用评分（评价）研究的目的、依据、

* 本报告数据均来自国家统计局。

规则、模型和结论，对下一步发展趋势做了科学展望。

关键词： 工程建设行业　行业信用环境　信用评价

一　工程建设行业发展情况

（一）行业规模稳步增长，支撑作用显著

2021 年上半年，全国建筑业企业（指具有资质等级的总承包和专业承包建筑业企业，不含劳务分包建筑业企业，下同）完成建筑业总产值 12.0 万亿元，同比增长 18.85%，完成竣工产值 4.4 万亿元，同比增长 16.59%。上半年建筑业实现增加值 3.3 万亿元，占国内生产总值的比重为 6.26%。

根据报告编制时可获取的最新统计局年鉴数据，2019 年全国建筑业企业实收资本合计 4.1 万亿元，同比增长 5.1%；行业总资产 25.7 万亿元，同比增长 9.7%。其中流动资产 20.1 万亿元；负债合计 17.6 万亿元，同比增长 10.7%。流动负债 15.9 万亿元；行业平均资产负债率为 68.8%（见图 1）。

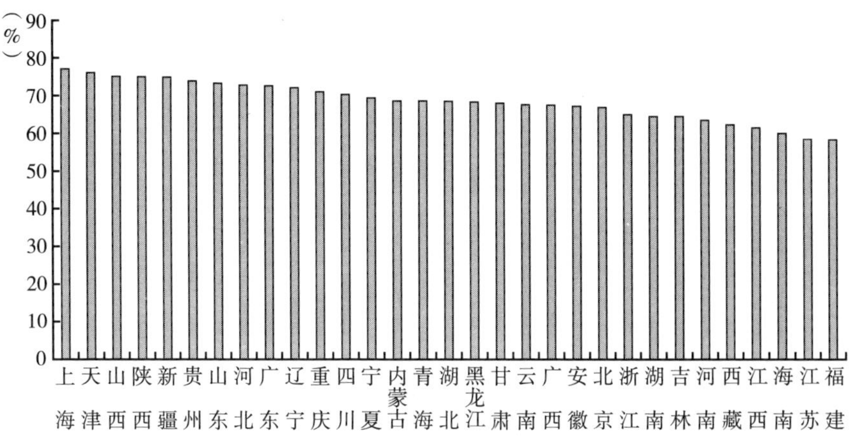

图 1　2019 年全国 31 个省（区、市）建筑业企业平均资产负债率

（二）营收稳定增长，盈利能力保持稳健

2019年，全国建筑业企业年度签订合同额54.5万亿元，其中上年结转合同额25.6万亿元，本年新签合同额28.9万亿元（见图2），在建工程规模3416.9亿元（见图3）。全年实现营业收入23.3万亿元，较上年增长9.7%，其中主营业务收入22.9万亿元，主营业务成本21.0万亿元。全年实现利润总额8279.6亿元，较上年增长3.8%。行业产值利润率3.2%，较上年下降0.2个百分点。全国共有亏损企业16971家，占全部建筑业企业的16.3%。

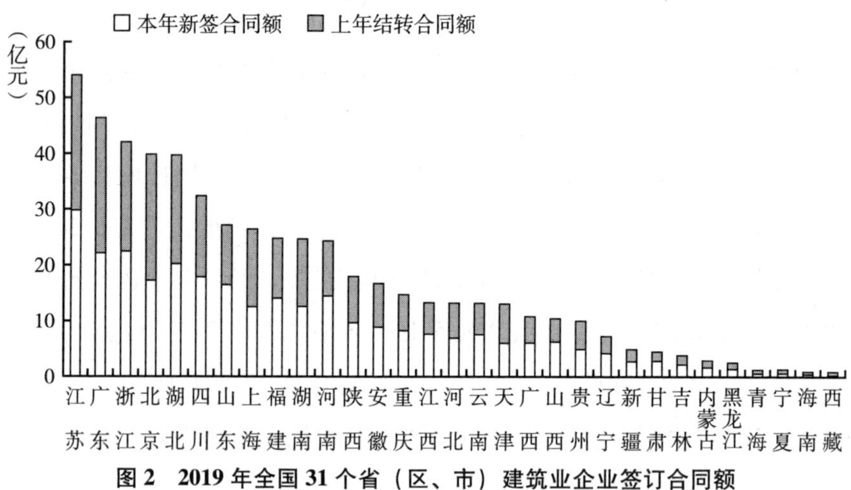

图2　2019年全国31个省（区、市）建筑业企业签订合同额

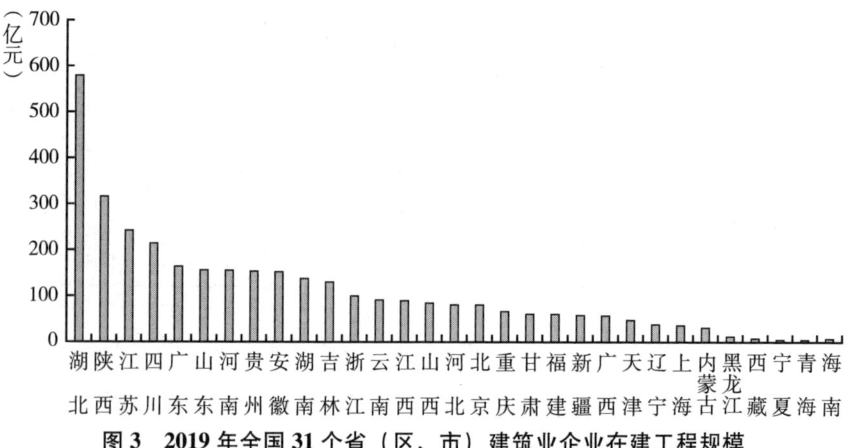

图3　2019年全国31个省（区、市）建筑业企业在建工程规模

（三）行业主体略有增加，人均劳动生产率较低

根据国家统计局2019年年鉴数据，我国共有建筑业企业103805家，同比增长7.5%。其中总承包企业71430家（特级、一级、二级和三级以下资质企业分别有640家、7564家、23109家和40117家），专业承包企业32375家（一级、二级和三级及以下资质企业分别有6005家、13907家和12463家）；行业共有从业人员5427.1万人，同比增长2.3%。按总产值计算的劳动生产率为40.0万元/人。2019年全国31个省（区、市）总承包特级资质企业数量见图4。

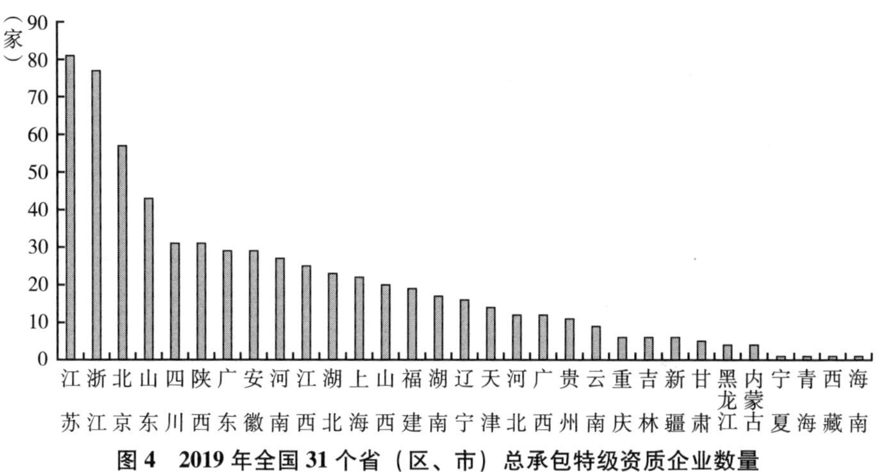

图4　2019年全国31个省（区、市）总承包特级资质企业数量

（四）应收应付款规模大，运营效率偏低

2019年，全国建筑业企业应收工程款合计6万亿元，应付账款合计6.2万亿元，两者在行业营业收入中的占比分别为25.8%和26.8%。行业全年利息支出2368.3亿元，占行业主要费用支出（包括管理费用、销售费用、研发费用和财务费用）合计的21.7%，占行业利润总额的28.6%。占比较大的应收应付款导致建筑业企业资产运行效率偏低，运行成本增加。

（五）马太效应明显，中小建筑业企业面临较大压力

根据国家统计局2019年年鉴数据，我国建筑业企业中，共有大型企业

2805 家、中型企业 28551 家、小微型企业 72449 家（大型、中型、小微型企业分类标准根据国家统计局《统计上大中小微型企业划分办法（2017）》），其中大型企业占比 2.7%；营业收入方面，大型企业实现营收 12.9 万亿元，中型企业实现营收 8.2 万亿元，小微型企业实现营收 2.2 万亿元，其中大型企业营业收入占总营收入的 55.6%；利润方面，大型企业实现利润 4367 亿元，中型企业实现利润 3103 亿元，小微型企业实现利润 809 亿元，其中大型企业利润占总利润的 52.7%（见图 5）。整体上看，2.7%的大型建筑业企业，占有行业半数以上的营业收入和利润额。广大中小微型建筑业企业面临较大的生存压力，平均每家中型企业实现营收 2.9 亿元，实现利润 1100 万元；平均每家小微型企业仅实现营收约 3000 万元，实现利润约 100 万元。

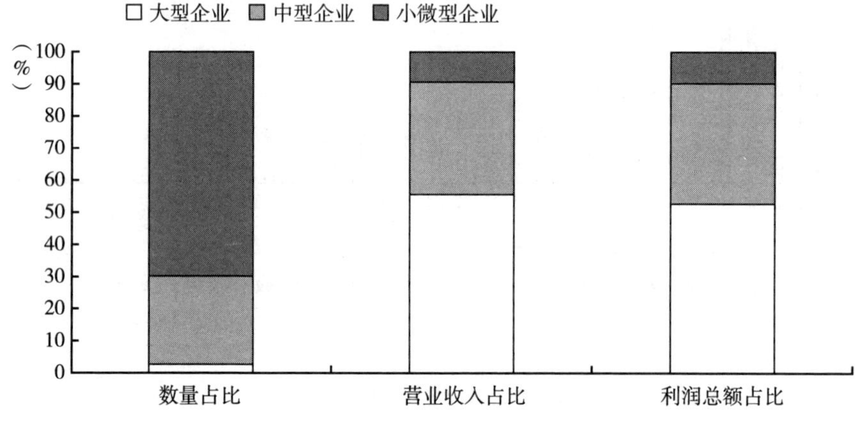

图 5　2019 年全国建筑业企业中各类型企业分布情况

二　工程建设行业信用秩序逐步建立

（一）信用监管政策环境日趋完善

工程建设行业是国民经济发展的支柱产业，工程建设行业信用建设是社会信用建设的重要组成部分，对整个社会信用体系有着举足轻重的作用。近年来，工程建设行业信用秩序正在逐步建立完善。

政府高度重视信用建设，近年来国务院陆续出台了一系列文件，信用政策法规逐步完善。2014 年 6 月，国务院印发《社会信用体系建设规划纲要（2014—2020 年）》，明确了我国社会信用体系建设的主要任务、目标、方向，特别指出要加强工程建设领域的信用建设。

住房部也陆续出台了信用相关政策，2017 年 12 月，住建部印发《建筑市场信用管理暂行办法》，要求地方各级住房城乡建设主管部门通过省级建筑市场监管一体化工作平台，认定、采集、审核、更新和公开本行政区域内建筑市场各方主体的信用信息，建立完善守信激励和失信惩戒机制，加快推进建筑市场信用体系建设。2020 年 12 月，印发《建筑市场信用信息分级标准》并向社会公开征求意见，明确列入建筑市场主体“黑名单”的六项失信行为，并首次将建筑市场主体失信行为按照性质、危害程度的不同分为 A 级、B 级、C 级等失信等级。其中，A 级、B 级失信行为信息在全国建筑市场监管公共服务平台公开，C 级失信行为由行为发生地的省级住房和城乡建设主管部门决定公开范围和方式。

随着国家信用体系建设顶层设计的不断明确，各地区、各行业间的信用监管环境正在加快完善。从全国情况看，31 个省级行政地区（不含港澳台地区）的住建主管部门均已出台信用监管相关制度，建立了适合本地区情况的信用监管体系。部分地市特别是建筑行业发展较好、规模较大的地级市住建部门，也出台了信用监管相关政策，全国信用监管的大形势已逐步建立和完善。各地工程建设行业信用监管政策清单见表 1。

表 1　各地工程建设行业信用监管政策清单

地区		政策名称
省级地区	北京市	北京建设行业诚信企业评定及管理办法(2018 版)
	天津市	天津市房屋建筑和市政基础设施工程施工企业信用评价实施办法
	河北省	河北省住房和城乡建设厅关于启用河北省建筑业企业信用综合评价平台的通知

续表

地区		政策名称
省级地区	山西省	山西省住房和城乡建设厅建筑市场信用管理办法(试行)
	内蒙古自治区	内蒙古自治区建筑业企业信用评价管理办法
	辽宁省	辽宁省建筑业企业信用评价办法
	吉林省	吉林省建筑业企业信用综合评价办法
	黑龙江省	黑龙江省建筑市场信用管理暂行办法(征求意见稿)
	上海市	上海市在沪建筑业企业信用评价标准(2020 版)
	江苏省	江苏省建筑业企业信用综合评价办法(试行) 《江苏省建筑业企业信用综合评价办法(试行)》的补充通知
	浙江省	关于浙江省建筑施工企业信用评价的实施意见
	安徽省	安徽省建筑市场信用管理暂行办法
	福建省	福建省建筑施工企业信用综合评价暂行办法(征求意见稿)
	江西省	江西省建筑市场信用信息管理办法(试行)
	山东省	山东省建筑市场信用管理办法
	河南省	河南省建筑业企业信用评价办法(试行)
	湖北省	湖北省建筑施工企业信用评价管理办法(试行)
	湖南省	湖南省房屋建筑和市政基础设施工程施工招标投标信用评价管理暂行办法
	广东省	广东省建筑业企业信用评价办法
	广西壮族自治区	广西壮族自治区建筑业企业诚信综合评价办法
	海南省	海南省建筑市场诚信评价管理办法(试行)
	重庆市	重庆市建筑施工企业诚信综合评价暂行办法
	四川省	四川省建筑业企业信用评定暂行办法
	贵州省	贵州省建筑业企业信用评价标准(试行)
	云南省	云南省建筑行业企业信用综合评价管理办法(试行)
	西藏自治区	西藏自治区建筑市场信用管理办法(试行)
	陕西省	陕西省建筑施工企业信用评级管理办法
	甘肃省	甘肃省建筑市场信用管理办法(试行)
	青海省	青海省建筑市场信用管理办法 关于修订青海省建筑市场信用管理办法的通知
	宁夏回族自治区	宁夏建筑市场企业信用评定管理细则(建筑施工企业)
	新疆维吾尔自治区	新疆维吾尔自治区建筑市场信用评价管理办法(试行)

续表

地区		政策名称
市级地区	杭州市	杭州建设市场主体信用记录记分标准(2019 版)
	珠海市	珠海市建筑施工企业信用评价实施细则 《珠海市建筑施工企业信用评价实施细则》的评价标准进行修订的通知
	广州市	广州市建筑市场信用管理办法
	成都市	成都市建筑业协会建筑施工企业信用评价管理办法(2020 版)
	厦门市	厦门市建筑施工企业信用综合评价实施办法
	长沙市	长沙市建筑业企业信用管理办法
	济南市	济南市建筑施工企业信用评价管理办法
	青岛市	建设(开发)单位建筑市场行为信用考核办法
	茂名市	茂名市建筑行业诚信管理办法
	合肥市	合肥市建筑市场信用管理办法
	温州市	温州市建筑市场公共信用信息管理办法
	佛山市	佛山市住房和城乡建设管理局建筑行业诚信管理办法
	烟台市	烟台市建筑市场信用管理暂行办法
	郑州市	郑州市建筑企业信用信息管理办法
	焦作市	焦作市建筑施工企业信用评价管理办法(试行)
	鹤壁市	鹤壁市建筑领域诚信建设“红黑榜”发布制度(试行)
	韶关市	建筑市场信用管理暂行办法 关于加强我市建筑行业企业及注册执业人员诚信管理的通知
	洛阳市	洛阳市建筑市场诚信建设“红黑榜”发布制度(暂行)
	荆州市	荆州市城区建筑市场信用评价管理试行办法
	十堰市	十堰市建筑业企业信用等级评定暂行办法
	宁波市	宁波市建筑市场信用信息管理试行办法

(二)信用监管举措协同推进

从当前情况看，各地信用监管基本形成了以分类分级监管为抓手、以信用信息公示为手段、以综合信用评分（评价）为基础的信用监管体系。

分类分级监管是信用监管的出发点和落脚点。行业主管部门通过建立健全行业信用秩序，甄别出信用良好的优质主体，同时筛选出信用有瑕疵或风险相对较高的主体，部分地区建立了“红黑名单”制度，并在项目招标评审、保证金缴纳管理、行政检查等方面实施差别化的分类分级监管规则，能够实现奖优惩劣，促进行业提质增效。

信用信息公示是实现信用监管的重要手段。建筑行业产业链条长、作业模式复杂，相关主体在业务开展过程中客观上需要对建筑业企业的过往履约能力、失信行为、行政处罚等信用状况进行必要了解。行业主管部门作为信用信息的汇总管理部门，通过信息公示的手段向社会公众提供了一个公开可信的查询平台，一方面便于相关社会主体更高效地使用信用数据，另一方面也起到了约束建筑业企业市场行为，提高其失信成本的作用。

综合信用评分（评价）是信用监管体系中的基础性措施，也是信用监管的核心内容。行业主管部门对建筑业企业基本信息、规模业绩信息、项目获奖信息、失信处罚信息等各方面要素进行综合评估，并按照一定的规则对建筑业企业进行综合量化评分或分级评价。这是开展后续一系列信用监管措施的依据和基础。

（三）地方综合信用评分（评价）政策存在差异

作为信用监管的核心内容和基础保障，综合信用评分（评价）充分体现了主管部门对建筑业企业信用状况的管理导向和主要手段。目前，综合信用评分（评价）的相关规则主要见于各地方层面的政策。可以看到，综合信用评分（评价）相关政策在不同地区间能够保持整体的协调一致，但也有一定的地方特点和监管差异。

从综合信用评分（评价）规则来看，31 个省（区、市）中，有 24 个地区在政策中明确了具体的评分（评价）规则，有 7 个地区未在制度文件中详细体现相关规则；从评分（评价）结果公示情况看，有 27 个地区可通过公开网站查询到主管部门对企业的综合信用评分（评价）结果公示信息，有 4 个地区暂未在公开渠道查询到相关结果公示信息；从数据披露完整性看，有 9 个地区的结果公示中，包括具体评分项目的得分或扣分信息，数据披露较为充分，有 22 个地区仅对综合信用评分（评价）结果进行公示，未披露具体评分项目信息；从更新频率看，有 11 个地区在每半年（含）内对结果进行更新，有 20 个地区的更新频率超过半年。

整体上看，综合信用评分（评价）规则明确、结果公开可查、数据披露充分、结果更新较为及时的地区包括上海、天津、重庆、福建、湖南、广西、海南、四川、青海 9 个地区。

三　全国建筑业企业综合信用评分（评价）研究分析

（一）主要目的

随着我国工程建设行业信用环境的不断完善，由各级政府主管部门主导的面向建筑业企业的综合信用评分（评价）工作，在完善行业信用体系、加强信用监管、构建信用秩序方面发挥了重要作用。现阶段，各地区的综合信用评分（评价）规则保持了大致的协调一致，但在具体评价规则上仍呈现出较强的地区差异，同一家企业在不同地区所获得的信用评价结果，难以进行跨地区的横向比较和应用。因此，要在全国范围内对广大建筑业企业的综合信用状况进行比较分析，就需要通过一定的客观规则，对各地方综合信用评分（评价）结果进行统筹整合，从而得出每家企业在全国范围内标准的、可比较的信用评价结果。

（二）主要依据及数据来源

本次研究所用基础数据均来自公开可查信息，主要包括各级住建主管部门相关网站公示的当地综合信用评分（评价）信息、国家统计局公开数据、各地招投标公开信息等。本次研究选取 2021 年 6 月 30 日为评估时点，以 46 个地市［省（区、市）与下属地市间不重复参与计算］可查询到的最近一次更新的综合信用评分（评价）结果为基础，覆盖全国 88253 家建筑业企业，综合考虑数据可用性、各地区排名分布特点、各地区建筑业产值等因素进行加工处理，得出单一企业在全国范围内的标准信用分，并以此为基础深入开展数据分析，对全国建筑业企业整体信用状况进行研究分析。

（三）全国信用标准分建立规则

为充分反映不同地区综合信用评分（评价）规则的特点，合理体现评分（评价）结果的区分度，本次研究对不同地区综合信用评分（评价）结果进行标准化处理的过程中，主要考虑到以下 3 个因素。

一是评分机制不同的影响。有些地区评分满分为 100 分，而有些地区评分满分为 150 分，如果采用绝对数值来计算，则满分 150 分的地区对总分影响较大。因此，在进行评分（评价）标准化处理过程中，应消除上述因评分机制不同造成的差异，不以评分（评价）绝对值结果为计算基础，而是以某一地区评分（评价）结果的相对排名为基础进行计算。

二是结果分布特征的影响。通过逐一绘制分析每个地区的评分（评价）结果分布函数曲线可以看到，部分地区的综合信用评分（评价）侧重筛选出优质企业，即高分企业数量较少，大量相同得分的企业集中在中低分数段。另有部分地区的综合信用评分（评价）侧重甄别出严重失信企业，即中低分企业数量较少，大量相同得分的企业集中在高分区间。因此，在进行评分（评价）标准化处理过程中，需要考虑并体现这一特征。

三是不同地区建筑业发展情况的影响。建筑业发展程度较高的地区，参与当地综合信用评分（评价）的企业数量相对较多，市场竞争更加激烈，对于衡量一家建筑业企业信用水平的参考性相对更强，因此也需要充分考虑各地区建筑业发展情况的影响。本次研究主要从建筑业产值和建筑业专利数量两个方面综合考量各地区建筑业的发展情况。

综上，本次研究在计算排名分数时，不以某个企业在某地的得分绝对值为参考，采用相对排名来计算得分，并在计算过程中将该地区建筑业产值和建筑业专利数量作为系数进行加权，从而得出该企业在全国范围内的信用标准分。

（四）全国信用标准分模型

依据上述规则，本次研究建立了建筑业企业全国信用标准分模型，模型的建立和应用主要经过以下 4 个步骤。

1. 收集整理 88253 家建筑业企业参与各地综合信用评分（评价）的基础数据，进行必要的数据清洗。

2. 对各地的综合信用评分（评价）结果做标准化处理，按照式（1.1）计算标准分。

$$\text{企业 A 在 i 地信用标准分}=\left(1-\frac{\text{i 地排名不低于企业 A 的企业个数}}{\text{i 地排名企业总数量}}\right)\times 100 \quad (1.1)$$

其中，对于采用综合信用评价（例如将结果分为 A、B、C、D 4 个等级）的地区，根据当地信用等级划分政策赋予各等级对应分数。

3. 计算每家企业的全国信用标准分。

（1）按照 2019 年我国各地区建筑业产值比例，得到某一地区的建筑业产值系数。计算公式见式（1.2）。

$$\text{i 地建筑业产值系数}=\frac{\text{i 地建筑业产值数}}{\text{参与排名地区建筑业产值总数}} \quad (1.2)$$

（2）按照现有我国各地区建筑业相关专利数比例，得到某一地区的建筑业专利系数。计算公式见式（1.3）。

$$\text{i 地建筑业专利系数}=\frac{\text{i 地建筑业专利数}}{\text{参与排名地区建筑业专利总数}} \quad (1.3)$$

（3）对单一企业在不同地区得到的标准分进行加权汇总，得到该企业的全国信用标准分。计算公式见式（1.4）。

$$\text{企业 A 全国信用标准分}=\sum_{i=1}^{46}\begin{bmatrix}\text{企业 A 在 i 地信用标准分}\times\\(0.7\times\text{i 地建筑业产值系数}+\\0.3\times\text{i 地建筑业专利系数})\end{bmatrix} \quad (1.4)$$

4. 以计算得到的 88253 家建筑业企业的全国信用标准分为基础，并结合工程建设行业多维度数据进行交叉分析，从而对现阶段工程建设行业信用秩序全貌进行初步探究。

5. 形成"全国建筑业企业公共信用评价 200 强"榜单。

根据 88253 家建筑业企业的全国信用标准分排名结果，整理出前 200 家企业，形成"全国建筑业企业公共信用评价 200 强"榜单。其目的就是树立行业信用标杆，引导企业重视地方信用评价，了解公共信用评价制度，提高各地信用评分或排名，助力行业信用秩序不断完善。

（五）主要研究结论

一是企业中标业绩与信用评价结果相互促进。良好的信用能够有效帮助企业提升工程中标业绩，获得良好的运营成果，并随着承接项目的不断积累和良好市场行为的长期保持，有效促进企业获得行业及主管部门认可，取得良好的信用评价结果，从而实现信用评价和企业业绩的相互促进和良性循环。将"全国建筑业企业公共信用评价 200 强"企业与 31 个省级地区过往近 5 年工程项目中标金额前 10 名的企业进行交叉比对，发现本次信用评价榜单中排名前 15 位的企业，至少在 1 个省级地区的工程项目中标金额排在当地前 10 名（见图 6）。

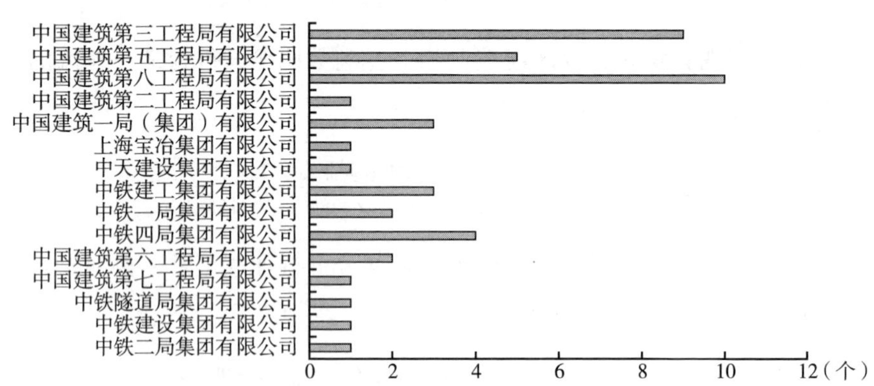

图 6　信用评价前 15 位企业进入当地工程项目中标金额前 10 名的地区数量

二是综合信用排名中国有企业优势较为明显。在我国工程建设行业，国有企业在企业规模、从业人数、产值贡献等方面仍然占据优势地位。2019 年，全国共有国有建筑业企业3319家，占全部建筑业企业数量的3.2%；国有建筑业企业当年产值7.9万亿元，占行业总产值的31.9%。从“全国建筑业企业公共信用评价200强”榜单来看，国有企业信用评价结果排名更为靠前。在前50名中，国有企业40家，非国有企业10家，国有企业占比80%；在前200名中，国有企业117家，非国有企业83家，国有企业占比58.5%（见图7）。

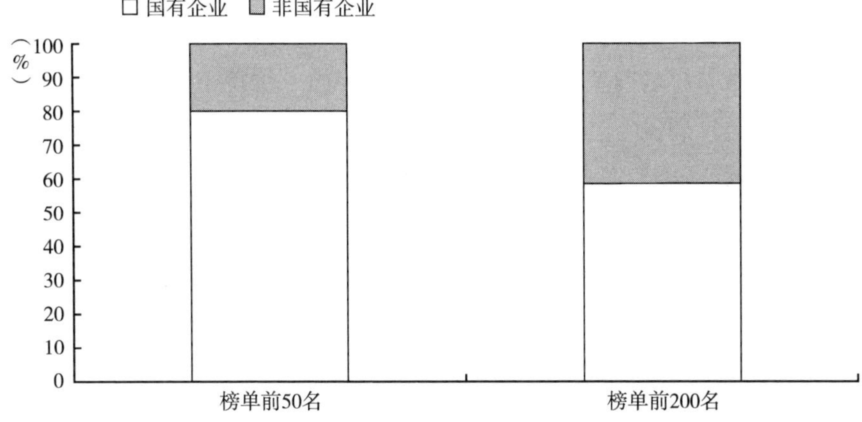

图7　不同性质企业综合信用排名占比

三是企业规模、本地工程量、获奖情况、市场行为等是各地信用评分（评价）的主要维度。根据各地政策的规定与要求，不同地区的企业信用评价规则细则与评分机制略有不同，综合来看，大部分地区对企业的信用评价评分（评价）集中考核以下几个方面。企业基本情况，包括企业是否有符合要求的营业执照、资质证书、安全生产许可证、技术负责人职称证等；资产是否达标；是否按时缴纳税款等。工程业绩，包括工程项目数量、工程项目规模、投标招标情况、承包分包情况等。获奖情况，包括国家级、省级、市级获奖情况，优秀行为通报表扬，科技发展创新，公益活动等。良好市场行为，包括文明施工、安全管理情况、质量履约情况等。不良市场行为，包括违法违纪行为、未取得资质证书、弄虚作假、发生安全事故、拖欠农民工工资等。

四是企业失信扣分行为分析。研究影响企业综合信用评分（评价）的主要因素可以发现："企业基本信息"通常决定一家企业的基础得分，这部分信息属于企业的固有属性，难以在短时间内做出调整改变；"本地工程规模""良好市场行为""获奖信息"等均需要通过一定时间的市场经营和业绩积累，逐步优化评分；而"不良市场行为"与企业在某一地区经营时间的长短或承接项目的多少没有绝对关联，只要出现某些不良市场行为，就会立即被扣除相应分数，从而直接影响信用评分（评价）整体结果。本次研究选取截至2021年6月末的数据，全面汇总、分类、归纳了不良市场行为中扣分企业数量排名前5的失信行为，分别为施工管理不规范、环境污染、安全生产隐患、农民工工资管理不规范、投标过程弄虚作假或串通投标。全部失信扣分行为按扣分企业数量的占比排序（见表2）。

表2　全部失信扣分行为按扣分企业数量的占比

单位：%

失信扣分行为	占比
施工管理不规范	26.03
环境污染	23.22
安全生产隐患	13.06
农民工工资管理不规范	10.30
投标过程弄虚作假或串通投标	6.52
其他	4.95
项目关键岗位人员不到位	3.27
未按图纸或标准施工	3.17
未经相关审批擅自施工	2.92
一般安全生产事故	2.32
资质或其他信息申报过程弄虚作假	1.66
危大专项工程未按规定施工或验收	1.03
违法分包	0.79
工程质量隐患	0.39
隐蔽工程验收不规范	0.31
信誉考评较差	0.04
未按期竣工	0.04

四　趋势展望

当前，我国经济社会已经迈进高质量发展的新阶段，新时期社会信用体系建设已成为助推高质量发展的新动能，加快建筑业企业信用体系建设必然是工程建设行业实现高质量发展的重要方面。工程建设行业信用体系将围绕基础数据、评估规则、应用场景等方面，持续优化升级，协同作用，不断推动行业信用体系的发展和完善。

（一）信用数据基础更加牢固

按照住建部《建筑市场信用管理暂行办法》，地方各级住房和城乡建设主管部门通过省级建筑市场监管一体化工作平台，认定、采集、审核、更新和公开本行政区域内建筑市场各方主体的信用信息，并及时推送至全国建筑市场监管公共服务平台。同时，加强与有关部门的联系，推动信用信息系统互联互通，建立信息共享机制。随着整体政策环境的日臻完善，基础数据管理加速健全，主要体现在：数据来源更加广泛、数据收集更加准确、评价指标设置更加科学，对建筑业企业信用建设能力、信用意愿、信用表现和信用评估等多个维度的数据进行整合，为建立更加科学高效的信用评价规则提供基础性保障。

（二）信用风险评估方法向数字化、智能化方向发展

通过本次研究可以看出，从方法论的角度，目前我国针对建筑业企业的信用评价规则，是基于静态的历史信息，即仅对企业在某一时点上的信用水平进行评价，且运用的基础数据维度主要来自企业性质、过往工程业绩、获奖信息、行政处罚信息等静态数据。根据信用风险管理理论，企业的信用风险主要来自履约意愿和履约能力两个方面。从建筑行业实际特点看，企业的财务状况、专业人员、供应链管理水平、融资能力、在建工程规模等，均会对其履约意愿和履约能力产生影响。随着国家对全社会信用体系建设的重

视，以及各级政府对行政、司法、企业运营等方面数据资产的健全管理和使用，建筑业企业的信用风险评估方法也将不断升级，逐步提高评估规则的数字化、智能化水平，综合运用各类基础数据，输出动态的、可预警的信用风险评估结果，为各类应用场景提供支撑。

（三）市场机制在信用结果应用中发挥更大作用

2021年8月17日，习近平主持召开中央财经委员会第十次会议。会议提出要加强金融法治和基础设施建设，深化信用体系建设，发挥信用在金融风险识别、监测、管理、处置等环节的基础作用。建筑业因其产业规模大、行业主体多、业务链条长、资金占用严重等特点，更加迫切需要持续深化信用体系建设，提高行业管理效率和市场运行效率。行业管理方面，随着我国优化营商环境、转变政府职能等一系列改革措施的不断深入，各级行政管理部门正在通过推进企业资质改革等方式，向服务型政府转变。在这一过程中，需要更好地发挥信用监管的作用。市场运行方面，建筑业企业，特别是中小微型建筑业企业仍面临较大的生存发展压力。广大发展稳健、信用良好的中小微型建筑业企业，需要通过客观合理的、有公信力的信用风险评估结果体现自身价值，从而在企业融资、项目承接、保证金免缴、供应链管理等各环节提高效率，改善经营。

参考文献

《加强信用信息管理　规范建筑市场秩序》，《中国建设报》2018年1月3日。

尚润涛主编《工程建设蓝皮书：中国工程建设行业发展报告（2020）》，社会科学文献出版社，2020。

B.25

江苏建筑服务产业园建设的探索与实践*

纪 迅 袁宏波 王耀东**

摘 要： 当前，建筑业正处于转型升级和创新发展的关键时期，特别是近两年来工程资质、工程承包方式、工程建造方式等都发生了力度空前的改革创新。人力资源是行业发展的基石，但建筑业一线施工人员的老龄化现象突出、无序流动性大、技能素质低、文化水平不高、权益保障不到位、工匠精神缺乏等问题日益突出。因此将传统意义上的建筑业农民工转变为新时代建筑产业工人队伍，加快建筑人力资源改革创新是实现建筑业高质量发展的关键环节和重要任务。本报告分析了江苏建筑服务产业园建设的背景和意义，梳理了江苏建筑服务产业园建设的基本情况，并对未来产业园建设工作提出了科学制定建设方案、推动试点园区尽快挂牌运营、统筹协调相关部门形成合力、积极搭建党建文化发展平台、构建信息化服务平台、不断提升建设管理水平、健全动态监管机制等发展建议。

关键词： 建筑产业园 人才培养 高质量发展

2020年住建部等部门印发的《关于加快培育新时代建筑产业工人队伍

---

* 本报告数据均来自国家统计局和江苏省统计局。

** 课题组成员：纪迅，江苏省建筑行业协会常务副会长，主要研究方向为工程建设行业管理；袁宏波，江苏省建筑行业协会建筑产业现代化工作委员会副秘书长，主要研究方向为建筑产业化发展研究；王耀东，江苏元璟建筑产业集团总经理，主要研究方向为建筑产业化管理。执笔人：袁宏波。

的指导意见》和江苏省住建厅、省人社厅联合印发的《江苏省建筑产业工人队伍培育试点工作方案（2020—2022 年）》，都对建设建筑产业服务园（建筑人力资源产业园）提出了明确要求。根据文件精神，江苏省建筑行业协会、省建设职业教育行业指导委员会、省建设教育协会、省建筑产业现代化创新联盟在省住建厅、省人社厅和省总工会的指导下，积极开展调查研究，大力引导和扶持全省有条件的地区和企业推动江苏建筑服务产业园建设。

一　江苏建筑服务产业园建设的背景和意义

（一）建设建筑服务产业园是行业转型升级发展的迫切要求

建筑业是我国国民经济的支柱产业，全国从事建筑业的农民工有 5400 多万人，占全国农民工总数的近 1/5。但是建筑业农民工老龄化、学历低等问题已十分突出。以江苏为例，截至 2019 年 12 月 31 日，江苏全省共有建筑企业 35425 家，建筑业从业人员 850 万人，其中一线建筑农民工 600 多万人。从年龄结构来看，50~59 岁年龄段的建筑工人最多，占比为 41.66%，40~49 岁年龄段占比为 29.37%，18~29 岁年龄段占比仅为 9.34%；从文化水平来看，初中学历的从业者最多，占比高达 39.56%，小学学历的占比达到 36.54%，本科及以上学历的最少，占比低于 2%；从来源区域上看，江苏省内建筑工人占比 45%，有 270 多万人，外省市有 330 多万人；从工种情况看，木工、混凝土工、钢筋工和砌筑工的人数占总人数的 77.51%，持证上岗率不足 50%。近年来，随着装配式建造、绿色建造、智能建造等新型建造方式的迅速发展，对建筑工人文化素质、技能水平、职业道德等方面提出了更高的要求，传统意义的农民工难以适应行业发展的需求，成为制约建筑业转型升级发展的重要因素。

江苏是建筑大省，江苏“建筑铁军”享誉全国，加快推动建筑农民工转变为新型建筑产业工人，培育一大批高水平的建筑工匠，是实现“江苏建造”向“江苏智造”、建筑大省向建筑强省跨越的关键一环。建筑服务产业园将围绕建筑劳务企业聚集管理、建筑工人技能培训、建筑工人信息平台建设、法律援助服务、工会组织建设等开展建设和运营，是新时代建筑产业工人队伍培育的重要途径和有效手段。

（二）建设建筑服务产业园是社会改革发展带来的机遇和挑战

一是人社部门对职业技能认定办法的改革。2018 年，江苏省人社厅印发的《江苏省职业技能等级认定工作实施办法（暂行）》，提出将指导省部属用人单位、行业协会、学会、院校等开展职业技能鉴定工作。2020 年，省人社厅发文将建设职业资格认定工作授权给 22 个相关省级协会，其中建筑业传统砌筑工、钢筋工等多个工种授权给了江苏省建筑行业协会，BIM 运用授权给了江苏省建设教育协会等。建设建筑服务产业园，将建设系统的工人培训集中到综合性培训考核基地，将更有利于人、财、物的合理配置和高效使用，更有利于建筑产业工人队伍的培养。二是财政部门对职业技能培训补贴的改革。根据 2019 年江苏省政府办公厅印发的《江苏省职业技能提升行动实施方案（2019—2021 年）》文件精神，2020 年省财政从失业保险基金结余中拿出 87.7 亿元，用于职业技能提升行动，保障职业技能提升各项政策落实。全省各地都陆续出台了具体的职业技能培训补贴文件，对按照规定参加岗前培训、安全技能培训、转岗转业培训、新型学徒制培训或职业技能等级认定的企业职工给予培训补贴，这都为产业园开展各类建筑职业技能培训奠定了有利条件。三是教育部门对职业技术教育体制的改革。省教育厅近年来大力推动高职院校“1+X”改革，即“学历证书+若干职业技能等级证书”，要求职业教育既通过学历教育促进学生德智体美劳全面发展，也通过技能证书培训，强化学生新技术新技能学习，尽快适应岗位需求。建设建筑产业园可以对接相关职业院校（包括技师技工院校），采取订单培养、共建实训基地、新型学徒制、现代学徒制等多种方式，广泛开展专项职业技能培训，为新时代建筑产业工人队伍培养生力军和后备力量。

（三）建设建筑服务产业园有利于促进传统劳务（专业作业）企业转型发展

江苏现有注册劳务企业5000多家，很多劳务企业由原来的的包工头组建，企业规模小，管理团队、经营场所、管理水平等亟待提高和完善，也给行业监管带来了难度。建设建筑服务产业园，配套培训基地、党建组织、信息平台、工会组织、法律咨询等服务组织，有利于提高劳务企业的管理水平，培育形成富有竞争力的优质建筑劳务产业集群，同时也有利于相关部门加强对劳务企业的监管，减少用工矛盾和纠纷。

（四）建设建筑服务产业园有利于进一步维护建筑产业工人权益

农民工是建筑工人的主要构成力量，但是由于他们主要从事体力劳动，工作生活环境给社会留下“脏、乱、差”的印象，社会地位不高，认同度偏低，同时建筑工人发展空间小、没有上升渠道，农民工认为收入低，没有归属感，也没有社会地位。建设建筑服务产业园，有利于改善工人的工作和生活环境，提高工人的职业技能和福利待遇，提升建筑工人的社会地位；有利于从根本上解决城乡二元结构问题，实现社会的公平正义，对维护脱贫攻坚战胜利成果、促进经济社会协调发展起到重要作用。

二　江苏建筑服务产业园建设的基本情况

（一）积极开展调查研究，学习兄弟省份的成功经验和先进做法

近年来，浙江宁波、湖南湘潭、安徽合肥、重庆万州、山东济南、陕西西安等全国多个地方已成功创建了建筑服务产业园。为推动江苏建筑服务产业园建设，江苏省建筑行业协会联合相关行业协会、建筑施工企业、劳务企业在省住建厅的指导下，成立了江苏建筑服务产业园创建工作委员会（以下简称“创委会”）。创委会成立后，在全省开展了多次调研考察，深入有

条件的地区和企业进行走访座谈，引导推动江苏建筑服务产业园建设。在中国建筑业协会供应链与劳务管理分会的协调下，创委会组织相关部门和单位参加了宁波、济南、西安、深圳等地举办的建筑服务产业园推荐交流活动，并组织调研组赴宁波建筑服务产业园和湖南湘潭建筑服务劳务产业园进行实地调研考察。

宁波建筑服务产业园是全国首个建筑劳务产业园，由宁波江北区政府牵头成立运营管理平台，以一幢 14 层 9000 多平方米的服务大厦作为实体办公场地，通过以奖代补的方式在税收、房租、装修等方面给予优惠。培育形成建筑劳务产业集群，目前入园注册企业已超过 120 家，2020 年完成施工产值超百亿元、实现税收 3 亿多元。产业园坚持创新、协调、绿色、开放、共享的发展理念，一是建立了党建、工会、法律援助等公共服务平台，将辖区内工商、建管、税务、司法、人社、总工会的公共服务项目全部纳入园区管理，提供“一门式”受理、“一站式”服务。二是建立了行业、企业、院校、社会力量共同参与的建筑工人职业教育培训体系。三是建立了完善的政策扶持和激励机制，形成良性发展势头。四是牵头成立了地方建筑业劳务分会，加强与政府沟通和行业自律管理。五是推动劳务互联网平台建设，通过互联网共享项目信息和人员情况，用大数据平台找班组、找活、找人。六是逐步完善服务功能，增强辐射效应。宁波建筑服务产业园同时也是宁波江北人力资源服务产业园，先建设建筑服务产业园，有利于建设主管部门加强管理，推动产业园尽快投入运营，为建筑产业发展服务。在此基础上，积极争取人力资源、高新企业孵化等产业政策，发挥产业园社会综合效应。

通过交流学习，进一步明确了江苏建筑服务产业园建设的任务，增强了创建地区和企业的决心、信心，推动江苏建筑服务产业园进一步加快建设步伐。

（二）认真总结提高，形成江苏建筑服务产业园的建设方案

在调研学习的基础上，创委会在省住建厅、省人社厅的指导下，组织相

关部门、企业单位深入讨论研究，结合江苏省行业发展和社会经济实际情况，形成了江苏建筑服务产业园的建设方案。

1. 目标定位

以习近平新时代中国特色社会主义思想为指导，贯彻落实省委省政府关于新时代产业工人队伍建设的决策部署，坚持“政府推动、市场运行、企业主体、以人为本”的原则，结合当地实际、发挥比较优势、突出建筑服务特色，围绕规模化、品牌化和智能化的发展趋势，用2~3年的时间，建成3~5个功能齐全、设施完备、管理先进、品牌示范的建筑业人才区域聚集中心和建筑人力资源综合服务基地。

2. 主要功能

（1）建设全方位的建筑劳务（专业作业）企业聚集发展平台

成立专业化的招商引资服务团队，打造建筑劳务企业聚集平台。通过劳务企业产业聚集，配套搭建党建文化、工会组织、法律援助、教育培训、综合服务等平台，推动劳务企业进一步提高管理水平，健全管理体制，壮大企业规模，依法履行社会责任，构建和谐劳动关系，实现劳务企业包工头向建筑企业家的转变。

（2）建设综合性的技能培训考核基地

建设适应建筑行业发展需求的人员培训中心、实操中心和考核鉴定中心。完善培训工种，在培训木工、砌筑工、钢筋工等传统施工工种的同时，加强装配式建造、数字建造、智能建造等新型建造方式迫切需要的新型产业工人培训。丰富培训专业，涵盖房建、市政、园林绿化、安装、装修等多个施工专业，加强电工、电焊工、塔吊工等特种作业人员培训，以及挖掘机、推土机、升降机等施工机械操作培训。增加培训层次，建立初级工到高级工、技师到高级技师的建筑工人职业技能培训体系，适时开展施工员、安全员、建造师、造价师等施工管理人员培训。加强联合培训，与相关高校、职校建立广泛的合作联系，积极参与教育部“1+X”改革，建设校企合作人才和毕业生实践实训基地。实现训考兼顾，建成培训、考核、发证等一体化建筑人才培养基地。

（3）打造多元化的建筑人才服务交流中心

打造建筑产业工人大数据平台，用现代信息技术为进园企业和人员进行管理和服务。打造建筑人才综合服务中心，发挥企业和人才聚集优势，满足建筑人才职称申报、证书代办、档案存放整理等多方位的需求。打造技能竞赛示范基地，充分利用现有场地和设施，建设综合性的技能竞赛基地，以赛代练，以赛代训，培养造就一批技能标兵、劳动能手和工匠大师。打造新时代建筑产业工人的宣传推广中心，鼓励和支持园区建设门户网站和报纸、杂志、微博、微信公众号等公众宣传媒体。大力开展产业工人队伍改革政策和基层探索宣传报道，选树一批可比可学的改革典型，及时总结和推广建筑产业工人培育的好经验、好做法，积极营造崇尚劳动、重视技能、关爱工匠的良好社会氛围。

（4）场地设施和人员配备

产业园根据实际情况，配备满足园区建设和发展需求的场地设施和管理团队，相关要求将在下一步工作中进一步细化和完善。

3. 坚持试点先行、分步实施

鼓励和扶持有条件的地区和企业先行先试，通过试点建设，不断创新管理运营机制，妥善解决产业园建设推进过程中的各种问题，形成可复制、可推广的经验和模式，逐步在全省有序推广。

产业园的建设发展要坚持示范引路，逐步完善功能、健全体制。第一步是围绕建筑业转型升级、建筑产业工人队伍培育，着力建设建筑服务产业园；第二步是根据人社部门关于人力资源产业园的管理要求，进一步拓展服务范围，增加辐射功能，建成建筑人力资源服务产业园；第三步有条件的地区在此基础上，进一步加强科技创新，推动新材料、新技术、新工艺的研发和推广运用，建成高新技术产业园，为建筑业由劳动密集型向技术技能密集型转变服务。

（三）大力推动试点建设，取得了阶段性成果

通过学习交流和引导扶持，江苏建筑服务产业园正在南京江宁区、苏州

相城区、常州武进区和徐州贾汪区 4 个地区进行试点建设，在相关主管部门、地方政府、行业协会和试点企业的共同努力下，已经取得了来之不易的建设成果。

其中，南京江宁区的建筑服务产业园由景古环境牵头，联合江苏中南建设集团、南京大地建设集团、南京宏亚建设集团等江苏省建筑业龙头骨干企业共同创建，目前园区运营管理平台“江苏元璟建筑产业集团有限公司”，已于 2021 年 6 月 28 日注册成立。产业园现有建设土地面积约 60 亩，既有建筑面积超 10000 平方米，配套有办公大楼、员工食堂、员工宿舍、教学楼、体育场等功能完善的设施场地，具备了劳务企业入园注册和办公的基本条件。产业园的建设得到了省建筑行业协会、省风景园林协会等的大力支持和关心，目前已有 20 多个工种已同意授权到该产业园进行培训考核。产业园将充分利用股东单位的建筑工业生产厂区，合作联营，积极打造综合性的培训考核基地。产业园建设得到了江宁区政府的大力支持和关心，区政府多次召开专题协调会，成立了由分管区领导、街道、人社、税务、城建等部门参与的协调推进小组，明确了相关扶持和优惠政策。产业园一旦顺利实施投入运营，预计 3 年内实现年产值 100 亿元以上，税收 3 亿元以上，既为江苏建筑业的转型发展提供有力支撑，也为江宁区的经济社会发展带来巨大活力。

此外，苏州相城区产业园由中亿丰建设集团与相城区元和街道政府于 2019 年 11 月共同发起建设，园区现有办公建筑面积约 8000 平方米，设有会议室、培训教室、大师工作室、法律调解室、公共服务中心、健体活动场地等多功能场所，打造了工匠服务中心、文体娱乐中心、产业展示中心，建设了苏州建筑产业化工人和建筑施工技术公共实训基地，设立了大师工作室，与苏州市东桥技能鉴定实训基地和安全体验基地达成合作协议，充分发挥政策扶持、职业培训、法律援助、技术研发和党建引领等作用。园区现已聚集建筑劳务、工程设备、工程管理咨询、建筑人员培训等各类机构 49 家，累计完成产值超 28 亿元，完成税收超 6000 万元。

在此基础上，试点建设园区将进一步加大投资力度，不断完善园区功能，不断提高服务和管理水平，为全省产业园建设树好标杆、做好样板。

三　对未来江苏建筑服务产业园建设的思考和建议

（一）加强调查研究，科学制定建设方案

在住建、人社、工会等部门指导下，产业园建设要充分调动建筑企业和广大建筑工人的积极性、主动性和创造性，通过基层走访、企业座谈、问卷调查等多种形式，进一步摸清摸实全省各地建筑产业工人的总体情况和发展趋势。在此基础上，结合当地社会经济以及建筑行业发展状况，充分发挥企业的市场主体作用，准确把握产业园功能定位，制定科学合理、切实可行的建设方案，确保产业园能够持续健康发展。充分学习利用好政府部门现有政策，将相关政策举措落实落地。

（二）鼓励试点示范，推动试点园区尽快挂牌运营

产业园建设要坚持“试点先行、示范引路”，支持和鼓励有条件的地区加大投资力度、加快建设进度，满足建设标准的园区要尽快申报和挂牌运营，尽早发挥产业园综合效应。在建设和运行过程中，不断探索创新管理运营机制，努力提升服务水平，妥善解决推进过程中存在的问题，尽快形成可复制、可推广的经验，为全省乃至全国的建筑（人力资源）服务产业园建设提供更好的经验和模式样板。

（三）加强组织领导，统筹协调相关部门形成合力

要将产业园建设作为培育建筑产业工人队伍的重要举措，鼓励有条件的地区成立产业园建设推进领导小组或专班，加强与人社、财政、税务、教育、金融等部门的沟通协调，形成合力，推动产业园建设工作扎实有效开展。

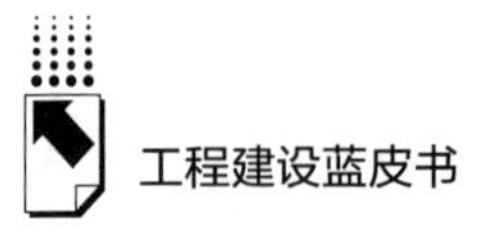

（四）坚持党建引领，积极搭建党建文化发展平台

要坚持围绕经济抓党建，抓好党建促经济，以党的建设全面引领各项建设工作，充分发挥党组织的战斗堡垒和党员先锋模范作用，积极促进产业园应建尽建基层党组织，推动党建工作与园区建设、园区运营、品牌文化的深度融合。

（五）打造数字园区，构建信息化服务平台

产业园要用现代信息技术为进园企业、人员实施管理和服务，推动产业园将产业工人的登记、培训、用工等信息数据与实名制平台互通，通过“互联网+共享工人”模式，将线下用工管理和线上数据信息有机结合，及时发布工程项目所需人员岗位需求、人工成本、职业培训等信息，与产业工人的培育、派遣、管理实现联动，促进建筑工人与工程项目高效精准对接，促进建筑工人有序流动。

（六）加大政策支持，不断提升建设管理水平

产业园要积极争取各类扶持政策，积极协调人社、教育、财政、税务、金融等部门，积极争取各部门在园区建设，高新企业、小微企业孵化，建筑人才队伍培育等多方面的扶持政策和财税支持力度。同时加强对产业园建设的指导和管理，严格按照建设标准和验收挂牌流程进行验收和日常检查，保障产业园平稳有效运行。

（七）强化督导评估，健全动态监管机制

要定期总结产业园建设工作的进展情况，对试点产业园在建筑用工、人员培育、企业孵化等方面的改革成效进行评估，建立健全科学完善的监管体制机制，坚持目标导向、问题导向、效果导向，及时发现问题、解决问题，确保产业园建设工作落到实处、取得实效。

参考文献

周文辉、袁宏波：《江苏省加快新时代建筑产业工人队伍建设的探索和实践》，《建筑》2021 年第 23 期。

附　　录

Appendices

B.26
2021年度完成产值100亿元以上工程建设企业名单

单位：万元

排名	企业名称	完成产值
1	中国建筑第八工程局有限公司	33888050.58
2	北京城建集团有限责任公司	21030814.00
3	广州市建筑集团有限公司	20438002.00
4	云南省建设投资控股集团有限公司	20103797.84
5	中国建筑第二工程局有限公司	18918241.00
6	中国建筑第五工程局有限公司	18812533.25
7	陕西建工控股集团有限公司	18288042.19
8	中国建筑一局(集团)有限公司	16058272.23
9	中国建筑第七工程局有限公司	15130624.67
10	中铁四局集团有限公司	13561818.00
11	山西建设投资集团有限公司	13557000.00
12	中交一公局集团有限公司	13444889.00
13	湖南建工集团有限公司	13294924.38
14	中国葛洲坝集团有限公司	13052813.23
15	北京建工集团有限责任公司	11839393.30

续表

排名	企业名称	完成产值
16	中铁一局集团有限公司	11260608.00
17	中国建筑第四工程局有限公司	11111900.00
18	中铁十二局集团有限公司	10589472.00
19	中铁建工集团有限公司	10080255.00
20	中铁十一局集团有限公司	10051658.00
21	中铁十四局集团有限公司	9799671.00
22	中铁建设集团有限公司	9694421.00
23	贵州建工集团有限公司	8802428.81
24	江苏省建筑工程集团有限公司	8482362.00
25	南通四建集团有限公司	8409534.00
26	江苏南通二建集团有限公司	8093036.00
27	中铁五局集团有限公司	8018304.00
28	中交第二航务工程局有限公司	8010000.00
29	中铁二局集团有限公司	8005189.00
30	中国能源建设集团规划设计有限公司	7839741.58
31	中铁十八局集团有限公司	7829755.00
32	中铁三局集团有限公司	7653592.00
33	青建集团股份公司	7507342.00
34	江苏省苏中建设集团股份有限公司	7501912.00
35	中铁十局集团有限公司	7128870.00
36	中铁十六局集团有限公司	7113155.00
37	天元建设集团有限公司	6933923.48
38	上海宝冶集团有限公司	6901197.64
39	中国五冶集团有限公司	6800344.00
40	中交第二公路工程局有限公司	6717300.00
41	中建三局第一建设工程有限责任公司	6544973.83
42	中铁二十局集团有限公司	6181784.00
43	江苏中南建筑产业集团有限责任公司	6093205.00
44	中铁十七局集团有限公司	6039778.00
45	中建八局第一建设有限公司	5891071.07
46	中国建筑国际集团有限公司	5781081.01
47	中国海外集团有限公司	5772348.48
48	中铁隧道局集团有限公司	5661413.00
49	中铁七局集团有限公司	5605705.00

续表

排名	企业名称	完成产值
50	中国建筑第六工程局有限公司	5445650. 24
51	中交路桥建设有限公司	5324000. 00
52	中铁十九局集团有限公司	5309349. 00
53	中交第一航务工程局有限公司	5101633. 41
54	河北建设集团股份有限公司	5093232. 00
55	中建八局第二建设有限公司	5074502. 00
56	中国电建集团华东勘测设计研究院有限公司	5045368. 27
57	中铁大桥局集团有限公司	5008188. 00
58	中铁电气化局集团有限公司	4896456. 00
59	中交第四公路工程局有限公司	4850500. 00
60	中建五局第三建设有限公司	4828926. 63
61	中国建设基础设施有限公司	4761680. 70
62	中铁上海工程局集团有限公司	4745362. 00
63	中交第三航务工程局有限公司	4668634. 00
64	中铁十五局集团有限公司	4618493. 00
65	江苏省华建建设股份有限公司	4545381. 00
66	中国铁建大桥工程局集团有限公司	4539666. 00
67	中国二十冶集团有限公司	4491635. 00
68	中交疏浚(集团)股份有限公司	4480000. 00
69	中建三局第二建设工程有限责任公司	4394548. 96
70	中交第四航务工程局有限公司	4380100. 00
71	中铁二十四局集团有限公司	4367988. 00
72	中建海峡建设发展有限公司	4363600. 00
73	中建二局第三建筑工程有限公司	4280245. 87
74	中铁八局集团有限公司	4260420. 00
75	中国能源集团华东建设投资有限公司	4235796. 03
76	中国港湾工程有限责任公司	4150000. 00
77	中电建路桥集团有限公司	4131797. 00
78	中建八局第三建设有限公司	4128250. 00
79	富利建设集团有限公司	4109619. 00
80	中铁六局集团有限公司	4101646. 00
81	中国十七冶集团有限公司	4096369. 00
82	中建科工集团有限公司	4027509. 30
83	中国水利水电第七工程局有限公司	4003843. 41

续表

排名	企业名称	完成产值
84	北京市政路桥股份有限公司	3980299.00
85	中建三局第三建设工程有限责任公司	3763541.10
86	广州市市政集团有限公司	3741946.00
87	中铁二十一局集团有限公司	3711228.00
88	中亿丰建设集团股份有限公司	3683586.20
89	中国一冶集团有限公司	3681557.00
90	江苏江都建设集团有限公司	3661246.50
91	中铁广州工程局集团有限公司	3601240.00
92	中国石油工程建设有限公司	3582820.00
93	中铁二十二局集团有限公司	3402609.00
94	福建建工集团有限责任公司	3335000.00
95	中建新疆建工(集团)有限公司	3322165.44
96	中铁北京工程局集团有限公司	3310579.00
97	龙信建设集团有限公司	3172434.00
98	中国水利水电第八工程局有限公司	3132415.38
99	江苏江中集团有限公司	3057049.00
100	中交第三公路工程局有限公司	3055933.00
101	山西路桥建设集团有限公司	3031351.00
102	中铁二十三局集团有限公司	3015770.00
103	中国二冶集团有限公司	3010161.00
104	新七建设集团有限公司	3008488.00
105	中国水利水电第四工程局有限公司	3008093.19
106	中建一局集团建设发展有限公司	2974404.96
107	中国能源集团北方建设投资有限公司	2960586.13
108	新十建设集团有限公司	2960128.83
109	中冶建工集团有限公司	2794712.00
110	苏州金螳螂企业(集团)有限公司	2730374.64
111	中国能源集团南方建设投资有限公司	2719723.40
112	中交国际工程分公司	2707547.00
113	中国二十二冶集团有限公司	2667318.00
114	中铁城建集团有限公司	2662471.00
115	中铁二十五局集团有限公司	2658219.00
116	中电建铁路建设投资集团有限公司	2591082.00
117	中国水利水电第十一工程局有限公司	2522911.92

续表

排名	企业名称	完成产值
118	中铁建电气化局集团有限公司	2507643.00
119	广西建工第一建筑工程集团有限公司	2500582.00
120	中铁九局集团有限公司	2486845.00
121	江苏邗建集团有限公司	2463772.80
122	中国水利水电第十四工程局有限公司	2416924.96
123	中冶天工集团有限公司	2388289.00
124	华新建工集团有限公司	2381593.00
125	浙江中成建工集团有限公司	2375060.70
126	启东建筑集团有限公司	2349202.10
127	中国水利水电第五工程局有限公司	2345846.00
128	烟建集团有限公司	2275796.00
129	中国电建市政建设集团有限公司	2260567.13
130	中建四局第六建设有限公司	2228834.75
131	泰兴一建建设集团有限公司	2224681.00
132	安徽水利开发有限公司	2180664.00
133	南通五建控股集团有限公司	2171584.00
134	中国化学工程第七建设有限公司	2165411.00
135	中建二局第一建筑工程有限公司	2163150.87
136	龙元建设集团股份有限公司	2155006.00
137	中国石油管道局工程有限公司	2142020.00
138	济南城建集团有限公司	2139890.29
139	中建八局第四建设有限公司	2132419.42
140	浙江宝业建设集团有限公司	2131453.00
141	中建一局集团第一建筑有限公司	2124653.52
142	中建安装集团有限公司	2095046.75
143	中国建筑工程(香港)有限公司	2060781.44
144	广州工程总承包集团有限公司	2044752.00
145	武汉建工集团股份有限公司	2043450.00
146	中国建筑装饰集团有限公司	2026751.87
147	中建铁路投资建设集团有限公司	2022053.16
148	中建二局第二建筑工程有限公司	1985177.45
149	山东华邦建设集团有限公司	1954790.21
150	广西建工集团第二建筑工程有限公司	1949119.00
151	中国十九冶集团有限公司	1940540.00

续表

排名	企业名称	完成产值
152	广西建工第五建筑工程集团有限公司	1925602.60
153	中交上海航道局有限公司	1880250.00
154	中交天津航道局有限公司	1878300.00
155	江苏省江建集团有限公司	1860000.00
156	方远建设集团股份有限公司	1850440.00
157	中国寰球工程有限公司	1824033.00
158	十一冶建设集团有限责任公司	1811295.71
159	中铁四局集团第二工程有限公司	1794001.00
160	中国水利水电第三工程局有限公司	1778438.32
161	中建四局建设发展有限公司	1750137.48
162	中国电建集团贵州工程有限公司	1727480.51
163	中国天辰工程有限公司	1717372.61
164	兴润建设集团有限公司	1702016.00
165	中建四局第一建设有限公司	1686109.45
166	中建三局集团华南有限公司	1682897.03
167	大元建业集团股份有限公司	1681457.50
168	中建七局第四建筑有限公司	1677087.00
169	安徽三建工程有限公司	1661223.90
170	中建五局土木工程有限公司	1660965.20
171	山西三建集团有限公司	1652333.00
172	广西建工集团第三建筑工程有限责任公司	1646151.80
173	广西建工集团冶金建设有限公司	1644831.00
174	中电建生态环境集团有限公司	1623415.00
175	海天建设集团有限公司	1622254.10
176	中建交通建设集团有限公司	1615833.80
177	中建一局集团第二建筑有限公司	1615650.53
178	湖南省第五工程有限公司	1602705.50
179	龙海建设集团有限公司	1584151.00
180	黑龙江省建工集团有限责任公司	1580519.70
181	中铁四局集团第五工程有限公司	1575829.00
182	中铁四局集团第四工程有限公司	1565801.00
183	中铁建工集团山东有限公司	1554475.00
184	潍坊昌大建设集团有限公司	1553750.57
185	中建桥梁有限公司	1553446.80

续表

排名	企业名称	完成产值
186	中铁四局集团第一工程有限公司	1550800.00
187	中国江苏国际经济技术合作集团有限公司	1549045.00
188	龙建路桥股份有限公司	1528304.00
189	中建一局集团第三建筑有限公司	1517030.19
190	中交路桥华南工程有限公司	1511960.00
191	江苏启安建设集团有限公司	1509200.00
192	中铁十二局集团第四工程有限公司	1509131.00
193	歌山建设集团有限公司	1489120.00
194	贵州桥梁建设集团有限责任公司	1483438.00
195	长业建设集团有限公司	1480776.00
196	中建三局集团北京有限公司	1470132.46
197	中恒建设集团有限公司	1460968.00
198	广西建工集团第四建筑工程有限责任公司	1441973.50
199	浙江勤业建工集团有限公司	1436878.00
200	中国水利水电第六工程局有限公司	1429800.00
201	陕西建工第一建设集团有限公司	1426306.70
202	中建四局土木工程有限公司	1423137.66
203	中建三局基础设施建设投资有限公司	1415510.76
204	中铁建工集团有限公司上海分公司	1410416.00
205	中国建材国际工程集团有限公司	1403756.15
206	中国华西企业有限公司	1400700.00
207	浙江省二建建设集团有限公司	1392700.00
208	国基建设集团有限公司	1390735.80
209	南通市达欣工程股份有限公司	1369305.00
210	中铁建工集团有限公司北京分公司	1362284.00
211	兴泰建设集团有限公司	1351549.38
212	中交二航局第四工程有限公司	1346000.00
213	贵州省公路工程集团有限公司	1344482.00
214	中国化学工程第三建设有限公司	1339258.24
215	中建科技集团有限公司	1334097.05
216	中国铁建港航局集团有限公司	1332231.00
217	陕西建工安装集团有限公司	1330263.88
218	江苏天目建设集团有限公司	1326024.00
219	中国电建集团江西省电力建设有限公司	1316539.00

续表

排名	企业名称	完成产值
220	威海建设集团股份有限公司	1315237.14
221	福建九鼎建设集团有限公司	1300517.20
222	浙江省一建建设集团有限公司	1300135.89
223	中联建设集团股份有限公司	1300085.00
224	中国水电建设集团十五工程局有限公司	1289113.00
225	中建四局第五建筑工程有限公司	1283037.31
226	安徽省公路桥梁工程有限公司	1268400.00
227	中国化学工程第六建设有限公司	1257818.34
228	中国电建集团核电工程有限公司	1255969.18
229	南通华荣建设集团有限公司	1251558.20
230	中建一局集团第五建筑有限公司	1245546.90
231	中国能源集团西北建设投资有限公司	1240111.11
232	中铁隧道股份有限公司	1232353.00
233	中铁一局集团建筑安装工程有限公司	1227331.00
234	中交二航局第二工程有限公司	1226000.00
235	山东淄建集团有限公司	1225088.00
236	福建省泷澄建设集团有限公司	1225084.10
237	山东天齐置业集团股份有限公司	1222489.00
238	陕西建工机械施工集团有限公司	1220955.87
239	中铁武汉电气化局集团有限公司	1212549.00
240	中铁二局第四工程有限公司	1207608.00
241	福建省惠东建筑工程有限公司	1201321.00
242	广东吴川建筑安装工程有限公司	1201006.80
243	山西建筑工程集团有限公司	1200182.00
244	山东寿光第一建筑有限公司	1195264.00
245	江苏新龙兴建设集团有限公司	1188617.50
246	中交一航局第二工程有限公司	1182518.00
247	江苏信拓建设(集团)股份有限公司	1180746.00
248	中铁一局集团第五工程有限公司	1169925.00
249	陕西建工第八建设集团有限公司	1168526.02
250	中国电建集团中南勘测设计研究院有限公司	1167131.35
251	中建城市建设发展有限公司	1164469.99
252	陕西建工第六建设集团有限公司	1162048.00
253	江苏省金陵建工集团有限公司	1160011.00

续表

排名	企业名称	完成产值
254	中交四航局第二工程有限公司	1160000.00
255	湖北长安建设集团股份有限公司	1158495.90
256	中铁(广州)投资发展有限公司	1157924.00
257	中建七局建筑装饰工程有限公司	1153894.33
258	中铁五局集团建筑工程有限责任公司	1150768.00
259	济南四建(集团)有限责任公司	1148002.92
260	中建五局第二建设有限公司	1145107.28
261	中国路桥工程有限责任公司	1140448.00
262	北京城乡建设集团有限责任公司	1140371.00
263	中铁一局集团有限公司第三工程分公司	1128026.00
264	中国公路工程咨询集团有限公司	1127485.00
265	中国华冶科工集团有限公司	1122793.00
266	中铁隧道集团三处有限公司	1116077.00
267	中铁一局集团第四工程有限公司	1115193.00
268	中交一公局厦门工程有限公司	1114460.00
269	云南工程建设总承包股份有限公司	1105100.00
270	振中建设集团有限公司	1104129.00
271	中交二公局第三工程有限公司	1103899.00
272	中国电建集团西北勘测设计研究院有限公司	1101462.19
273	中国电建集团山东电力建设第一工程有限公司	1092514.00
274	七冶建设集团有限责任公司	1091112.40
275	中国化学工程第十四建设有限公司	1090278.88
276	中建丝路建设投资有限公司	1086139.81
277	中交一公局第三工程有限公司	1083645.00
278	中建七局第二建筑有限公司	1077676.63
279	广东电白二建集团有限公司	1075555.66
280	中铁四局集团建筑工程有限公司	1075314.00
281	中建七局第一建筑有限公司	1074792.68
282	中交二公局东萌工程有限公司	1074784.00
283	北京市首钢建设集团有限公司	1074014.00
284	上海电力建设有限责任公司	1073498.00
285	中国电建集团江西省水电工程局有限公司	1072438.28
286	中国机械工业建设集团有限公司	1071483.36
287	福建省闽南建筑工程有限公司	1071334.77

续表

排名	企业名称	完成产值
288	江西建工第三建筑有限责任公司	1070485.67
289	中冶交通建设集团有限公司	1067721.00
290	中建港航局集团有限公司	1067338.51
291	中铁大桥局集团第五工程有限公司	1060708.00
292	甘肃第四建设集团有限责任公司	1057575.00
293	福建一建集团有限公司	1038716.99
294	中建五局华东建设有限公司	1037636.95
295	中铁一局集团有限公司广州分公司	1037236.00
296	中铁二局第五工程有限公司	1029556.00
297	安徽金煌建设集团有限公司	1028804.00
298	中铁建工集团广东有限公司	1025141.00
299	中铁十四局集团大盾构工程有限公司	1025045.50
300	冠鲁建设股份有限公司	1023035.00
301	中交一航局第一工程有限公司	1021043.00
302	北京城建亚泰建设集团有限公司	1018489.00
303	浙江大东吴集团建设有限公司	1017034.00
304	山东省建设建工(集团)有限责任公司	1013181.69
305	中建三局城市投资运营有限公司	1011893.76
306	中铁七局集团郑州工程有限公司	1011157.00
307	成都建工第八建筑工程有限公司	1009852.94
308	贵州路桥集团有限公司	1007413.00
309	中铁十局集团第一工程有限公司	1004400.00
310	中铁七局集团第三工程有限公司	1003698.00
311	中铁建工集团北方工程有限公司	1003576.00
312	中铁二局第一工程有限公司	1002300.00
313	中交一公局第五工程有限公司	1002259.00
314	中铁一局集团第二工程有限公司	1002209.00
315	广州机施建设集团有限公司	1001449.50
316	广西建工集团控股有限公司	1000907.00

B.27
2020~2021年度第二批国家优质工程奖入选工程名单

国家优质工程金奖
（排名不分先后，“*”为主申报单位）

境内工程

1. 舟山500千伏联网输变电工程

   建设单位：国网浙江省电力有限公司建设分公司（*）

2. 四川大渡河猴子岩水电站

   建设单位：国能大渡河猴子岩发电有限公司（*）

3. 国华东台四期（H2）300MW海上风电场工程

   建设单位：国家能源集团东台海上风电有限责任公司（*）

4. 陕西榆能横山煤电一体化工程

   建设单位：陕西榆林能源集团横山煤电有限公司（*）

5. 福建华能罗源港电储送一体化绿色建设示范项目

   建设单位：华能罗源发电有限责任公司（*）

6. 苏通GIL综合管廊工程

   参建单位：江苏省送变电有限公司（*）

7. 北京轨道交通新机场线一期工程

   建设单位：北京市轨道交通建设管理有限公司（*）

8. 北京新机场工程（航站楼及换乘中心、停车楼）

   建设单位：北京新机场建设指挥部（*）

9. 青岛市地铁2号线一期工程

建设单位：青岛地铁集团有限公司（＊）

10. 成都轨道交通 18 号线工程

施工总承包单位：中电建铁路建设投资集团有限公司（＊）

11. 西安交通大学科技创新港科创基地项目

施工总承包单位：陕西建工集团股份有限公司（＊）

12. 山钢集团日照钢铁精品基地项目轧钢工程

建设单位：山东钢铁集团日照有限公司（＊）

13. 长江南京以下 12.5 米深水航道二期工程

建设单位：长江航道局（＊）

14. 伊犁新天年产 20 亿立方米煤制天然气项目

EPC 总承包单位：中国化学工程股份有限公司（＊）

15. 中俄东线天然气管道工程（黑河—长岭）

建设单位：国家管网集团北方管道有限责任公司（＊）

16. 新建北京至张家口铁路（含崇礼铁路）工程

施工总承包单位：中铁五局集团有限公司（＊）

17. 三门核电一期工程

建设单位：三门核电有限公司（＊）

18. 矿坑生态修复利用工程

施工总承包单位：中国建筑第五工程局有限公司（＊）

19. 中安联合煤化有限责任公司煤制 170 万吨/年甲醇及转化烯烃项目

建设单位：中安联合煤化有限责任公司（＊）

20. 华电莱州绿色能源示范工程

建设单位：华电莱州发电有限公司（＊）

境外工程

21. 巴基斯坦 PKM 项目（苏库尔至木尔坦段）

施工总承包单位：中国建筑股份有限公司（＊）

22. 阿尔及利亚东西高速公路（中段）

施工总承包单位：中国铁建国际集团有限公司（＊）

23. 巴基斯坦中电胡布 2×660MW 燃煤发电项目

建设单位：中电国际胡布发电有限公司（＊）

24. 恒逸（文莱）PMB 石油化工项目

建设单位：恒逸实业（文莱）有限公司（＊）

国家优质工程奖
（排名不分先后，“*”为主申报单位）

境内工程

25. 春风油田排 612 块产能建设工程

建设单位：中石化新疆新春石油开发有限责任公司（＊）

26. 催化剂长岭分公司云溪基地 5 万吨/年催化裂化催化剂联合生产装置建设项目

建设单位：中国石化催化剂有限公司（＊）

27. 陕京四线输气管道工程

建设单位：国家管网集团北京管道有限公司（＊）

28. 催化剂大连基地（一期）建设项目

建设单位：中国石化催化剂有限公司（＊）

29. 唐山旭阳芳烃产品有限公司年产 30 万吨苯乙烯项目

施工总承包单位：河北省安装工程有限公司（＊）

30. 四川永祥新能源有限公司 2.5 万吨高纯晶硅项目

施工总承包单位：中化二建集团有限公司（＊）

31. 首钢京唐钢铁联合有限责任公司二期一步工程—多模式全连续铸轧生产线工程

施工总承包单位：中国二十二冶集团有限公司（＊）

32. 中铝山东有限公司中铝齐鲁工业园铝基新材料产业一期项目

建设单位：中铝山东有限公司（＊）

33. 炼铁厂原料区域环保提升改造工程

建设单位：宝山钢铁股份有限公司（＊）

34. 精密工具产业园建设项目传统刀片、数控刀具厂房及配套辅助工程

施工总承包单位：五矿二十三冶建设集团有限公司（＊）

35. 神华准格尔能源有限责任公司设备维修中心改扩建项目

施工总承包单位：宁夏煤炭基本建设有限公司（＊）

36. 青海西部水电 45 万吨/年铝基合金大板锭项目二期工程

施工总承包单位：中国二十二冶集团有限公司（＊）

37. 云锡文山锌铟冶炼有限公司年产 10 万吨锌 60 吨铟冶炼技改项目

建设单位：云锡文山锌铟冶炼有限公司（＊）

38. 陕西榆神矿区小保当一、二号煤矿选煤厂项目

建设单位：陕西小保当矿业有限公司（＊）

39. 神华国能宁夏鸳鸯湖电厂二期 2×1000MW 级机组扩建工程

建设单位：神华国能宁夏鸳鸯湖发电有限公司（＊）

40. 平顶山市城市生活垃圾焚烧发电项目

施工总承包单位：山东淄建集团有限公司（＊）

41. 广东大唐国际雷州发电厂 2×1000MW 新建工程

建设单位：广东大唐国际雷州发电有限责任公司（＊）

42. 上海申能奉贤热电工程（925. 2MW 集中供热工程）

建设单位：上海申能奉贤热电有限公司（＊）

43. 新疆准东五彩湾北一电厂 1 号 2 号机组（2×660MW）工程

建设单位：新疆准东特变能源有限责任公司（＊）

44. 宜兴市 1700 吨/日生活垃圾焚烧发电项目

建设单位：光大环保能源（宜兴）有限公司（＊）

45. 中电投分宜电厂 2×660MW 机组扩建工程

建设单位：国家电投集团江西电力有限公司分宜发电厂（＊）

46. 福建华电邵武电厂三期 2×660MW 工程

建设单位：福建华电邵武能源有限公司（＊）

47. 河南驻马店驻东 500 千伏变电站工程

建设单位：国网河南省电力公司建设分公司（＊）

48. 浏阳 500 千伏变电站工程

建设单位：国网湖南省电力有限公司建设分公司（＊）

49. 威宁 500 千伏变电站新建工程

建设单位：贵州电网有限责任公司毕节供电局（＊）

50. 500 千伏金陵变电站工程

建设单位：广西电网有限责任公司电网建设分公司（＊）

51. 天津渠阳（宝北）500 千伏变电站工程

建设单位：国网天津市电力公司建设分公司（＊）

52. 安徽六安石店 500 千伏变电站工程

建设单位：国网安徽省电力有限公司建设分公司（＊）

53. 恩施东 500 千伏变电站新建工程

建设单位：国网湖北省电力有限公司中超建设管理公司（＊）

54. 中吴（青洋）500 千伏变电站工程

施工总承包单位：江苏省送变电有限公司（＊）

55. 察右后旗 500 千伏变电站工程

建设单位：内蒙古电力（集团）有限责任公司内蒙古超高压供电局（＊）

56. 达拉特光伏发电应用领跑基地 1 号、4 号项目

EPC 总承包单位：上海能源科技发展有限公司（＊）

57. 中广核当涂县大陇镇双潭湖 260MW 渔光互补光伏电站项目

建设单位：中广核（当涂）新能源有限公司（＊）

58. 华电云南金沙江阿海水电站

建设单位：云南华电金沙江中游水电开发有限公司阿海发电分公司（＊）

59. 广东粤电湛江外罗海上风电项目

建设单位：广东粤电湛江风力发电有限公司（＊）

60. 三峡新能源江苏大丰 300MW 海上风电项目

建设单位：三峡新能源盐城大丰有限公司（＊）

61. 2016 年中国联通河南 FDD-LTE 无线网广覆盖新建工程

建设单位：中国联合网络通信有限公司河南省分公司（＊）

62. 营口港鲅鱼圈港区五港池 68#—71#钢材泊位工程（第一阶段）

施工总承包单位：中交一航局第一工程有限公司（＊）

63. 国家深海基地项目一期工程码头工程

施工总承包单位：中建筑港集团有限公司（＊）

64. 厦门港后石港区 3 号泊位工程

施工总承包单位：中交第四航务工程局有限公司（＊）

65. 丹金溧漕河金坛段航道整治及丹金船闸工程

建设单位：常州市港航事业发展中心（＊）

66. 京杭运河船闸扩容工程施桥三线船闸工程

建设单位：京杭运河船闸扩容工程施桥、邵伯三线船闸工程建设办公室（＊）

67. 吉林市玄天岭文化公园项目施工二标段（室外总体、景观、绿化、道路、桥梁、照明亮化及水电气外网等工程）

施工总承包单位：吉林市市政建设集团有限公司（＊）

68. 亚泰大街与南四环路立交桥工程

施工总承包单位：中庆建设有限责任公司（＊）

69. 一汽—大众汽车有限公司新建试验场项目及试验场扩建工程

施工总承包单位：中铁四局集团有限公司（＊）

70. 滨湖新区方兴大道（沪蓉高速—包河大道）快速化改造工程

建设单位：合肥市滨湖新区建设投资有限公司（＊）

71. 肥东县体育公园建设工程

施工总承包单位：国基建设集团有限公司（＊）

72. 宣城市水阳江大道闭合段北段工程 PPP 项目

施工总承包单位：济南城建集团有限公司（＊）

73. 淮南孔李淮河大桥工程

施工总承包单位：中铁六局集团有限公司（＊）

74. 阜阳市一道河路西延（三十里河—航颍路）建设工程

施工总承包单位：安徽省新路建设工程集团有限责任公司（＊）

75. 岳西至武汉高速公路安徽段明堂山隧道

建设单位：安徽省交通控股集团有限公司（＊）

76. 安庆经开区“两区共建”和平西路等九路一沟道路排水工程

施工总承包单位：中铁十局集团有限公司（＊）

77. 第十一届中国（郑州）国际园林博览会园博园项目园林景观工程

施工总承包单位：湖南省绿林建设集团有限公司（＊）

78. 沙颍河周口至省界航道升级改造工程沈丘沙河大桥项目

施工总承包单位：中国建筑第七工程局有限公司（＊）

79. 周口至南阳高速公路

建设单位：河南宛龙高速公路有限公司（＊）

80. 淮滨至信阳高速公路息县至邢集段

施工总承包单位：河南省公路工程局集团有限公司（＊）

81. 河南省三门峡至淅川高速公路卢氏至西坪段

建设单位：河南省三门峡至淅川高速公路项目有限公司（＊）

82. 黄浦江上游水源地工程

建设单位：上海城投水务工程项目管理有限公司（＊）

83. 荆州纪南生态文化旅游区重大项目配套市政道路建设工程雨台路

施工总承包单位：武汉建工集团股份有限公司（＊）

84. 雄楚大街（楚平路—三环线立交）改造工程

施工总承包单位：武汉市市政建设集团有限公司（＊）

85. 杨泗港快速通道青菱段（八坦立交—丁字桥路）工程

施工总承包单位：中建三局集团有限公司（＊）

86. 江汉六桥汉阳岸接线（汉阳大道至龙阳湖北路）工程

施工总承包单位：中建三局集团有限公司（＊）

87. 东西湖区金山大道（九通路—机场路）改扩建工程

施工总承包单位：武汉市汉阳市政建设集团有限公司（＊）

88. 东湖绿道二期工程

施工总承包单位：武汉市汉阳市政建设集团有限公司（＊）

89. 武汉市四环线沌口长江公路大桥

建设单位：武汉中交沌口长江大桥投资有限公司（＊）

90. 岳阳市图书馆及螺丝岛周边环境综合整治工程（岳阳市巴陵书香创客馆一期）

施工总承包单位：湖南省第四工程有限公司（＊）

91. 长沙市香樟东路（黄兴大桥—东六线）建设工程

施工总承包单位：湖南顺天建设集团有限公司（＊）

92. 常德沅江隧道工程

施工总承包单位：中铁十四局集团有限公司（＊）

93. 海宁市绿能环保项目

工程总承包单位：浙江省二建建设集团有限公司（＊）

94. 舟山市小干二桥工程

施工总承包单位：中交第二航务工程局有限公司（＊）

95. 仙居县污水处理二期工程

工程总承包单位：中国电建集团华东勘测设计研究院有限公司（＊）

96. 吉安市新井冈山大桥工程

施工总承包单位：中交路桥建设有限公司（＊）

97. 赣州市上犹江引水工程一期暨龙华水厂工程

工程总承包单位：中国建筑第五工程局有限公司（＊）

98. 桂林市临桂新区市民公园

施工总承包单位：广西桂川建设集团有限公司（＊）

99. 梧州至柳州高速公路

建设单位：广西桂东高速公路有限公司（＊）

100. 贵港市园博园农村土地综合整治（工程总承包 EPC）项目

施工总承包单位：中国建筑第八工程局有限公司（＊）

101. 贵港至合浦高速公路

建设单位：广西北部湾投资集团有限公司（＊）

102. 南宁市城市东西向快速路工程西段（清川大道—北湖南路）（K0+000-K8+513.5段）

施工总承包单位：中建交通建设集团有限公司（＊）

103. 南宁市邕江综合整治和开发利用工程（北岸：邕江滨水公园东侧—三岸大桥）

施工总承包单位：广西碧虹建设集团有限公司（＊）

104. 南宁市邕江综合整治和开发利用工程（南岸：五象大道北兴斌沙场—三岸大桥）

施工总承包单位：广西富林建设集团有限公司（＊）

105. 崇左市崇左大桥

施工总承包单位：中铁十九局集团有限公司（＊）

106. 雅安至康定高速公路二郎山隧道

施工总承包单位：中铁隧道股份有限公司（＊）

107. 资阳市凤岭公园改建项目

施工总承包单位：中国建筑第五工程局有限公司（＊）

108. 重庆寸滩长江大桥

施工总承包单位：中铁大桥局集团有限公司（＊）

109. 新南立交工程

施工总承包单位：重庆建工住宅建设有限公司（＊）

110. 贵州省盘县至兴义高速公路

施工总承包单位：贵州省公路工程集团有限公司（＊）

111. 贵阳市南垭路（1.5环北段）道路建设工程土建工程第一合同段蛮坡立交桥

施工总承包单位：中铁五局集团有限公司（＊）

112. 广东省龙川至怀集公路（连平至怀集段）

参建单位：中铁十一局集团有限公司（＊）

113. 肇庆新区起步区砚阳调洪湖水系综合整治工程

施工总承包单位：中国一冶集团有限公司（*）

114. 吴川市滨江路（省道S285线吴川市区段改建工程）片区综合整治项目（K0+000~K2+547）（K2+547~K5+019.014）

施工总承包单位：广东强雄建设集团有限公司（*）

115. 珠海情侣路南段拱北口岸至横琴大桥路段主线改造工程（二标段）

施工总承包单位：广东省水利水电第三工程局有限公司（*）

116. 东门桥重建及市政基础设施系列配套工程

施工总承包单位：广州市第三市政工程有限公司（*）

117. 坪山河干流综合整治及水质提升工程（设计采购施工项目总承包）

工程总承包单位：中国建筑股份有限公司（*）

118. 徐州市迎宾大道高架快速路工程PPP项目

施工总承包单位：中铁四局集团有限公司（*）

119. 连云港综合客运枢纽站前南广场及配套、人民路及盐河路下穿工程

施工总承包单位：中铁建工集团有限公司（*）

120. 江苏东台经济开发区三年城建项目地质勘查、设计、施工总承包（BT）（一标段）

施工总承包单位：江苏新景源建设集团有限责任公司（*）

121. 建湖县高铁综合客运枢纽工程PPP项目

施工总承包单位：北京市政建设集团有限责任公司（*）

122. 盐城市新水源地及引水工程

施工总承包单位：宏润建设集团股份有限公司（*）

123. 苏州城北路（金政街—江宇路）综合管廊工程

参建单位：中铁二十局集团第一工程有限公司（*）

124. 苏州工业园区星港街隧道工程

施工总承包单位：上海隧道工程有限公司（*）

125. 河北省第三届（邢台）园林博览会园博园项目

施工总承包单位：中国能源建设集团南方建设投资有限公司（*）

126. 大同市开源街御河桥工程

施工总承包单位：中交一公局第三工程有限公司（＊）

127. 安康市城东汉江大桥

施工总承包单位：中铁五局集团有限公司（＊）

128. 乌鲁木齐县十二连湖生态建设项目—四标段（5号湖）

施工总承包单位：新疆城建洪源市政园林有限公司（＊）

129. 艾丁湖路带状公园建设项目

施工总承包单位：新疆市政园林有限公司（＊）

130. 新建怀化至邵阳至衡阳铁路“四电”系统集成、防灾安全监控、信息及相关工程

施工总承包单位：中国铁建电气化局集团有限公司（＊）

131. 长株潭城际铁路综合工程

施工总承包单位：中铁十一局集团有限公司（＊）

132. 新建怀化至邵阳至衡阳铁路岩鹰鞍隧道

施工总承包单位：中铁二十局集团有限公司（＊）

133. 新建怀化至邵阳至衡阳铁路先期开工（隧道工程）HSHZQ-2标黄岩隧道

施工总承包单位：中铁十二局集团有限公司（＊）

134. 新建怀化至邵阳至衡阳铁路南雪峰山隧道

施工总承包单位：中铁隧道局集团有限公司（＊）

135. 新建黔江至张家界至常德铁路长湾澧水大桥

施工总承包单位：中铁十一局集团有限公司（＊）

136. 新建黔张常铁路张家界西站房工程

施工总承包单位：中国建筑第五工程局有限公司（＊）

137. 新建济南至青岛高速铁路工程淄博北站站房及相关工程施工总价承包JQGTZFSG-6标

施工总承包单位：中铁建工集团有限公司（＊）

138. 新建黄骅南至大家洼铁路黄河特大桥

参建单位：中铁十四局集团有限公司（＊）

139. 新建济南至青岛高速铁路工程潍坊特大桥

施工总承包单位：中铁北京工程局集团有限公司（＊）

140. 跨荣潍高速公路特大桥

施工总承包单位：中铁二十一局集团有限公司（＊）

141. 新建杭州至黄山铁路综合工程

施工总承包单位：中铁十一局集团有限公司（＊）

142. 新建商丘至合肥至杭州铁路赵桥特大桥

施工总承包单位：中铁十八局集团有限公司（＊）

143. 新建商丘至合肥至杭州铁路木兰特大桥工程

施工总承包单位：中铁一局集团有限公司（＊）

144. 新建北京至沈阳铁路客运专线辽宁段“四电”集成及相关工程

施工总承包单位：中铁电气化局集团有限公司（＊）

145. 新建北京至沈阳铁路客运专线辽宁段站前工程 JSLNTJ-13 标段蒲河特大桥

施工总承包单位：中铁二十二局集团有限公司（＊）

146. 天津地铁 1 号线东延至国家会展中心项目土建施工第 6 合同段（双桥河车辆段及铺轨工程）

施工总承包单位：中铁三局集团有限公司（＊）

147. 新建西安至成都客运专线秦岭天华山隧道

施工总承包单位：中铁十七局集团有限公司（＊）

148. 广梅汕铁路龙湖南至汕头段增建第二线桥群工程

施工总承包单位：中铁三局集团有限公司（＊）

149. 新建穗莞深城际轨道交通新塘至洪梅段 SZH-5 标桥梁工程

施工总承包单位：中铁十四局集团有限公司（＊）

150. 云桂线引入昆明枢纽 I 类变更设计完善客运配套设施及昆明车辆段迁建工程

施工总承包单位：中铁城建集团有限公司（＊）

151. 新建铁路成都至贵阳线乐山至贵阳段站前工程施工 CGZQSG-9 标段玉

京山隧道

施工总承包单位：中铁五局集团有限公司（＊）

152. 苏州市轨道交通 3 号线工程

施工总承包单位：中铁十六局集团有限公司（＊）

153. 呼和浩特市城市轨道交通 1 号线一期工程

参建单位：中铁一局集团有限公司（＊）

154. 新建大同至张家口高速铁路工程智家堡御河特大桥

施工总承包单位：中铁十二局集团有限公司（＊）

155. 武汉市轨道交通蔡甸线柏林停车场工程

施工总承包单位：中铁一局集团有限公司（＊）

156. 武汉市轨道交通七号线工程

建设单位：武汉地铁集团有限公司（＊）

施工总承包单位：中铁十一局集团有限公司（＊）

157. 新建铁路西成客运专线省界至江油段黄家梁隧道

施工总承包单位：中铁五局集团有限公司（＊）

158. 新建成都至贵阳铁路乐山至贵阳段西溪河大桥

施工总承包单位：中铁十八局集团有限公司（＊）

159. 中国人民大学教学科研楼等 4 项［东南区综合楼（教学科研楼）］、集体宿舍楼（留学生宿舍）

施工总承包单位：北京建工集团有限责任公司（＊）

160. 京东方先进技术实验室二期工程北京总部项目

施工总承包单位：中建一大成建筑有限责任公司（＊）

161. E-01 地块 1#办公楼等 3 项（丰台区丽泽路 E-01、E-05、E-06 地块 C2 商业金融用地项目）

施工总承包单位：中国建筑第八工程局有限公司（＊）

162. 民航运行管理中心和气象中心及民航情报管理中心等 4 项（民航运行管理中心和气象中心工程及民航情报管理中心工程）

施工总承包单位：中国建筑第八工程局有限公司（＊）

163. 北京大学第一医院保健中心工程

施工总承包单位：中国建筑第八工程局有限公司（＊）

164. 图书馆（北京工业大学逸夫图书馆改扩建工程）

施工总承包单位：中铁建工集团有限公司（＊）

165. 中央民族大学新校区图书馆和计算中心建设项目

施工总承包单位：北京市第三建筑工程有限公司（＊）

166. 门诊医技病房综合楼等 4 项（北京市垂杨柳医院改扩建工程）

施工总承包单位：中国建筑第二工程局有限公司（＊）

167. 河北北方学院体育馆及室外运动场看台项目体育馆工程

施工总承包单位：河北建设集团股份有限公司（＊）

168. 保定市第二医院扩建病房楼工程

施工总承包单位：河北建设集团股份有限公司（＊）

169. 保定市民服务中心（电谷科技中心 1 号生产厂房）

施工总承包单位：河北建工集团有限责任公司（＊）

170. 石家庄市图书馆建设工程

施工总承包单位：石家庄市建筑工程有限公司（＊）

171. 石家庄中冶城市商业广场 C 区商业办公 3#楼

施工总承包单位：北京天润建设有限公司（＊）

172. 威县信誉楼百货 A 座、地下车库

施工总承包单位：河北省第四建筑工程有限公司（＊）

173. 天津医科大学代谢病医院迁址新建工程

施工总承包单位：天津二建建筑工程有限公司（＊）

174. 国知电力电气产学研基地项目

施工总承包单位：中冶天工集团天津有限公司（＊）

175. 国家海洋博物馆项目

施工总承包单位：中国建筑第八工程局有限公司（＊）

176. 中国科学院寒区旱区环境与工程研究所野外观测保障条件及寒区旱区环境资源保护与综合研发平台建设项目

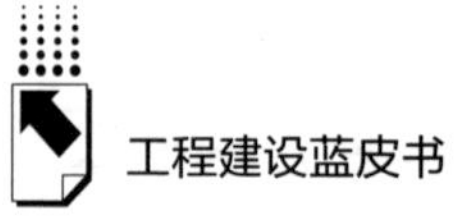

施工总承包单位：甘肃第三建设集团有限公司（＊）

177. 兰州·名城广场（1#楼）

施工总承包单位：中建三局集团有限公司（＊）

178. 甘肃紫光智能交通与控制技术有限公司总部经济项目

施工总承包单位：甘肃第六建设集团股份有限公司（＊）

179. 甘肃交通科技产业园区

施工总承包单位：甘肃第七建设集团股份有限公司（＊）

180. 新疆医科大学新校区建设项目（一期）第三标段综合楼

施工总承包单位：中建新疆建工（集团）有限公司（＊）

181. 山西国际金融中心 B 座商务楼

施工总承包单位：山西四建集团有限公司（＊）

182. 山西农业大学综合教学楼项目

施工总承包单位：山西二建集团有限公司（＊）

183. 中国尧帝祭祀大殿

施工总承包单位：山西一建集团有限公司（＊）

184. 运城市第一医院

施工总承包单位：中建交通建设集团有限公司（＊）

185. 辰花路二号地块深坑酒店

施工总承包单位：中国建筑第八工程局有限公司（＊）

186. 长宁区虹桥街道 261 街坊 6 丘（古北 5-2）新建商办项目

施工总承包单位：中建三局集团有限公司（＊）

187. 中国（上海）自由贸易试验区临港新片区新侨新兴产业城办公楼

施工总承包单位：上海建工五建集团有限公司（＊）

188. 苏州大学附属第二医院高新区医院扩建医疗项目一期工程

施工总承包单位：苏州建设（集团）有限责任公司（＊）

189. 明珠城丹桂苑 15#地块商业体项目

施工总承包单位：通州建总集团有限公司（＊）

190. 绿景·NEO（苏地 2007-G-22 号地块）项目

施工总承包单位：江苏正裕建筑安装工程有限公司（＊）

191. DK20160186 地块教学综合楼 1、2，艺术综合楼，宿舍 1、2，门卫 1，地库

施工总承包单位：苏州二建建筑集团有限公司（＊）

192. DK20150084 地块同程网数据研发中心办公楼工程

施工总承包单位：中亿丰建设集团股份有限公司（＊）

193. 仙林新所区建设项目 A 地块土建安装施工总承包 A1 及地下室

施工总承包单位：中国建筑第八工程局有限公司（＊）

194. 南京禄口国际机场 T1 航站楼改扩建工程

施工总承包单位：中国建筑第八工程局有限公司（＊）

195. 华泰证券广场 1 号楼及 1 号连廊

施工总承包单位：中国江苏国际经济技术合作集团有限公司（＊）

196. 招商银行南京分行招银大厦工程

施工总承包单位：中建三局集团有限公司（＊）

197. 南京理工大学体育中心工程

施工总承包单位：中建二局第二建筑工程有限公司（＊）

198. 南京国际健康城实验学校

施工总承包单位：中建二局第二建筑工程有限公司（＊）

199. 江苏省妇幼保健院住院综合楼

施工总承包单位：中铁建工集团有限公司（＊）

200. NO. 2016G31 地块南京蜂巢酒店项目

施工总承包单位：上海宝冶集团有限公司（＊）

201. 邳州市人民医院新区医院二期医技楼、门诊楼

施工总承包单位：江苏江中集团有限公司（＊）

202. 溧水区无想国际创业小镇建设工程（城隍庙文化街区）项目

施工总承包单位：中国建筑第八工程局有限公司（＊）

203. 江苏旅游职业学院一期项目

施工总承包单位：江苏扬建集团有限公司（＊）

204. 中城建第十三工程局总部大楼

施工总承包单位：中城建第十三工程局有限公司（＊）

205. 常州市武进人民医院外科综合大楼及医疗中转房项目（外科综合大楼工程）

施工总承包单位：常州第一建筑集团有限公司（＊）

206. XDG-2010-37 号地块河埒金融商务港开发建设

施工总承包单位：中建一局集团建设发展有限公司（＊）

207. 金土木大厦

施工总承包单位：江苏金土木建设集团有限公司（＊）

208. 南通市党风廉政建设教育中心项目

施工总承包单位：南通四建集团有限公司（＊）

209. 南通大学附属医院新建门诊楼

施工总承包单位：江苏南通六建建设集团有限公司（＊）

210. 海门市人民医院新院急诊医技住院办公楼

施工总承包单位：江苏中南建筑产业集团有限责任公司（＊）

211. 中共宁波市委党校迁建工程

施工总承包单位：宁波住宅建设集团股份有限公司（＊）

212. 东部新城核心区 C3-6#地块项目

施工总承包单位：中建三局第一建设工程有限责任公司（＊）

213. 湖州市老年大学新建工程（一期）

施工总承包单位：浙江大东吴集团建设有限公司（＊）

214. 新建海宁康华医院二期工程

施工总承包单位：浙江恒力建设有限公司（＊）

215. 花园雷迪森大世界

施工总承包单位：浙江花园建设集团有限公司（＊）

216. 江干区人民医院及区公共卫生中心

施工总承包单位：杭州通达集团有限公司（＊）

217. 杭政储出〔2011〕37 号地块商业办公用房兼容公交用地项目

施工总承包单位：浙江省一建建设集团有限公司（＊）

218. 杭政储出〔2015〕5 号地块其他商务用房

施工总承包单位：浙江省建工集团有限责任公司（＊）

219. 福州数字中国会展中心

施工总承包单位：中建海峡建设发展有限公司（＊）

220. 福州长乐国际机场第二轮扩能航站楼工程

施工总承包单位：中建三局集团有限公司（＊）

221. 莆田学院迁建项目核心区工程——图书馆综合大楼

施工总承包单位：莆田中建建设发展有限公司（＊）

222. 景宁畲族自治县民族医院（一期）

施工总承包单位：荣景建设有限公司（＊）

223. 莲花大厦

施工总承包单位：浙江勤业建工集团有限公司（＊）

224. 浙江树人学院绍兴校区二期建设工程

施工总承包单位：浙江宝业建设集团有限公司（＊）

225. 重庆大渡口万达广场

施工总承包单位：中国建筑一局（集团）有限公司（＊）

226. 重庆首创奥特莱斯项目

施工总承包单位：中国建筑第二工程局有限公司（＊）

227. 首地悦来项目（重庆首地人和街小学校）

施工总承包单位：中建五局第三建设有限公司（＊）

228. 南川区泽京·第三大道 A 地块 29 号楼

施工总承包单位：重庆建工第二建设有限公司（＊）

229. 忠州大剧场及附属设施项目

施工总承包单位：中冶建工集团有限公司（＊）

230. 景德镇学院搬迁工程

施工总承包单位：中国建筑第二工程局有限公司（＊）

231. 双流县第一人民医院迁建工程 PPP 项目

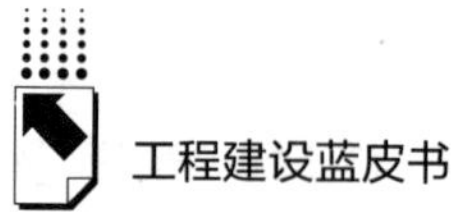

施工总承包单位：中国建筑一局（集团）有限公司（＊）

232. 中交国际中心

施工总承包单位：中交第四航务工程局有限公司（＊）

233. 高新区石羊街道办事处石桥村 3、8 组新建酒店及附属设施

施工总承包单位：成都建工集团有限公司（＊）

234. 成都融创文旅城 E-4、E-5 地块商业及旅游配套开发建设项目（成都文旅城水雪综合体）

施工总承包单位：中国建筑一局（集团）有限公司（＊）

235. 四川白酒学院二期（图书馆）工程

工程总承包单位：中国五冶集团有限公司（＊）

236. 攀枝花市政务服务中心一期工程

施工总承包单位：中建三局集团有限公司（＊）

237. 枣庄农村商业银行股份有限公司综合营业楼

施工总承包单位：山东港基建设集团有限公司（＊）

238. 山东大学第二医院医技综合楼工程

施工总承包单位：中国建筑第八工程局有限公司（＊）

239. 山东大学千佛山校区工学教学科研综合楼

施工总承包单位：济南一建集团有限公司（＊）

240. 东郊饭店房地产开发项目

施工总承包单位：中建八局第一建设有限公司（＊）

241. 淄博市妇幼保健院（淄博市第三人民医院）新院区门诊医技病房综合体

施工总承包单位：山东天齐置业集团股份有限公司（＊）

242. 国华时代广场项目

施工总承包单位：山东省建设建工（集团）有限责任公司（＊）

243. 山东省交通医院南院区医疗综合楼

施工总承包单位：中国建筑第八工程局有限公司（＊）

244. 济南市历城区便民服务中心

施工总承包单位：济南四建（集团）有限责任公司（＊）

245. 潍坊市中医院东院区——病房综合楼

施工总承包单位：潍坊昌大建设集团有限公司（＊）

246. 安丘市人民医院北区新院二期项目

施工总承包单位：山东景芝建设股份有限公司（＊）

247. 万华化学集团全球研发中心及总部基地建设项目

施工总承包单位：烟建集团有限公司（＊）

248. 威海市公共实训中心与创新创业中心

施工总承包单位：威海建设集团股份有限公司（＊）

249. 孵化研发生产车间

施工总承包单位：山东万泰建设集团有限公司（＊）

250. 体育公园

施工总承包单位：中建八局第二建设有限公司（＊）

251. 临沂金锣糖尿病康复医院新建医院项目——核心医疗楼

施工总承包单位：山东枣建建设集团有限公司（＊）

252. 临沂科技职业学院 A 区 B-7#图书馆、B 区 A-7#图书馆

施工总承包单位：天元建设集团有限公司（＊）

253. 青特万达广场项目

施工总承包单位：中国建筑第二工程局有限公司（＊）

254. 社会福利院改造扩建工程 1#2#楼

施工总承包单位：荣华建设集团有限公司（＊）

255. 青岛新机场旅客过夜用房、贵宾楼工程

施工总承包单位：青建集团股份公司（＊）

256. 青岛新机场集团办公楼工程

施工总承包单位：中建八局第四建设有限公司（＊）

257. 青岛市档案馆工商分馆、黄岛区档案馆

施工总承包单位：中国建筑第八工程局有限公司（＊）

258. 华通・唐岛七星二期 C7#楼

施工总承包单位：青岛博海建设集团有限公司（＊）

259. 青岛市城阳区第二人民医院迁建工程（青岛市公共卫生应急备用医院）

施工总承包单位：中青建安建设集团有限公司（＊）

260. 安阳市职工文化体育中心

施工总承包单位：中国建筑第五工程局有限公司（＊）

261. 红旗渠精神营地

施工总承包单位：泰宏建设发展有限公司（＊）

262. 正大国际城市广场暨市民中心西地块 7#楼

建设单位：洛阳正大置业有限公司

施工总承包单位：中铁建设集团有限公司（＊）

263. 淅川县人民医院异地迁建工程

施工总承包单位：河南省第一建筑工程集团有限责任公司（＊）

264. 郑州航空港区光电显示产业园有限公司　郑州光电显示产业园项目（F1 主厂房与 C1 动力中心工程）

建设单位：郑州航空港区光电显示产业园有限公司

施工总承包单位：中建八局第一建设有限公司（＊）

265. 中国建设银行股份有限公司河南省分行本部综合业务楼

施工总承包单位：中国建筑第二工程局有限公司（＊）

266. 郑州博物馆新馆

施工总承包单位：中建三局集团有限公司（＊）

267. 黄麓师范学校改扩建工程

施工总承包单位：中海建筑有限公司（＊）

268. 合肥市第二人民医院新区二期工程内科病房大楼

施工总承包单位：安徽三建工程有限公司（＊）

269. 中建四局商业办公楼

施工总承包单位：中建四局第六建设有限公司（＊）

270. 合肥特殊教育中心北校区

施工总承包单位：中建二局第三建筑工程有限公司（＊）

271. 安徽工程大学图书馆综合楼

施工总承包单位：方远建设集团股份有限公司（＊）

272. 铜陵万达广场项目

施工总承包单位：中国建筑第二工程局有限公司（＊）

273. 霍山经济开发区装备制造园设计—采购—施工（EPC）总承包项目

施工总承包单位：衡宇建设集团有限公司（＊）

274. 武汉大学工学部第一教学楼重建项目

施工总承包单位：中建三局集团有限公司（＊）

275. 武汉高世代薄膜晶体管液晶显示器件（TFT-LCD）生产线项目【1号建筑（阵列厂房）、5号建筑（综合动力站）】

施工总承包单位：中国建筑一局（集团）有限公司（＊）

276. 新诺普思产业园

施工总承包单位：中国建筑第八工程局有限公司（＊）

277. 武汉食品检验检测中心

施工总承包单位：武汉博宏建设集团有限公司（＊）

278. 襄阳市图书馆建设工程

施工总承包单位：上海二十冶建设有限公司（＊）

279. 宜都市市民活动中心（大剧院、图书馆、会展中心）

施工总承包单位：中建三局集团有限公司（＊）

280. 滨江金融大厦一期T3、T4、裙楼、地下室

施工总承包单位：中国建筑第五工程局有限公司（＊）

281. 泰贞国际金融中心

施工总承包单位：中建五局第三建设有限公司（＊）

282. 长沙经开区力都大厦建设项目

施工总承包单位：湖南省第六工程有限公司（＊）

283. 中国太平洋人寿保险南方基地建设项目

施工总承包单位：湖南省第五工程有限公司（＊）

284. 长沙市新青少年宫建安工程

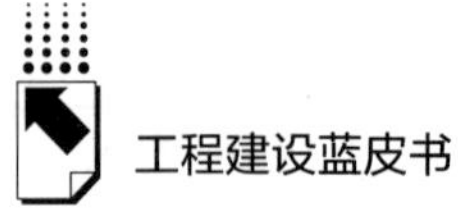

施工总承包单位：湖南东方红建设集团有限公司（＊）

285. 建设花苑 1#楼、地下室

施工总承包单位：湖南省衡洲建设有限公司（＊）

286. 常德市民之家二期建筑工程

施工总承包单位：德成建设集团有限公司（＊）

287. 南山开发集团赤湾总部大厦

施工总承包单位：中建三局第二建设工程有限责任公司（＊）

288. 深圳国际交流学校建设项目总承包工程

施工总承包单位：中建二局第二建筑工程有限公司（＊）

289. 华联城市商务中心（T103-0116 地块）总承包工程

施工总承包单位：中国建筑第二工程局有限公司（＊）

290. 深圳湾科技生态园项目三区施工总承包 10 栋

施工总承包单位：中国建筑第二工程局有限公司（＊）

291. 前海自贸大厦项目施工总承包工程

施工总承包单位：中建三局集团有限公司（＊）

292. 鹏瑞深圳湾壹号广场南地块三期

施工总承包单位：中国建筑第五工程局有限公司（＊）

293. 深湾汇云中心一期工程

建设单位：深圳市地铁集团有限公司

施工总承包单位：中国建筑一局（集团）有限公司（＊）

294. 哈尔滨工业大学深圳校区扩建工程施工总承包Ⅲ标段

施工总承包单位：中国华西企业有限公司（＊）

295. 横琴隆义广场——主体工程（酒店及地下室）

施工总承包单位：江苏省华建建设股份有限公司（＊）

296. 完美华南基地二期工程——研发中心、办公楼、会议中心、食堂、2#厂房、3#厂房、2#3#厂房地下室、1#生活配套用房、2#宿舍、1#-4#门楼

施工总承包单位：中国建筑第四工程局有限公司（＊）

297. 完美金鹰广场购物中心及配套地下室项目

施工总承包单位：中建三局第一建设工程有限责任公司（＊）

298. 台山万达广场 A1#

施工总承包单位：中建八局第一建设有限公司（＊）

299. 华南师范大学附属电白学校（A1、A2、A3、A4、A5、A6、A7-A10 号楼及地下室）

施工总承包单位：广东九洲建设集团有限公司（＊）

300. 贵阳市第一人民医院全科医生临床培养基地、康复病房楼及地下停车场项目

施工总承包单位：贵州建工集团第二建筑工程有限责任公司（＊）

301. 贵阳宜家家居商场

施工总承包单位：贵州宏科建设工程有限责任公司（＊）

302. 毕节市第二人民医院建设项目

施工总承包单位：中铁十七局集团有限公司（＊）

303. 三亚市妇幼保健院整体搬迁（新址）建设项目

施工总承包单位：江苏省华建建设股份有限公司（＊）

304. 三亚海棠湾亚特兰蒂斯水上乐园项目 A 区

施工总承包单位：舜元建设（集团）有限公司（＊）

305. 电子商务中心

施工总承包单位：中国建筑第四工程局有限公司（＊）

306. 南沙青少年宫

施工总承包单位：中建三局集团有限公司（＊）

307. 酒店（自编号 JD-1 栋）

施工总承包单位：中国建筑第二工程局有限公司（＊）

308. 南沙岭南花园度假酒店工程

施工总承包单位：广州市第四建筑工程有限公司（＊）

309. 中铁隧道集团科技大厦

施工总承包单位：中铁隧道局集团建设有限公司（＊）

310. 荔园饭店

施工总承包单位：广西建工第五建筑工程集团有限公司（＊）

311. 南宁综合保税区商务中心 1#、2#楼

施工总承包单位：中铁十二局集团有限公司（＊）

312. 隆安县人民医院门急诊医技综合楼

施工总承包单位：广西建工集团第二建筑工程有限责任公司（＊）

313. 东兴口岸二桥综合服务区一期工程

施工总承包单位：中国十七冶集团有限公司（＊）

314. 崇左市体育中心

施工总承包单位：广西华宇建工有限责任公司（＊）

315. 百色干部学院二校区（市委党校、右江区委党校、田阳县委党校）项目

施工总承包单位：中国建筑第八工程局有限公司（＊）

316. 上汽通用五菱汽车股份有限公司技术中心试验室建设项目——试制中心

施工总承包单位：广西建工集团第三建筑工程有限责任公司（＊）

317. 临桂万达广场 01 号楼

施工总承包单位：中国建筑第二工程局有限公司（＊）

318. 桂林市临桂新区新城商务酒店

施工总承包单位：广西建工集团第四建筑工程有限责任公司（＊）

319. 厦门大学翔安校区能源材料大楼工程

施工总承包单位：中城投集团第八工程局有限公司（＊）

320. 福建省厦门双十中学翔安校区初中部项目

施工总承包单位：恒晟集团有限公司（＊）

321. 建安·浔江国际

施工总承包单位：厦门市建安集团有限公司（＊）

322. 海峡旅游服务中心（客运码头三期——候船楼）

施工总承包单位：福建联美建设集团有限公司（＊）

323. 联发滨海 D2-1 地块

施工总承包单位：广西建工第一建筑工程集团有限公司（＊）

324. 漳州一中高中部

施工总承包单位：福建七建集团有限公司（＊）

施工总承包单位：中国建筑第八工程局有限公司（＊）

325. 晋江市科教园区一期（启动区）工程——教学实验区、沿湖公建区、配套生活区、体育运动区

施工总承包单位：福建省五建建设集团有限公司（＊）

326. 国资大厦

工程总承包单位：福建建工集团有限责任公司（＊）

327. 曲江综合文化活动中心

施工总承包单位：陕西建工第一建设集团有限公司（＊）

328. 莱安中心一期二标段

施工总承包单位：中建三局集团有限公司（＊）

329. 陕西出版传媒产业基地

施工总承包单位：中天建设集团有限公司（＊）

330. 西安国家数字出版基地示范区A栋塔楼及裙房

施工总承包单位：江苏江都建设集团有限公司（＊）

331. 西安高新区环普产业园扩建项目

施工总承包单位：中国建筑第六工程局有限公司（＊）

332. 新长安广场二期工程

施工总承包单位：陕西建工第五建设集团有限公司（＊）

333. 西安丝路国际会议中心建设项目

施工总承包单位：中国建筑第八工程局有限公司（＊）

334. 上合组织农业科技展示交流中心项目

施工总承包单位：中国建筑第八工程局有限公司（＊）

335. 黄帝文化中心

施工总承包单位：陕西建工第三建设集团有限公司（＊）

336. 中共安康市委党校（安康市行政学院）学员公寓楼及附属设施工程

施工总承包单位：安康市长兴建筑（集团）有限公司（＊）

337. 神木市第一高级中学工程二标段

施工总承包单位：陕西建工第九建设集团有限公司（＊）

338. 延安金融服务中心

施工总承包单位：陕西建工第八建设集团有限公司（＊）

339. 铜川市体育馆

施工总承包单位：陕西建工集团有限公司（＊）

340. 杨凌种子产业园研发聚集区——杨凌种子大厦（杨凌种业综合服务中心）

施工总承包单位：陕西建工第八建设集团有限公司（＊）

341. 中国西部科技创新港学镇中心道科广场及莱科国际项目

施工总承包单位：陕西航天建设集团有限公司（＊）

342. 西安国际港务区新陆小学、新陆幼儿园新建 PPP 项目

施工总承包单位：陕西建工第四建设集团有限公司（＊）

343. 空军军医大学第一附属医院住院二部大楼工程

建设单位：中国人民解放军空军军医大学第一附属医院（＊）

施工总承包单位：中国建筑第四工程局有限公司（＊）

344. 京藏交流中心酒店工程

施工总承包单位：北京住总集团有限责任公司（＊）

345. 珠峰文化旅游创意产业园区非遗文化展示展销中心 EPC 总承包建设项目

施工总承包单位：山西建筑工程集团有限公司（＊）

346. 阿里陕西实验学校建设工程

施工总承包单位：陕西建工第五建设集团有限公司（＊）

347. 南昌汉代海昏侯国遗址公园博物馆工程

建设单位：南昌市政公用投资控股有限责任公司（＊）

348. 齐齐哈尔医学院大学生活动中心

施工总承包单位：南通市达欣工程股份有限公司（＊）

349. 鄂尔多斯蒙古源流影视文化建设项目——元大都（大明殿）

施工总承包单位：兴泰建设集团有限公司（＊）

350. 乌海市公安局业务技术用房及城市应急指挥中心

施工总承包单位：内蒙古蒙西建设集团有限公司（＊）

351. 青海省海东市体育中心工程

施工总承包单位：中建三局集团有限公司（＊）

352. 居住、商业（三期）22#（沈阳全运万达广场）

施工总承包单位：中国建筑第八工程局有限公司（＊）

353. 鞍山市中心医院全科医生培养基地门诊病房楼

施工总承包单位：中国三冶集团有限公司（＊）

354. 甘井子区体育中心配套三期宗地 A 区

施工总承包单位：中建二局第四建筑工程有限公司（＊）

355. 昆明市地铁线网控制中心工程

施工总承包单位：中铁建工集团有限公司（＊）

356. 恒隆广场·昆明——商场部分

施工总承包单位：中国建筑第八工程局有限公司（＊）

357. 兰都荟商业中心 A3 地块工程

施工总承包单位：中国建筑第二工程局有限公司（＊）

358. 云南建投昭通发展大厦

施工总承包单位：云南省建设投资控股集团有限公司（＊）

359. 保山市人民医院迁建（一期）项目【外科住院楼（含儿科综合楼）】

施工总承包单位：云南工程建设总承包股份有限公司（＊）

360. 保山市青华湖园林生态酒店项目

施工总承包单位：云南建投第四建设有限公司（＊）

境外工程

361. 桑河二级水电站 400MW 工程

建设单位：桑河二级水电有限公司（＊）

362. 印度尼西亚 Jatigede 大坝工程

建设单位：印度尼西亚公共工程部水资源理事总会 Cimanuk Cisanggarung 流域管理局

施工总承包单位：中国水利水电第十工程局有限公司（＊）

363. 泰国东方糖业大众有限公司日榨 8000 吨甘蔗糖厂建设工程项目

施工总承包单位：广西建工集团第一安装工程有限公司（＊）

364. 印尼海螺水泥有限公司孔雀港 440 万 t/a 水泥粉磨项目配套专用码头工程

施工总承包单位：中建筑港集团有限公司（＊）

365. 伊朗 SISCO 年产 250 万吨带式焙烧机球团项目

总承包单位：中钢设备有限公司（＊）

366. 南非 PPC SK9 3000TPD 熟料生产线总承包项目

施工总承包单位：中材建设有限公司（＊）

367. 土耳其安伊高铁二期工程

施工总承包单位：中国土木工程集团有限公司（＊）

368. 刚果（金）利卡西—科洛维奇公路项目（185KM）

施工总承包单位：中铁七局集团有限公司（＊）

369. 文莱 PMB 大桥项目

施工总承包单位：中国港湾工程有限责任公司（＊）

370. 肯尼亚内马铁路一期工程

施工总承包单位：中国路桥工程有限责任公司（＊）

371. 科威特大学城商学院及女子学院工程

施工总承包单位：中国水利水电第八工程局有限公司（＊）

372. 加蓬利伯维尔体育馆项目

施工总承包单位：中国建筑股份有限公司（＊）

B.28

2021年工程建设科学技术奖获奖名单

工程建设技术发明奖

一等奖（3项）

序号	项目名称	主要完成人员	提名者
1	高速铁路路基变形控制关键技术与应用	魏永幸（中铁二院工程集团有限责任公司） 罗强（西南交通大学） 姚裕春（中铁二院工程集团有限责任公司） 郭相武（中铁八局集团有限公司） 李安洪（中铁二院工程集团有限责任公司） 张良（西南交通大学）	中国中铁股份有限公司
2	富水软弱破碎地质隧道灾害测控技术及工程应用	高军（中铁十一局集团有限公司） 杨立云［中国矿业大学（北京）］ 李行利（中铁十一局集团有限公司） 项小珍（杭州图强工程材料有限公司） 张晓晓（中铁十一局集团有限公司） 林晓［中国石油大学（北京）］	中国铁建股份有限公司
3	装配式环筋扣合混凝土剪力墙结构体系创新与应用	焦安亮（中国建筑第七工程局有限公司） 黄延铮（中国建筑第七工程局有限公司） 张中善（中国建筑第七工程局有限公司） 冯大阔（中国建筑第七工程局有限公司） 张海东（中国建筑第七工程局有限公司） 鲁万卿（中国建筑第七工程局有限公司）	中国建筑集团有限公司科学技术协会

工程建设科学技术进步奖

特等奖（3 项）

序号	项目名称	主要完成人员	主要完成单位	提名者
1	超大跨度双层公路悬索桥设计建造创新技术	徐恭义，毛伟琦，肖海珠，林兴武，张晓勇，李兴华，苑仁安，杨超锋，张成东，刘世锋，李恒，李陆平，霍学晋，郑大超，李少骏，申世靖，唐超，韩胜利，杜勋，黄峰	中铁大桥勘测设计院集团有限公司，中铁大桥局集团有限公司，武船重型股份有限公司，江苏法尔胜缆索有限公司，青岛特殊钢铁有限公司，华中科技大学	中国中铁股份有限公司
2	建筑工程 BIM 技术产业化集成应用研究	毛志兵，李云贵，邱奎宁，孙金桥，韦永斌，明磊，罗兰，陈滨津，赛菡，李六连，李锦磊，赵璨，刘辰，刘石，黄乾	中国建筑股份有限公司，中建工程产业技术研究院有限公司，中建三局集团有限公司，中国建筑第八工程局有限公司，中国建筑一局（集团）有限公司，中国建筑第二工程局有限公司，中国中建设计集团有限公司，中国建筑西南设计研究院有限公司	中国建筑集团有限公司科学技术协会
3	喜马拉雅地区复杂地质隧洞双护盾 TBM 关键技术	陈茂，李超毅，郝元麟，秦鹏翔，韦猛，刘勇，苏小明，程锦中，徐应中，刘绍宝，张世殊，傅支黔，邓兴富，余挺，王泽林，陈炜韬，杨洋，王利，徐立新，张龙斌	中国水利水电第十工程局有限公司，华能西藏雅鲁藏布江水电开发投资有限公司，中国电建集团成都勘测设计研究院有限公司，成都理工大学，中国铁建重工集团股份有限公司，中铁十九局集团第二工程有限公司	中国电力建设集团有限公司

一等奖（52 项）

序号	项目名称	主要完成人员	主要完成单位	提名者
1	机械法联络通道建造成套技术研究	朱瑶宏，张付林，丁修恒，黄新，何邦亮，肖广良，沈张勇，叶蕾，黄毅，夏汉庸，李为强，刘新科，程桂芝，文毅然，郎志超	中铁上海工程局集团有限公司，宁波市轨道交通集团有限公司，中铁高新工业股份有限公司，宁波大学，上海市隧道工程轨道交通设计研究院，中铁工程装备集团有限公司	中国中铁股份有限公司

续表

序号	项目名称	主要完成人员	主要完成单位	提名者
2	远洋吹填珊瑚砂岛礁机场建造关键技术研究与应用	张晋勋,李道松,杜峰,张雷,王笃礼,徐华,张凤林,李兴,李建光,王程亮,关云飞,杨庆德,张绍栋,窦硕,王广兴	北京城建集团有限责任公司,水利部交通运输部国家能源局南京水利科学研究院,中航勘察设计研究院有限公司,中国航空规划设计研究总院有限公司	北京市建筑业联合会
3	庐山西海景区大跨度球类运动场馆空腹网格结构设计及建造关键技术研究	张克胜,马克俭,魏海丰,肖建春,刘文超,郭利明,温志宏,魏艳辉,谢炜,张鹏勃,胡庆康,管成喜,李远方,杨永辉,陈靖	中交第四公路工程局有限公司,贵州大学,中交四公局第九工程有限公司	江西省建筑业协会
4	高海拔复杂地质特长公路隧道关键施工技术	姚志军,王刘勋,李文纲,郑金龙,吴剑,许金华,谭芝文,张亚鹏,裴伟伟,苟涛,孙鑫涛,章志高,蔚艳庆,张博,江章保	中铁一局集团有限公司,四川省公路规划勘察设计研究院有限公司,中铁西南科学研究院有限公司,四川高速公路建设开发集团有限公司,中铁一局集团第四工程有限公司,中国建筑第五工程局有限公司	中国中铁股份有限公司
5	中低速磁浮轨道关键技术研究及应用	吉敏廷,牛均宽,骆力,张宁,姬生永,祁宝金,田苗盛,张彦,蒋建湘,邵刚,仵叔强,李利军,王丽艳,张亚丽,曾国保	中铁宝桥集团有限公司,北京磁浮交通发展有限公司,中国铁路设计集团有限公司,莱芜钢铁集团有限公司	中国中铁股份有限公司
6	伊拉克哈法亚油田三期1000万吨/年地面工程关键技术研究及应用	张红,刘中民,房昆,邢明,董磊,张国栋,马坤,黄京俊,任新华,宋江涛,李辉,寇志军,王亚彬,李世洪,邓海军	中国石油工程建设有限公司,中国石油集团工程设计有限责任公司,北京迪威尔石油天然气技术开发有限公司	中国石油工程建设协会
7	大型儒家仿古建筑智慧建造技术	于科,乔元亮,徐斌,赵海峰,姜树仁,张汝超,胡延涛,宋小龙,张先磊,葛明阳,刘昊,高庆辉,赵震,张文军,李应心	中国建筑第八工程局有限公司,中建八局第一建设有限公司	山东省建筑业协会
8	大节段钢桁梁整体制造,架设关键技术	张文斌,王建国,宁朝新,顾惠明,高波,李军堂,查道宏,宁湘,张贵忠,陈涛,曹东威,赵东波,夏朝鹃,刘洋,黄旭光	中铁大桥局集团有限公司,中铁山桥集团有限公司,中铁九桥工程有限公司	中国中铁股份有限公司

续表

序号	项目名称	主要完成人员	主要完成单位	提名者
9	高海拔、大温差、高烈度区压力钢管设计与施工技术	令强华,周复明,张为明,刘昌桂,卫书满,张战午,盛国林,雷亚萍,熊启明,胡美玲,左路军,徐斌,赵承刚,朱建波,卫学识	中国葛洲坝集团机电建设有限公司,中国电建集团中南勘测设计研究院有限公司,三峡电力职业学院,华电郑州机械设计研究院有限公司	中国能源建设集团有限公司
10	隧道掘进机高效破岩实验系统研制及应用	韩伟锋,曾垂刚,周建军,杨君华,秦银平,王雅文,杨姝,郭璐,许华国,母清中,何蒙蒙,周振建,赵旭,常李伟,李伟	中铁隧道局集团有限公司,盾构及掘进技术国家重点实验室,中南大学,中铁隧道股份有限公司,洛阳九久科技股份有限公司	中国中铁股份有限公司
11	厦门海域特困地铁过海盾构隧道施工技术研究与应用	陈建福,李少波,王寿强,杨明金,蔡光远,张竹清,沈峰,何川,陈兴飞,方勇,杨民强,周昆,徐磊,苏秀婷,苏丽莉	中铁十四局集团大盾构工程有限公司,中铁十四局集团有限公司,厦门轨道交通集团有限公司,西南交通大学,中国海洋大学	中国铁建股份有限公司
12	高瓦斯特长地铁山岭隧道建造关键技术	孟庆明,沈卫平,高峰,叶至盛,张海波,张智,罗世刚,姚海波,石卓矗,杜国刚,索晓华,孙志强,陈涛,徐文平,李信	中电建铁路建设投资集团有限公司,中国水利水电第七工程局有限公司,成都轨道交通集团有限公司,北方工业大学,中铁二院工程集团有限责任公司,中国水利水电第五工程局有限公司,中电建成都建设投资有限公司	中国电力建设集团有限公司
13	复杂地质条件下深部凿井水害防治关键技术研究与应用	郭建伟,钱自卫,张曙光,朱术云,张仲春,孟波,李欣凯,赵秋培,赵万里,张波,朴春德,朱伟强,黄震,刘帅涛,孙小平	中国平煤神马能源化工集团有限责任公司,中国矿业大学,平顶山天安煤业股份有限公司	中国煤炭建设协会
14	复杂水利水电工程智能建管关键技术及平台	王继敏,侯靖,徐建军,曾新华,殷亮,陈雁高,鄢江平,张帅,关涛,张磊,王国光,王雨婷,申满斌,周强,魏海宁	中国电建集团华东勘测设计研究院有限公司,雅砻江流域水电开发有限公司,中国水利水电第七工程局有限公司,天津大学,中国水利水电科学研究院	中国电力建设集团有限公司
15	全断面掘进机刀具智能诊断系统	孙志洪,魏晓龙,孙伟,林福龙,孟祥波,周树亮,路亚缇,黄震,郭俊可,王宁,张鹏,李莉,胡鹏,姜宗恒,张发亮	中铁工程装备集团有限公司	中国中铁股份有限公司

续表

序号	项目名称	主要完成人员	主要完成单位	提名者
16	运营高速铁路无砟轨道插入道岔关键技术研究与应用	许国平,王平,黄伟利,李秋义,张鹏,徐井芒,王森荣,全顺喜,郑洪,杨艳丽,韩国兴,王璞,娄会彬,许丹,阚剑锋	中铁第四勘察设计院集团有限公司,西南交通大学,中铁四局集团第五工程有限公司,中铁十一局集团有限公司,中国铁道科学研究院集团有限公司	中国铁建股份有限公司
17	深厚粘土层多圈非等强复合冻结壁关键技术研究与应用	陈跃文,孙猛,郭永富,张勇,牛鹏翔,石荣剑,李锐志,高涛,王杰,张立刚,陆路,岳丰田,任东彬,魏京胜,杨岩斌	中煤第一建设有限公司,中煤邯郸特殊凿井有限公司,中国矿业大学	中国煤炭建设协会
18	城市密集区叠合上盖建筑的超高压地下变电站建设关键技术与应用	叶军,王固萍,王斌,李宾皑,马骏,褚强,姜波,王晓锋,周筱晟,钱毅,吕征宇,周亮,贺雷,高凯,翁其平	上海电力设计院有限公司,国网上海市电力公司,上海送变电工程有限公司,中国电力科学研究院有限公司,华东电力试验研究院有限公司,华东建筑设计研究院有限公司	中国电力建设集团有限公司
19	塔式太阳能光热发电站设计技术研究与应用	许继刚,汪毅,赵晓辉,仇韬,奚正稳,李心,吕平洋,彭兢,王小春,陈玉虹,张开军,闫晓宇,丁路,田启明,陈永安	中国能源建设集团有限公司工程研究院,中国电力企业联合会,中国电力工程顾问集团西北电力设计院有限公司,东方电气集团东方锅炉股份有限公司,内蒙古电力勘测设计院有限责任公司,中国电力工程顾问集团有限公司,中国能源建设集团新疆电力设计院有限公司	中国能源建设集团有限公司
20	软土中心城区复杂环境下深大基坑群施工关键技术及应用	李耀良,江洪,杨子松,罗云峰,王海俊,朱敏峰,韩泽亮,邹铭,李煜峰,王瑾,许花,曹俊逸,杨陆,韩定均,叶松明	上海市基础工程集团有限公司	上海市建筑施工行业协会
21	基坑内地下水渗流机理及抗浮水头计算方法的研究与应用	李翠翠,王从远,许卫晓,刘汉进,杨淑娟,王帅,王爱华,王文浩	青建集团股份公司,青岛理工大学	青岛建筑业协会

续表

序号	项目名称	主要完成人员	主要完成单位	提名者
22	超限大跨度机库钢屋盖精准建造关键技术	刘伟,赵伯友,郭双朝,洪彪,王益民,兰春光,严擒龙,李世昌,王磊,杜钦,杨硕,杜春来,张昕宇,唐娜,周昊	北京建工集团有限责任公司,中国航空规划设计研究总院有限公司,北京市建筑工程研究院有限责任公司,江苏沪宁钢机股份有限公司	北京市建筑业联合会
23	艰险山区大跨双层公铁钢箱系杆拱桥关键技术	梅新咏,苏杨,王碧波,陈宇,谢瑞杰,王志,肖德存,郭子俊,袁毅,张先蓉,程江伟,汪金辉,屈爱平,刘锐	中铁大桥勘测设计院集团有限公司	中国中铁股份有限公司
24	明挖综合管廊快速施工关键技术及其装备	伍军,陈平,安刚建,邓稀肥,周玉生,杨玉龙,胡桂奎,于健,陈小文,董燕囡,姚东方,潘飞,徐锋,许堃,何志祥	中铁四局集团有限公司,中铁四局集团建筑工程有限公司,中铁四局集团第四工程有限公司,中铁四局集团第一工程有限公司,中铁四局集团路桥工程有限公司,安徽省数智建造研究院有限公司	中国中铁股份有限公司
25	数字化城市轨道交通工程建造管理系统研发及应用	蒋宗全,臧延伟,时亚昕,靳利安,房师涛,蒋海峰,周旭,田海波,张宏伟,刘伯鹍,虞琼华,郑利龙,姜永涛,曾派永,彭伟	中电建铁路建设投资集团有限公司,中国电建集团华东勘测设计研究院有限公司,成都轨道交通集团有限公司,中铁二院工程集团有限责任公司,中电建成都建设投资有限公司,中电建南方建设投资有限公司,中电建武汉建设管理有限公司	中国电力建设集团有限公司
26	基于"IP+光"的电力通信网控制与防御关键技术及应用	刘川,鞠卫国,刘世栋,公备,陆继钊,阮琳娜,费稼轩,朱晨鸣,邢宁哲,李文萃,郭少勇,卜宪德,陶静,卢林林,杨建明	中通服咨询设计研究院有限公司,全球能源互联网研究院有限公司,北京邮电大学,北京工业大学,国网河南省电力公司,国网冀北电力有限公司,中通服网盈科技有限公司	中国通信企业协会通信工程建设分会
27	复杂空间弯扭钢结构建造关键技术创新与应用	张耀林,欧阳超,刘云浪,傅学怡,黄梅坤,杨高阳,邓凌云,王志强,金伟波,刘欢云,李建伟,巩少兵,吴国勤,王利鹏,严小霞	中建科工集团有限公司,中建钢构工程有限公司,悉地国际设计顾问(深圳)有限公司,中建钢构武汉有限公司	湖北省建筑业协会

续表

序号	项目名称	主要完成人员	主要完成单位	提名者
28	超大吨位转体桥关键技术及应用	焦亚萌,王洪宇,刘文,费文彬,刘凯,李彦博,夏梦然,肖军伟,陈天艳,费恺,王建,张景辉,周解慧,李超,闫海涛	中铁工程设计咨询集团有限公司,中建交通建设集团有限公司,中铁十八局集团第五工程有限公司,保定市市政工程管理有限公司,保定市城市设计院,北京城建亚泰建设集团有限公司	中国中铁股份有限公司
29	大型桥梁结构智能健康监测云平台研究及应用	易伦雄,刘华,吴来义,赵大成,闫志跃,王俊,戴新军,刘宁,杨星,乔龙雷,李永强,邵雪军,谢义林,朱大栋,刘兴旺	中铁大桥勘测设计院集团有限公司,中铁桥隧技术有限公司	中国中铁股份有限公司
30	中深层地热地埋管管群供热系统成套技术研究与应用	刘洪涛,王沣浩,解振涛,解崇晖,胡马,刘腾,蔡皖龙,鲁耀基,杨涛,魏超,胡盼盼,张超兴,冯璐,云鹏,解昕	陕西西咸新区沣西新城能源发展有限公司,陕西建工集团股份有限公司,西安交通大学,陕西建工安装集团有限公司,陕西建工第十一建设集团有限公司	陕西省建筑业协会
31	激光雷达复杂场景建筑物质量安全遥感检测技术研究与应用	吕宝雄,李祖锋,尚海兴,董秀军,王小兵,刘潇敏,赵悦,唐兴华,杨晓辉,张群,何小亮,曹钧恒,赵延岭,赵志祥,张旭杰	中国电建集团西北勘测设计研究院有限公司,成都理工大学	中国电力建设集团有限公司
32	高速铁路 CRTS Ⅲ型先张轨道板自动化预制技术研究	张俊兵,王红凯,屈韬,王海员,苏雅拉图,张传顺,于善毅,侯彦明,谷波涛,郭发民,薛泽民,张国斌,杨玉华,梁卿恺,王群	中铁三局集团有限公司,中铁三局集团桥隧工程有限公司	中国中铁股份有限公司
33	海上风机结构多源动力分析方法及全寿命设计技术	王滨,国振,沈侃敏,季晓强,王宽君,李昕,章杞龙,高山,芮圣洁,周文杰,张杰,梁宁,李瑜	中国电建集团华东勘测设计研究院有限公司,浙江大学,江苏海上龙源风力发电有限公司,大连理工大学	中国电力建设集团有限公司
34	富水复杂地层盾构渣土改良及安全保障关键技术	王春国,冯现大,周松,李树忱,迟胜超,王晋鲁,庄云霞,袁超,王旌,万泽恩,马传程,熊斌,王力辉,刘汉洲,赵世森	中铁十四局集团隧道工程有限公司,山东大学,济南大学,山东宏禹工程科技有限公司	中国铁建股份有限公司

续表

序号	项目名称	主要完成人员	主要完成单位	提名者
35	超高水压沼气地层盾构法特高压 GIL 越江隧道修建技术	肖明清,陈鹏,资谊,刘浩,孙文昊,谢俊,王华伟,陈俊伟,刘四进,封坤,孙旭涛,丁文其,张晓平,梁艳,胡大伟	中铁第四勘察设计院集团有限公司,中铁十四局集团大盾构工程有限公司,中铁十四局集团有限公司,西南交通大学,同济大学,武汉大学	中国铁建股份有限公司
36	复杂地层双护盾 TBM 设计,研制与施工成套技术研究	刘继强,李宏波,刘恒,陈登伟,汲广坤,郭双喜,翟乾智,周学彬,高星,肖友银,卢高明,杨剑,刘利锋,杨志刚,廖杰	中铁南方投资集团有限公司,盾构及掘进技术国家重点实验室,中铁隧道局集团有限公司	中国中铁股份有限公司
37	大型复杂建筑工程施工控制技术研究与示范	伍小平,李鑫奎,赵昕,潘峰,焦常科,高振锋,雷克,黄玉林,张少荃,严再春,李怀翠,王晓旻,闫雁军,况中华,何光辉	上海建工集团股份有限公司,同济大学建筑设计研究院(集团)有限公司,上海建工五建集团有限公司,中国建筑第八工程局有限公司,江苏英斯泊物联网科技有限公司,上海建工七建集团有限公司,同济大学,南京工业大学	上海市建筑施工行业协会
38	雄安站复杂异形劲性清水混凝土施工技术研究与应用	曹太然,张昆,姜骞,蔡英康,王中军,郑河舟,贾玮,范伟,何锦辉,孙亚男,田佳庚,黄直久,王益民,冯朝刚,田福太	中铁十二局集团有限公司,中铁十二局集团建筑安装工程有限公司,江苏省建筑科学研究院有限公司	河北省建筑业协会
39	斯里兰卡汉班托塔海港发展项目二期工程设计与施工关键技术研究	麦宇雄,张晓强,曹剑林,王烽,谷文强,张联玖,黄远明,赵瑞东,郑好,文涛,刘召辉,王振红,徐杰,徐润刚,邓凌	中国港湾工程有限责任公司,中交第四航务工程勘察设计院有限公司,中交第四航务工程局有限公司,中交四航局第二工程有限公司	中国交通建设股份有限公司
40	波音 737 完工及交付中心项目综合技术研究	陈超,钟世原,田喆,晁毅,沈龙飞,苏辉,李德军,熊永志,冯逸喆,王晓杰,张涛,董天成,许栋,赵宏翔	中铁建工集团有限公司,天津大学	中国中铁股份有限公司
41	大跨度自锚式悬索桥先斜拉后悬索施工关键技术	宋伟俊,张海顺,王森,李元松,彭志川,孙长志,裴野,朱林达,李福友,吴小雨,常洁,田力,潘玉,王赛,孙成利	中国铁建大桥工程局集团有限公司,中铁建大桥工程局集团第一工程有限公司,武汉工程大学	中国铁建股份有限公司

续表

序号	项目名称	主要完成人员	主要完成单位	提名者
42	复杂山区铁路隧道高位穿越巨型溶洞综合处置与安全控制关键技术	冯国森,王军,李占先,代显奇,刘同江,孙亚飞,袁培国,李明,孙哲,于明洋,王孝波,王伟伟,王献伟,朱桂利,孙伟亮	中铁十四局集团有限公司,中铁十四局集团建筑工程有限公司,山东建筑大学,山东建大工程鉴定加固研究院	中国铁建股份有限公司
43	盾构管片钢筋笼自动化制造及应用	卓越,邹翀,刘招伟,刘永胜,鲁斌,王百泉,陈振东,张新,王纯亮,冯欢欢,金仲祥,谢韬,焦露琳,赵小龙,熊阳阳	中铁隧道勘察设计研究院有限公司,中铁隧道局集团有限公司,中铁隧道集团二处有限公司,建科机械(天津)股份有限公司	中国中铁股份有限公司
44	干热大温差盐碱地区试车场超大斜面高速环道综合施工技术	张杰胜,徐书国,朱智,马彬友,李春,蔡伟,何贤军,郭宏坤,李鹏,程多金,王时根,沈志强,周浩,李长亮,魏灯魏	中铁四局集团有限公司,中铁四局集团第一工程有限公司,长安大学	中国中铁股份有限公司
45	高速铁路445m跨径混凝土拱桥设计关键技术	陈列,谢海清,徐勇,黄毅,杨国静,韩国庆,胡京涛,何庭国,任伟,胡玉珠,赵人达,李小珍,高芒芒,陈让利,罗星文	中铁二院工程集团有限责任公司,西南交通大学,中国铁道科学研究院集团有限公司	中国中铁股份有限公司
46	建筑固废资源化利用成套技术研究	张鑫全,申景涛,张晓峰,尹玉平,马昆林,夏青,胡明文,李进荣,吴超凡,沈科元,张继森,曾乐,阳魁,刘婉婉,邱远光	中铁城建集团有限公司,湖南云中再生科技股份有限公司,中南大学	中国铁建股份有限公司
47	多泥沙大中型水库增建减淤发电工程建设关键技术	周恒,孙海涛,苏加林,叶明,杨经会,陆希,王福运,高垠,刘静,李新杰,李江,王婷,杨忠敏,费秉宏,余晓华	中国电建集团西北勘测设计研究院有限公司,中水东北勘测设计研究有限责任公司,黄河水利委员会黄河水利科学研究院,中国水利水电第六工程局有限公司	中国电力建设集团有限公司
48	平原枢纽高落差大流速导截流关键技术	任金明,李飞,邱亚锋,胡志根,郑鹏翔,李梦森,胡小禹,王哲鑫,朱约喜,吴彬,吕国轩,叶建群,王永明,周双全,李国庆	中国电建集团华东勘测设计研究院有限公司,桑河二级水电有限公司,武汉大学	中国电力建设集团有限公司

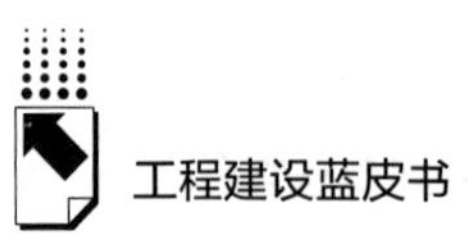

续表

序号	项目名称	主要完成人员	主要完成单位	提名者
49	城市轨道交通矿山法隧道机械化建造关键技术研究与应用	游大江,田建华,高辛财,刘军,孔恒,陈树禹,孙河川,韩冰冰,张春旺,邹彪,王文正,黄明利,王利民,卞正涛,乔国刚	北京建工土木工程有限公司,北京城市快轨建设管理有限公司,北京市市政工程设计研究总院有限公司,北京建筑大学,北京市政建设集团有限责任公司,中铁十六局集团有限公司,江苏徐工工程机械研究院有限公司,北京建工集团有限责任公司	北京市建筑业联合会
50	普陀山观音圣坛项目关键施工技术研究与应用	孙晓阳,杨锋,曹浩,赵海,陈新喜,赵旭,李赟,朱建红,曹刘明,张国庆,闻龙,江春晓,余明华,孙天昊,李正浩	中国建筑第八工程局有限公司	上海市建筑施工行业协会
51	600MPa 级热轧带肋高强钢筋关键技术研究及应用	葛杰,熊浩,白洁,杨燕,孙学锋,马明磊,冯俊,王亚坤,孙翠华	中国建筑第八工程局有限公司	中国建筑集团有限公司科学技术协会
52	新型深层水泥搅拌船(DCM)研制	周静波,康学增,霍桂勇,季雪兵,刘凤松,邢德年,蒋嘉伟,张连昊,杨广健,缪袁泉,罗刚,张晴波,成彦龙,陈伟民,刘凯锋	中交疏浚(集团)股份有限公司,中交海洋建设开发有限公司,中交天和机械设备制造有限公司,中交疏浚技术装备国家工程研究中心有限公司,中交(天津)生态环保设计研究院有限公司,中交天津航道局有限公司,中交上海航道局有限公司,中交广州航道局有限公司	中国交通建设股份有限公司

二等奖 288 项

(详细名单参见中国施工企业管理协会网站)

B.29 2021年度工程建设诚信典型企业名单

序号	企业名称	序号	企业名称
1	安徽海兴生态科技有限公司	28	成都建工第六建筑工程有限公司
2	安徽宏志建设工程有限责任公司	29	赤峰路达市政工程有限责任公司
3	安徽金煌建设集团有限公司	30	赤峰天达建筑有限公司
4	安徽鲁班建设投资集团有限公司	31	大同泰瑞集团建设有限公司
5	安徽三建工程有限公司	32	德州天元集团有限责任公司
6	安徽省第一建筑工程有限公司	33	发达控股集团有限公司
7	安徽省公路桥梁工程有限公司	34	方远建设集团股份有限公司
8	安徽省交通建设股份有限公司	35	福建发展集团有限公司
9	安徽水安建设集团股份有限公司	36	福建金鼎建筑发展有限公司
10	安徽水利开发有限公司	37	福建路港(集团)有限公司
11	安徽元鼎建设工程有限责任公司	38	福建省东霖建设工程有限公司
12	八冶建设集团有限公司	39	福建省二建建设集团有限公司
13	包头城建集团股份有限公司	40	福建省华荣建设集团有限公司
14	宝鸡二建集团有限公司	41	福建省九龙建设集团有限公司
15	北京城建道桥建设集团有限公司	42	福建省泷澄建设集团有限公司
16	北京城建远东建设投资集团有限公司	43	福建省兴岩建设集团有限公司
17	北京城建中南土木工程集团有限公司	44	福建省禹澄建设工程有限公司
18	北京建工集团有限责任公司	45	福建一建集团有限公司
19	北京建工四建工程建设有限公司	46	广东创成建设监理咨询有限公司
20	北京京水建设集团有限公司	47	广东冠粤路桥有限公司
21	北京首钢建设集团有限公司	48	广东金辉华集团有限公司
22	北京万兴建筑集团有限公司	49	广东梁亮建筑工程有限公司
23	碧源建工有限公司	50	广东省第五建筑工程有限公司
24	昌建建设集团有限公司	51	广东省基础工程集团有限公司
25	昌陆建筑工程集团有限公司	52	广东省水利水电第三工程局有限公司
26	常嘉建设集团有限公司	53	广东省源天工程有限公司
27	常州第一建筑集团有限公司	54	广东世纪达建设集团有限公司

续表

序号	企业名称	序号	企业名称
55	广东耀南建设集团有限公司	89	恒亿集团有限公司
56	广东永和建设集团有限公司	90	衡宇建设集团有限公司
57	广西城建建设集团有限公司	91	宏润建设集团股份有限公司
58	广西大业建设集团有限公司	92	湖北沛函建工集团有限公司
59	广西鼎汇建设集团有限公司	93	湖北水总水利水电建设股份有限公司
60	广西宏丰建筑工程有限公司	94	湖北长安建设集团股份有限公司
61	广西华东建设集团有限公司	95	湖南北山建设集团股份有限公司
62	广西建工集团第二建筑工程有限责任公司	96	湖南乔口建设有限公司
63	广西建工集团第三建筑工程有限责任公司	97	湖南省衡洲建设有限公司
64	广西建工集团第四建筑工程有限责任公司	98	湖南省西湖建筑集团有限公司
65	广州工程总承包集团有限公司	99	华北水利水电工程集团有限公司
66	广州机施建设集团有限公司	100	吉林安装集团股份有限公司
67	广州建筑股份有限公司	101	济南城建集团有限公司
68	广州市第二市政工程有限公司	102	济南四建(集团)有限责任公司
69	广州市第三市政工程有限公司	103	江苏江都建设集团有限公司
70	广州市第一市政工程有限公司	104	江苏明华建设有限公司
71	国诚集团有限公司	105	江苏南通六建建设集团有限公司
72	国基建设集团有限公司	106	江苏润宇建设有限公司
73	国网江苏省电力工程咨询有限公司	107	江苏省建安建设集团有限公司
74	海通建设集团有限公司	108	江苏省金陵建工集团有限公司
75	河北建工集团园林工程有限公司	109	江苏新龙兴建设集团有限公司
76	河北省第二建筑工程有限公司	110	江苏信拓建设(集团)股份有限公司
77	河北省第四建筑工程有限公司	111	江苏正方园建设集团有限公司
78	河南立新监理咨询有限公司	112	江西建工第三建筑有限责任公司
79	河南七建工程集团有限公司	113	九冶建设有限公司
80	河南省第二建设集团有限公司	114	科兴建工集团有限公司
81	河南省第一建筑工程集团有限责任公司	115	龙建路桥股份有限公司
82	河南五建建设集团有限公司	116	南京明辉建设有限公司
83	河南欣德源建设工程有限公司	117	南京永腾建设集团有限公司
84	核工业井巷建设集团有限公司	118	南宁市建筑安装工程集团有限公司
85	黑龙江省黑建一建筑工程有限责任公司	119	南通建工集团股份有限公司
86	黑龙江省建工集团有限责任公司	120	南通市达欣工程股份有限公司
87	黑龙江省龙建路桥第二工程有限公司	121	南通四建集团有限公司
88	黑龙江省龙建路桥第五工程有限公司	122	南通五建控股集团有限公司

续表

序号	企业名称	序号	企业名称
123	南通新华建筑集团有限公司	157	山西五建集团有限公司
124	内蒙古第三建筑工程有限公司	158	山西运城建工集团有限公司
125	内蒙古建设集团股份有限公司	159	陕西建工第八建设集团有限公司
126	内蒙古经纬建设有限公司	160	陕西建工第四建设集团有限公司
127	内蒙古润得建设集团有限公司	161	陕西建工第一建设集团有限公司
128	内蒙古顺宝水利水电工程有限责任公司	162	上海宝冶集团有限公司
129	内蒙古禹剑建设工程有限责任公司	163	上海建工一建集团有限公司
130	内蒙古中亿建筑有限公司	164	上海隧道工程有限公司
131	宁波建工工程集团有限公司	165	深圳市中邦(集团)建设总承包有限公司
132	宁波市建设集团股份有限公司	166	四川公路桥梁建设集团有限公司
133	宁夏煤炭基本建设有限公司	167	四川省第十一建筑有限公司
134	启东建筑集团有限公司	168	太原市第一建筑工程集团有限公司
135	青岛花林实业有限公司	169	太原市政建设集团有限公司
136	日照天泰建筑安装工程有限公司	170	天保建设集团有限公司
137	瑞洲建设集团有限公司	171	天恩建设集团有限公司
138	厦门中联永亨建设集团有限公司	172	天津港航工程有限公司
139	山东滨州城建集团有限公司	173	天津市管道工程集团有限公司
140	山东高阳建设有限公司	174	天津市建工工程总承包有限公司
141	山东华邦建设集团有限公司	175	天津市水利工程有限公司
142	山东金城建设有限公司	176	潍坊昌大建设集团有限公司
143	山东鲁杰建工集团有限公司	177	武汉建工集团股份有限公司
144	山东省建设建工(集团)有限责任公司	178	武汉市汉阳市政建设集团有限公司
145	山东泰安建筑工程集团有限公司	179	西北电力建设第一工程有限公司
146	山东泰山普惠建工有限公司	180	西北电力建设工程监理有限责任公司
147	山东天齐置业集团股份有限公司	181	新疆前昆工程建设集团有限责任公司
148	山东新城建工股份有限公司	182	兴润建设集团有限公司
149	山西二建集团有限公司	183	兴泰建设集团有限公司
150	山西宏厦建筑工程第三有限公司	184	烟建集团有限公司
151	山西机械化建设集团有限公司	185	云南工程建设总承包股份有限公司
152	山西建筑工程集团有限公司	186	云南建投第三建设有限公司
153	山西六建集团有限公司	187	云南建投第十一建设有限公司
154	山西三建集团有限公司	188	云南建投第五建设有限公司
155	山西省宏图建设集团有限公司	189	云南省建设投资控股集团有限公司
156	山西四建集团有限公司	190	长春建工集团有限公司

续表

序号	企业名称	序号	企业名称
191	浙江大东吴集团建设有限公司	222	中国水利水电第一工程局有限公司
192	浙江省第一水电建设集团股份有限公司	223	中国通信建设第三工程局有限公司
193	浙江省二建建设集团有限公司	224	中国新兴建设开发有限责任公司
194	浙江省建工集团有限责任公司	225	中国一冶集团有限公司
195	浙江省送变电工程有限公司	226	中国有色金属工业第十四冶金建设公司
196	浙江展诚建设集团股份有限公司	227	中恒建设集团有限公司
197	郑州一建集团有限公司	228	中化二建集团有限公司
198	中安华力建设集团有限公司	229	中建安装集团有限公司
199	中北华宇建筑工程公司	230	中建二局安装工程有限公司
200	中材建设有限公司	231	中建二局第一建筑工程有限公司
201	中国电建集团山东电力建设第一工程有限公司	232	中建海峡建设发展有限公司
		233	中建鸿腾建设集团有限公司
202	中国二十二冶集团有限公司	234	中建科工集团有限公司
203	中国二冶集团有限公司	235	中建一局集团第二建筑有限公司
204	中国葛洲坝集团建设工程有限公司	236	中建一局集团第五建筑有限公司
205	中国葛洲坝集团三峡建设工程有限公司	237	中建一局集团建设发展有限公司
206	中国核工业第二二建设有限公司	238	中交第四航务工程局有限公司
207	中国核工业二四建设有限公司	239	中交第一航务工程局有限公司
208	中国核工业华兴建设有限公司	240	中交广州航道局有限公司
209	中国华西企业股份有限公司	241	中交天津航道局有限公司
210	中国华西企业有限公司	242	中交烟台环保疏浚有限公司
211	中国化学工程第十四建设有限公司	243	中交一公局桥隧工程有限公司
212	中国建筑第八工程局有限公司	244	中交一航局第一工程有限公司
213	中国建筑第二工程局有限公司	245	中科建工集团有限公司
214	中国建筑第六工程局有限公司	246	中铝国际(天津)建设有限公司
215	中国建筑第四工程局有限公司	247	中煤第三建设(集团)有限责任公司
216	中国建筑第五工程局有限公司	248	中煤第三建设集团机电安装工程有限责任公司
217	中国建筑一局(集团)有限公司		
218	中国能源建设集团安徽电力建设第二工程有限公司	249	中煤建设集团工程有限公司
		250	中启胶建集团有限公司
219	中国能源建设集团安徽电力建设第一工程有限公司	251	中青建安建设集团有限公司
		252	中石化胜利建设工程有限公司
220	中国能源建设集团天津电力建设有限公司	253	中铁二十二局集团第三工程有限公司
221	中国十七冶集团有限公司	254	中铁七局集团第三工程有限公司

续表

序号	企业名称	序号	企业名称
255	中铁十局集团有限公司	261	中阳建设集团有限公司
256	中铁十一局集团城市轨道工程有限公司	262	中冶建工集团(天津)建设工程有限公司
257	中铁十一局集团第一工程有限公司	263	中冶建工集团有限公司
258	中铁四局集团第二工程有限公司	264	中冶天工集团有限公司
259	中铁五局集团有限公司	265	中亿丰建设集团股份有限公司
260	中通服咨询设计研究院有限公司		

Abstract

Engineering construction industry is one of the pillar industries of China's national economy and has made outstanding contributions to economic and social development. In 2021, the output value of the whole industry was 29307.931 billion yuan, an increase of 11.0% year-on-year. The added value reached 8013.8 billion yuan, a year-on-year increase of 2.1%, accounting for 7.0% of GDP. By the end of 2021, the number of engineering construction enterprises had been 128746, with a year-on-year increase of 10.3%, an increase of more than 10% for two consecutive years, and 52.8297 million people were employed.

Aiming at improving the development quality of the engineering construction industry, this book analyzes and prospects the world economic situation, domestic macroeconomic situation and the operation of fixed asset investment, reviews and summarizes the development status and characteristics of the industry, looks forward to the development trend, and analyzes the hot and difficult problems in the development of the industry. In 2021, the engineering construction industry will carry forward the great party building spirit, successfully cope with the spread and repeated challenges of the COVID-19 epidemic, accelerate the transformation and upgrading, and continuously improve the development benefits. In the whole year, qualified general contracting and professional contracting construction enterprises realized a profit of 855.4 billion yuan, a year-on-year increase of 1.3%, and their Chinese holding enterprises realized a profit of 362 billion yuan, a year-on-year increase of 8.0%. The majority of engineering construction enterprises overcame difficulties. In the whole year, the newly signed contract amount of enterprises was 34455.81 billion yuan, an increase of 6.0% year-on-year, providing important support for the healthy and sustainable development of enterprises. The whole industry will further promote the deep integration of informatization and industrialization, practice the concept of green development in accordance with the requirements of the "double carbon" goal, establish a management mode from green planning, green design, green investment, green construction, green operation and green evaluation, and integrate the requirements of green development into the whole process of enterprise and project management.

Under the guidance of the competent administrative department of the government, the whole industry will further strengthen the construction of credit system, strengthen project quality management, adhere to scientific and technological innovation, and effectively promote the high-quality development of the industry.

Keywords: Engineering Construction Industry; Construction Companies; High-quality Development

Contents

Ⅰ General Report

Abstract: 2021 is a milestone year in the history of the party and the country. The Communist Party of China has ushered in its centennial birthday, the historical intersection of the "two centenaries", the implementation of the 14th five year plan, and embarked on a new journey of building a modern socialist country in an all-round way. Under the strong leadership of the CPC Central Committee, the engineering construction industry has achieved steady and healthy development. This report combs the development of the industry from the aspects of completed output value, newly signed contract amount, realized profit, newly started area, number of enterprises and number of employed persons. It is summarized that the development of the industry has the characteristics of successfully coping with challenges, achieving a good start, actively practicing the "double carbon" goal in the whole industry, continuously promoting the high-quality development of the industry, and further improving the level of intelligent construction.

Keywords: Engineering Construction; Fixed Assets Investment; Infrastructure Construction

Ⅱ Situation Reports

Abstract: In the first quarter of 2022, the world economy continued to recover, but the speed slowed down, global inflation accelerated, and the growth momentum of Global trade slowed down. Among them, the continuous escalation of the conflict between Russia and Ukraine in February has had an important amplification effect and impact on inflation and other issues in global economic development. Looking forward to the world economy in 2022 and 2023, the stagflation pattern is predictable, the supply shortage is still difficult to alleviate, the trade pattern will be reconstructed, and the number of countries in debt crisis may continue to increase. For the peaceful and stable development of the world economy, it is suggested that China, Turkey and other countries actively mediate a ceasefire between Russia and Ukraine as soon as possible, and strengthen international policy coordination and cooperation around the world. Finally, China should continue to do its own thing well in order to cope with the changing international situation and various challenges.

Keywords: Russia Ukraine Conflict; Global Inflation; Supply Shortage

Abstract: In 2021, facing the severe political and economic environment at home and abroad, China made efforts to coordinate epidemic prevention and control and economic and social development. The annual GDP grew by 8.1%, exceeding the expected target of 6% and ranking among the world's major economies. Since 2022, the epidemic has spread in many places and domestic demand is obviously insufficient. China's economy has risen to meet difficulties. In the first quarter, GDP increased by 4. 8% year-on-year. This growth rate is higher than the industry's general expectation, reflecting the resilience of macroeconomic fundamentals and the effectiveness of policy response. It is commendable that China's economy can still maintain stability against the background of global economic fluctuation risks. It is estimated that in 2022, with the steady growth of fiscal, tax and monetary policies and the implementation of relief policies for special groups, China's economy still has sufficient momentum for steady growth, and the GDP is expected to achieve the set target of 5. 5%.

Keywords: Three Industries; Three Demands; Steady Growth

B.4 Situation Analysis and Forecast Prospect of Fixed Assets (2022)

National confidence Center / 073

Abstract: In 2021, China's fixed assets realized an increase of 4. 9% and an average increase of 3. 9% in two years, showing a trend of overall recovery and steady progress. Manufacturing investment has become the main driving force for investment. The high level of real estate development investment has dropped, and the growth of infrastructure investment has slowed down. In the future, we should pay close attention to such issues as the slow recovery of domestic market demand, the weakening sustainability of investment growth, the great uncertainty of the investment environment and the investment pressure on the real estate industry. It is expected that in 2022, the investment capital will be more guaranteed, the investment space will be increased, and the investment momentum will be enhanced. It is suggested that multiple measures should be taken to ensure the steady growth of investment, strengthen the endogenous driving force of manufacturing investment and private investment, give play to the driving role of infrastructure industry, and improve the driving role of investment in economic growth and structural optimization.

Keywords: Fixed Assets Investment; Manufacturing Investment; Real Estate Development Investment; Infrastructure Investment

Ⅲ Industry Reports

Abstract: In 2021, the national electric power construction industry met the challenges, actively integrated into the flood of low-carbon green development, accelerated the progress of digital innovation, continued transformation and upgrading, and further profound changes have taken place. In the future, the electric power construction industry will, in accordance with the national development plan and policy guidance, accelerate industrial upgrading, strengthen independent innovation, forge ahead in all fields of electric power construction, strive to promote the high-quality development of the industry and march towards the goal of the second century. This report combs the basic situation of the development of the industry from two aspects: the engineering construction of the electric power construction industry and the operation of power construction enterprises, and summarizes the characteristics that low-carbon green development has become the mainstream of power construction, digital platform has become the new engine of industry progress, and "transformation and upgrading" has become the sustainable theme of enterprise development. This paper analyzes how to promote the innovative development of the industry by relying on innovative achievements, innovative business model, innovative system and mechanism, innovative management means and so on. It is pointed out that there are some problems in the development of the industry, such as the increasing impact of overseas epidemic, the shrinking thermal power market, the long-term problem of "two gold" arrears, the aging of labor force, the low efficiency of enterprises, the pressure on enterprise safety, and the urgent transformation of supervision enterprises. Combined with the reality, this paper puts forward some suggestions on promoting the development of enterprises, such as strengthening market management, refining supervision standards, preventing and controlling business risks, and accelerating "transformation and upgrading".

Keywords: Electric Power Construction Industry; High-quality Development; Engineering Construction; Green Development

B.6 China Railway Construction Industry Development Report (2022)

China Railway Engineering Construction Association / 114

Abstract: In 2021, the railway construction industry, in accordance with the decision-making and deployment of the Party Central Committee, bravely assumed the historical mission of strengthening the railway in transportation, actively responded to the impact of the epidemic and flood, promoted the railway construction in a scientific, orderly, safe and high-quality manner, spared no effort to fight the tough battle of "two adherence and two realization", and the railway construction task was fully completed. The fixed asset investment of National Railways was 748.9 billion yuan, of which 661.6 billion yuan was completed by national railways; 4208 kilometers of new lines have been put into operation, including 2168 kilometers of high-speed rail, and the national railway operating mileage has exceeded 150000 kilometers, including more than 40000 kilometers of high-speed rail, achieving a good start in the "14th five year plan" railway construction. The report reviews the basic situation of the industry development from two aspects: the amount of new contracts signed by enterprises and the promotion of overseas projects, and points out that the industry development has the characteristics of serving the orderly implementation of national strategic projects, the successful completion of annual construction goals and tasks, and the stable and positive quality and safety situation. It puts forward development suggestions on solving the problems of railway construction and development, promoting the safe and high-quality development of railway construction, improving the level of railway construction management, and improving the level of railway engineering construction.

Keywords: Railway Construction Industry; Transportation Power; Engineering Construction

Abstract: In 2021, China's petroleum engineering construction enterprises will continue to keep their original intentions in mind, keep their mission in mind, plan and organize carefully, go all out to fight against the epidemic, ensure the construction of projects, and complete the construction projects of domestic and foreign oil and gas field construction projects, oil and gas storage and transportation projects, oil refining and chemical engineering projects, etc. The industry's operating income and newly signed contracts have increased year on year. Affected by many factors, the profits have shown negative growth, and the industry has withstood a severe test in a special year. This report sorts out the basic situation of the industry development and the construction of key projects, and analyzes the development characteristics of the industry in terms of major domestic construction projects, overseas projects that have withstood the test, continued to comprehensively promote the "six modernizations" management mode, high technical content in the construction of oil and gas storage and transportation projects, and exploration and practice in the market development of new energy and new materials projects. The main problems in the development of the industry, such as difficulties in enterprise operation, increasing challenges of overseas projects, fierce market competition and lack of personnel at the operation level, are put forward. Based on the actual situation, the paper puts forward some development suggestions, such as taking the market as the guide, increasing the adjustment of the internal operation structure of the enterprise, promoting the development with scientific and technological innovation, and increasing policy support, and prospects the development trend of the industry in 2022.

Keywords: Petroleum Engineering Construction; Oil and Gas Fields; Oil and Gas Storage and Transportation; Oil Refining and Chemical Industry

Abstract: In 2021, China's chemical construction industry will fully implement a series of principles and policies of the CPC Central Committee, closely focus on the requirements of green, low-carbon and high-quality development of China's chemical construction industry, size up the situation, overcome difficulties, and continue to promote scientific and technological progress, structural adjustment, concept innovation, management innovation and system and mechanism innovation. Continuously improve the overall competitiveness and influence of chemical construction enterprises in the engineering construction market at home and abroad, and contribute to promoting China's leap from a large petrochemical industry to a powerful country. This report reviews the basic situation of the development of the chemical construction industry, and summarizes the characteristics of the development of the industry, such as the strategic guidance of the 14th five year plan, the obvious effect of the new development pattern of "double cycle", the positive response to the national "double carbon" development strategy, scientific and technological innovation, promoting the industrial construction of chemical projects, and forming a new pattern of improving the quality of chemical construction. It is pointed out that there are some unfavorable factors in the development, such as the obstruction of international market development, the serious shutdown loss of foreign projects, the rise of raw material and logistics prices, and the increase of labor costs. It puts forward some development suggestions, such as further strengthening the confidence of epidemic prevention and control and resumption of work and production, further strengthening the ability of risk prevention and control, further strengthening the settlement of engineering projects and the settlement of project funds, and further improving the adaptability of enterprises.

Keywords: Scientific and Technological Innovation; Green and Low Carbon; Chemical Construction Industry

Abstract: In 2021, China's urban rail transit industry still maintained a steady development trend, with a total construction investment of 585.98 billion yuan and a total length of 6096.4 km of lines under construction. By the end of 2021, a total of 50 cities in Chinese Mainland have opened 283 urban rail transit operation lines, with a total length of 9206.8 km. This report describes the basic situation of the development of the industry, and summarizes the characteristics of the development, such as the continuous increase of the proportion of urban fast track, the slight decline of the construction investment completed throughout the year, and the year-on-year equality of the total investment approved in the feasibility study. Combined with practice, this paper puts forward industry development suggestions on normalized epidemic prevention and control and related technologies, smart subway and full-automatic operation, construction of new technologies, green energy-saving technologies, etc. Suggestions on accelerating the digital transformation of urban rail transit engineering construction, promoting the development of assembly technology of urban rail transit civil engineering, and promoting the application of building information model

(BIM) technology are put forward for the development of enterprises. It is believed that the industry will develop in the direction that the construction of smart city rail will always be on the road, help the construction of urban agglomeration and metropolitan area, "going global" and continuously promote high-quality development.

Keywords: Urban Rail Transit; Engineering Construction; High-quality Development

B.10 Development Report on China's Information and Communication Industry (2022)

Abstract: With the continuous progress and development of society, information communication has become an indispensable infrastructure for people to work and live. Looking back on 2021, the information and communication industry has deeply felt the continuous changes in the external environment, made positive responses, and has formed a wealth of innovative exploration results. This report reviews the basic development of the industry in the whole year, and concludes that the basic communication network has gradually presented the characteristics of the whole network, the rapid development of mobile network technology has provided important basic support for the development of the national economy, the basic communication network has provided the foundation for the development of other industries, and enterprises in the information and communication industry have provided a large number of jobs for the country the high technology of information and communication engineering construction can drive the technological progress of China's construction industry. This paper points out the problems existing in the engineering construction of the information and communication industry, such as the slowdown in the growth of basic telecom operators, the gap with the leading foreign operators, and the low discount rate of Engineering Service bidding. Put forward development suggestions such as actively implementing the "double carbon" development strategy, further optimizing the market order, strengthening the construction of enterprise credit system, and further giving play to the role of industry associations.

Keywords: Information and Communication Industry; Communication Engineering; High-quality Development

Ⅳ Regional Reports

Abstract: In 2021, Jiangsu's construction industry continued to develop healthily, with a total output value of 3.82 trillion yuan, a year-on-year increase of 8.5%. The added value of the construction industry was 718.4 billion yuan, accounting for 6.2% of the province's GDP. The total amount of new contracts signed in the whole province is 10 trillion yuan, accounting for 46.3% of the total amount of new contracts signed in the whole province. The status of the pillar industry of the construction industry has been further consolidated, and its contribution to the economic and social development of the province has been steadily improved. This report reviews the basic situation of the development of the engineering construction industry, summarizes the development characteristics of the continuous improvement of the main economic indicators, the largest number of super qualified enterprises, the rationalization of the construction industrial structure, the continuous strengthening of the project management level and the continuous enhancement of the scientific and technological innovation ability, and points out the problems of Jiangsu's construction industry, which is still "large but not strong", urgently needs to be included in the scope of tax reduction and fee reduction policies, and the arduous risk prevention task of construction enterprises, it puts forward some development suggestions, such as accelerating the structural adjustment and transformation of the construction industry, unswervingly "going global" development, vigorously promoting the development of new construction methods, and actively promoting the construction of workers in the construction industry.

Keywords: Engineering Construction; Construction Industry; Jiangsu

B.12 Zhejiang Engineering Construction Development Report (2022) *Zhejiang Construction Industry Association* / 176

Abstract: In 2021, the construction industry of Zhejiang Province firmly grasped the great opportunity of high-quality development and building a demonstration area of common prosperity, worked hard to overcome various adverse factors and maintain a good development trend. The main economic indicators made steady progress, showing the characteristics of the steady recovery of the total output value of the construction industry, the steady growth of the added value of the construction industry, the stable amount of contracts signed, and the obvious supporting role of leading enterprises. However, from a nationwide comparative analysis, the total output value of the construction industry, the amount of contracts signed and other major indicators have not yet come out of the trough. There are some problems, such as fierce competition in the external market, "going out" development facing difficulties, insufficient core competitiveness of enterprises, single business model, obvious bottleneck of technical talents and so on. It puts forward development countermeasures and suggestions such as promoting the transformation and development of the industry, actively promoting the development of going global, accelerating the adjustment of industrial structure, supporting enterprises to become better and stronger, and optimizing the market business environment.

Keywords: Engineering Construction; Construction Industry; High-quality Development; Zhejiang

Abstract: This report reviews the basic situation of the industry development in the province, summarizes the important documents issued by the provincial government to promote the high-quality development of the construction industry, the important achievements made in the high-quality development of the construction industry in the province, the initiative to adapt to the new normal of the prevention and control of the COVID-19 epidemic, the obvious role of state-owned and state-controlled construction enterprises, the annual per capita output value of labor productivity exceeding 500000 yuan, the rapid growth of the construction industry segment market the construction period of construction engineering is shortened. It is pointed out that the modernization of construction industry needs to be deepened, the core competitiveness of construction enterprises needs to be strengthened, the quality of talent team in construction industry needs to be improved, and the supervision and management of construction market needs to be optimized. This paper analyzes and judges the development situation of the construction industry in the whole province in 2022, and puts forward opinions and suggestions on the reform and development of the construction industry in the whole province in the future.

Keywords: Engineering Construction; Construction Industry; Guangdong

Abstract: In 2021, the housing and urban rural development system of Sichuan Province earnestly implemented the decisions and arrangements of the CPC Central Committee and the State Council. Under the strong leadership of the provincial Party committee and the provincial government, it adhered to the new development concept, coordinated the epidemic prevention and control and the reform and development of the construction industry, actively promoted the transformation and upgrading of the construction industry with deepening the supply side structural reform as the main line and reform and innovation as the fundamental driving force, and worked hard to improve the development quality and efficiency of the construction industry, Achieve a good start to the 14th five year plan. This report reviews and analyzes the changes of main economic indicators of industry development, regional development, enterprise management, "going global" development, construction mode reform, technological innovation and promotion, project quality and safety, construction talent training, industry management and other aspects. It summarizes the development characteristics of preparing development plans, leading high-quality development, developing intelligent construction, promoting new building industrialization, and emphasizing green development and promoting double carbon work. In 2022, we will focus on strengthening overall planning, vigorously developing prefabricated buildings, accelerating the development of intelligent construction, and actively promoting general contracting and Strengthen scientific and technological innovation, improve project quality and safety level, cultivate construction industry workers, improve market standardization level, support enterprise "going global" development, and promote the coordinated development of Sichuan Chongqing construction industry.

Keywords: Engineering Construction; Construction Industry; Sichuan

Abstract: In 2021, the housing and urban rural construction departments at all levels in Shandong Province continued to strengthen policy support, optimize guidance services, strengthen supervision, and formulate ten measures for the high-quality development of the construction industry to promote the stable and healthy growth of the construction industry. The total output value of the province's construction industry was 164. 12 billion yuan, a year-on-year increase of 9. 8%, accounting for 5. 6% of the total output value of the national construction industry. The report summarizes the development characteristics of the steady and healthy development of the real estate market, the continuous improvement of the management level of urban construction, the continuous acceleration of the transformation and upgrading of the construction industry, the in-depth transformation of urban and rural construction to green development, the continuous optimization of the business environment, and the continuous improvement of project quality and safety production level. It is pointed out that there are some problems in the development of the industry, such as the large gap between the industrial scale and advanced provinces, the unbalanced development level of various cities, the small number of backbone enterprises, the low market share, the weak core competitiveness and so on. Combined with the reality, this paper puts forward some development suggestions, such as optimizing the development environment of the construction industry, supporting the scientific and technological innovation of the construction industry, increasing financial support, reducing the burden of construction enterprises, standardizing the settlement of project prices, supporting construction enterprises to go global, developing the headquarters economy of the construction industry, encouraging construction enterprises to become bigger and stronger, promoting the green, low-carbon and safe development of the construction industry, and implementing the preferential tax policies of the construction industry.

Keywords: Engineering Construction; Construction Industry; Shandong

Abstract: In 2021, the construction industry in Hunan Province has made steady progress and made steady progress. Construction enterprises in the province

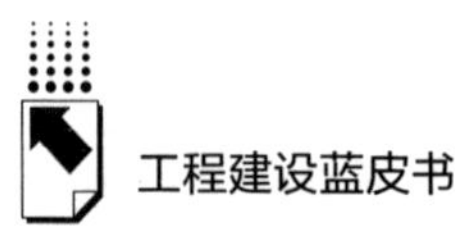

achieved a total output value of 1328.014 billion yuan, an increase of 11.9% year-on-year. The report reviews the basic situation of the development of the industry, and compares and analyzes the main business indicators such as the total output value of the construction industry, the added value of the construction industry, the contract amount, the number of employees and labor productivity, the construction area and completed area of houses, and the total tax revenue of construction enterprises. It is concluded that the development of the industry has the characteristics of highlighting the important pillar position of the construction industry, strengthening the leading position of the housing construction industry, rapid growth of large enterprises, absolute leadership of various indicators of the construction industry in Changsha, informatization as an important driving force for the transformation and cultivation of the construction industry, pointing out the direction for the transformation and upgrading of the industry at the policy level, and the new situation and changes related to the sustainable development of the construction industry. It is pointed out that in 2022, construction enterprises can pay attention to the development opportunities in key investment fields, key areas, construction industry development opportunities in the new era, and construction industry development opportunities in the new pattern of industry competition, and strive to achieve the healthy and sustainable development of enterprises.

Keywords: Engineering Construction; Construction Industry; Hunan

Abstract: In 2021, the construction industry in Jiangxi Province actively responded to the challenge of the epidemic, fully promoted the transformation and development of the industry, and made due contributions to the economic and social development of the province. The total output value of the province's construction industry reached 976.295 billion yuan, ranking 13th in the country, the same as last year, with a growth rate of 12.9%, ranking 8th in the country;

The annual newly signed contract amount was 945. 635 billion yuan, ranking 14th in China, with a year-on-year increase of 7. 8%. The report analyzes the year-on-year changes of the main business indicators and the basic situation of the enterprise, and reviews and summarizes the annual key work from the aspects of deeply promoting the chain length system, reducing the burden of the enterprise, supporting the development and growth of the enterprise, promoting the development of prefabricated buildings, vigorously optimizing the business environment, purifying the construction market order, safeguarding the legitimate rights and interests of all parties, and doing a good job in comprehensive coordination.

Keywords: Engineering Construction; Construction Industry; Jiangxi

Abstract: In 2021, under the double impact of floods and COVID－19, Shaanxi construction industry achieved a total output value of 917. 64 billion yuan and an added value of 267. 417 billion yuan. This report systematically combs the basic operation of Shaanxi construction industry, analyzes the main economic data, and summarizes the development characteristics of Shaanxi construction industry in 2021, such as steady growth, stable industrial pillar status, green, energy-saving and low-carbon construction technology, strengthened supervision of project quality and safety, continuous optimization of business environment, remarkable achievements in the construction of the rule of law and so on. In 2022, Shaanxi construction industry will promote the high-quality development of the industry by continuously promoting the reform of "release management and service", promoting industrial transformation and upgrading, promoting the green transformation of construction mode, strictly controlling production safety and quality, accelerating the construction of industrial workers, and vigorously promoting the construction of CIM platform and sponge city.

Keywords: Engineering Construction; Construction Industry; Shaanxi

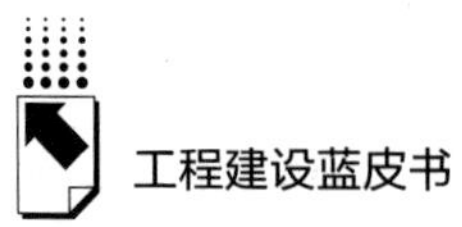

B.19 Hebei Engineering Construction Development Report (2022)

Hebei Construction Industry Association / 255

Abstract: In 2021, Hebei construction industry made steady progress and maintained a good momentum of steady growth. The province's construction industry has achieved an output value of 648.46 billion yuan and an added value of 230.39 billion yuan; Newly started passive ultra-low energy consumption buildings with an area of 1611000 m^2, and the construction scale continues to rank first in China; The proportion of completed green buildings in cities and towns reached 98.8%, ranking in the forefront of the country. The scale and quality of industry development continued to improve, providing strong support for overcoming the impact of the epidemic and stimulating the province's economic restorative growth, so as to achieve a good start of the 14th five year plan. The report summarizes the basic situation of the development of the construction industry in the province in 2021, and summarizes the characteristics and trend of the economic operation of the industry through the objective analysis of the data of the main economic indicators; This paper combs the reform and innovation practices of "release, management and service" in key areas and key links of the construction industry and the characteristics of industry transformation and development. On this basis, the report puts forward countermeasures and suggestions to promote the development of the construction industry in combination with the development direction of the 14th five year plan, the focus of deepening industry reform and promoting green and low-carbon transformation, as well as the problems affecting and restricting the development of the industry.

Keywords: Engineering Construction; Reform of "Simplifying Procedures, Decentralizing Powers, Combining Decentralization with Appropriate Control, and Optimizing Services"; Hebei

Abstract: In 2021, based on the new development stage, Tianjin's construction industry implemented the new development concept, built a new development pattern, deeply promoted the reform of "release, management and service", coordinated the epidemic prevention and control and the development of the construction industry, strengthened economic operation, actively connected with enterprises and provided accurate services for enterprises. Enterprises overcame many adverse factors and influences, actively explored the market, and the main economic indicators maintained year-on-year growth. The economic operation of the construction industry is generally stable and continues to maintain a healthy development trend. This report reviews the basic situation of the development of the industry and summarizes that the main economic indicators in the development of the industry continue to show a good trend, the market development in other provinces continues to maintain a strong development momentum, and super grade enterprises are still the main force to complete the total output value of the construction industry. It is pointed out that there are mainly difficulties in the development of enterprises, such as the rise of enterprise operating costs, the reduction of market share in the city, the obvious impact of the slowdown of macroeconomic growth, and the rise of building material prices affecting enterprise operation. The work in 2022 mainly focuses on building the brand of "Tianjin Construction", changing the industrial development mode, strengthening the quality and safety management of construction projects, optimizing the construction market environment and so on.

Keywords: Engineering Construction; Construction Industry; Tianjin

B.21 Guizhou Engineering Construction Development Report (2022) *Guizhou Construction Industry Association* / 279

Abstract: In 2021, we deeply study and implement the spirit of the Sixth Plenary Session of the nineteenth Central Committee of the Communist Party of China. Under the leadership of the provincial Party committee and provincial government, we will focus on the "four modernizations" around the "four new" and make positive progress in all aspects of work. In 2021, there were 2171 general contracting enterprises and professional contracting construction enterprises in Guizhou Province, with a total output value of 457.804 billion yuan, an increase of 12.2% over the previous year, and the growth rate increased by 2.4 percentage points over the previous year. This paper combs and summarizes the development of the construction industry in Guizhou from the aspects of the basic development situation of the construction industry, the analysis of the development characteristics in 2021, the analysis of innovative development in 2021, the problems existing in the development, the development countermeasures and suggestions, and the next key work of the construction industry association.

Keywords: Engineering Construction; Construction Industry; Guizhou

B.22 Qinghai Engineering Construction Development Report (2022) *Qinghai Construction Industry Association* / 289

Abstract: The construction industry is the basic and leading industry of the national economy, especially in the major economic fields related to the national economy and the people's livelihood, such as manufacturing, transportation and real estate. This paper reviews the basic situation of industry development in Qinghai Province in 2021, and summarizes the development characteristics of the construction industry, which plays an important role in the economic development of the province, the construction industry plays an important role in tax revenue,

quality of green buildings. It is clear that the key work in 2022 is to make new achievements in promoting the healthy development of the real estate market, take new steps in promoting the structural reform of the housing supply side, open up a new situation in the implementation of urban construction and renewal, draw a new picture in promoting rural revitalization, create a new pattern in promoting the green development of urban and rural construction, and reach a new height in accelerating the high-quality development of the construction industry achieve new breakthroughs in promoting reform and innovation and the construction of the rule of law, and highlight new responsibilities in adhering to the bottom line of security.

Keywords: Engineering Construction; Construction Industry; Hainan

V Research Reports

Abstract: In 2021, the engineering construction industry maintained a steady development trend and made significant contributions to economic and social development. With the continuous deepening of industry reform, the further improvement of the new regulatory mechanism with credit as the core and the in-depth promotion of the construction of industry credit system have played an important role in standardizing the behavior of the construction market, ensuring the quality and safety of construction projects and safeguarding the legitimate rights and interests of citizens, legal persons and other organizations. 46 regions across the country have implemented public credit evaluation, which comprehensively evaluates the credit level of enterprises by integrating all aspects of data and information, and applies the evaluation results in project bidding, financial services and other aspects. Nearly 90000 construction enterprises across the country have participated in local public credit evaluation, continuously improving their awareness of integrity, improving their credit management level and standardizing their market operation behavior in the evaluation process. This report reviews the development of the engineering construction industry, combs the current situation of the credit order of the engineering construction industry, expounds the purpose, basis, rules, models and conclusions of the research on the comprehensive credit score (evaluation) of national construction enterprises, and makes a scientific prospect for the next development trend.

Keywords: Engineering Construction Industry; Industry Credit Environment; Credit Evaluation

Abstract: At present, the construction industry is in a critical period of transformation, upgrading, innovation and development. Especially in the past two years, unprecedented reform and innovation have taken place in engineering qualification, engineering contracting mode and engineering construction mode. Human resources are the cornerstone of the development of the indu-stry. However, the aging phenomenon of first-line construction personnel in the construction industry is prominent, disorderly mobility, low skill quality, low educational level, inadequate protection of rights and interests problems such as the lack of craftsman spirit have become increasingly prominent. Therefore, transforming the traditional construction migrant workers into the construction industry workers in the new era and accelerating the reform and innovation of construction human resources are the key links and important tasks to realize the high-quality development of the construction industry. This report analyzes the background and significance of the construction of Jiangsu Construction Service

Industrial Park, establishes the basic situation of the construction of Jiangsu Construction Service Industrial Park, and puts forward the scientific formulation of the construction plan for the next step of the construction of the industrial park, promotes the listing and operation of the pilot park as soon as possible, coordinates and coordinates relevant departments to form a joint force, actively build a platform for the development of Party building culture, build an information service platform, and continuously improve the construction management level Improve the dynamic supervision mechanism and other development suggestions.

Keywords: Construction Industrial Park; Talent Training; High-quality Development

皮 书

智库成果出版与传播平台

✤ 皮书定义 ✤

皮书是对中国与世界发展状况和热点问题进行年度监测，以专业的角度、专家的视野和实证研究方法，针对某一领域或区域现状与发展态势展开分析和预测，具备前沿性、原创性、实证性、连续性、时效性等特点的公开出版物，由一系列权威研究报告组成。

✤ 皮书作者 ✤

皮书系列报告作者以国内外一流研究机构、知名高校等重点智库的研究人员为主，多为相关领域一流专家学者，他们的观点代表了当下学界对中国与世界的现实和未来最高水平的解读与分析。截至 2021 年底，皮书研创机构逾千家，报告作者累计超过 10 万人。

✤ 皮书荣誉 ✤

皮书作为中国社会科学院基础理论研究与应用对策研究融合发展的代表性成果，不仅是哲学社会科学工作者服务中国特色社会主义现代化建设的重要成果，更是助力中国特色新型智库建设、构建中国特色哲学社会科学“三大体系”的重要平台。皮书系列先后被列入“十二五”“十三五”“十四五”时期国家重点出版物出版专项规划项目；2013~2022 年，重点皮书列入中国社会科学院国家哲学社会科学创新工程项目。

皮书网

（网址：www.pishu.cn）

发布皮书研创资讯，传播皮书精彩内容
引领皮书出版潮流，打造皮书服务平台

栏目设置

◆关于皮书

何谓皮书、皮书分类、皮书大事记、皮书荣誉、皮书出版第一人、皮书编辑部

◆最新资讯

通知公告、新闻动态、媒体聚焦、网站专题、视频直播、下载专区

◆皮书研创

皮书规范、皮书选题、皮书出版、皮书研究、研创团队

◆皮书评奖评价

指标体系、皮书评价、皮书评奖

◆皮书研究院理事会

理事会章程、理事单位、个人理事、高级研究员、理事会秘书处、入会指南

所获荣誉

◆2008 年、2011 年、2014 年，皮书网均在全国新闻出版业网站荣誉评选中获得“最具商业价值网站”称号；

◆2012 年,获得“出版业网站百强”称号。

网库合一

2014年，皮书网与皮书数据库端口合一，实现资源共享，搭建智库成果融合创新平台。

皮书网

“皮书说”微信公众号

皮书微博

权威报告·连续出版·独家资源

皮书数据库

ANNUAL REPORT(YEARBOOK) DATABASE

分析解读当下中国发展变迁的高端智库平台

所获荣誉

- 2020年，入选全国新闻出版深度融合发展创新案例
- 2019年，入选国家新闻出版署数字出版精品遴选推荐计划
- 2016年，入选“十三五”国家重点电子出版物出版规划骨干工程
- 2013年，荣获“中国出版政府奖·网络出版物奖”提名奖
- 连续多年荣获中国数字出版博览会“数字出版·优秀品牌”奖

皮书数据库

“社科数托邦”
微信公众号

成为会员

登录网址www.pishu.com.cn访问皮书数据库网站或下载皮书数据库APP，通过手机号码验证或邮箱验证即可成为皮书数据库会员。

会员福利

- 已注册用户购书后可免费获赠100元皮书数据库充值卡。刮开充值卡涂层获取充值密码，登录并进入“会员中心”—“在线充值”—“充值卡充值”，充值成功即可购买和查看数据库内容。
- 会员福利最终解释权归社会科学文献出版社所有。

数据库服务热线：400-008-6695
数据库服务QQ：2475522410
数据库服务邮箱：database@ssap.cn
图书销售热线：010-59367070/7028
图书服务QQ：1265056568
图书服务邮箱：duzhe@ssap.cn

社会科学文献出版社 皮书系列
SOCIAL SCIENCES ACADEMIC PRESS (CHINA)
卡号：563748591635
密码：

S 基本子库
SUB DATABASE

中国社会发展数据库（下设 12 个专题子库）

紧扣人口、政治、外交、法律、教育、医疗卫生、资源环境等 12 个社会发展领域的前沿和热点，全面整合专业著作、智库报告、学术资讯、调研数据等类型资源，帮助用户追踪中国社会发展动态、研究社会发展战略与政策、了解社会热点问题、分析社会发展趋势。

中国经济发展数据库（下设 12 专题子库）

内容涵盖宏观经济、产业经济、工业经济、农业经济、财政金融、房地产经济、城市经济、商业贸易等12个重点经济领域，为把握经济运行态势、洞察经济发展规律、研判经济发展趋势、进行经济调控决策提供参考和依据。

中国行业发展数据库（下设 17 个专题子库）

以中国国民经济行业分类为依据，覆盖金融业、旅游业、交通运输业、能源矿产业、制造业等 100 多个行业，跟踪分析国民经济相关行业市场运行状况和政策导向，汇集行业发展前沿资讯，为投资、从业及各种经济决策提供理论支撑和实践指导。

中国区域发展数据库（下设 4 个专题子库）

对中国特定区域内的经济、社会、文化等领域现状与发展情况进行深度分析和预测，涉及省级行政区、城市群、城市、农村等不同维度，研究层级至县及县以下行政区，为学者研究地方经济社会宏观态势、经验模式、发展案例提供支撑，为地方政府决策提供参考。

中国文化传媒数据库（下设 18 个专题子库）

内容覆盖文化产业、新闻传播、电影娱乐、文学艺术、群众文化、图书情报等 18 个重点研究领域，聚焦文化传媒领域发展前沿、热点话题、行业实践，服务用户的教学科研、文化投资、企业规划等需要。

世界经济与国际关系数据库（下设 6 个专题子库）

整合世界经济、国际政治、世界文化与科技、全球性问题、国际组织与国际法、区域研究 6 大领域研究成果，对世界经济形势、国际形势进行连续性深度分析，对年度热点问题进行专题解读，为研判全球发展趋势提供事实和数据支持。

法律声明